普通高等教育"十三五"工程管理类专业系列规划教材

建设工程合同管理

主 编 韦海民

副主编 白芙蓉 顾连胜 李 侠

西安交通大学出版社
XI'AN JIAOTONG UNIVERSITY PRESS

内容提要

本书根据最新的相关法律法规和合同示范文本,按照工程管理专业培养方案及工程合同管理课程大纲的要求编写,以建设工程实施阶段合同管理为主线,全面系统介绍了建设工程合同管理的知识体系。其内容主要包括导论,合同法律制度基本原理,建设工程招标投标管理,建设工程委托监理合同、勘察设计合同、施工合同以及涉及的其他合同的管理,国际工程 FIDIC 合同条件的管理,工程索赔管理以及建设工程合同的策划管理等。重点阐述了各类合同管理过程中应注意的问题,并列举大量案例予以分析,突出合同管理的应用性与操作性。

本书系统性强、知识范围广、逻辑严密、紧密联系工程实践,可作为高等院校工程管理、土木工程类及经济、管理、法学类相关专业本科生和研究生教材,也可作为建设单位、施工单位、管理咨询单位工程技术人员和管理人员工作、学习、培训以及建设类执业资格备考的参考用书。

图书在版编目(CIP)数据

建设工程合同管理/韦海民主编.—西安:西安交通大学出版社,2010.3
(2022.7 重印)
ISBN 978 - 7 - 5605 - 3461 - 9

Ⅰ.①建… Ⅱ.①韦… Ⅲ.①建筑工程-经济合同-管理-高等学校-教材
Ⅳ.①TU723.1

中国版本图书馆 CIP 数据核字(2010)第 035078 号

书　　名	建设工程合同管理	
主　　编	韦海民	
责任编辑	魏照民　谭小艺　孟　颖	

出版发行	西安交通大学出版社	
	(西安市兴庆南路 1 号　邮政编码 710048)	
网　　址	http://www.xjtupress.com	
电　　话	(029)82668357　82667874(市场营销中心)	
	(029)82668315(总编办)	
传　　真	(029)82668280	
印　　刷	西安日报社印务中心	

开　　本	787mm×1092mm　1/16	印张 16.375	字数 389 千字	
版次印次	2010 年 3 月第 1 版　　2022 年 7 月第 9 次印刷			
书　　号	ISBN 978 - 7 - 5605 - 3461 - 9			
定　　价	32.00 元			

如发现印装质量问题,请与本社市场营销中心联系。
订购热线:(029)82665248　(029)82667874
投稿热线:(029)82668133
读者信箱:xj_rwjg@126.com

普通高等教育工程管理专业规划教材

编写委员会

编委会主任：罗福周

编委会副主任：李　芊

编委会委员(按姓氏笔画排序)：

王　莹　　韦海民　　卢　梅　　兰　峰　　刘　桦

刘炳南　　张涑贤　　宋　宏　　郭　斌　　徐勇戈

雷光明　　廖　阳　　撒利伟

策　　划：魏照民　　祝翠华

总 序

　　高等学校工程管理专业是教育部 1998 年颁布的《普通高等学校本科专业目录》中设置的专业,是在整合原"建筑管理工程"、"国际工程管理"、"基本建设投资管理"及"房地产经营管理"等专业的基础上形成的,具有很强的综合性和较大的专业覆盖范围,主要研究工程项目建设过程中的计划、组织、指挥、控制、协调与资源配置等管理问题。工程管理专业旨在为国家经济建设和社会发展培养掌握土木工程技术、管理学、经济学及相关法律法规知识,掌握现代工程项目管理的理论、方法与手段,具备综合运用所学知识在国内外工程建设领域从事建设项目全过程的投资、进度、质量控制及合同管理、信息管理和组织协调能力的复合型高级管理人才。

　　随着我国建筑业、房地产业在国民经济中地位和作用的日益突显,工程管理人才需求呈明显增长趋势,同时也对工程管理专业毕业生提出了更高的要求。因此,如何进一步提高人才培养质量成为设置工程管理专业的高等学校面临的重要课题。而高水平的专业教材作为实现人才培养目标的载体,必将对人才培养质量的提高发挥重要作用。

　　西安建筑科技大学是全国最早设立工程管理专业的院校之一,该专业于 1999 年首批通过了"全国工程管理专业评估委员会"的评估,2004 年和 2009 年分别以全票通过复评;2004 年该专业被评为陕西省名牌专业,2008 年又被评为国家级特色专业。近年来,西安建筑科技大学工程管理专业在人才培养模式创新方面进行的改革与实践取得了显著效果,得到了社会用人单位和同行的肯定。所以,西安交通大学出版社此次依托西安建筑科技大学工程管理专业的优质办学资源,联合省内外多所兄弟高校,编写出版了这套工程管理专业系列教材。

　　这套教材以专业必修课程为主,适当考虑专业选修课程。教材的作者都来自工程管理专业教学和科研第一线,对工程管理专业的教育教学与教材建设有切身的体会和感受,并有一些独到的见解。在教材编写过程中,编者结合多年的教学及工程实践经验,经过反复讨论斟酌,不仅从教材内容的准确性和规范性上下功

— 1 —

夫，而且从有效培养学生综合运用所学知识解决工程实际问题的能力出发，注重贴近工程管理实践，对教材内容和结构进行大胆创新，力求使其更加适合学生今后从事相关专业工作的学习需要，更有利于应用型高级工程技术与管理人才的培养。同时，这套教材注意吸收工程管理领域的前沿理论与知识。

由于院校之间、编者之间的差异性，教材中难免会出现一些问题和不足，欢迎选用本系列教材的教师、学生提出批评和建议，也希望参加这套教材编写的教师在今后的教学和科研实践中能够不断积累经验，充实教学内容，以使这套教材能够日臻完善。

建设部高等教育工程管理专业指导委员会委员

建设部高等教育工程管理专业评估委员会委员

西安建筑科技大学教授、博士生导师

2010 年 2 月

前 言

中国已经成为仅次于美国的世界第二大建筑产品生产国,建筑市场空前活跃。在建设项目的全寿命周期中,咨询、招标代理、监理、勘察、设计、施工、材料设备供应等众多项目参与方之间形成了大量的合同法律关系。与一般商品合同相比,建设工程合同更为复杂。大型项目往往涉及几十种专业、上百个工种,几万人作业,如三峡水利电力工程,共签订 78 个大合同,5 000 多个小合同,各类合同关系、内容极其庞大复杂。在市场经济体制下,为了规范建筑市场的主体行为,建设工程的各项目标都要通过合同来约定,约束相关各方来实现,因此合同管理贯穿于建设项目实施的全过程,是项目管理的核心。建设工程合同管理已成为考核注册建造师、监理工程师、设备监理师、造价工程师、招标师等执业资格专业人员的知识结构和能力结构的重要组成部分。

根据工程管理专业本科培养方案和课程大纲的要求,建设工程合同管理是该专业的核心主干课程。它主要研究建设领域的法律问题和合同管理问题,明确要求学生掌握合同管理的基本原理和方法,具备从事建设项目招标、投标能力和合同拟定及管理能力。通过本课程的学习,使学生掌握《合同法》、《招标投标法》等法律法规的基本理论,熟悉工程建设领域内重要专业合同及国际通用合同(FIDIC 合同条件)的基本内容,熟悉并掌握建设工程各类合同管理的理论、方法和实务。

为了使读者能更好地建立建设工程合同管理的整体课程结构体系,本书在编写过程中突出了以下特点:

(1)内容新颖。本书的编写,以相关现行最新法律法规和合同示范文本为依据,吸收了建设工程合同管理领域的一些最新内容、研究成果和实践经验;在满足教学之用的同时,力求与注册建造师、监理工程师等执业考试培训大纲接轨,以便为读者以后的从业奠定良好基础。

(2)全面系统。本书涵盖了建设工程实施阶段所涉及的各类重要专业合同管理的内容,系统性强。同时编写过程中努力追求知识性与可操作性相结合,尽量采用图、表进行直观说明,在学习每章理论之前简明扼要地介绍相关知识点,以满足不同知识层次和专业背景的读者学习的需要,做到深入浅出。

（3）案例丰富。本书力求做到理论联系实际,先进合同管理理论方法与我国工程合同管理实际相结合,在每章内容后编入了涉及相关知识点、具有典型性的多个案例,并进行了分析提示和案例评析,可供读者学习理论后进行思考解答,以充实所学理论。其目的是培养读者掌握一定的建设工程合同管理的理论和方法,初步具备从事工程项目合同管理的能力。

（4）注重应用。作者根据自身多年从事教学科研和工程合同管理的理论和实践经验,本书在每章介绍相关理论后,阐述了各类专业合同实施管理过程中应重点注意的一些问题,以增强读者对所学知识更深刻的体会和更透彻的理解,从而在从事合同管理的实际工作过程中更能有的放矢。

参加本书编写的学校和老师有西安建筑科技大学韦海民、来雨,西安科技大学白芙蓉,东华理工大学顾连胜、胡明华,西安财经学院李侠。韦海民老师担任主编,白芙蓉、顾连胜、李侠老师担任副主编。全书共分10章,具体编写分工如下:第1章由韦海民、白芙蓉老师编写;第2章由白芙蓉老师编写;第3章由白芙蓉、韦海民老师编写;第4章由韦海民老师编写;第5章由韦海民、李侠老师编写;第6章由学胡明华、白芙蓉老师编写;第7章由顾连胜、胡明华老师编写;第8章由韦海民、来雨老师编写;第9章由李侠、白芙蓉老师编写;第10章由来雨老师编写。本书由韦海民老师构思知识框架、拟定编写大纲,并负责全书稿的修改、统纂,最终定稿。

在本书的编写过程中,我们检索、查阅和参考了大量法律法规资料和有关工程合同管理的著作、论文,并得到西安建筑科技大学管理学院、继续教育学院等许多单位和学者的支持和帮助,在此一并致以诚挚的感谢。

虽然本书经再三推敲修改,但限于作者的学术水平,不妥之处在所难免,诚望专家、读者批评指正。

韦海民

2010 年 1 月于西安建筑科技大学

weihm168@hotmail.com

目 录

第1章

建设工程合同管理导论

学习要点

1. 合同法律关系
2. 建设工程合同的特征和体系
3. 代理制度

1.1 合同与合同法律关系

▷ 1.1.1 合同的概念及特征

1. 合同的概念

社会学家对人们在社会中的基本社会关系概括为以下三种：

(1)血缘关系。以先天血缘而形成的人与人之间的固有的关系,是人们自身意愿所不能决定的。

(2)道义关系。以所生活的时代与区域的相对道德标准所确立的,后天性、非稳定性的人与人之间的关系。

(3)契约关系。以所生活的时代与区域的法律原则标准所确立的,后天性、稳定性的人与人之间的关系。

对比上述三种社会关系,可以看出,只有契约关系是以法律为基础的社会关系。契约关系的提出,为社会构建了相对稳定的、人们自身又可以选择的社会关系体系。尤其在社会进入较为发达的市场经济以后,契约关系逐步成为人们的主要社会关系。

这里的契约就是合同,是一种协议,是当事人意思表示一致的结果,有广义和狭义之分。

广义的合同,泛指一切确立权利义务关系的协议,它包含了所有法律部门中的合同关系,例如行政合同、劳动合同、国际法上的国家合同、身份合同等。

狭义的合同,是指《中华人民共和国合同法》(以下简称《合同法》)中所规定的合同,仅指民法意义上的债权合同。《合同法》规定:"本法所称合同是平等主体的自然人、法人、其他组织之间设立、变更、终止民事权利义务关系的协议。"并规定:"婚姻、收养、监护等有身份关系的协议,适用其他法律规定。"

2. 合同的特征

合同具有以下特征：

(1)合同是当事人协商一致的协议，是双方或多方的民事法律行为；

(2)合同的主体是自然人、法人和其他组织等民事主体；

(3)合同的内容是有关设立、变更和终止民事权利义务关系的约定，通过合同条款具体体现出来；

(4)合同须依法成立，且意思表示合法，只有合法的合同对当事人才具有法律约束力。

▷1.1.2　合同的分类

合同可以依据不同的标准进行分类。

1. 双务合同与单务合同

根据合同所产生的权利义务的关联性，亦即当事人双方是否有对价的义务，合同可分为双务合同与单务合同两种。

双务合同是指双方当事人均享有权利和承担义务的合同；单务合同是指当事人双方并不相互享有权利、负有义务的合同。

双务合同所产生的当事人间相互的债权，具有相互依赖性，可以适用同时履行抗辩权规则，而单务合同则不适用此规则。同时，双务合同与单务合同在风险的负担及违约的后果上也有不同。

2. 有偿合同与无偿合同

根据合同的当事人取得权利是否支付代价为划分标准，合同可分为有偿合同与无偿合同。

有偿合同是指当事人因取得权利须支付一定对价的合同，如买卖、租赁等合同；无偿合同是指合同的当事人一方取得权利而不偿付任何对价的合同，如赠与合同等。

区分有偿合同与无偿合同有利于确定合同当事人双方的权利义务，也有利于确定合同当事人的法律地位。

3. 诺成合同与实践合同

根据合同的成立是否以必须完成交付为标准分为诺成合同与实践合同。

诺成合同，是指当事人意思表示一致即可以成立的合同；实践合同，是指合同当事人在意思表示一致的基础上，还必须交付标的物或者其他给付义务的合同，例如保管合同。

在经济生活中，大部分合同是诺成合同。区分诺成合同与实践合同的意义主要在于确立合同生效的时间，从而决定当事人的义务亦有所不同。

4. 要式合同与非要式合同

根据合同的成立是否需要采取法律规定的特定形式，合同可分为要式合同与不要式合同。

要式合同，是指合同订立时必须采取一定法律规定的形式和手续的合同，如商品房买卖合同、建设工程合同、技术转让合同等都必须采取书面形式以及需要有关机关批准才有效的合同；不要式合同，是指合同的成立不需特定形式或手续就可成立的合同。

要式合同与不要式合同的区别在于是否应以特定形式作为合同生效的要件。

5. 主合同与从合同

根据合同的存在是否依赖于其他合同的存在为前提，合同可分为主合同与从合同。

主合同是指在相互联系的两个合同之中，不依赖于其他合同的存在而独立存在的合同；从合同是指依附于主合同的存在而存在，并依主合同的有效而有效的合同，如为借贷合同担保的抵押合同。

主合同不依附于从合同而独立存在,主合同的效力直接影响从合同的效力,从合同的成立与生效以主合同的成立与生效为前提,而从合同的效力并不影响主合同的效力。

6. 计划合同与非计划合同

计划合同是指根据国家指令性计划订立的合同;非计划合同则是当事人根据市场需求和自己的意愿订立的合同。在我国市场经济中,计划合同的比重已经大大降低了,但仍然存在一些依据国家有关计划订立的合同。

7. 有名合同与无名合同

根据法律上是否规定一定的名称,合同可分为有名合同与无名合同。

有名合同又称典型合同,是指法律上已经确定特定名称及规则的合同。《合同法》中规定的15类合同均为有名合同。无名合同亦称非典型合同,是指法律上没有确定特定名称的合同。实践中,无名合同大量存在。

区分有名合同与无名合同的法律意义,在于这两类合同所适用的规则不同。有名合同可以直接适用法律有关具体的规定;而无名合同则只能适用《合同法》总则的规定或《民法通则》的一般规定,或参照类似的法律规定。

《合同法》分则规定的15种有名合同如下。

(1)买卖合同。买卖合同是指出卖人转移标的物的所有权于买受人,买受人支付价款的合同。

买卖合同是转移所有权的合同,即标的物的所有权由出卖人转移到了买受人,卖方的所有权消灭,而买方的所有权产生。所以,买卖合同要求出卖的标的物应当属于出卖人所有或者出卖人有权处分。除非法律另有规定或当事人另有约定,标的物的所有权自标的物交付时转移。

(2)供用电、水、气、热力合同。例如供用电合同,是供电人向用电人供电、用电人支付电费的合同。

合同的供电方是特殊主体,是特定的电力供应部门,即具有法人资格的电力公司或供电局;合同的标的具有特殊性,供用电合同的标的是电力,电力具有无形性以及生产、供应和使用同时进行的特点,所以与一般的标的物有明显区别;合同期限具有连续性,供用电合同一般都是供方在一个长期的时间内提供电力给用电方。

由于供用水、气、热力合同也具有上述供用电合同的特征,所以法律将它们归于一类。

(3)赠与合同。赠与合同是指赠与人将自己的财产无偿给予受赠人,受赠人表示接受赠与的合同。

赠与合同是单务无偿合同。赠与关系中,赠与人只负有义务而不享有权利,亦不能要求回报;而受赠人只享有权利而不承担义务,亦无需报偿赠与人。

(4)借款合同。借款合同是指借款人向贷款人借款,到期返还借款并支付利息的合同。

借款合同采用书面形式,但自然人之间借款另有约定的除外。借款合同的内容包括借款种类、币种、用途、数额、利率、期限和还款方式等条款。订立借款合同,贷款人可以要求借款人提供担保。

(5)租赁合同。租赁合同是指出租人将租赁物交付承租人使用、收益,承租人支付租金的合同。租赁合同转移的是标的物的使用权、收益权而非所有权。

租赁合同的内容包括租赁物的名称、数量、用途、租赁期限、租金及其支付期限和方式、租赁物维修等条款。租赁期限不得超过二十年,超过二十年的,超过部分无效。

(6)融资租赁合同。融资租赁合同是指出租人根据承租人对出卖人、租赁物的选择,向出卖人购买租赁物,提供给承租人使用,承租人支付租金的合同。

融资租赁合同应当采用书面形式,其内容包括租赁物名称、数量、规格、技术性能、检验方法、租赁期限、租金构成及其支付期限和方式、币种、租赁期间届满租赁物的归属等条款。其中承租人支付的租金并非只是对租赁物使用、收益的代价,而是承租人分期对出租人购买租赁物价金的本息和其应获取的利润等费用的偿还。

(7)承揽合同。承揽合同是指承揽人按照定做人的要求完成工作,交付工作成果,定做人给付报酬的合同。承揽包括加工、定做、修理、复制、测试、检验等工作。

承揽合同的内容包括承揽的标的、数量、质量、报酬、承揽方式、材料的提供、履行期限、验收标准和方法等条款。承揽合同的标的为工作成果,承揽方需承担交付工作成果之前的风险责任。

(8)建设工程合同。建设工程合同是指承包人进行工程建设、发包人支付价款的合同。建设工程合同应当采用书面形式,包括工程勘察、设计、施工合同。

发包人可以与总承包人订立建设工程合同,也可以分别与勘察人、设计人、施工人订立勘察、设计、施工承包合同。发包人不得将应当由一个承包人完成的建设工程肢解成若干部分发包给几个承包人。

(9)运输合同。运输合同是指承运人将旅客或者货物从起运地点运输到约定地点,旅客、托运人或者收货人支付票款或运输费用的合同。运输合同包括客运合同、货运合同和多式联运合同,其标的为运输行为。

(10)技术合同。技术合同是指当事人就技术开发、转让、咨询或者服务订立的确定相互之间权利和义务的合同。技术合同包括技术开发合同、技术转让合同、技术咨询合同和技术服务合同,其标的为技术成果和技术服务。

(11)保管合同。保管合同是指保管人保管寄存人交付的保管物,并收取保管费后返还原物的合同。保管合同为实践合同,只转移标的物的占有权,以物品的保管为目的。

(12)仓储合同。仓储合同是指保管人储存存货人交付的仓储物,存货人支付仓储费的合同,自成立时生效。仓储合同的保管方必须为有仓储设备并专门从事仓储保管业务的人,存货人交付仓储物的,保管人应当给付仓单。

(13)委托合同。委托合同是指委托人和受托人约定,由受托人处理委托人事务的合同。委托合同的标的是受托人为委托人提供事务服务的行为。委托人可以特别委托受托人处理一项或者数项事务,也可以概括委托受托人处理一切事务。

委托合同中受托人是以委托人的名义对外活动,在对外活动中所产生的后果直接对委托人发生法律效力。

(14)行纪合同。行纪合同是指行纪人以自己的名义为委托人从事贸易活动、委托人支付报酬的合同。

行纪合同与委托合同不同。首先,行纪人必须是经过工商行政管理机关批准,允许经营行纪业务的企业法人或个体工商户;其次,行纪人是以自己的名义为委托人办理事务,而在委托合同中受托人是以委托人的名义办理事务;其三,行纪合同的标的是行纪人为委托人进行贸易活动。所谓贸易活动,是指以动产、有价证券的买卖以及其他商业上具有交易性质的行为。行纪合同的性质决定了行纪合同只能是有偿的双务合同;最后是在进行交易时,行纪人还要严格执行委托人对价格的指示;行纪人与第三人进行交易时,如果第三人不履行义务致使委托人受到损害,行纪人要承担赔偿责任。因此行纪人在履行合同中的注意程度远远超过受托人。

(15)居间合同。居间合同是指居间人向委托人报告订立合同的机会或提供订立合同的媒介服务,委托人支付报酬的合同。居间合同中居间人处于介绍人位置,不介入委托人与第三人的合同关系。居间合同的客体是居间人依约所实施的中介服务。

➤ 1.1.3 《合同法》简介

1. 概念和内容

《合同法》是调整平等主体的自然人、法人、其他组织之间在设立、变更、终止合同时所发生的社会关系的法律规范总称。现行的《合同法》是中华人民共和国第九届全国人民代表大会第二次会议于1999年3月15日通过，自1999年10月1日起正式实施的。

《合同法》共23章428条，分为总则、分则和附则三个部分：

总则部分共8章，对各类合同所涉及的共性问题进行了统一规定，包括一般规定、合同的订立、合同的效力、合同的履行、合同的变更和转让、合同的权利义务终止、违约责任和其他规定等内容。

分则部分共15章，分别对15类有名合同进行了具体规定。

附则部分仅1条，规定了《合同法》的施行日期。

2. 合同法的基本原则

合同法在立法以及调整法律关系过程中贯穿始终的基本原则有：

(1)平等原则。合同当事人的法律地位平等，一方不得将自己的意志强加给另一方。这一原则至少应从三方面理解：①合同当事人的法律地位一律平等；②当事人在合同中的权利义务对等；③合同当事人必须就合同条款充分协商，取得一致，合同才能成立。

(2)自愿原则。当事人依法享有自愿订立合同的权利，任何单位和个人不得非法干预。自愿原则是合同法的重要基本原则，合同当事人通过协商，自愿决定和调整相互权利义务关系。

在合同活动的全过程中，都应遵循自愿原则：①是否订立合同依当事人自己意愿自主决定；②在签订合同时，对对方当事人的选择自愿；③当事人自愿约定合同内容；④在合同履行过程中，当事人可以协议补充、变更有关内容以及协议合同；⑤在发生争议时，当事人可以自愿选择解决争议的方式。

当然，自愿原则也不是绝对的，也就是说如果违反法律、法规、强制性规范和社会公共利益、社会公德的合意是无效的。

(3)公平原则。当事人应当遵循公平原则确定各方的权利和义务。也就是说：①在订立合同时，不得滥用权力，不得欺诈，不得假借订立合同恶意进行磋商；②对当事人各自应承担的风险进行合理分配；③公平合理地确定双方的权利和义务；④在当事人不能全面适当履行合同时，违约责任的确定应适当。

(4)诚实信用原则。当事人行使权利、履行义务应当遵循诚实信用原则。这一原则要求：①在订立合同时，不得有欺诈或其他违背诚实信用的行为；②在履行合同义务时，当事人应根据合同的性质、目的和交易习惯，履行及时通知、协助、提供必要的条件、防止损失扩大、保密等义务；③在合同终止后，当事人也应当根据交易习惯履行通知、协助、保密等后契约义务。

(5)遵守法律法规和公序良俗原则。即遵守强制性规范、维护公共秩序和善良风俗。当事人订立合同、履行合同，应当遵守法律、行政法规，尊重社会公德，不得扰乱社会经济秩序，损害社会公共利益。

遵守法律原则和自愿原则是不矛盾的。自愿是以遵守法律、不损害社会公共利益为前提；同时，只有依法订立合同、履行合同，才能更好地体现和保护当事人在合同活动中的自愿原则，有助于指导当事人在遵守法律、行政法规的前提下自主、自愿地从事订立合同、履行合同等行为。

➤ 1.1.4 合同法律关系

合同法律关系指由合同法律规范所调整的、当事人之间形成的权利义务关系。它由主体、客体、内容三个要素构成,缺少其中任何一个要素都不能构成合同法律关系,改变其中任何一个要素就改变了原来设定的法律关系。

1. 合同法律关系的主体

合同法律关系主体,是指参加合同法律关系,享有相应权利、承担相应义务的当事人。合同法律关系的主体可以是自然人、法人、其他组织。

(1)自然人。自然人指基于出生而成为民事法律关系主体的有生命的人。《民法通则》在民事主体中使用的是"公民"一词,《合同法》采用"自然人"概念,二者意义相同。

作为合同法律关系主体的自然人必须具备相应的民事权利能力和民事行为能力。民事权利能力指民事主体依法享有民事权利、承担民事义务的资格。自然人的民事权利能力始于出生,终于死亡,在整个生存期间,不论年龄大小和健康状况如何,都享有平等的民事权利能力。民事行为能力指民事主体通过自己的行为取得民事权利或者设定民事义务的能力。

自然人的民事权利能力和民事行为能力并不一致,有民事权利能力的,并不一定就具有民事行为能力;反之亦然。

我国《民法通则》根据公民的年龄和精神健康状况,将公民的民事行为能力分为三类:

①完全民事行为能力。必须同时满足两个条件:A.18周岁以上或16-18周岁,以自己的劳动收入为主要生活来源;B.精神正常,能够完全辨认自己的行为及后果。

完全民事行为能力的人可以订立一切法律允许自然人作为主体的合同。

②限制民事行为能力。10周岁以上的未成年人或者不能完全辨认自己行为的精神病患者。

限制民事行为能力的人可以进行与其年龄、智力相适应的民事活动,其他民事活动由法定代理人代理,或征得其法定代理人同意。但与其年龄、智力、精神状况相适应而订立的合同以及纯获利益的合同,不必由法定代理人追认。

③无民事行为能力。10周岁以下或者不能辨认自己行为的精神病患者。

不具有民事行为能力的人签订的合同以及发出的合同意向是无效的,必须由法定代理人代理。

(2)法人。法人是指具有民事权利能力和民事行为能力,依法独立享有民事权利和承担民事义务的组织。法人是与自然人相对应的民事主体,是法律赋予社会组织具有人格的一项制度。这一制度为确立社会组织的权利、义务,独立承担责任提供了基础。

法人具有民事权利能力和民事行为能力。法人的权利能力和行为能力一样,都始于法人依法成立,终于法人撤销或解散。受到法律的限制,法人的能力范围大小差异较大。

法人应具备以下条件:

①依法成立的组织。法人不能自然产生,它的产生必须经过法定的程序。法人的设立目的和方式必须符合法律的规定,设立法人必须经过政府主管机关的批准或者核准登记。

②有必要的独立财产。有必要的财产或者经费是法人进行民事活动的物质基础,它要求法人的财产或者经费必须与法人的经营范围或设立目的相适应,否则不能被批准设立或者核准登记。

③有自己的名称、组织机构和场所。名称是法人相互区别的标志和法人进行活动时使用的代号;法人的组织机构是指对内管理法人事务、对外代表法人进行民事活动的机构;场所是法人进行业务活动的所在地,也是确定法律管辖的依据。

④能够独立承担民事责任。法人必须能够以自己的财产或者经费承担在民事活动中的债务,在民事活动中给其他主体造成损失时能够承担赔偿责任。不能承担清偿债务时可以申请破产免除债务。

法人可分为企业法人和非企业法人两大类。

企业法人是以营利为目的,从事生产经营活动的法人。分为公司法人(依据公司法规定的条件和程序设立)和非公司法人。

非企业法人包括机关法人(党政机关、检察机关、军事机关等)、事业法人(教育、卫生、体育、新闻、科学等机构)和社会团体法人(学会、协会、基金会、联合会、教会等)。其特点是:主要从事非经营性活动,即国家行政管理活动和社会公益活动,不以营利为目的。

(3)其他组织。其他组织是指依法成立,有一定的组织机构和财产,但又不具备法人资格的各类组织。在现实生活中也称为"非法人组织"。主要包括:

①非法人企业,如个体工商户、农村承包经营户、合伙企业、企业集团、法人的分支机构等。

②非法人机关、事业单位和社会团体,如附属医院、学校等。

其他组织与法人相比,其复杂性在于民事责任的承担较为复杂。

2. 合同法律关系的客体

合同法律关系客体,是指参加合同法律关系的主体享有的权利和承担的义务所共同指向的对象。合同法律关系的客体主要包括物、财、行为和智力成果。

(1)物。物指可为人们控制、并具有经济价值的生产资料和消费资料,可以分为动产和不动产等。如建筑材料、建筑设备、建筑物等都可能成为合同法律关系的客体。

(2)财。财指生产和流通过程中以货币形式表现的资金,也包括有价证券。如借款合同的借贷资金。

(3)行为。行为指人的有意识的活动。在合同法律关系中,行为多表现为完成一定的工作。如勘察、施工安装等。

(4)智力成果。智力成果是通过人的智力活动所创造出的精神成果,包括知识产权、技术秘密等。如专利权、计算机软件等。

3. 合同法律关系的内容

合同法律关系的内容是指合同约定和法律规定的主体的权利和义务,是合同的具体要求。它决定了合同法律关系的性质,是连接主体的纽带。

(1)权利。权利指合同法律关系中的权利主体,按照法律规定和合同约定有权按照自己的意志做出某种行为,同时要求义务主体做出一定的行为或不做出一定的行为,以实现自己的合法权益。当权利受到侵害时,有权得到法律保护。

(2)义务。义务指合同法律关系中的义务主体,依据法律规定和权利主体的合法要求,必须做出某种行为或者不得做出某种行为,以保障权利主体权利的实现,否则应承担相应的责任。

权利和义务是相互对应的,义务主体自觉履行义务,权利主体才能实现相应的权益。

4. 合同法律关系的产生、变更与消灭

合同法律关系的产生、变更与终止不能平白无故地发生,也不能仅凭法律规范就可以在当事人之间建立起某一合同法律关系,而是要依据一定的法律事实。法律事实指能够引起合同法律关系产生、变更和消灭的客观情况。

法律事实包括事件和行为两大类。

(1)事件。法律事实中的事件指不以合同法律关系主体的主观意志为转移而发生、能够引起合同法律关系产生、变更和终止的客观现象,可分为自然事件(如地震、台风等)和社会事件(战争、罢工等)。

(2)行为。法律事实中的行为指合同法律关系主体有意识的、能够引起法律关系发生变化的活动,是以人们的意志为转移的法律事实。

行为有合法行为和违法行为之分。合法行为是指符合合法律法规的行为,可分为民事行为、行政行为、司法行为等;违法行为是指行为人违反法律规定,做出侵犯国家或其他法律关系主体权利的行为。违法行为不但不能产生行为人所期待的法律后果,反而要追究其相应的法律责任。

1.2　建设工程合同概述

在市场经济中,财产的流转主要依靠合同,特别是工程项目,标的大,履行时间长,协调关系多,合同尤为重要。因此,建筑市场中的各方主体,包括建设单位、勘察设计单位、施工单位、咨询单位、监理单位、材料设备供应单位等都要依据合同规范相互之间的关系。对于工程建设的各个方面,在合同中均要作出详细的规定。合同是将建设工程纳入法制化管理体系的重要文件。

▶1.2.1　建设工程合同的概念与性质

我国建设领域习惯上把建设工程合同的当事人双方称为发包方和承包方。建设工程合同是承包人进行工程建设,发包人支付价款的合同。

双方当事人应当在合同中明确各自的权利义务,但主要是承包人进行工程建设,发包人支付工程款。此处的工程建设是广义的概念,包括与工程建设相关的各种行为。《合同法》列举的建设工程合同主要是勘察、设计和施工合同,但由于工程监理合同和物资采购合同与建设工程密切相关,通常也被列入建设工程合同的范畴。

从合同理论上说,建设工程合同是广义的承揽合同的一种,也是承揽人(承包人)按照定作人(发包人)的要求完成工作(工程建设),交付工作成果(竣工工程),定作人给付报酬(工程款)的合同。但由于工程建设合同在经济活动、社会生活中的重要作用,以及在国家管理、合同标的等方面均有别于一般的承揽合同,我国一直将建设工程合同列为单独的一类重要合同。考虑到建设工程合同具有承揽合同的属性,《合同法》规定:建设工程合同中没有规定的,适用承揽合同的有关规定。

▶1.2.2　建设工程合同的类型

1.按照承发包的范围进行划分

(1)勘察、设计或施工总承包合同。该合同是指建设单位将全部勘察、设计或施工的任务分别发包给一个勘察、设计单位或一个施工单位作为总承包单位,经发包人同意,总承包单位可以将勘察、设计或施工任务的一部分再分包给其他单位。

在这种模式中,发包人与总承包人订立总包合同,总承包人与分包人订立分包合同(从工程承包人承包的工程中承包部分工程而订立的合同),总承包人与分包人就工作成果对发包人承担连带责任。这种承发包模式是我国工程建设实践中最常见的形式。

(2)单位工程施工承包合同。该合同是指在一些大型或者复杂的建设工程中,发包人可以将专业性很强的单位工程发包给不同的承包商,与承包商分别签订土木工程施工合同、电气与机械工程承包合同等,这些承包商之间为平行关系。这种承包模式常见于大型工业建筑安装工程。

(3)工程项目总承包合同。该合同是指建设单位将包括工程设计、施工、材料和设备采购等一系列工作全部发包给一家承包单位,由其进行设计、施工和采购工作,最后向建设单位交付具有使用功能的工程项目。

按这种模式发包的工程也称为"交钥匙工程",一般适用于简单、明确的常规性工程,如一般性商业用房,标准化建筑等。对一些专业性较强的工业建筑,如钢铁、化工、水利等工程由专业的承包公司进行项目总承包也是常见的。

(4)工程项目总承包管理合同。该合同即 CM 承包模式,是指建设单位将项目设计和施工的主要部分分包给专门从事设计和施工组织管理工作的单位,再由后者将其分包给若干设计、施工单位,并对它们进行项目管理。

项目总承包管理与项目总承包不同之处在于:前者不直接进行设计和施工,没有自己的设计和施工力量,而是将承包的设计和施工任务全部分包出去,总承包单位专心致力于工程项目管理;后者有自己的设计、施工力量,直接进行设计、施工、材料和设备采购等工作。

(5)BOT 承包合同。该合同又称特许协议书,一般指政府或政府授权的机构授予承包商在一定的期限内,以自筹资金建设项目并自费经营和维护,向东道国出售项目产品或服务,收取价款或酬金,期满后将项目全部无偿移交东道国政府的工程承包模式。

对项目所在国来说,采取这种方式可解决政府建设资金短缺的问题而不形成债务,又可解决本国欠缺建设、经营管理能力等困难,而且不用承担建设、经营中的风险,所以这种方式在许多发展中国家受到欢迎和推广。对承包商来说,利润来源也就不限于施工阶段,而是向前后延伸到可行性研究、规划设计、器材供应及项目建成后的经营管理,从被动招标的经营方式转向主动为政府、业主和财团提供服务,从而扩大了经营范围。该合同一般要求承包商有很强的融资能力和技术经济管理水平,包括风险防范能力。

BOT 承包合同是 20 世纪 80 年代中后期新兴的一种带资承包方式,适用于发展中国家的大型能源、交通、基础设施建设,如隧道、港口、高速公路、电厂等。

2. 按照承发包的内容进行划分

按承包的内容进行划分,建设工程合同可以分为建设工程勘察合同、设计合同、施工合同、监理合同、物资采购合同等。

▷ 1.2.3 建设工程合同体系

与产品合同相比较,建设项目合同体系庞大复杂。大型项目要涉及几十种专业,上百个工种,几万人作业。如三峡水利水电工程,共签订了 78 个大合同,5 000 多个小合同,合同内容极其复杂,共同形成工程项目的合同体系。在这个体系中,业主和承包商是两个最重要的节点。

1. 业主的主要合同关系

业主作为工程(或服务)的买方,是工程的所有者,它可能是政府、企业、其他投资者,或几个企业的组合,或政府与企业的组合(例如合资项目)。它投资一个项目通常委派一个代理人(或代表)以业主的身份进行工程的经营管理。

业主根据对工程的需求,确定工程项目的整体目标。这个目标是所有相关工程合同的核心。要实现工程目标,业主必须将建筑工程的勘察设计、各专业工程施工、设备和材料等工作委托出去,必须与有关单位签订如下各种合同:前期咨询合同、监理合同、勘察设计合同、采购合同、工程施工合同、贷款合同等。在建筑工程中,业主的主要合同关系如图 1-1 所示。

按照工程承包方式和范围的不同,业主订立合同的数量也不同。例如将工程分专业、分阶段委托,将材料和设备供应分别委托。也可能将上述委托以各种形式合并,如把土建和安装委托给一个承包商,把整个设备供应委托给一个成套设备供应企业。当然,业主还可以与一个承包商订立全包合同(一揽子承包合同),由该承包商负责整个工程的设计、供应、施工甚至管理工作。因此,不同合同的工作范围和内容会有很大的区别。

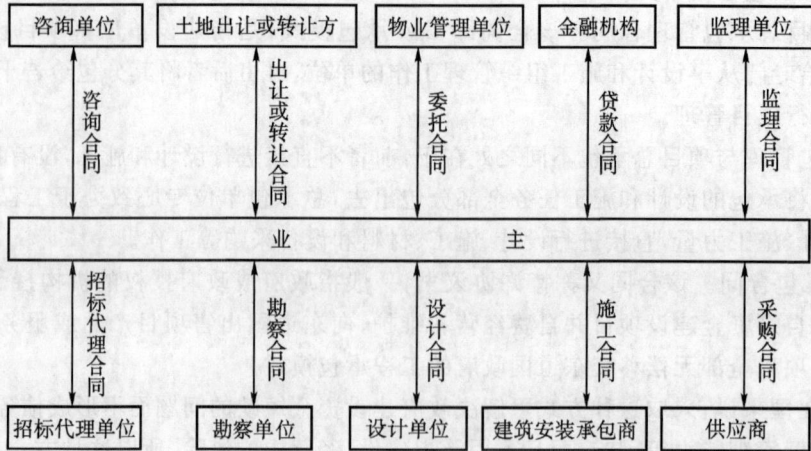

图 1-1 业主的合同关系

2. 承包商的主要合同关系

承包商要完成承包合同的责任,包括由工程量表所确定的工程范围的施工、竣工和保修,为完成这些工程提供劳动力、施工设备、材料,有时也包括技术设计。任何承包商都不可能,也不必具备所有的专业工程的施工能力、材料和设备的生产和供应能力,他必须将许多专业工作委托出去。所以承包商常常又有自己复杂的合同关系。承包商的主要合同关系如图 1-2 所示。

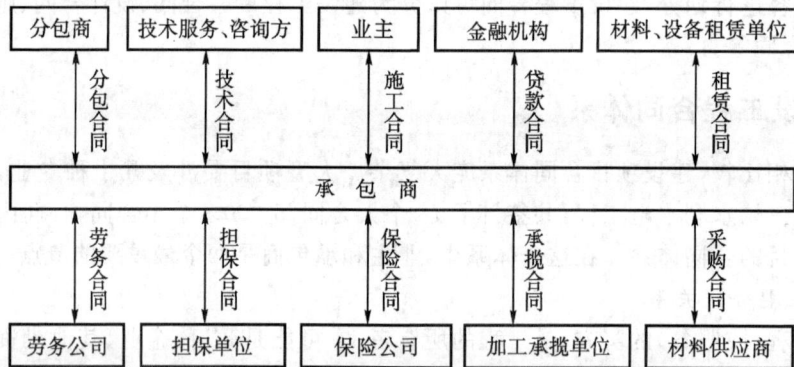

图 1-2 承包商的合同关系

(1)分包合同。分包是指总承包人在承包范围内分包某一分项工程,如土方、模板、钢筋等分项工程,或某种专业工程,如钢结构制作和安装、电梯安装、卫生设备安装等。分包人不与发包人发生直接关系,而只对总承包人负责,在现场由总承包人统筹安排其活动。

分包人承包的工程,不能是总承包范围内的主体结构工程或主要部分(关键性部分),主体结构工程或主要部分必须由总承包人自行完成。

(2)采购合同。在工程施工中承包商为工程进行的必要的材料和设备的采购和供应,应按土建安装施工合同中供应物资责任方的规定与材料或设备供应单位签订合同。

(3)加工合同。加工合同指承包商将建筑构配件、特殊构件加工任务委托给加工承揽单位而签订的合同。

(4)劳务分包合同。劳务分包合同指承包商与劳务公司签订的合同,由劳务公司输出劳动力,运用技能和承包商提供的材料、设备使建设项目竣工验收投入使用。

(5)租赁合同。在建设工程中承包商需要许多施工设备、运输设备、周转材料,当有些设备、周转材料在现场使用率较低,或自己购置需要大量资金投入而又不具备这个经济实力时,可以采用租赁方式,与租赁单位签订租赁合同。

(6)运输合同。运输合同是指承包商为解决材料和设备的运输问题而与运输单位签订的合同,是承运人将货物从起运点运输到约定地点,由托运人支付运费的合同。

(7)保险合同。保险合同指承包商按施工合同要求对工程进行保险,与保险公司签订保险合同。

3. 其他合同关系

(1)根据业主方的偏好,项目可能采用融资模式建设,则投资者组成项目公司要签订特许权协议,如 BOT、BT、TOT 合同等。

(2)设计单位、各供应单位也可能存在各种形式的分包。

(3)承包商有时也承担工程(或部分工程)的设计(如设计—施工总承包),因而它有时也必须委托设计单位,签订设计合同。

(4)许多大型工程中,尤其是在业主要求总承包的工程中,承包商经常是几个企业的联营,即联营承包。联营承包是指若干家承包商(最常见的是设备供应商、土建承包商、安装承包商、勘察设计单位)联合投标,组成联营体,共同承接工程,他们之间订立联营合同。联营承包已成为许多承包商的经营战略之一,这在国内外工程中都很常见。

4. 建设工程合同体系图

按照对业主和承包商合同关系的分析和项目任务的结构分解,就得到不同层次、不同种类的合同,它们共同构成该工程的合同体系(如图 1-3 所示)。

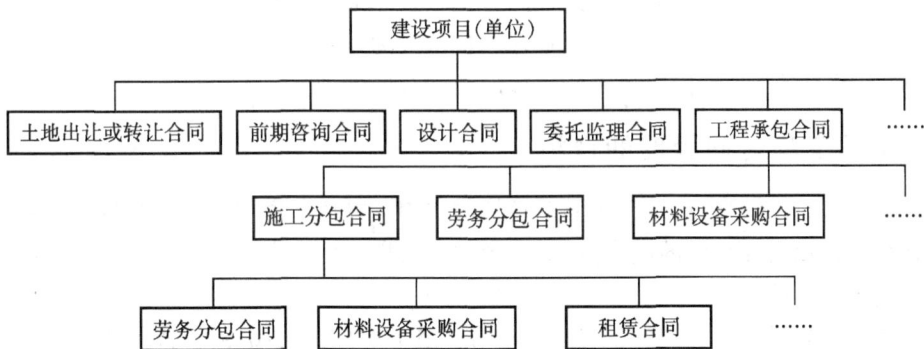

图 1-3 工程合同体系的构成层次

在该合同体系中,为了实现业主的工程项目目标,这些合同都必须围绕一个目标签订和实施。由于这些合同之间存在着复杂的内部联系,因而构成了该工程的合同网络。其中,工程承包合同是最有代表性、最普遍,也是最复杂的合同类型,它在工程项目的合同体系中处于主导地位,是整个工程项目合同管理的重点。

工程项目的合同体系从一个重要角度反映工程项目的构成,对整个项目管理的运作有很大的影响。

(1)它反映了项目任务的范围和划分方式。

(2)它反映了项目所采用的管理模式。例如监理制度、全包方式或平行承包方式。

(3)它在很大程度上决定了项目的组织形式。因为不同层次的合同常常决定该合同的实施者在项目组织结构中的地位。

1.3　建设工程合同管理概述

➤1.3.1　建设工程合同管理的含义

建设工程合同管理包括两层含义,即宏观的合同管理和微观的合同管理。

1.宏观的合同管理

宏观的合同管理,是指国家授权的有关行业主管部门和工商行政管理部门,依据法律和政策的规定,对合同的订立、履行、变更及解除等行为进行指导、组织、监督、鉴证和核查等,以维护合同当事人的正当权益,确保合同依法履行,纠正和查处违法行为。

建设行政主管部门和工商行政管理部门对建设工程合同的监督管理有如下主要职能:

(1)制定和贯彻有关法律、法规和规章;

(2)制定和推荐使用建设工程合同示范文本;

(3)审查和鉴证建设工程合同,监督合同履行,调解合同争议,依法查处违法行为;

(4)指导合同当事人的合同管理工作,培训合同管理人员,总结交流经验。

2.微观的合同管理

微观的合同管理是指订立合同的当事人,对建设项目相关合同所进行的策划、谈判、签订、履行、跟踪、核查、协调等活动,以维护自身的正当权益并确保合同的如约履行。它是工程项目管理的重要组成部分。

宏观的合同管理和微观的合同管理是合同管理相辅相成的两个方面,互为联系,缺一不可。宏观的合同管理主要体现为有关部门的行政管理和执法行为,涉及的内容较少。如不特别指明,本教材讨论的合同管理主要是指合同当事人所实施的微观合同管理。

➤1.3.2　建设工程合同管理的目标

合同管理是为保证项目总目标和企业总目标的实现。具体地说,合同管理目标包括:

(1)使整个工程项目在预定的成本(投资)、预定的工期范围内完成,达到预定的质量、安全和功能要求,实现工程项目的目标。

(2)使项目的实施过程顺利,合同争执较少,合同各方主体能互相协调,都能够圆满地履行合同责任。

(3)保证整个工程合同的签订和实施过程符合法律、法规的要求。

(4)一个成功的合同管理,还要在工程结束时使双方或多方都感到满意,最终业主按计划获得一个合格的工程,达到投资目的,对工程、对承包商、对参与方的合作感到满意;承包商不但获得合理的价格和利润,还赢得了信誉,建立双方友好合作关系。这是企业经营管理和发展战略对合同管理的要求。

➤1.3.3　建设工程合同管理的内容

建设工程合同管理是对于工程建设项目相关的各类合同,从条款的拟订、协商、签署、履行情况等环节入手进行检查和分析,以期通过一系列科学的合同管理活动,实现工程项目的目标,维护当事人的合法权益。其主要内容可以从不同的主体角度理解,也可以从不同的阶段理解。

1. 不同主体的合同管理内容

在工程实践中会涉及各方主体的合同管理工作,此处主要以业主、工程师和承包商的合同管理作为论述对象。

(1)业主的合同管理。业主作为工程合同的主体之一,通过合同运作项目,实现项目的总目标。业主的合同管理工作主要包括:①对工程合同进行总体策划,决定项目的承发包模式和管理模式,选择合同类型等;②聘请工程师进行具体的工程合同管理工作;③对合同的签订进行决策,选择项目管理(咨询)单位、承包商、供应商、设计单位,委托项目任务,并以项目所有者的身份与他们签订合同;④为合同实施提供必要的条件,做宏观控制,如在项目实施过程中重大问题的决策、重大的技术和实施方案的选择和批准;⑤设计和计划的重大修改的批准;⑥按照合同规定及时向承包商支付工程款和接收已完工程;等。

(2)工程师的合同管理。工程师(项目管理公司、监理公司或业主的项目经理)受业主委托,代表业主具体地承担整个工程的合同管理工作,主要是合同管理的事务性工作和决策咨询工作等。如:起草合同文件和各种相关文件,进行现场监督,具体行使合同管理的权力,协调业主、各承包商、供应商之间的合同关系,等。

(3)承包商的合同管理。这里的承包商是广义的,包括业主委托的设计单位、工程承包商、材料和设备供应商等。他们作为工程合同的实施者,在同一个组织层次上进行合同管理。工程承包商的合同管理工作最细致、最复杂、最困难,也最重要,对整个工程项目影响最大。

承包商的合同管理,从参加相应工程的投标开始,直到承包合同所确定的工程范围完成,竣工交付,再到合同所规定的保修期(缺陷通知期)结束为止。承包商具体地作投标报价,在相应的工程承包合同范围内,完成规定的设计、施工、供应、竣工和保修任务,对相关的工程实施进行计划、组织、协调和控制,圆满地完成合同所规定的义务。

2. 不同阶段的合同管理内容

(1)合同形成阶段的管理。合同形成阶段的管理包括合同订立前的准备阶段和合同订立过程中的管理,主要体现在招标及签约过程中双方所进行的一系列相关工作。如施工合同中,招标方对合同形式的选择,条款内容的拟定,承包人资格的审查,开标、评标、定标及签约谈判等方面的工作都涉及合同管理的内容。对承包方来说,投标项目的选定、投标文件的编制、报价的确定以及参与签约谈判等工作都属于合同形成阶段的管理工作。

(2)合同履行阶段的管理。合同履行阶段的管理主要包括双方对合同内容执行的跟踪、核查、监督,以及合同纠纷的解决等方面的工作。就施工合同来说,业主、承包人及监理工程师三方都必须以合同条件为准则,同时遵循诚实信用、公平合理的原则,全面履行合同,最终取得各方都满意的结果。

▶ 1.3.4 建设工程合同管理的意义

合同管理在现代工程项目管理中有着特殊的地位和作用,已成为与进度管理、质量管理、成本(投资)管理、信息管理等并列的一大管理职能。

合同确定工程项目的价格(成本)、工期和质量(功能)等目标,规定着合同双方责权利关系,所以合同管理必然是工程项目管理的核心。广义地说,工程项目的实施和管理等全部工作都可以纳入到合同管理的范围。合同管理贯穿于工程实施的全过程和工程实施的各个方面。它作为其他工作的指南,对整个项目的实施起着总控制和总保证作用。在现代工程中,没有合同意识,项目整体目标就不明;没有合同管理,项目管理就难以形成高效率的系统工作,就不可能实现项目的目标。

在现代工程项目中不仅需要专职的合同管理人员和部门,而且要求参与工程项目管理的其他各种人员(或部门)都必须熟悉合同和合同管理工作。所以合同管理在项目管理实践以及相关专业的教学中具有十分重要的地位。

➤ 1.3.5　建设工程合同管理的相关法律

建设工程合同管理要依法进行。由于建设工程合同涉及面广,内容复杂,所以不但要完善合同法律制度本身,也需要相关法律体系的逐步完善。目前,我国这方面的立法已基本形成了体系,奠定了建筑市场和建设工程合同管理的法律基础。

1. 《合同法》

见 1.1.3 节内容。

2. 《民法通则》

《民法通则》是调整平等主体的公民之间、法人之间、公民与法人之间的财产关系和人身关系的基本法律。合同关系也是一种财产(债权)关系,因此,《民法通则》对规范合同关系作出了原则性的规定。

《民法通则》是我国民事方面的基本法,其他单行民事法规属于民事特别法,根据特别法优于基本法的原则,若民事单行法规不违背民法通则的规定或者民法通则允许单行法规另有规定的,应当优先适用单行法规。《民法通则》与《合同法》都属于民法法律部门。

3. 《招标投标法》

招标投标是通过竞争择优确定承包人的主要方式,其制定目的在于规范招标投标活动,保护国家利益、社会公共利益和招标投标活动当事人的合法权益,提高经济效益及保证工程项目质量,等。

《招标投标法》是规范建筑市场竞争的主要法律。它能够有效地实现建筑市场的公开、公平、公正的竞争。有些建设项目必须通过招标投标确定承包人,其他项目国家鼓励通过招标投标确定承包人。

4. 《建筑法》

《建筑法》是规范建筑活动的基本法律。它以规范建筑市场行为为出发点,以建筑工程质量和安全为主线,确定了建筑活动中的一些基本法律制度。其制定的主要目的在于加强对建筑业活动的监督管理,维护建筑市场秩序,保障建筑工程的质量和安全,促进建筑业健康发展,等。

建设工程合同的订立和履行也是一种建筑活动,合同的内容也必须遵守《建筑法》的规定。由于《建筑法》与《招标投标法》都是调整国家在经济管理中发生的经济关系的法律,因此均属于经济法法律部门。

5. 《民事诉讼法》

《民事诉讼法》的任务是保证当事人行使诉讼权利,保证人民法院查明事实,正确运用法律,及时审理民事案件,确认民事权利义务关系,制裁民事违法行为,保护当事人的合法利益,维护社会和经济秩序,保障社会主义建设事业顺利进行。

民事诉讼法、行政诉讼法和刑事诉讼法的作用在于从程序上保证实体法的正确实施,因此都属于诉讼法法律部门。

6. 《仲裁法》

《仲裁法》的主要内容包括有关仲裁协会及仲裁委员会的规定,仲裁协议,仲裁程序,仲裁庭的组成、开庭和裁决,申请撤销裁决,裁决的执行以及涉外仲裁的特殊规定等。

仲裁法、律师法、法官法和检察官法等也归属于诉讼法法律部门。

7. 《担保法》

担保是保障债权债务得以实施的法律措施,该法旨在促进资金融通和商品流通,保障债权的实现,以发展社会主义市场经济,并规定了保证、抵押等担保方式。担保法属于民法法律部门,建设工程合同管理中的有关各种担保形式及争端的处理均应依据该法。

8. 《合同鉴证办法》和《公证条例》

鉴证是工商行政管理机关审查合同的真实性及合法性的一种监督管理制度,以减少合同争议和违法合同,从而保护当事人的合法权益,提高履约率。

公证是国家公证机关根据当事人的申请,依法证明其法律行为、有法律意义的文书和事实的真实性、合法性,以保护公共财产,保护公民在身份上、财产上的权利和合法利益。

合同的公证与鉴证的相同之处:内容和范围相同;除另有规定外都实行自愿申请原则;其目的都是为了证明合同的合法性与真实性。

但公正与鉴证也存在区别:二者在性质、效力与法律效力的适用范围等方面都不同。

9. 其他相关法律

建设工程合同管理还涉及其他一些相应的法律规定。建设工程需要投保的,应当遵守《中华人民共和国保险法》的规定;建设工程需要建立劳动关系的,应当遵守《中华人民共和国劳动法》的规定。其中保险法属于商法法律部门,劳动法则属于劳动法和社会保障法法律部门。

国务院还发布施行了若干行政法规,如《建设工程质量管理条例》、《建设工程安全生产管理条例》等。

1.4 代理制度

由于合同的种类繁多,当合同主体对欲签订的某一合同应约定的条款内容不熟悉时,往往委托代理人或代理机构帮助其形成合同。随着社会分工的不断细化,建设工程领域中的某些中介业务已经产生了专门的代理机构,甚至成为了行业,如招标代理机构。

1.4.1 代理的概念和法律特征

1. 代理的概念

代理是代理人在代理权限内,以被代理人的名义实施的、其民事责任由被代理人承担的法律行为。

代理是涉及三方的法律关系。依据代理权代替他人实施民事行为的人称为代理人;被他人代替实施民事法律行为、承担民事法律后果的人称为被代理人;同代理人发生民事法律行为的人称为第三人或者相对人。在这种法律关系中,代理人与被代理人之间是代理权关系,代理人与第三人之间是代理行为关系,被代理人与第三人是因代理行为而产生的民事法律关系。

2. 代理的法律特征

(1)代理人必须在代理权限范围内实施代理行为。无论代理权的产生是基于何种法律事实,代理人都不得擅自变更或扩大代理权限,代理人超越代理权限的行为不属于代理行为,被代理人对此不承担责任。

(2)代理人以被代理人的名义实施代理行为。如果代理人以自己的名义为法律行为,这种行为则是代理人自己的行为而非代理行为,其所设定的权利与义务只能由代理人自己承担。

(3)代理人在被代理人的授权范围内独立地表现自己的意志。在被代理人的授权范围内,代理人以自己的意志去积极地为实现被代理人的利益和意愿进行具有法律意义的活动。它具体表现为代理人有权自行解决他如何向第三人作出意思表示,或者是否接受第三人的意思表示。

(4)代理行为的法律后果归属于被代理人。代理是代理人以被代理人的名义实施的法律行为,所以在代理关系中所设定的权利义务,应当归属被代理人享受和承担。

▶ 1.4.2 代理的适用范围

代理的适用范围很广,如代签合同、代理专利申请等,但还是受到法律限制。下列行为不适合代理:

(1)具有人身性质的民事法律行为,如婚姻登记、收养、演出等。

(2)代理人无权代理的行为。

(3)只有某些民事主体才能代理的行为,他人不能代理,如发行证券只能由具有证券承销资格的机构来代理。

(4)当事人约定应由本人亲自实施的行为。

(5)违法行为。

▶ 1.4.3 代理的种类

根据代理权产生依据的不同,可将代理分为委托代理、法定代理和指定代理三种。

1. 委托代理

委托代理是基于被代理人的委托授权而发生的代理关系。委托代理关系的产生,需要代理人与被代理人之间存在基础法律关系,如委托关系、合伙合同关系、工作隶属关系等,但只有在被代理人对代理人进行授权后,这种委托代理关系才真正建立。委托授权行为一般表现为委托书。

在建设工程中涉及的代理主要是委托代理,如项目经理作为施工企业的代理人、总监理工程师作为监理单位的代理人等,授权行为是由单位的法定代表人代表单位完成的。如果授权范围不明确,则应当由被代理人(单位)向第三人承担民事责任,代理人负连带责任,但是代理人的连带责任是在被代理人无法承担责任的前提下承担的。如果考虑建设工程的实际情况,被代理人承担民事责任的能力远远高于代理人,在这种情况下实际往往由被代理人承担民事责任。

工程招标代理机构是接受被代理人的委托、为被代理人办理招标事宜的社会组织。工程招标代理的被代理人是发包人,在委托人的授权范围内,招标代理机构从事的代理行为,其法律责任由发包人承担。如果招标代理机构在招标代理过程中有过错行为,招标人则有权根据招标代理合同的约定追究招标代理机构的违约责任。

2. 法定代理

法定代理是根据法律的直接规定而产生的代理关系。法定代理主要是为无民事行为能力人或者限制行为能力人设立的代理方式,如法定监护人。

3. 指定代理

指定代理是根据人民法院或有关主管机关的指定而产生的代理关系。指定代理只能在没有委托代理和法定代理的情况下才适用。被代理人只能是无民事行为能力或者限制民事行为的公民。

▶ 1.4.4 无权代理

1. 无权代理的概念和表现形式

无权代理是指行为人没有代理权而以他人名义进行民事、经济活动。

无权代理有三种表现形式：①没有代理权而为代理行为；②超越代理权限而为代理行为；③代理权终止后而为代理行为。

2．无权代理的法律后果

对于无权代理行为，代理人可以行使"催告权"或"撤销权"，被代理人可以根据无权代理行为的后果对自己有利或不利的原则，行使"追认权"或"拒绝权"。行使追认权后，将无权代理行为转化为合法的代理行为。无权代理人进行的代理行为，只有经过被代理人的追认，被代理人才承担民事责任，未追认的行为，由行为人承担民事责任。但是，知道他人以自己的名义实施民事行为而不做否认表示的，视为同意。

无权代理人所为的代理行为，善意相对人有理由相信其有代理权，在此情形下称为表见代理，被代理人应当承担代理行为所产生的代理后果。

▷ 1.4.5 滥用代理权

滥用代理权是指代理人行使代理权时，违背代理权的设定宗旨和代理行为的基本准则，有损被代理人利益的行为。

1．滥用代理权的构成要件

(1)有代理权，不同于无权代理；

(2)违背了诚实信用的原则；

(3)被代理人的利益受到损害。

2．滥用代理权的常见类型

(1)以被代理人的名义同自己实施法律行为。代理人同时也是代理关系中的第三人，很难避免代理人为自己的利益而牺牲被代理人的利益。

(2)代理双方当事人实施同一法律行为。一人担任同一事项双方的代理人，同时代表双方的利益，难以达到利益的平衡。

(3)代理人与第三人恶意串通，损害被代理人的利益。这种情况下代理人辜负了被代理人的信任，严重违背了代理制度的设定宗旨。

3．滥用代理权的法律后果

滥用代理权的行为，视为无效代理，给被代理人和他人造成损害的，必须承担相应的赔偿责任。代理人与第三人串通损害被代理人利益的，由代理人和第三人负连带责任。如果没有串通，则分别承担相应的责任。

▷ 1.4.6 代理权的终止

代理权的终止指代理关系结束，代理人不再具有以被代理人名义进行民事活动的资格。

我国《民法通则》对三种类型代理的终止分别做出了规定，其中在建设工程领域应用较为普遍的委托代理的终止原因如下：

(1)代理期间届满或者代理事项完成；

(2)被代理人取消委托或代理人辞去委托；

(3)代理人死亡或代理人丧失民事行为能力；

(4)作为被代理人或者代理人的法人终止。

1.5　本书的结构框架和章节安排

为方便教师的授课和学生的学习,本教材在每章内容前列出本章的学习要点,在每章内容讲解完列举紧密相关的多个案例并给出分析提示,然后作出较详尽的案例评析,最后是思考练习题。

本书共10章,从体系上分两大部分内容。

第一部分:第2—3章,从法律角度介绍建设工程合同管理的主要法律依据。其中第2章合同法律制度从合同的订立、效力、履行、终止、解除、担保等过程阐述在市场经济体制下主体间进行交易所建立的合同应遵守的法律依据;第3章讲解从市场主体通过公平竞争的方式发包承包建设工程项目、建设工程合同的形成应遵守的招标投标法律制度。

第4—7章分别介绍建设工程实施阶段所涉及的造价咨询合同、招标代理合同、委托监理合同、勘察设计合同、施工合同、施工分包合同和劳务分包合同、技术合同、保险合同、担保合同、物资采购合同以及大型设备采购合同的管理。

第8章介绍在国际工程承包市场常用的FIDIC施工合同和交钥匙合同的管理。

第9章介绍在建设工程合同管理过程中,尤其是施工阶段出现违约等情形下,业主、施工单位和工程师三者对索赔如何进行有效的管理。

第二部分:即第10章,在前述各类合同内容的基础上介绍建设工程合同的策划管理过程,主要内容包括工程项目的交付模式与合同体系选择的影响因素,项目的环境分析与合同计价模式的选择,建设工程合同的谈判与签订、实施控制、档案管理以及风险管理。

1.6　本章案例

【案例1-1】背景材料:A钢材厂与B贸易公司签订了一份购销钢材的合同,约定A厂向B公司提供钢材1 000吨,每吨单价1 000元,总货款100万元。合同签订后,B公司到C灯具厂联系推销钢材,并与之签订了200吨钢材的买卖合同,每吨单价为1 100元。C灯具厂与B公司签订合同后,派出业务员携带10万元转账支票,随同B公司业务员来到A钢材厂,要求发运200吨钢材。A钢铁厂要求先将预付款进账户后才能发货。C灯具厂到银行办理转账手续时,银行认为C灯具厂与A钢铁厂没有直接的合同关系而不同意转收支票款。于是,C灯具厂在转账支票上写上"代B贸易公司付钢材款10万元"后,银行同意将预付款转至A钢材厂的账户。A钢材厂收到货款后以预付款不足为由而拒绝交货。故此,C灯具厂以A钢材厂为被告提起诉讼,请求退回货款。

核心提示:合同法律关系分析

案例评析:该案件中存在两份合同,两份合同相互联系,却又互相独立。A钢材厂和B贸易公司之间形成一个合同法律关系,主体是A钢材厂和B贸易公司,客体是钢材,内容是A钢材厂向B贸易公司交付钢材1 000吨,而B贸易公司向A钢材厂支付货款100万。B贸易公司与C灯具厂之间形成另一个合同法律关系,主体是B贸易公司与C灯具厂,客体也是钢材,内容是B贸易公司向C灯具厂交付钢材200吨,C灯具厂则向B贸易公司支付货款22万。

A钢材厂与B贸易公司签订的买卖合同仅对A钢材厂与B贸易公司有法律上的约束效力,而与C灯具厂无关。而A钢材厂与C灯具厂之间不存在任何法律关系,因此,C灯具公司无义务向A钢材厂支付货款,而A钢材厂也无义务直接向C灯具厂提供货物。本案中C灯具厂的支付行为应当视为代替B贸易公司所作的支付,该支付行为不足以使A钢材厂与C灯具厂之间产生合同法律关系。

由于C灯具厂与A钢材厂间没有民事法律关系,因此C灯具厂将A钢材厂作为被告是不妥当的。基于C灯具厂与B贸易公司之间的合同关系,当C灯具厂无法得到钢材时,其应当以B贸易公司违约为由提起诉讼。由于A钢材厂与本案有利害关系,法院应当追加A钢材厂为本案的第三人。

【案例1-2】背景材料:A公司的工作人员甲,接受A公司的委托去购买一批香烟。甲到B公司进货,为了从中获取回扣,甲以A的名义从B公司购进了一批假冒名牌香烟,A公司发现后责令甲退货。分析甲的行为的性质,其法律责任该如何承担?

核心提示:滥用代理权

案例评析:甲的行为属于滥用代理权,是代理人与第三人恶意串通,损害被代理人利益的情况。滥用代理权的行为,视为无效代理。代理人滥用代理权给被代理人及他人造成损害的,必须承担相应的赔偿责任。

思考与练习

1. 合同法律关系由哪些要素构成?
2. 法人应当具备的条件有哪些?
3. 什么是代理制度? 有哪些特征?
4. 无权代理的法律后果如何承担?
5. 简述建设工程合同体系的构成。
6. 某公司授权公民王某代理寻找本公司产品的买主并代签买卖合同,对其进行了书面的授权,授权书如下所示。

××公司委托代理证书

兹委托王××同志代理我公司签订经济合同。

委托单位:××公司

问题:上面的委托授权书有何缺陷?

第2章

合同法律制度

学习要点

1. 合同的内容和订立程序
2. 合同的效力
3. 合同的违约责任
4. 合同的终止

2.1 合同的订立

合同的订立是指合同当事人依法就合同内容经过协商,达成协议的法律行为。

2.1.1 合同的形式

合同的形式是合同当事人所达成协议的外在表现形式,是合同内容的载体。

1. 合同形式的分类

《合同法》将合同的形式分为书面形式、口头形式和其他形式。

(1)书面形式。书面形式指当事人以文字表述协议内容的合同。书面合同既可成为当事人履行合同的依据,一旦发生合同纠纷又可成为证据,便于确定责任,能够确保交易安全。

合同的书面形式具体又包括合同书、信件和数据电文(如电子邮件、传真)等。

(2)口头形式。口头形式指当事人只以口头语言的意思表示达成协议。口头合同简便易行,缔约迅速且成本低,但在发生合同纠纷时,难以举证,不易分清责任。

(3)其他形式。其他形式指以当事人的行为或者特定情形推定成立的合同。例如房屋租期满后继续交房租,对方接受而无任何口头或者书面合同,属于推定成立的合同。

如果以合同形式的产生依据划分,合同形式则可分为法定形式和约定形式。合同的法定形式是指法律直接规定合同应当采取的形式。如《合同法》规定建设工程合同应当采用书面形式,则当事人不能对合同形式加以选择。合同的约定形式是指法律没有对合同形式作出要求,当事人可以约定合同采用的形式。

2. 合同形式欠缺的法律后果

法律、行政法规规定或当事人约定采用书面形式订立合同,当事人未采用书面形式,但一方已经履行了主要义务,对方接受的,该合同成立。采用书面形式订立合同的,在签字盖章之前,当事人一方已经履行主要义务,对方接受的,该合同成立。

合同的形式只是当事人意思的载体,从本质上说,法律、行政法规在合同形式上的要求也是为了保障交易安全。如果在形式上不符合要求,但当事人已经有了交易事实,再强调合同形式就失去了意义。但在没有履行行为之前,合同的形式不符合要求则可视为合同未成立。

例如,某施工合同在施工任务完成后由于发包人拖欠工程款而发生纠纷,但双方一直没有签订书面合同,此时应当认定合同已经成立。

▷ 2.1.2　合同的内容

合同内容是据以确定当事人权利、义务和责任的具体规定,通过合同条款体现。

按照合同自愿原则,合同内容由当事人约定。《合同法》规定了合同应当包括的一般条款,但具备这些条款不是合同成立的必备条件。

为了起到合同内容的示范作用,《合同法》规定合同包括以下一般条款或者内容:

(1)当事人的名称或者姓名和住所。法人、其他组织的名称是指营业执照或登记册上核准的名称,其住所为主要办事机构所在地或者主要营业地;自然人的姓名是指经当地户籍管理部门核准登记的正式用名,其住所是指户口所在地,若经常居住地与户口所在地不一致的,以其经常居住地作为住所地。但对于建设工程合同的当事人,如设计单位、施工企业还要求具有相应的资质等级。

该条款反映合同当事人的基本情况,明确合同主体,对于合同义务的履行以及确定诉讼管辖具有重要意义。

(2)标的。标的是合同当事人权利义务共同指向的对象,即合同法律关系中的客体。合同标的必须明确、具体,并且符合国家法律、法规要求,通常主要包括物、财、行为和智力成果等。

(3)数量。数量是对标的的计量,是以数字和计量单位来衡量标的的尺度。数量条款应遵守国家法定计量规则。例如施工承包合同的数量主要反映标的的面积、层数等工程量。

(4)质量。质量是指标的的内在素质和外观形态的综合,如产品的品种、规格、化学性质、执行标准等。当事人约定质量条款时,必须符合国家有关规定和要求。

(5)价款或者报酬。价款或者报酬指合同当事人一方向交付标的方支付的表现为货币的对价。通常在以财产为标的的合同中所支付的对价称为价款,在以劳务和工作成果为标的的合同中所支付的对价称为酬金。当事人在约定价款或者报酬时,应遵守国家有关价格方面的法律和规定,并接受工商行政管理机关和物价管理部门的监督。

(6)履行期限、地点和方式。履行期限是合同当事人履行义务的时间界限,是确定当事人是否按时履行或迟延履行的客观标准,也是当事人主张合同权利的时间依据。履行地点是当事人交付标的或者支付价款的地方,当事人应在合同中予以明确。履行方式是指当事人以什么方式来完成合同的义务。合同标的不同,履行方式则有所不同,即使合同标的相同,也有不同的履行方式。

履行期限、地点和方式是确定合同当事人是否适当履行合同的依据。

(7)违约责任。违约责任是指当事人一方或双方不履行合同或不能完全履行合同,按照法律规定或合同约定应当承担的经济制裁。设定违约责任条款的意义在于督促当事人自觉适当地履行合同,保护非违约方的合法权利。

(8)解决争议的办法。根据我国现有法律规定,争议解决的方法有和解、调解、仲裁或诉讼。当事人在订立合同时,可以约定当合同发生争议时,不能和解或调解的,通过仲裁解决争议,或者通过诉讼解决争议。

建设工程合同也应当包括以上内容,但由于建设工程合同比较复杂,因而合同中的内容往往并不全部体现在狭义的合同文本中。如有些内容反映在工程量清单中,有些内容反映在当事人约定采用的质量标准中。

➢ 2.1.3   格式合同

格式合同指一方当事人为重复使用而预先拟定合同条款,并在订立合同时不容相对人协商的合同。如果当事人一方事先拟定只是合同中的部分条款,该类条款就称为格式条款,相对人仍可就合同中的其他非格式条款提出磋商。我国《消费者权益保护法》采用了格式合同的概念,《合同法》则采用格式条款的概念。

格式合同具有以下优缺点。①优点:可以避免一事一议,降低交易成本;②缺点:合同拟定人更多地考虑自己的利益,容易违背公平原则。

在建设工程项目实施的过程中,工程保险合同往往采用格式合同。

格式合同使相对人失去了选择合同条款的自由,为了保护相对人的权利,《合同法》等有关法律对格式合同作出以下特别限制:

(1)不可排除法定条款的效力。即法律直接规定合同当事人权利义务的,如果提供格式合同的当事人一方在合同中免除或减少自己应负的义务,或加重对方责任或排除对方主要权利的,该条款为无效。

(2)免责条款的提示和说明义务。免责条款是指格式合同中免除或限制格式合同拟定人责任的条款。由于免责条款对相对人不利,所以法律特别要求拟定人在缔约时,要以合理的方式提请对方注意该条款,并在相对人有要求时,对该条款的含义予以说明,在书面合同中则要对该条款作醒目的标示;如果拟订人未作提示,该条款无效。

(3)非格式条款之优先效力。非格式条款融合了相对人的自由意思,更符合公平原则。在同一合同中,格式条款与非格式条款的意思不一致的,应优先采用非格式条款。

(4)有利于相对人的解释原则。当事人对格式条款的理解发生争议时,不应由拟订人解释该条款的意思,而要从有利于相对人的立场解释。首先按照常理解释;其次在对条款有两种以上的解释时,从不利于拟订人一方解释,简言之,就是从有利于相对人一方解释,由拟订人承担条款歧义的不利效果。

➢ 2.1.4   合同示范文本

合同示范文本,指由合同当事人、有关业务主管部门、专家学者等就某一种或某一类合同制定的具有各种必要条款的合同文本样式。一般经过长期实践,反复优选,统一制定,具有指导性、内容完备等特点。当事人签订合同时参照示范文本,可以比较全面、公平地约定双方的权利义务。

到目前为止,在建设工程领域,住房与城乡建设部(原建设部)与国家工商行政管理局已联合颁布了以下工程合同示范文本:《建设工程施工合同(示范文本)》(GF—1999—0201);《建设工程委托监理合同(示范文本)》(GF—2000—0202);《建设工程勘察合同(示范文本)》(一)(GF—2000—0203);《建设工程勘察合同(示范文本)》(二)(GF—2000—0204);《建设工程设计合同(示范文本)》(一)(GF—2000—0209);《建设工程设计合同(示范文本)》(二)(GF—2000—0210);《建设工程造价咨询合同(示范文本)》(GF—2002—0212);《建设工程施工专业分包合同(示范文本)》(GF—2003—0213);《建设工程施工劳务分包合同(示范文本)》(GF—2003—0214);《建设工程招标代理合同(示范文本)》(GF—2005—0215)。

虽然工程合同的示范文本不属于法律法规,是推荐使用的文本,但由于合同示范文本考虑到了建设工程合同在订立和履行中有可能涉及的各种问题,并给出了较为公正的解决方法,能够有效减少合同的争议,因此对完善建设工程合同管理制度起到了极大的推动作用。

▷ 2.1.5 订立合同的程序

订立合同的程序是指合同当事人双方依法就合同内容达成一致的过程,也称订立合同的方式。订立合同采取要约、承诺方式。

1. 要约

(1)要约的概念。要约是希望和他人订立合同的意思表示。在要约中,提出要约的一方为要约人,接受要约的一方为受要约人。

(2)要约的构成要件。要约必须具备以下条件:

①要约必须表明要约人具有与特定相对人订立合同的愿望;

②要约的内容必须具体确定,应包括一经承诺即可以成立的基本合同条款;

③要约经受要约人承诺,要约人即受该要约的约束。

(3)要约邀请。要约邀请是希望他人向自己发出要约的意思表示。要约邀请并不是合同成立过程中的必经过程,它是当事人订立合同的预备行为,在法律上无需承担责任。这种意思表示的内容往往不确定,不含有合同得以成立的主要内容,也不含相对人同意后受其约束的表示。比如价目表的寄送、招标公告、拍卖公告、商业广告、招股说明书等,即是要约邀请。

商业广告的内容符合要约规定的,视为要约。

要约与要约邀请的区别如下:

①要约是当事人自己主动表示愿意与他人订立合同,而要约邀请则是希望他人向自己提出要约;

②要约的内容必须包括将要订立的合同的实质条件,而要约邀请则不一定包含合同的主要内容;

③要约经受要约人承诺,要约人受其要约的约束,要约邀请则不含有受其要约邀请约束的意思。

(4)要约的生效。要约到达受要约人时生效。要约生效后,对要约人和受要约人产生不同的法律后果,使得受要约人取得承诺的资格,而对要约人则受到一定的约束。

(5)要约的撤回。撤回要约是指要约人发出要约后,在其送达受要约人之前,将要约收回,使其不生效。

撤回要约的通知应当在要约到达受要约人之前或者与要约同时到达受要约人。

(6)要约的撤销。撤销要约是指要约生效后,在受要约人承诺之前,要约人通过一定的方式,使要约的效力归于消灭。撤销要约的通知应当在受要约人发出承诺通知之前到达受要约人。

在下列情形下不得撤销要约:

①要约人确定了承诺期限或者以其他形式明示的要约不可撤销;

②受要约人有理由认为要约是不可撤销的,并已经为履行合同做了准备工作。

(7)要约失效。要约失效即要约的效力归于消灭。在下列四种情形下要约失效:

①拒绝要约的通知到达要约人;

②要约人依法撤销要约;

③承诺期限届满,受要约人未作出承诺;

④受要约人对要约的内容作出实质性变更。

2. 承诺

(1)承诺的概念。承诺是受要约人同意要约的意思表示。

(2)承诺的要件。承诺应符合以下条件：

①承诺必须由受要约人向要约人作出。因为要约生效后，只有受要约人取得了承诺资格，如果第三人了解了要约内容，向要约人作出同意的意思表示不是承诺，而是第三人发出的要约。

②承诺的内容应当与要约的内容相一致，即受要约人对要约的内容未作实质性变更。因为要约失效的原因之一是受要约人对要约的内容作出实质性变更，因此，如果受要约人对要约的内容作出实质性变更的，则不构成承诺，而是受要约人向要约人作出的反要约。如果承诺对要约的内容作出非实质性变更的，要约人及时表示反对，或者要约表明不得对要约的内容作出任何变更，则承诺也不生效。

③受要约人应当在承诺期限内作出承诺。通常承诺期限在要约中规定，如果要约未规定，按照《合同法》规定确定：

要约以对话方式作出的，应当即时做出承诺；要约以信件形式作出的，承诺期限自信件或电报交发日期起算；要约以电话、传真等快速通讯方式作出的，承诺期限自要约到达受要约人开始计算；如果受要约人未在承诺期限内作出承诺，则要约人就不再受其要约的约束。

(3)承诺的生效。承诺应当以通知的方式作出，根据交易习惯或者要约表明可以通过行为作出承诺的除外。承诺通知在送达给要约人时生效。

承诺生效时合同即告成立，对要约人和承诺人来讲，他们相互之间就确立了权利义务关系。

(4)承诺的撤回。承诺可以撤回。撤回承诺的通知应当在承诺通知到达要约人之前或者与承诺通知同时到达要约人。即承诺在生效后到达要约人，则不可以撤销。

(5)承诺的迟到与迟延。受要约人超过期限发出承诺的，为承诺的迟到，除非要约人及时通知受要约人该承诺有效的以外，则为新要约。

如果受要约人虽在承诺期限内发出承诺，按照通常情形能够及时到达要约人，但因其他原因承诺到达要约人时超过承诺期限的，为承诺的迟延。如果要约人及时通知受要约人承诺超过期限，则承诺无效；否则该承诺有效。

▷2.1.6 合同成立的时间和地点

合同成立是指合同当事人对合同的标的、数量等内容协商一致。

1. 合同成立的时间

(1)如果法律法规、当事人对合同的形式、程序没有特殊的要求(不要式合同)，则承诺生效的时间为合同成立的时间。

(2)采用合同书形式订立合同时，双方当事人签字或者盖章时合同成立。

(3)当事人采用信件、数据电文等形式订立合同的，可以在合同成立之前要求签订确认书。签订确认书时合同成立。

2. 合同成立的地点

合同成立的地点与合同的履行地不同。前者指完成合同这一法律行为的地点，后者指履行合同债权债务的地点。

(1)一般情况下，承诺生效的地点为合同成立的地点。

(2)书面合同以双方当事人签字或者盖章的地点为合同成立的地点。

(3)采用数据电文形式订立合同的，当事人应当约定合同成立地点。没有约定的，收件人的主营业地为合同成立的地点；没有主营业地的，其经常居住地为合同成立的地点。

▷ 2.1.7　缔约过失责任

1. 缔约过失责任的概念

缔约过失责任，是指在合同缔结过程中，当事人一方或双方因自己的过失而致合同不成立、无效或被撤销，应对信赖其合同为有效成立的相对人赔偿基于此项信赖而发生的损害。当事人订立合同过程中，应依据诚实信用的原则，对合同内容进行磋商，否则应承担缔约过失责任。缔约过失责任既不同于违约责任，也有别于侵权责任，是一种独立的责任。

2. 承担缔约过失责任的要件

缔约过失责任是针对合同尚未成立应当承担的责任，其成立必须具备一定的要件，否则将极大地损害当事人协商订立合同的积极性。缔约过失责任必备以下条件：

（1）缔约一方受到损失。损害事实是构成民事赔偿责任的首要条件；如果没有损害事实的存在，也就不存在损害赔偿责任。缔约过失责任的损失是一种信赖利益的损失，即缔约人信赖合同有效成立，但因法定事由发生，致使合同不成立、无效或被撤销等而造成的损失。

（2）缔约当事人有过错。承担缔约过失责任一方应当有过错，包括故意行为和过失行为导致的后果责任。这种过错主要表现为违反合同先义务。所谓"合同先义务"，是指自缔约人双方为签订合同而互相接触磋商开始但合同尚未成立，逐渐产生的注意义务（或称附随义务），包括协助、通知、照顾、保护、保密等义务，它自要约生效开始产生。

（3）合同尚未成立。这是缔约过失责任有别于违约责任的最重要原因。合同一旦成立，当事人应当承担的是违约责任或者合同无效的法律责任。

（4）缔约当事人的过错行为与该损失之间有因果关系。缔约当事人的过错行为与该损失之间有因果关系，即该损失是由违反合同先义务引起的。

3. 承担缔约过失责任的情形

（1）假借订立合同，恶意进行磋商。恶意磋商，是指一方没有订立合同的诚意，假借订立合同与对方磋商而导致另一方遭受损失的行为。其真实目的可能是破坏或阻止对方与第三方订立合同，也可能是贻误竞争对手商机等。

（2）故意隐瞒与订立合同有关的重要事实或提供虚假情况。这是指对涉及合同成立与否的事实予以隐瞒或者提供与事实不符的情况而引诱对方订立合同的行为，通常包括隐瞒或提供虚假的自身资质等级、财务状况、履约能力或者标的物的状况。

（3）有其他违背诚实信用原则的行为。其他违背诚实信用原则的行为主要指违反了通知、保护、照顾、说明、保密等附随义务。

2.2　合同的效力

合同的效力，是指合同所具有的法律约束力。《合同法》对合同的效力，不仅规定了合同生效、无效合同，而且还对可撤销或变更合同、效力待定合同进行了规定。

▷ 2.2.1　合同的生效

1. 合同的有效要件

合同生效是指合同对双方当事人的法律约束力的开始。

合同成立后,必须具备相应的法律条件才能生效,否则合同是无效的。合同的生效与合同的成立既有联系又有区别。合同的成立,是指当事人经过要约和承诺,意思表示一致后达成协议。合同的生效,是指已成立的合同,发生相应的法律约束力。

合同有效应当具备下列条件:

(1)当事人的主体资格合法。《合同法》规定:"当事人订立合同,应当具有相应的民事权利能力和民事行为能力。"合同主体包括自然人、法人和其他组织。

完全行为能力人可以订立一切法律允许自然人作为合同主体的合同;限制行为能力人只能订立一些与其年龄、智力、精神状况相适应或纯获利益的合同,其他的合同,则应由法定代理人代为签订或经法定代理人同意。

法人和其他组织只有在其权利能力和行为能力(经营活动)的范围内订立合同,才具有合同主体的资格。

(2)意思表示真实。意思表示真实是合同的生效条件而非合同的成立条件。意思表示不真实包括意思与表示不一致、不自由的意思表示两种。含有意思表示不真实的合同是不能取得法律效力的。如建设工程合同的订立,若是一方采用欺诈、胁迫的手段订立的,就是意思表示不真实的合同,这样的合同就欠缺生效的条件。

(3)不违反法律、法规的强制性规定,不损害社会公共利益。这是就合同的目的和内容而言的。不违反法律或者社会公共利益,实际是对合同自由的限制。

(4)具备法律、行政法规规定的形式要件。

不具备以上要件的合同可能为无效合同、可撤销合同、效力待定合同。

2. 合同的生效时间

《合同法》对合同生效时间规定了以下三种情形:

(1)成立生效。一般情况下,依法成立的合同,自成立时生效。

(2)批准登记生效。法律、行政法规规定应当办理批准登记手续才能生效的合同。按照我国现有的法律和行政法规的规定,有的将批准登记作为合同成立的条件,有的将批准登记作为合同生效的条件。比如,中外合资经营企业合同必须经过批准后才能成立。

(3)约定生效。约定生效是指合同当事人在订立合同时,约定以将来某种事实的发生作为合同生效或合同失效的条件。

当事人约定以不确定的将来事实的成就限制合同生效或失效的,称为附条件的合同。附生效条件的合同,自条件成就时生效;附解除条件的合同,自条件成就时失效。

当事人约定以确定的将来事实的成就限制合同生效或失效的,即是附期限的合同。附生效期限的合同,自期限届至时生效。附终止期限的合同,自期限届满时失效。

➤ 2.2.2 无效合同

无效合同是指合同虽然已经成立,但因严重欠缺生效条件而不产生合同法律效力的合同。无效合同从订立之时起就没有法律效力,不论合同履行到什么阶段,合同被确认无效后,这种无效的确认要溯及到合同订立时。

合同无效有下列五种情形:

1. 一方以欺诈、胁迫的手段订立合同,损害国家利益

欺诈,是指一方当事人故意告知对方虚假情况,或者故意隐瞒真实情况,诱使对方当事人作出错误意思表示的行为。如施工企业伪造等级证书与发包人签订施工合同。

胁迫,是以给自然人及其亲友的生命健康、荣誉、名誉、财产等造成损害或者以给法人的荣誉、名誉、财产等造成损害为要挟,迫使对方作出违背真实意思表示的行为。如材料供应商以败坏施工企业名誉为要挟,迫使施工企业与其订立材料买卖合同。

以欺诈、胁迫手段订立的合同,如果损害国家利益,则无效。没有损害国家利益的合同是可撤销合同。

2. 恶意串通,损害国家、集体或第三人利益

当事人明知或者应知某种行为将造成对国家、集体或者第三人的损害而故意合谋、串通,共同订立的合同为无效合同。

在建设工程领域中,如果投标人之间串通投标或者招标人与投标人串通,损害国家、集体或第三人利益,订立的合同则是无效的。

3. 以合法形式掩盖非法目的

当事人实施的行为在形式上是合法的,但在内容上或者目的上是非法的所签订的合同,不论是否造成损害后果,都是无效的。

4. 损害社会公共利益

社会公共利益的内涵丰富,外延宽泛。如果合同违反公共秩序和善良风俗(即公序良俗),损害社会公共利益,则为无效合同。

5. 违反法律、行政法规的强制性规定

违反法律、行政法规的强制性规定的合同是无效合同,而违反其中的任意性规范则并不导致合同无效。例如在法律条款中以"可以"等提示性或者建议性用语表述的内容只是任意性规范,即当事人可以通过约定排除其适用的规范。

合同无效的确认权归人民法院或者仲裁机构,个人或其他任何机构均无认定权。

▷ 2.2.3　效力待定合同

行为人未经权利人同意而订立的合同,因其不完全符合合同生效的要件,不能直接判断合同是否生效,而与合同的一些后续行为(权利人的决定)有关,这类合同即为效力待定合同。

1. 限制民事行为能力人订立的合同

无民事行为能力人不能订立合同,限制行为能力人一般情况下也不能独立订立合同。限制民事行为能力人订立的合同,经法定代理人追认以后,合同有效。限制民事行为能力人的监护人是其法定代理人。相对人可以催告法定代理人在 1 个月内予以追认,法定代理人未作表示的,视为拒绝追认。合同被追认之前,善意相对人有撤销的权利。撤销应当以通知的方式作出。

2. 无权代理人以被代理人名义订立的合同

行为人没有代理权、超越代理权或者代理权终止后以被代理人的名义订立的合同,未经被代理人追认,对被代理人不发生效力,由行为人承担责任。

相对人可以催告被代理人在 1 个月内予以追认。合同被追认之前,善意相对人同样有撤销的权利。

表见代理是善意相对人通过被代理人的行为足以相信无权代理人具有代理权,基于此项信赖,该代理行为有效。善意第三人与无权代理人进行的交易行为(订立合同),其后果由被代理人承担。

在现实生活中,较为常见的表见代理是采购员或者推销员拿着盖有单位公章的空白合同文本,超越授权范围与其他单位订立合同。此时其他单位如果不知采购员或者推销员的授权范围,即为善意第三人。此时订立的合同有效。

法人或其他组织的法定代表人、负责人超越权限订立的合同,除相对人知道或应当知道其超越权限以外,该代表行为有效。

3. 无处分权人处分他人财产的合同

根据法律规定,财产处分权只能由享有处分权的人行使,但《合同法》对无财产处分权的人以自己的名义对他人的财产进行处分而订立的合同的生效情况作出了规定:无处分权的人处分他人财产,经权利人追认或者无处分权的人订立合同后取得处分权的,该合同有效。

▷ 2.2.4 可变更或可撤销合同

可变更或可撤销的合同,是指欠缺意思表示真实的有效要件,但一方当事人可依照自己的意思,请求人民法院或仲裁机构作出裁判,从而使合同的内容变更或者使合同的效力归于消灭的合同。

有下列情形之一的,当事人一方有权请求变更或者撤销合同:

1. 因重大误解而订立的合同

所谓"重大误解"指行为人对行为的性质,对方当事人,标的物的品种、质量、规格和数量等的错误认识,使行为的后果与自己的意思相悖,并造成较大损失的,可以认定为重大误解。

有重大误解的合同,是当事人由于错误认识,对合同对方或合同内容在认识上不正确,而并非由于当事人的故意行为而作出错误的意思表示。对于这种合同,应当允许当事人要求变更或者撤销。

2. 在订立时显失公平的合同

一方当事人利用优势或者利用对方没有经验,致使双方的权利与义务明显违反公平原则的,可以认定为显失公平。

最高人民法院的司法解释认为,民间借贷(包括公民与企业之间的借贷)约定的利息高于银行同期同种贷款利率的4倍,为显失公平。但在其他方面,显失公平尚无定量的规定。

3. 以欺诈、胁迫等手段或者乘人之危订立的合同

当一方当事人以欺诈、胁迫手段或者乘人之危与另一方订立合同时,另一方当事人往往会违背其真实意思作出表示,这与民事法律行为必须意思表示真实的规定相违背,应属无效。但《合同法》根据合同自愿原则,允许受害方选择合同效力,受损害方有权请求人民法院或者仲裁机构变更或者撤销。

合同经法院或仲裁机构变更,被变更的部分无效,而变更后的合同则为有效合同,对当事人有法律约束力。

由于可撤销的合同只是涉及当事人意思表示不真实的问题,因此法律对撤销权的行使有一定的限制。具有撤销权的当事人自知道或者应当知道撤销事由之日起1年内没有行使撤销权以及明确表示或以自己的行为放弃撤销权,则权利灭失。

▷ 2.2.5 无效合同与被撤销合同的法律后果

无效合同是一种自始确定的没有法律约束力的合同,从订立时起国家法律就不承认其具有有效性,订立之后也不可能转化为有效合同。

可撤销的合同,其效力并不稳定,只有在有撤销权的当事人提出请求,并被人民法院或者仲裁机构予以撤销,才成为被撤销的合同。被撤销的合同也是自始没有法律约束力的合同。但是,如果当事人没有请求撤销,可撤销的合同则对当事人就具有法律约束力。因此,可撤销合同的效力取决于当事人是否依法行使了撤销权。

因无效合同和被撤销的合同自始没有法律约束力,那么如果当事人一方或双方已对合同进行了履行,就应对因无效合同和被撤销合同的履行而引起的财产后果进行处理。

1. 返还财产

返还财产是指合同当事人应将因履行无效合同或者被撤销合同而取得的对方财产归还给对方,使合同当事人的财产状况恢复到订立合同时的状态。但返还财产不一定返还原物,如果不能返还财产或者没有必要返还财产,也可通过折价补偿的方式,达到恢复当事人财产状况的目的。

2. 赔偿损失

当事人承担赔偿损失责任时,应以过错为原则。如果一方有过错给对方造成损失,则有过错一方应赔偿对方因此而受到的损失;如果双方都有过错,则双方均应承担各自相应的责任。

3. 追缴财产

对于当事人恶意串通,损害国家、集体或者第三人利益的合同,由于其有着明显的违法性,应追缴当事人因合同而取得的财产,以示对其违法行为的制裁。

➢ 2.2.6 合同效力的其他情形

1. 仲裁条款与合同效力的关系

合同成立后,合同中的仲裁条款是独立存在的,合同的无效、解除、终止,不影响仲裁协议的效力。如果当事人在施工合同中约定通过仲裁解决争议,不能认为合同无效将导致仲裁条款无效。若因一方的违约行为,另一方按约定的程序终止合同而发生了争议,仍然应当由双方选定的仲裁委员会裁定合同是否有效及对争议进行处理。

2. 名称或者法人代表变更与合同效力的关系

合同生效后,当事人不得因姓名、名称的变更或者法定代表人、负责人、承办人的变动而不履行合同义务。

3. 组织合并或分立与合同效力的关系

订立合同后当事人与其他法人或组织合并,合同的权利和义务由合并后的新法人或组织继承,合同仍然有效。

订立合同后分立的,分立的当事人应及时通知对方,并告知合同权利和义务的继承人,双方可以重新协商合同的履行方式。如果分立方没有告知,或分立方的该合同责任归属通过协商对方当事人仍不同意,则合同的权利义务由分立后的法人或组织负连带责任。

4. 免责条款与合同效力的关系

合同的免责条款是指当事人在合同中约定的免除或限制其未来责任的条款。免责条款是由当事人协商一致的合同的组成部分,具有约定性。但对那些具有社会危害性的侵权责任,当事人不能通过合同免除其法律责任,如造成人身伤害以及因故意或者重大过失造成对方财产损失的免责条款就无效。

2.3 合同的履行

合同的履行是指合同生效后,当事人各方按照合同约定的标的、数量、质量、价款、履行期限、地点和方式等,完成各自应承担的全部义务,实现各自权利的行为。

如果当事人只完成了合同规定的部分义务,称为合同的部分履行或不完全履行;如果合同的义务全部没有履行,称为合同未履行或不履行合同。

▶ 2.3.1　履行原则

1. 全面履行和诚实信用的原则

合同依法成立后,当事人双方必须严格按照合同约定的所有条款全面完成各自承担的合同义务。

合同双方当事人应本着诚实、信用的态度来履行自己的合同义务,欺诈行为和不守信用行为都是合同法所不允许的。

2. 约定不明的履行原则

如果当事人所订立的合同,对有关内容约定不明确或没有约定,《合同法》允许当事人协议补充。如果当事人不能达成协议的,按照交易习惯确定。如果按此规定仍不能确定的,则按《合同法》规定处理:

(1)质量要求不明确的,按照国家标准、行业标准履行;没有国家标准、行业标准的,按照通常标准或者符合合同目的的特定标准履行。

(2)价款或者报酬不明确的,按照订立合同时履行地的市场价格履行。

(3)履行地点不明确,给付货币的,在接受货币一方所在地履行;交付不动产的,在不动产所在地履行;其他标的,在履行义务一方所在地履行。

(4)履行期限不明确的,债务人可以随时履行,债权人也可以随时要求履行,但应当给对方必要的准备时间。

(5)履行方式不明确的,按照有利于实现合同目的的方式履行。

(6)履行费用的负担不明确的,由履行义务一方负担。

3. 政府定价的履行原则

《合同法》对执行政府定价或者政府指导价的合同作出了明确规定:"执行政府定价或者政府指导价的,在合同约定的交付期限内政府价格调整时,按照交付时的价格计价。逾期交付标的物的,遇价格上涨时,按照原价格执行;价格下降时,按照新价格执行。逾期提取标的物或者逾期付款的,遇价格上涨时,按照新价格执行;价格下降时,按照原价格执行。"

▶ 2.3.2　债务人的抗辩权

抗辩权就是合同的债务人有合法依据,拒绝向债权人履行债务的权利。根据履行顺序的不同,有三种抗辩权。

1. 同时履行抗辩权

同时履行抗辩权是指在双务合同中,当事人履行合同义务没有先后顺序,应当同时履行;当一方当事人未履行合同义务时,另一方当事人可以拒绝履行合同义务的权利。

债务人行使同时履行抗辩权的条件:

(1)在合同中,双方当事人互负债务,即合同必须是双务合同。

(2)在合同中未规定履行债务的先后顺序,即当事人双方应当同时履行合同债务。

(3)对方当事人未履行合同债务或者履行债务不符合合同约定。

(4)对方当事人有全面履行合同债务的能力。

2. 后履行抗辩权

后履行抗辩权是指在双务合同中,当事人约定了债务履行的先后顺序,当先履行的一方未按约定履行债务时,后履行的一方可拒绝履行其合同债务的权利。

当事人行使后履行抗辩权需具备以下条件:

(1)当事人订立的是双务合同。

(2)合同中约定了当事人履行债务的先后顺序。

(3)应当先履行债务的一方当事人未履行债务或者履行债务不符合合同的约定。

(4)应当先履行债务的一方当事人能够全面履行债务。

3. 不安抗辩权

不安抗辩权,是指在双务合同中,先履行债务的当事人掌握了后履行债务一方当事人丧失或者可能丧失履行债务能力的确切证据时,暂时停止履行其到期债务的权利。

(1)应当先履行债务的当事人,有确切证据证明对方有下列情形之一的,可以中止履行:

①经营状况严重恶化。

②转移财产、抽逃资金,以逃避债务。

③丧失商业信誉。

④有丧失或者可能丧失履行债务能力的其他情形。

(2)根据这一规定,当事人行使不安抗辩权需具备以下条件:

①当事人订立的是双务合同并约定了履行先后顺序。

②先履行一方当事人的履行债务期限已届,而后履行一方当事人的债务未届履行期限。

③后履行一方当事人丧失或者可能丧失履行债务能力,证据确切。

④合同中未约定担保。

当事人行使了不安抗辩权,并不意味着合同终止,只是当事人暂时停止履行其到期债务。这时,应如何处理双方之间合同呢?应当及时通知对方。对方提供适当担保时,应当恢复履行。对方在合理期限内未恢复履行能力并且未提供适当担保的,中止履行的一方可以解除合同。

▷ 2.3.3　债权人的代位权和撤销权

1. 债权人的代位权

债权人的代位权是指债权人为了使其债权免受损害,代位行使债务人权利的权利。债权人行使代位权需具备以下条件:

(1)债务人怠于行使其到期债权。

(2)基于债务人怠于行使权利,债务人对债权人所负到期债务尚未履行,造成债权人的损害。

(3)债务人的权利非专属债务人自身。所谓专属债务人自身的权利指基于抚养、赡养、继承关系产生的给付请求权和劳动报酬、退休金、养老金、抚恤金、人身伤害赔偿金请求权等。

代位权的范围应以债权人的债权为限,行使的必要费用由债务人承担。

2. 债权人的撤销权

债权人的撤销权是指债权人对于债务人实施的损害其债权的行为,请求人民法院予以撤销的权利。

(1)行使撤销权的条件。债权人行使撤销权需具备以下条件:

①债务人实施了损害债权人的行为。这种行为有三种表现形式:放弃到期债权、无偿转让财产、向知情第三人以明显不合理的低价转让财产。

②债务人造成了债权人的损害。

③撤销权的行使范围以债权人的债权为限。

（2）行使撤销权的方式。债权人无论是行使代位权，还是行使撤销权，均应当向人民法院提起诉讼，由人民法院作出裁定。

当债权人行使撤销权，人民法院依法撤销债务人行为的，导致债务人的行为自始无效，第三人因此取得的财产应当返还给债务人。

（3）行使撤销权的期限。撤销权自债权人知道或者应当知道撤销事由之日起1年内行使。自债务人的行为发生之日起5年内没有行使撤销权的，该撤销权消灭。

2.4 合同的变更和转让

➤ 2.4.1 合同的变更

1. 变更的概念（合同内容的变更）

合同的变更是指合同依法成立后，在尚未履行或尚未完全履行时，当事人双方依法对合同的内容进行修订或调整所达成的协议。

合同变更一般不涉及已履行的部分，而只对未履行的部分进行变更，因此，合同变更只能在完全履行合同之前。

2. 变更的方式

只要当事人协商一致，即可变更合同。因此，当事人变更合同的方式类似订立合同的方式，经过提议和接受两个步骤。首先，要求变更合同的一方当事人提出变更合同的建议，然后由另一方当事人对变更建议表示接受。至此，双方当事人对合同变更达成协议。

一般来说，当事人凡书面形式订立的合同，变更协议亦应采用书面形式；凡是法律、行政法规规定合同变更应当办理批准、登记手续的，依照其规定。

3. 变更的效力

应当注意的是，当事人对合同变更只是一方提议，而未能达成协议时，不产生合同变更的效力；当事人对合同变更的内容约定不明确的，推定为未变更，也不产生合同变更的效力。

➤ 2.4.2 合同的转让

1. 转让的概念（合同主体的变更）

合同的转让，是指当事人一方将合同的权利和义务转让给第三人，由第三人接受权利和承担义务的法律行为。

2. 合同权利的转让

合同权利的转让也称为债权让与，是指合同当事人将合同中的权利全部或部分地转让给第三人的行为。转让合同权利的当事人也称让与人，接受转让的第三人称为受让人。

（1）不得转让的情形。在下列情况下，合同权利不得转让：

①根据合同性质不得转让。这主要是基于当事人的特定身份订立的合同，如出版合同、委托合同、赠与合同等。

②按照当事人约定不得转让。

③依照法律规定不得转让。

（2）债权人转让权利的条件。债权人转让权利的，应当通知债务人。未经通知，该转让对债务人不发生效力。除非受让人同意，债权人转让权利的通知不得撤销。债务人接到债权转让通知时，转让行为生效。

3. 合同义务的转让

合同义务的转让也称债务承担,是指债务人将合同的义务全部或部分地转移给第三人的行为。

转让条件:债务人将合同的义务全部或者部分转让给第三人的,由于债权人要了解第三人的资信情况与偿还能力,必须经债权人同意。

4. 合同权利和义务一并转让

合同权利和义务一并转让也称债权债务的概括转让,是指合同当事人一方将债权债务一并转移给第三人,由第三人概括地接受这些债权债务的行为。

合同权利和义务一并转让,分为下列两种情况:

(1)依据当事人之间的约定而发生债权债务的转让。

(2)因当事人的组织变更而引起合同权利义务转让。当事人订立合同后合并的,由合并后的法人或者其他组织行使合同权利,履行合同义务。当事人订立合同后分立的,除债权人和债务人另有约定外,由分立的法人或者其他组织对合同的权利和义务享有连带债权,承担连带债务。

5. 合同履行的转让

合同内可以约定,履行过程中由债务人向第三人履行债务或由第三人向债权人履行债务。但合同当事人之间的债权和债务关系并不改变,违约责任与第三人无关。

(1)债务人向第三人履行。如某设备采购合同定购了5台设备,合同约定供货方向定购方交付3台,向另一不是合同当事人单位交付2台。

这种情况的法律关系特点表现为:

①债权的转让在合同内有约定,但不改变当事人之间的权利义务关系。

②在合同履行期限内,第三人可以向债务人请求履行,债务人不得拒绝。

③对第三人履行债务原则上不能增加履行的难度和履行费用。否则增加费用部分应由合同当事人的债权人给予补偿。

④债务人未向第三人履行债务或履行债务不符合约定,应向合同当事人的债权人承担违约责任,即仍由合同当事人依据合同追究对方的违约责任,第三人没有此项权利,只能将违约的事实和证据提交给合同的债权人。

(2)第三人向债权人履行。合同内可以约定由第三人向债权人履行部分义务,如施工合同的分包。这种情况的法律关系特点表现为:

①部分义务由第三人履行属于合同内的约定,但当事人之间的权利义务关系并不因此而改变。

②在合同履行期限内,债权人可以要求第三人履行债务,但不能强迫第三人履行债务。

③第三人不履行债务或履行债务不符合约定,仍由合同当事人的债务方承担违约责任,即债权人不能直接追究第三人的违约责任。

2.5 合同的终止

合同的终止,又称合同的消灭,是指合同依法成立后,由于一定的法律事实的出现,当事人之间的合同关系不复存在,合同不再具有法律约束力。

➤ 2.5.1 合同终止的情形

(1)债务已经按照约定履行,即债已清偿;

(2)合同解除；

(3)债务相互抵消；

(4)债务人依法将标的物提存；

(5)债权人免除债务；

(6)债权债务同归于一人，即债权债务混同；

(7)法律规定或者当事人约定终止的其他情形。

2.5.2　合同的解除

合同的解除，是指合同依法成立后，在尚未履行或者尚未完全履行时，提前终止合同效力的行为。《合同法》把合同的解除规定为终止合同的一种原因。

1. 约定解除

约定解除是指当事人通过行使约定的解除权或者通过协商一致而解除合同。当事人可以约定一方解除合同的条件，解除合同的条件成就时，解除权人可以解除合同。

2. 法定解除

法定解除是指当具有了法律规定可以解除合同的条件时解除合同。法定解除合同表现为以下五种情形：

(1)因不可抗力致使不能实现合同目的；

(2)在履行期限届满之前，当事人一方明确表示或者以自己的行为表示不履行主要债务；

(3)当事人一方迟延履行主要债务，经催告后在合理期限内仍未履行；

(4)当事人一方迟延履行债务或者有其他违约行为致使不能实现合同目的；

(5)法律规定的其他情形。

2.5.3　债务抵消

当事人互为债权人和债务人时，对债务可行使抵消的权利。抵消分为：

(1)法定抵消。当事人互负债务，债务的标的物种类、品质相同的，任何一方可以将自己的债务与对方的债务抵消。但要通知对方，通知到达时生效。抵消不得附条件和期限。

(2)约定抵消。当事人互负债务，债务的标的物种类、品质不相同的，经双方协商一致，可以抵消债务。

2.5.4　标的物提存

在合同履行中，有时出现因债权人方面的原因（如无正当理由的拒领、下落不明、死亡未确定继承人等）使债务人难以履行债务，这时债务人可以采取提存的方法。提存之后，合同终止。

标的物提存后，所有权、风险一起转移，损毁、灭失、提存费用由债权人承担，原物、孳息归债权人所有。

债权人领取提存物的权利，自提存之日起5年内不行使则消灭，提存物扣除提存费用后归国家所有。此处的5年时效不变，不受诉讼时效中止、中断的影响。

2.5.5　合同终止的法律后果

合同终止后，尚未履行的，终止履行；已经履行的，根据履行情况和合同性质，当事人可以要求恢复原状或采取其他补救措施，并有权要求赔偿损失。

合同终止后,虽然合同当事人的合同权利义务关系不复存在了,但合同违约责任并不消灭,合同中结算和清理条款不因合同的终止而终止,仍然有效。

2.5.6　合同后义务

合同终止后,按照诚实信用原则和交易习惯,当事人还应履行一定的义务(如通知、协助、保密等),以维护履行合同的效果,有关这方面的义务称为合同后义务。如委托监理合同终止后,监理工程师应对有关工程的保密资料承担保密义务等。

2.6　违约责任

违约责任制度,是合同制度中的重要组成部分,其目的在于用法律的强制力督促合同当事人全面履行合同义务。

2.6.1　违约责任的概念

违约是指合同当事人不履行合同或者履行合同义务不符合约定的行为。

当事人不履行合同又分当事人不能履行和拒绝履行合同义务两种具体情形。不能履行是指债务人由于某种原因,事实上已经不可能再履行债务。拒绝履行,是指债务人能够履行债务而拒不履行。

履行合同义务不符合约定,是指除完全不履行合同以外的一切违反合同义务的行为。比如,履行的标的在数量上、质量上、履行期限、履行地点等不符合合同的约定等。

违约责任是指当事人任何一方违约后,依照法律规定或者合同约定必须承担的法律责任。

2.6.2　承担违约责任的构成要件

(1)客观上有违约行为,而不论主观上是故意还是过失,均应承担违约责任;

(2)无约定或者法定的免责事由;

(3)以合同有效为前提。

2.6.3　承担违约责任的原则

1. 严格责任原则

严格责任原则指只要违约就应承担责任。还包括,当事人一方因第三人的原因造成违约时,应当向对方承担违约责任。第三方造成的违约行为虽然不是当事人的过错,但客观上导致了违约行为,只要非不可抗力原因造成,即属于当事人可以预见的情况。为了严格合同责任,故就签订的合同而言归于当事人应承担的违约责任范围。承担违约责任后,与第三人之间的纠纷再按照法律或当事人与第三人之间的约定解决。例如发包人与 A 承包人和 B 承包人就相邻两个标段分别签订施工承包合同。施工过程中,由于 A 承包人的操作不当而给 B 承包人造成损失,这时发包人应首先给 B 承包人以相应损失的补偿,然后再依据承包合同追究 A 承包人的违约责任。

缔约过失、无效合同、被撤销合同则采用过错责任原则,由有过错一方承担赔偿损失的责任。

2. 补偿为主、惩罚为辅原则

补偿性是指违约责任旨在弥补因违约行为而造成的损失。《合同法》规定,赔偿损失额应相当于因违约行为而造成的损失,包括合同履行后可获得的利益。

但是,有些情况下也有惩罚性。如约定了违约金或者定金,而违约行为没有造成损失或者损失小于约定金额。

2.6.4 承担违约责任的方式

承担违约责任的方式主要有以下五种。

1. 继续履行

继续履行是在能够履行的条件下,根据对方的要求,对合同未履行部分继续履行。承担了赔偿金和违约金责任并不能免除继续履行合同的责任。

如施工合同中约定了延期竣工的违约金,承包人未按合同约定工期完成施工任务,承包人应当支付违约金,但发包人仍然有权要求承包人继续施工。

具体来讲,继续履行包括以下两种情况:一是债权人要求债务人按合同的约定履行合同;二是债权人向法院提起诉讼,由法院判决违约一方继续履行其合同义务。

当事人违反金钱债务,一般不能免除其继续履行的义务,如价款和报酬的支付;当事人违反非金钱债务(以物、行为和智力成果为标的的债务)的,除法律规定不适用继续履行的情形外,也不能免除其继续履行的义务。

2. 采取补救措施

采取补救措施,指在当事人违反合同后,为防止损失发生或者扩大,由其依照法律或者合同约定而采取的修理、更换、退货、减少价款或者报酬等措施。采用这一违约责任的方式,主要是在发生质量违约的时候,可与继续履行并用。

采取补救措施是施工单位承担违约责任常用的方法。

3. 赔偿损失

当事人违约的,在继续履行义务或者采取措施后,对方还有其他损失的,应当赔偿损失。

当事人一方不履行合同义务或者履行合同义务不符合约定,给对方造成损失的,损失赔偿额应当相当于因违约所造成的损失,包括合同履行后可以获得的利益,但不得超过违反合同一方订立合同时预见到或者应当预见到的因违反合同可能造成的损失。

一方违约后,对方应当采取适当措施防止损失的扩大,否则不得就扩大的损失部分请求赔偿。采取措施的合理费用由违约方承担。

4. 支付违约金

当事人可以约定一方违约时应当根据违约情况向对方支付一定数额的违约金,也可以约定因违约产生的损失赔偿额的计算方法。约定违约金低于造成损失的,当事人可以请求人民法院或仲裁机构予以增加;约定过分高于造成损失的,可以请求予以减少。

5. 定金罚则

当事人既约定违约金,又约定定金的,一方违约时,对方可以选择适用违约金或者定金条款。但是,这两种违约责任不能合并使用。

2.6.5 违约责任的免除

合同生效后,当事人不履行合同或者履行合同不符合合同约定,都应承担违约责任。但是,如果是由于发生了某种非常情况或者意外事件,使合同不能按约定履行时,就应当作为例外来处理。根据《合同法》规定,只有发生不可抗力才能部分或全部免除当事人的违约责任。

1. 不可抗力的概念和构成要件

不可抗力是指不能预见、不能避免并不能克服的客观情况。

不可抗力的构成要件:

(1)不可预见性。法律要求构成一个合同的不可抗力事件必须是有关当事人在订立合同时,对这个事件是否发生不能预见到。

(2)不可避免性。即合同生效后,当事人对可能出现的意外情况尽管采取了合理措施,但是客观上并不能阻止这一意外情况的发生。

(3)不可克服性。如果因某一意外情况的发生对合同履行产生不利影响,但只要通过当事人努力能够将不利影响克服,则这一意外情况就不能构成不可抗力。

(4)履行期间性。不可抗力作为免责理由时,其发生必须是在合同生效后、履行期限届满前。当事人迟延履行后发生不可抗力的,不能免除责任。

(5)不可抗力是由非任何一方的过失行为引起的客观事件。

2. 不可抗力的法律后果

不可抗力事件发生后,可能引起以下三种法律后果:

(1)合同全部不能履行,当事人可以解除合同,并免除全部责任。

(2)合同部分不能履行,当事人可部分履行合同,并免除其不履行部分的责任。

(3)合同不能按期履行,当事人可延期履行合同,并免除其迟延履行的责任。

3. 遭遇不可抗力当事人的义务

一方当事人因不可抗力不能履行合同义务时,应承担如下义务:

(1)应当及时采取一切可能采取的有效措施避免或者减少损失。

(2)应当及时通知对方,否则对扩大的损失不应当免责。

(3)当事人应当在合理期限内提供证明。

4. 不可抗力条款

合同中关于不可抗力的约定称为不可抗力条款,其作用是补充法律对不可抗力的免责事由所规定的不足,便于当事人在发生不可抗力时及时处理合同。

一般来说,不可抗力条款应包括下述内容:

(1)不可抗力的范围。

(2)不可抗力发生后,当事人一方通知另一方的期限。

(3)出具不可抗力证明的机构及证明的内容。

(4)不可抗力发生后对合同的处置。

2.7 合同争议的解决

合同争议,是指当事人双方对合同订立和履行情况以及不履行合同的后果所产生的纠纷。对合同订立产生的争议,一般是对合同是否已经成立及合同的效力产生分歧;对合同履行情况产生的争议,往往是对合同是否已经履行或者是否已按合同约定履行产生的异议;而对不履行合同的后果产生的争议,则是对没有履行合同或者没有完全履行合同的责任,应由哪一方承担责任和如何承担责任而产生的纠纷。

合同争议的解决方式主要有和解、调解、仲裁或诉讼等。

▷ 2.7.1 和解

和解是指争议的合同当事人依据有关法律规定和合同约定,在自愿友好的基础上,互相沟通、互相谅解,对争议事项达成协议,从而解决合同争议的一种方法。

和解具有以下特点:

(1)简便易行,能经济、及时地解决纠纷。

(2)无须第三者介入。

(3)和解协议不具有强制执行的效力。

▶ 2.7.2 调解

调解是争议当事人在第三方的主持下,通过其劝说引导,在互谅互让的基础上自愿达成协议,以解决合同争议的一种方式。调解也是以合法、自愿和平等为原则。

实践中,依调解人的不同,合同争议的调解有民间调解、仲裁机构调解和法庭调解三种。

调解具有以下特点:

(1)有第三者介入且无身份限制。

(2)能够及时、经济地解决纠纷。

(3)有利于消除合同当事人的对立情绪。

如果当事人不愿调解,或调解失败时,则应及时采取仲裁或诉讼以最终解决合同争议。

▶ 2.7.3 仲裁

1. 仲裁的概念和特点

仲裁是争议双方当事人依照事先约定或者事后达成的书面仲裁协议,自愿将争议提交仲裁机构作出裁决,双方有义务履行裁决义务的一种解决争议的方式。

仲裁具有意思自治性;裁决具有强制性、专业性、一裁终局性、保密性等特点。

2. 仲裁机构

仲裁委员会是我国的仲裁机构,由人民政府组织有关部门和商会统一组建,设在直辖市和省、自治区人民政府所在地市,也可以根据需要在其他设区的市设立,但不按行政区划层层设立。仲裁员实行聘任制。

仲裁委员会独立于行政机关,各委员会之间也没有隶属关系。仲裁协会是仲裁委员会的自律性组织、社团法人。

3. 仲裁的范围

我国《仲裁法》规定:"平等主体的公民、法人和其他组织之间发生的合同纠纷和其他财产权益纠纷,可以仲裁。"

不能仲裁的情形如下:

(1)婚姻、收养、监护、抚养、继承纠纷。

(2)依法应当由行政机关处理的行政争议,如劳动争议仲裁、土地承包合同仲裁。

4. 仲裁协议

仲裁协议是合同双方商定的通过仲裁方式解决纠纷的协议,包括合同订立的仲裁条款和以其他书面方式在纠纷发生前或者纠纷发生后达成的请求仲裁的协议。

(1)仲裁协议具有以下特点:

①内容规定的是关于仲裁的事项。

②仲裁协议必须以书面形式存在。形式有两种:一种是在订立的合同中规定的仲裁条款;另一种是双方另行达成的独立于合同之外的仲裁协议。

③仲裁协议订立的时间可以在合同纠纷发生之前,也可以在合同纠纷发生之后。协议订立时间的先后不影响仲裁协议的效力。

④有效的仲裁协议是双方当事人申请仲裁的前提条件。有仲裁协议就排除了法院对纠纷的管辖权。

(2)仲裁协议的内容。仲裁协议应包括下列内容:请求仲裁的意思表示,仲裁事项,选定的仲裁委员会。

(3)仲裁协议的效力。仲裁协议一经作出即发生法律效力。但是,仲裁协议违反有关法律规定时,也可以被仲裁机构或人民法院裁定为无效。有下列情形之一的,仲裁协议无效:

①约定仲裁事项超出法律规定的仲裁范围的。

②无民事行为能力人或者限制民事行为能力人订立的仲裁协议。

③一方采取胁迫手段,迫使对方订立仲裁协议的。

④仲裁协议中对仲裁事项或者仲裁委员会没有约定的或者约定不明的,当事人又无法达成补充协议的。

5. 仲裁程序

仲裁程序主要有申请、受理、组成仲裁庭、开庭和裁决。

(1)申请。当事人申请仲裁应符合下列条件:

①有仲裁协议。

②有具体的仲裁请求和事实、理由。

③属于仲裁委员会的受理范围。

(2)受理。仲裁委员会收到仲裁申请书之日起5日内,认为符合受理条件的,应当受理,并通知当事人;认为不符合受理条件的,应书面通知当事人不予受理,并说明理由。

(3)组成仲裁庭。仲裁庭的组成有以下两种:

①合议仲裁庭:3名仲裁员,一方各选一名,第三名共同选定或共同委托仲裁委员会主任指定,为首席仲裁员。

②独任仲裁庭:1名仲裁员,共同选定或共同委托仲裁委员会主任指定。

仲裁庭组成后,仲裁委员会应将仲裁庭的组成情况书面通知当事人。

(4)开庭。仲裁应当开庭进行,但一般不公开进行。

如果当事人自行和解达成协议的,当事人既可以请求仲裁庭根据和解协议作出裁决书,也可撤回仲裁申请。

仲裁庭在作出裁决前,应先行调解。如果调解达成协议的,仲裁庭应制作调解书。调解书应当写明仲裁请求和当事人协议的结果。调解书与裁决书具有同等法律效力。

(5)裁决。裁决应当按照仲裁庭的意见作出,仲裁庭不能形成多数意见时,裁决应当按照首席仲裁员的意见作出。裁决书应当写明仲裁请求、争议事实、裁决理由、裁决结果、仲裁费用的负担和裁决的日期。裁决书自作出3日起发生法律效力。

(6)裁决的执行。如果一方当事人不履行裁决,另一方当事人可以依照民事诉讼法的有关规定向人民法院申请执行,受申请的人民法院应当执行。

➤ 2.7.4 诉讼

1. 诉讼的概念和特点

诉讼指当事人相互间发生合同争议后请求人民法院行使审判权,通过审判程序解决纠纷的活动。

诉讼具有以下特点：

(1)不必以当事人的相互同意为依据，只要不存在有效的仲裁协议，任何一方都可以向有管辖权的法院起诉。

(2)我国人民法院实行两审终审制。诉讼一般包括一审程序、二审程序、执行程序。当事人不服一审判决，在法定期限内上诉，进入二审程序。二审为终审，从二审判决、裁定作出之日起，即发生法律效力。当事人对生效的判决、裁定不服的，可在两年内申请再审，但不影响判决、裁定的执行。

(3)执行的强制性。当事人应当履行发生法律效力的判决、仲裁裁决、调解书；拒不履行的，对方可以请求人民法院强制执行。

2. 诉讼管辖

管辖是指各级人民法院以及同级人民法院之间在受理第一审案件方面的权限和分工。

(1)级别管辖。级别管辖是不同级别人民法院在受理第一审案件方面的权限分工。一般情况下基层人民法院管辖第一审民事案件。中级人民法院管辖以下案件：重大涉外案件、在本辖区有重大影响的案件、最高人民法院确定由中级人民法院管辖的案件。

(2)地域管辖。地域管辖是指同级人民法院在审判第一审案件时的职责分工。民事案件的地域管辖分为普通地域管辖和特殊地域管辖两类。

①普通地域管辖。普通的民事案件采取原告就被告的原则确定管辖，即由被告所在地法院管辖。

②合同纠纷案件的特殊地域管辖，主要包括下列情形：

A. 因合同纠纷提起的诉讼由被告住所地或者合同履行地法院管辖。

B. 因保险合同纠纷提起的诉讼，由被告住所地或者保险标的物所在地法院管辖。

C. 因票据纠纷提起的诉讼，由票据支付地法院管辖。

D. 因运输合同纠纷提起的诉讼，由运输的始发地、目的地和被告人所在地法院管辖。

(3)专属管辖。专属管辖是指法律规定的某些案件必须由特定的法院管辖，其他法院无权管辖，当事人也不得协议变更专属管辖。

3. 起诉

起诉是指原告向人民法院提起诉讼，请求司法保护的诉讼行为。

(1)起诉的条件。起诉要符合下列条件：①原告是与本案有直接利害关系的公民、法人和其他组织；②有明确的被告；③有具体的诉讼请求、事实和理由；④属于人民法院受理民事诉讼的范围和受诉人民法院管辖。

(2)起诉状的内容。起诉状应包含以下内容：①当事人的姓名、年龄、职业、工作单位、住所，法人或其他经济组织的名称、住所和法定代表人的姓名；②诉讼请求和所根据的事实与理由；③证据和证据来源，证人姓名和住所。

4. 答辩

人民法院对原告的起诉情况进行审查后，认为符合条件的，即立案，并于立案之日起5日内将起诉状副本发送到被告，被告在收到之日起15日内提出答辩状。被告不提出答辩状的，不影响人民法院的审理。

答辩状应针对原告、上诉人诉状中的主张和理由进行辩解，并阐明自己对案件的主张和理由。内容包括：

(1)揭示对方当事人法律行为的错误之处，对方诉状中陈述的事实和依据中的不实之处。

(2)提供相反的事实和证据说明自己法律行为的合法性。

(3)列举有关法律规定,论证自己主张的正确性,以便请求人民法院予以司法保护。

5.诉讼的普通程序(第一审程序)

(1)审理前的准备。

①告知当事人的诉讼权利和义务。当事人享有的诉讼权利有:委托诉讼代理人,申请回避,收集提出证据,进行辩论,请求调解,提起上诉,申请执行;当事人应承担的诉讼义务有:当事人必须依法行使诉讼权利,遵守诉讼程序,履行发生法律效力的判决裁定和调解协议。

②审阅诉讼材料,调查搜集证据。

③更换和追加当事人。人民法院受案后,如发现起诉人或应诉人不合格,应将不合格的当事人更换成合格的当事人。当事人也可以向人民法院申请追加。

(2)开庭审理。开庭审理是指人民法院在当事人和其他诉讼参与人参加下,对案件进行实体审理的诉讼活动过程。开庭审理主要步骤如下:

①准备开庭。验明当事人,宣布法庭纪律,公布法庭组成人员。

②法庭调查阶段。当事人陈述、证人出庭、出示证物及勘验笔录、鉴定结论等。

③法庭辩论。辩论按照原告、被告、第三人的顺序进行。

④法庭调解。判决前争取能够调解。

⑤合议庭评议。退庭秘密进行。

⑥宣判。并告知上诉的权利、时间、法院。

(3)审限要求。适用普通程序审理的案件,应在立案之日起 6 个月内审结,有特殊情况需延长的,由本院院长批准。

6.诉讼的终审程序(第二审程序)

终审程序是指民事诉讼当事人不服法院未生效的第一审裁判,在法定期限内向上级人民法院提起上诉所适用的程序。

(1)当事人提起上诉。对判决不服,提起上诉的时间为 15 天;对裁定不服,提起上诉的期限为10 天。

上诉状的内容包括:当事人的姓名;法人的名称及其法定代表人的姓名,或其他组织的名称及其他主要负责人的姓名;原审人民法院名称、案件的编号和案由;上诉的请求和理由。

(2)法院受理。上级人民法院接到上诉状后,认为符合法定条件的,应当立案审理。

(3)上诉的撤回。上诉人在二审人民法院受理上诉后,到第二审作出终审判决以前,认为上诉理由不充分,或接受了第一审人民法院的裁判,而向第二审人民法院申请,要求撤回上诉。

7.审判监督程序(再审程序)

审判监督程序即再审程序,是指由有审判监督权的法定机关和人员提起,或由当事人申请,由人民法院对发生法律效力的判决、裁定再次审理的程序。

8.执行程序

执行程序是保证具有执行效力的法律文书得以实施的程序。执行的根据是已经生效的法律文书(判决、裁定等)。一般由一审人民法院或被执行人住所地或被执行的财产所在地人民法院执行。

9.诉讼时效

诉讼时效是指权利人在法定期间内不行使权利就丧失请求人民法院保护其民事权益的权利的法律制度。

(1)诉讼时效期间的计算。诉讼时效期间从权利人知道或者应当知道权利被侵害时起开始计算,即从权利人能够行使请求权之日开始算起。

（2）诉讼时效期间的种类。根据我国法律规定,诉讼时效有普通诉讼时效、特别诉讼时效和最长诉讼时效之分。

普通诉讼时效适用于一般民事权利,诉讼时效期间为2年。

特别诉讼时效仅适用于法律指定的某些民事权利,其效力优于普通诉讼时效,有1年和4年之分。诉讼时效为1年的情形如下:①身体受到伤害要求赔偿的;②出售质量不合格的商品未声明的;③延付或者拒付租金的;④寄存财物被丢失或者损毁的。

而国际货物买卖合同和技术进出口合同争议提起诉讼或者申请仲裁的期限为4年。

最长诉讼时效是根据《民法通则》规定而创立的,"诉讼时效期间从知道或者应当知道权利被侵害时起计算。但是从权利被侵害之日起超过20年的,人民法院不予保护"。

（3）诉讼时效的中止和中断。中止和中断的共同适用条件是:都发生在诉讼时效进行中。两者的不同之处主要有两点:

①引起二者的法定事由不同。中止的法定事由为不可抗力和其他障碍,一般为不以当事人意志为转移的客观事由;中断的法定事由包括权利人提起诉讼,或者当事人一方提出要求或同意履行义务,通常为当事人主动的行为。

②发生中止与中断后,诉讼时效期间的计算方法不同。诉讼时效的中止事由是在诉讼时效期间的最后六个月内发生的,暂时停止计算诉讼时效期间,以前经过的时效期间仍然有效,待阻碍时效进行的事由消失后,时效继续累计计算。

诉讼时效的中断事由发生后,致使以前经过的时效期间统归无效,待时效中断的法定事由消除后,诉讼时效期间重新计算。

2.8　合同的担保

担保是指合同的双方当事人为了使合同能够得到全面按约履行,根据法律、行政法规的规定,经双方协商一致而采取的一种具有法律效力的保证措施。

《担保法》规定的担保方式有五种:保证、抵押、质押、留置和定金。

2.8.1　保证

1. 保证的概念和法律特征

保证是指保证人和债权人约定,当债务人不履行债务时,保证人按照约定履行债务或承担责任的行为。

保证具有以下法律特征:

（1）保证属于人的担保范畴,它不是用特定的财产提供担保,而是以保证人的信用和不特定的财产为他人债务提供担保。

（2）保证人必须是主合同以外的第三人,债务人不得为自己的债务作保证。

（3）保证人应当具有代为清偿债务的能力,设定保证关系时,保证人必须具有足以承担保证责任的财产。

（4）保证人和债权人可以在保证合同中约定保证方式。

2. 保证人资格

保证人必须是具有代为清偿债务能力的人,既可以是法人,也可以是其他组织或公民。下列人员或单位不可以作为保证人:

（1）国家机关不得作保证人，但经国务院批准为使用外国政府或国际经济组织贷款而进行的转贷除外。

（2）学校、幼儿园、医院等以公益为目的的事业单位、社会团体不得作保证人。

（3）企业法人的分支机构、职能部门不得作保证人，但有法人书面授权的，可在授权范围内提供保证。

3．保证合同

保证人与债权人应当以书面形式订立保证合同。保证合同应包括以下内容：

(1)被保证的主债权种类、数量；

(2)债务人履行债务的期限；

(3)保证的方式；

(4)保证担保的范围；

(5)保证的期间。

4．保证方式

保证的方式有以下两种：

(1)一般保证。一般保证是指当事人在保证合同中约定，当债务人不履行债务时，由保证人承担保证责任的保证方式。一般保证的保证人在主合同纠纷未经审判或仲裁，并就债务人财产依法强制执行仍不能履行债务前，对债务人可以拒绝承担保证责任。

(2)连带保证。连带保证是指当事人在保证合同中约定保证人与债务人对债务承担连带责任的保证方式。连带责任保证的债务人在主合同规定的债务履行期届满没有履行债务的，债权人可以要求债务人履行债务，也可以要求保证人在其保证范围内承担保证责任。

保证方式没有约定或约定不明确的按连带保证承担保证责任。

5．保证范围

保证范围包括主债权及利息、违约金、损害赔偿金和实现债权的费用。保证合同另有约定的，按照约定。无约定或约定不明确的，保证人应对全部债务承担责任。

6．保证期间

保证的担保人与债权人未约定保证期间的，保证期间为主债务履行期间届满之日起六个月。

债权人未在合同约定的和法律规定的保证期间内主张权利（仲裁或诉讼），保证人免除保证责任；如债权人已主张权利的，保证期间适用于诉讼时效中断的规定。

7．保证期间内的保证责任

(1)保证期间内债权人依法将主债权转让给第三人的，保证人在原保证担保的范围内继续承担保证责任。

(2)保证期间内债务人转让债务的，首先应取得债权人的同意，并取得保证人的书面同意，否则保证人不再承担保证责任。

(3)债权人与债务人协议变更主合同的，应当取得保证人的书面同意，未经保证人书面同意的，保证人不再承担保证责任。

▷ 2.8.2 抵押

1．抵押的概念和法律特征

抵押是指债务人或第三人不转移对抵押财产的占有，将该财产作为债权的担保。当债务人不履行债务时，债权人有权依法以该财产折价或以拍卖、变卖该财产的价款优先受偿。

抵押具有以下法律特征：

(1)抵押权是一种他物权,是对他人所有物具有取得利益的权利。

(2)抵押权是一种从物权,将随着债权的发生而发生,随着债权的消灭而消灭。

(3)抵押权是一种对抵押物的优先受偿权。在以抵押物的折价受偿债务时,抵押权人的受偿权优先于其他债权人。

(4)抵押权具有追及力。当抵押人将抵押物擅自转让他人时,抵押权人可追及抵押物而行使权利。

2. 抵押物

可以抵押的财产类型包括房屋、土地使用权、机器、交通运输工具等。

《担保法》规定,下列财产不得抵押：

(1)土地所有权;

(2)耕地、宅基地、自留地、自留山等集体所有的土地使用权;

(3)事业单位、社会团体的教育设施、医疗设施和其他社会公益设施;

(4)所有权、使用权不明确或有争议的财产;

(5)依法被查封、扣押、监管的财产;

(6)依法不得抵押的其他财产。

3. 抵押合同内容及生效时间

采用抵押方式担保时,抵押人和抵押权人应以书面形式订立抵押合同。

抵押合同应包括如下内容：

(1)被担保的主债权种类、数额;

(2)债务人履行债务的期限;

(3)抵押物的名称、数量、质量、状况;

(4)抵押担保的范围。

法律规定应当办理抵押物登记的(如房产权、土地使用权等),抵押合同自登记之日起生效。其他抵押合同自签订之日起生效。

4. 抵押物的转让

在抵押期间,抵押人转让已经办理登记的抵押物的,应当通知抵押权人并告知受让人转让物已经抵押的情况,否则转让行为无效,抵押权人仍可以行使抵押权。

➤ 2.8.3 质押

1. 质押的概念

质押是指债务人或第三人将其动产或权力移交债权人手中占有(抵押由债务人或第三人占有),用以担保债权的履行。当债务人不能履行债务时,债权人有权以该动产折价、拍卖、变卖的价款优先受偿。

2. 质押的种类

根据质押物的不同,质押分为动产质押和权利质押两种：动产质押是指债务人或第三人将其动产移交债权人占有,将该动产作为债权的担保;权利质押是指出质人将其法定的可以质押的权利凭证交付质权人,以担保债权人的债权可以实现。

3. 质押合同内容及生效时间

出质人和质权人应以书面形式订立质押合同,质押合同自质物移交于质权人占有时生效。质押合同应当包括以下内容：

　　(1)被担保的主债权种类、数额；

　　(2)债务人履行债务的期限；

　　(3)质押的名称、数量、质量、状况；

　　(4)质押担保的范围；

　　(5)质物移交的时间。

　　以汇票、支票、本票、债券、存款单、仓单、提单出质的，应当在合同的约定期限内将权利凭证交付质权人。质押合同自权利凭证交付之日起生效。

　　以依法可以转让的股票出质的，应向证券登记机构办理出质登记。以依法可以转让的商标专用权、专利权、著作权等出质的，应向其管理部门办理出质登记。质押合同自登记之日起生效。

▷ 2.8.4　留置

1. 留置的概念和法律特征

　　留置是指债权人按照合同约定占有债务人的动产，债务人不按照合同约定的期限履行债务的，债权人有权依法留置该财产以保护自身合法权益的法律行为。以该财产折价或以拍卖、变卖该财产的价格优先受偿。

　　留置具有如下法律特征：

　　(1)留置权是一种从权利；

　　(2)留置权属于他物权；

　　(3)留置权是一种法定担保方式，它依据法律规定而发生，而非以当事人之间的协议而成立。

2. 留置的适用范围

　　因保管合同、运输合同、加工承揽合同发生的债权，债务人不履行债务的，债权人有留置权。

3. 留置担保范围

　　留置担保范围包括主债权及利息、违约金、损害赔偿金、留置物保管费用和实现留置权的费用。

4. 留置的期限

　　债权人留置债务人财产后，应确定两个月以上的期限，通知债务人在该期限内履行债务。

　　债务人逾期仍不履行的，债权人可与债务人协议处理留置物。留置物折价或拍卖、变卖后，其价款超过债权数额的部分归债务人所有，不足部分由债务人清偿。

▷ 2.8.5　定金

1. 定金的概念

　　定金是指合同当事人一方为了证明合同成立及担保合同的履行，在合同中约定应预先给付对方一定数额的货币。

2. 定金合同与定金数额

　　定金应以书面形式约定。当事人在定金合同中应该约定交付定金的期限及数额。定金合同从实际交付定金之日起生效，定金数额最高不得超过主合同标的额的 20%。

3. 定金罚则

　　合同履行后，定金或收回或抵作价款。

　　给付定金的一方拒绝订立或不履行合同，无权要求返还定金；收受定金的一方拒绝订立或不履行合同，应双倍返还定金。

2.9 本章案例

【案例 2 - 1】背景材料:

原告:某市大山建筑原料厂(以下简称大山)

被告:某市飞龙建筑材料厂(以下简称飞龙)

2008 年 2 月 21 日,被告向原告发出一份报价单,在报价单中称:飞龙愿意向大山提供 10 万吨石灰石,每吨价格为 10 元,价格中包括运费在内,在合同成立后两年内运送。3 月 1 日,原告向被告发出一份购买石灰石的订单:大山要求飞龙从 3 月 11 日开始提供石灰石,每天提供 1 000 吨。按照该规定,10 万吨石灰石应当在同年 6 月份运完。但由于各种原因,被告未能在原告约定的时间内履行完,而是直到 10 月份才全部交完货。为此,原告以被告未能按照合同约定的履行给付义务为由,向法院起诉,要求被告赔偿原告因此而遭受的损失。

核心提示:要约与承诺

案例评析:处理本案的关键在于,原告的承诺对被告的要约内容的修改是实质性的修改,还是非实质性的修改,依此可以决定双方之间的合同是否成立以及被告是否已经构成违约。

首先,我们看原告对被告要约内容的修改。原告的承诺中修改的是被告要约中规定的履行合同的时间。依照《合同法》第 30 条规定,"受要约人对要约的内容作出实质性变更的,为新要约。有关合同标的、数量、质量、价款或者报酬、履行期限、履行地点和方式、违约责任和解决争议方法等的变更,是对要约内容的实质性变更"。可见原告作出的承诺是对要约的修改,已经构成实质性内容的变更,所以,该承诺不应当产生承诺的法律效力,合同不成立。

其次,我们看原告与被告之间是否成立合同。原告的承诺虽然不产生承诺的法律效力,但可以作为一个新的要约。被告如果对该要约承诺,则双方成立合同。虽然本案中被告未直接以通知的方式表示接受要约而承诺,但其已经实际履行合同,所以应当认为合同已经成立。

第三,看原告与被告之间的合同内容如何。原告与被告的内容,关系到被告是否已经构成违约。被告以其实际履行行为表示承诺时,合同成立,此时,被告未表明其对要约内容有所变更,所以应当认为承诺的内容与要约的内容完全一致。在履行过程中,由被告自己的原因而未能按照合同的约定来履行给付义务,已经构成违约,应当承担违约责任。

【案例 2 - 2】背景材料:××商场为了扩大营业范围,购得某市毛纺织厂地皮一块,准备兴建该商场分店。××商场通过招标的形式与市建筑工程公司签订了建筑工程承包合同。之后,承包人将各种设备、材料运抵工地开始施工。施工过程中,城市规划管理局的工作人员来到施工现场,指出该工程不符合城市建设规划,未领取规划许可证,必须立即停止施工。最后,城市规划管理局对发包人作出了行政处罚,处以罚款 2 万元,勒令停止施工,拆除已修建部分。承包人因此而蒙受损失,向法院提起诉讼,要求发包人给予赔偿。

核心提示:无效合同

案例评析:《合同法》第 269 条:建设工程合同是承包人进行工程建设,发包人支付价款的合同。建设工程合同包括工程勘察、设计、施工合同。本案双方当事人之间所订合同属于典型的建设工程合同,所以评判双方当事人的权责应依有关建设工程合同的规定。本案中引起当事人争议并导致损失产生的原因是工程开工前未办理规划许可证,从而导致工程为非法工程,当事人基于此而订立的合同无合法基础,为无效合同。依《建筑法》之规定,规划许可证应由建设人,即发包人办理,所以,本案中的过错在于发包方,发包方应当赔偿给承包人造成的先期投入、设备、材料运送费用等项损失。

【案例 2-3】 背景材料:某甲和某工厂订立了一份买卖汽车的合同,约定由工厂在 6 月底将一部行使 3 万公里的卡车交付给甲,价款 3 万元,甲交付定金 5 000 元,交车后 15 日内付清余款。合同还约定,工厂晚交车 1 天,扣除车款 50 元,甲晚交款 1 天,应多交车款 50 元;一方有其他违约情形,应向对方支付违约金 6 000 元。合同订立后,该卡车因外出运货耽误,未能在 6 月底以前返回。7 月 1 日,卡车在途经山路时,因遇雨,被落下的石头砸中,车头受损,工厂对卡车进行了修理,于 7 月 10 日交付给甲。10 天后,甲在运货中发现卡车发动机有毛病,经检查,该发动机经过大修理,遂请求退还卡车,并要求工厂双倍返还定金,支付 6 000 元违约金,赔偿因其不能履行对第三人的运输合同而造成的经营收入损失 3 000 元。另有人向甲提出,甲可以按照《消费者权益保护法》请求双倍赔偿。工厂意识到对自己不利,即提出汽车没有办理过户手续,合同无效,双方只需返还财产。现请回答下列问题:

(1)汽车买卖合同是否有效?

(2)卡车受损,损失应由谁承担?

(3)甲能否按照《消费者权益保护法》请求双倍赔偿?

(4)甲能否要求退车?

(5)甲能否请求工厂支付违约金并双倍返还定金?

(6)甲能否请求工厂赔偿经营损失?

(7)甲能否同时请求工厂支付 6 000 元违约金和每天 50 元的迟延履行违约金?

核心提示:违约责任的承担

案例评析:(1)汽车买卖合同有效。但汽车所有权的移转需要登记,当事人未办理登记手续不影响汽车买卖合同的效力,只是汽车所有权不能转移。

(2)卡车受损,损失应由工厂承担。因为卡车受损时尚未交付。

(3)甲不能按照《消费者权益保护法》请求双倍赔偿,因为消费者权益保护法适用于消费者与经营者之间,工厂非汽车经营者,甲购买卡车亦非为了生活消费。

(4)甲可以要求退车,因为根据《合同法》第 111 条的规定,质量不符合约定的,应当按照当事人的约定承担违约责任。对违约责任没有约定或者约定不明确,依照《合同法》第 61 条的规定仍不能确定的,受损害方根据标的的性质以及损失的大小,可以合理选择要求对方承担修理、更换、重作、退货、减少价款或者报酬等违约责任。

(5)甲不能请求工厂支付违约金并双倍返还定金,因为根据《合同法》的规定,当事人既约定违约金,又约定定金的,一方违约时,对方可以选择适用违约金或者定金条款,但两者不能同时适用。

(6)甲可以请求工厂赔偿经营收入的损失,因为经营收入损失属于可预见的可得利益的损失,《合同法》第 113 条规定,这种损失可以要求赔偿。

(7)甲可以同时请求工厂支付 6 000 元违约金和支付每天 50 元的迟延履行违约金。因为法律并未禁止当事人同时约定这两种违约金,也未禁止当事人同时主张。

【案例 2-4】 背景材料:张某欲开办一个酒店,但资金不足,于 2005 年以自己房屋 4 间作抵押向农业银行贷款 8 万元,并办理了登记手续。之后张某把房屋中向西的两间租给了李某,在经营酒店的过程中,张某又向工商银行贷款 4 万元并以上面的四间房屋作抵押,签订了抵押合同,办理了登记手续。又用同一办法在建设银行贷款 2 万元,也办理了登记手续。2007 年 5 月归还了农业银行 4 万元、工商银行 2 万元、建设银行 1 万元,张某将 4 间房屋中靠东的 2 间卖给了孙某,孙某知道房屋上设有抵押权,但又在靠东面的侧墙新建了一个大厨房。2008 年 10 月,张某的酒店倒闭,此时仍欠农业银行 4 万元、工商银行 2 万元、建设银行 1 万元,在 2008 年 7 月,农业银行将 2 万元贷款的抵押权转让给了工商银行,现贷款已到期,张某无力偿还。问题:

(1)张某与承租人李某的租赁房屋合同在 4 间房屋都抵押后是否继续有效?

(2)农业银行将抵押权单独转让的行为是否有效,说明理由。

(3)工商银行、农业银行、建设银行如何实现自己的抵押权?

(4)设工商银行的债权先到期,农业银行的债权未到期,应如何处理?

(5)设李某的租赁合同尚未到期,抵押权人能否中止租赁合同?

(6)前述抵押权人可否就 4 间房屋和 1 间厨房一并行使抵押权?

核心提示:抵押权的效力、转让、实现

案例评析:(1)继续有效,参见《担保法》第 48 和 49 条之规定。抵押人将已出租的财产抵押的,应当书面告知承租人,原租赁合同继续有效。抵押权人可以仍就抵押物为他人设定抵押,仍可转让抵押物。抵押期间,抵押人转让已办理登记的抵押物的,应当通知抵押权人并告知受让人转让物已经抵押的情况;抵押人未通知抵押权人或者未告知受让人的,转让行为无效。

(2)将抵押权单独转让无效。根据《担保法》第 50 条之规定,抵押权不得与债权分离而单独转让或者作为其他债权的担保。抵押权从属于债权,只能随债权一起转让。

(3)根据《担保法》第 53、54 条之规定,债权履行期届满抵押权人未受清偿的,可以与抵押人协议以抵押物折价或者以拍卖、变卖该抵押物所得的价款受偿,同一财产向两个以上债权人抵押的,拍卖、变卖抵押物所得的价款按照以下规定清偿:抵押合同以登记生效的,按照抵押物登记的先后顺序清偿。因此,工商银行、农业银行、建设银行可以拍卖、变卖抵押物,将所得价款按抵押登记的先后顺序依次受偿。即先清偿农业银行贷款,有余款时再清偿工商银行,再有余款时方清偿建设银行。

(4)根据《担保法解释》第 78 条之规定,同一财产向两个以上债权人抵押的,顺序在后的抵押权所担保的债权先到期的,抵押权人只能就抵押物价值超出顺序在先的抵押担保债权的部分受偿。工商银行的抵押权顺序在农业银行之后,因此只能就抵押物价值超出农业银行债权的部分受偿。

(5)可以。根据《担保法解释》第 66 条之规定,抵押人将已抵押的财产出租的,抵押人须将抵押的书面情况告知承租人。抵押权实现后,租赁合同对受让人不具有约束力。张某将房屋抵押之后方租给李某,因此抵押权人可以终止租赁合同。

(6)根据《担保法》第 55 条之规定,城市房地产抵押合同签订后,土地上新增的房屋不属于抵押物,厨房系对主房屋设定抵押权后新建,故不属于抵押物,但需要拍卖该抵押的房屋时,可以依法将厨房一起拍卖,但对拍卖厨房所得,抵押权人无权优先受偿。

思考与练习

1.《合同法》规定的合同的基本内容有哪些?

2. 要约应当符合哪些条件? 要约与要约邀请有什么区别?

3.《合同法》规定哪些合同为无效合同及无效合同的法律责任有哪些?

4. 试述债权人的代位权和撤销权的法律规定。

5.《合同法》关于合同的解除有哪些法律规定?

6. 承担违约责任的方式有哪些?

7. 解决合同争议的方式有哪些？

8. 担保的方式有哪些？

9. 甲公司为开发新项目,急需资金,2008 年 3 月 12 日向乙公司借款 150 万元。双方谈妥,乙公司借给甲公司 150 万元,借期 6 个月,月息为银行贷款利息的 1.5 倍,至同年 9 月 12 日本息一起付清,甲公司为乙公司出具了借据。

甲公司因新项目开发不顺利,未盈利,到了 9 月 12 日无法偿还欠乙公司的借款。某日,乙公司向甲公司催促还款无果,但得到一信息,某单位曾向甲公司借款 200 万元,现已到还款期,某单位正准备还款,但甲公司让某单位不用还款。

于是,乙公司向法院起诉,请求甲公司以某单位的还款来偿还债务,甲公司辩称该债权已放弃,无法清偿债务。

试分析:甲公司的行为是否构成违约? 乙公司是否可针对甲公司的行为行使撤销权和代位权? 说明理由。

10. 胡某、杨某系夫妻,2006 年 4 月,俩人向龙海公司借人民币 5 万元,并出具借条。2007 年 3 月,杨某向龙海公司提出,要求将其 5 万元债务转给第三人林某,由林某负责归还,同时林某也就该 5 万元借款出具了一张借条给龙海公司,当日,林某还归还龙海公司本金 1 万元,利息 4 800 元。但杨某未将原借条收回。后因林某未归还剩余借款,龙海公司起诉胡某、杨某,要求归还 4 万元借款及利息。

试分析:龙海公司能否要求胡某、杨某归还 4 万元借款及利息?

11. 甲公司与乙公司签订了一份买卖节能灯的合同。双方在合同中约定:如果发生纠纷,应提交仲裁委员会仲裁。后来,乙公司作为买方提货时发现甲公司提供的货有严重的质量问题,于是向甲公司提出赔偿损失的要求,甲公司不允,双方协商未果。乙公司遂向仲裁委员会申请仲裁,提出申请的时间是 8 月 18 日,仲裁委员会于 8 月 28 日受理此案,并决定由 3 名仲裁员组成仲裁庭。甲、乙公司分别选定了一名仲裁员。乙公司作为申请方又委托仲裁委员会主任指定了首席仲裁员。乙公司所选的仲裁员恰好是乙公司的常年法律顾问。此三名仲裁员公开对此案进行了审理。当事人当庭达成了和解协议,仲裁庭依和解协议制作了仲裁调解书,此案圆满结束。

试分析:仲裁委员会在程序上有无不当之处,请指出并说明理由。

第 3 章
建设工程招标投标管理

3.1 概述

3.1.1 建设工程招标投标概念

招标投标是市场经济条件下进行大宗货物的买卖、工程建设项目的发包与承包,以及服务项目的采购与提供时,所采用的一种交易方式。它的简单过程是:单一的买方设定包括功能、质量、期限、价格为主的标的,约请若干卖方通过投标进行竞争,买方从中选择优胜者并与其达成交易协议,随后按合同实现标的。建筑产品也是商品,工程项目的建设以招标投标的方式选择实施单位,是运用竞争机制来体现价值规律的科学管理模式。

建设工程招标是指招标人用招标文件将委托的工作内容和要求告之有兴趣参与竞争的投标人,让他们按规定条件提出实施计划和价格,然后通过评审比较选出信誉可靠、技术能力强、管理水平高、报价合理的可信赖单位(设计单位、监理单位、施工单位、供货单位等),以合同形式委托其完成。各投标人依据自身能力和管理水平,按照招标文件规定的统一要求投标,争取获得实施资格。属于要约和承诺特殊表现形式的招标与投标是合同的形成过程,最后招标人与中标人签订明确双方权利义务的合同。

招标投标是国际上采用的、具有完善机制、科学合理的工程承发包方式。推行工程项目招标,就是要在建筑市场中建立竞争机制。

3.1.2 招标投标法

以 1984 年为起点,我国工程项目建设推行招投标制度已经有二十多年的历史。全国 31 个省、自治区、直辖市都制定了招投标管理办法,90%地级以上市已建立了专门的招投标管理机构,为开展招标投标提供了重要保证。

为了使招标投标制度在我国有效地贯彻和实施,发挥招标投标的积极作用,1999 年 8 月 30 日九届全国人大常委会第 11 次会议通过了《中华人民共和国招标投标法》(以下简称《招标投标法》),包括总则,招标,投标,开标、评标和中标,法律责任,附则,共 6 章 68 条,自 2000 年 1 月 1 日起施行。

《招标投标法》将招标与投标的过程纳入了法制管理的轨道,进一步推动了建设市场健康有序地发展。其主要内容包括:通行的招标投标程序;招标人和投标人应遵循的基本规则;任何违反法律规定应承担的后果责任;等。

3.1.3　强制招标的范围与标准

《招标投标法》规定,进行下列工程建设项目的勘察、设计、施工、监理以及与工程建设有关的重要设备、材料等的采购,必须进行招标。

(1)大型基础设施、公用事业等关系社会公共利益、公众安全的项目;

(2)全部或部分使用国有资金投资或国家融资的项目;

(3)使用国际组织或外国政府贷款、援助资金的项目。

原国家计委于 2000 年 5 月 1 日依据《招标投标法》发布了《工程建设项目招标范围和规模标准规定》,对必须进行招标的工程建设项目的范围和规模标准作出了进一步的具体规定。

1. 按工程性质划分

(1)关系社会公共利益、公众安全的基础设施项目。该项目范围包括:①煤炭、石油、天然气、电力、新能源等能源项目;②铁路、公路、管道、水运、航空以及其他交通运输业等交通运输项目;③邮政、电信枢纽、通信、信息网络等邮电通讯项目;④防洪、灌溉、排涝、引(供)水、滩涂治理、水土保持、水利枢纽等水利项目;⑤道路、桥梁、地铁和轻轨交通、污水排放及处理、垃圾处理、地下管道、公共停车场等城市设施项目;⑥生态环境保护项目;⑦其他基础设施项目。

(2)关系社会公共利益、公众安全的公用事业项目。该项目范围包括:①供水、供电、供气、供热等市政工程项目;②科技、教育、文化等项目;③体育、旅游等项目;④卫生、社会福利等项目;⑤商品住宅,包括经济适用住房;⑥其他公用事业项目。

(3)使用国有资金投资项目。该项目范围包括:①使用各级财政预算资金的项目;②使用纳入财政管理的各种政府性专项建设基金的项目;③使用国有企业、事业单位自有资金,并且国有资产投资者实际拥有控制权的项目。

(4)国家融资项目。该项目范围包括:①使用国家发行债券所筹资金的项目;②使用国家对外借款或者担保所筹资金的项目;③使用国家政策性贷款的项目;④国家授权投资主体融资的项目;⑤国家特许的融资项目。

(5)使用国际组织或者外国政府资金的项目。该项目范围包括:①使用世界银行、亚洲开发银行等国际组织贷款资金的项目;②使用外国政府及其机构贷款资金的项目;③使用国际组织或者外国政府援助资金的项目。

2. 按委托任务的规模划分

对上述规定范围内的各类工程建设项目,包括项目的勘察、设计、施工、监理以及与工程建设有关的重要设备、材料等的采购,达到下列标准之一的,必须进行招标。

(1)施工单项合同估算价在 200 万元人民币以上的;

(2)重要设备、材料等货物的采购,单项合同估算价在 100 万元人民币以上的;

(3)勘察、设计、监理等服务的采购,单项合同估算价在 50 万元人民币以上的;

(4)单项合同估算价低于第(1)、(2)、(3)项规定的标准,但项目总投资额在3 000万元人民币以上的。

最后一条规定是防止将应该招标的工程项目化整为零规避招标。

3.1.4 可以直接发包的建设项目范围

按照相关法律、部门规章的规定,属于下列情形之一的,可以不进行招标,采用直接委托的方式发包建设任务:

(1)涉及国家安全、国家秘密的工程;

(2)抢险救灾工程;

(3)利用扶贫资金实行以工代赈、需要使用农民工等特殊情况;

(4)建筑造型有特殊要求的设计;

(5)采用特定专利技术、专有技术进行勘察、设计或施工;

(6)停建或者缓建后恢复建设的单位工程,且承包人未发生变更的;

(7)施工企业自建自用的工程,且该施工企业资质等级符合工程要求的;

(8)在建工程追加的附属小型工程或者主体加层工程,且承包人未发生变更的。

3.1.5 建设工程招标分类

按工程项目建设程序,招标可分为工程项目咨询服务招标、勘察设计招标和施工招标、监理招标、物资采购招标等类型。

1. 咨询服务招标

这种招标是业主为选择科学、合理的投资开发建设方案,为进行项目的可行性研究,通过投标竞争寻找满意的咨询单位的招标。投标人一般为工程咨询单位,中标人最终的工作成果是项目的可行性研究报告等成果。

2. 勘察设计招标

勘察设计招标指根据批准的可行性研究报告,择优选择勘察、设计单位的招标。勘察和设计是两种不同性质的工作,可由勘察单位和设计单位分别完成。勘察单位最终提出施工现场的地理位置、地形、地貌、地质、水文等在内的勘察报告,设计单位最终提供设计图纸和成本预算成果。

3. 工程施工招标

在工程项目的初步设计或施工图设计完成后,用招标的方式选择施工单位,施工单位最终向业主交付按设计文件规定的建筑产品。

4. 建设监理招标

建设监理招标是业主通过招标来选择工程实施阶段委托监理的单位,代表业主对项目的实施进行监督管理。

5. 物资采购招标

工程建设中的物资主要是指构成建设工程实体的材料和设备。建设工程造价的60%以上是由材料、设备的价值构成的,对材料、设备采购进行招标有助于提高物资的质量,降低采购价格,对于提高工程质量、降低工程造价具有重要意义。

3.1.6 建设工程招标方式

我国的《招标投标法》规定的招标方式分为公开招标和邀请招标。

1. 公开招标

公开招标又称无限竞争招标,是由招标人以招标公告的方式邀请不特定的法人或者其他组织投标。招标人通过报刊、广播、电视等方式发布招标广告,有意向的承包商均可报名参加资格审查,合格的承包商可购买招标文件,参加投标的招标方式。《招标投标法》规定依法必须进行招标的项目,全部使用国有资金投资或者国有资金投资占控股或者主导地位的,应当公开招标。

公开招标的优点是投标的承包商多、范围广、竞争激烈,业主有较大的选择余地,有利于降低工程造价,提高工程质量和缩短工期。缺点是由于投标的承包商多,招标工作量大,组织工作复杂,需投入较多的人力、物力,招标过程所需时间较长。因而此类招标方式主要适用于投资额度大,工艺、结构复杂的较大型工程建设项目。

2. 邀请招标

邀请招标又称有限竞争招标,是由招标人以投标邀请书的方式邀请特定的法人或者其他组织投标。这种方式不发布公告,业主根据自己的经验和所掌握的各种信息资料,向有承担该项工程施工能力的 3 个以上(含 3 个,一般为 5~10 个)承包商发出投标邀请书,收到邀请书的单位才有资格参加投标。

邀请招标的优点是目标集中,招标的组织工作较容易,工作量比较小。缺点是由于参加的投标单位较少,竞争性较差,选择余地较少,如果招标单位在选择邀请单位前所掌握信息资料不足,则会失去发现最适合承担该项目的承包商的机会。

公开招标和邀请招标都必须按规定的招标程序进行,要制订统一的招标文件,投标单位必须按招标文件的规定进行投标。

3.2　建设工程施工招标投标基本程序

招标投标程序是指招投标活动内容的逻辑关系,不同的招标方式具有不同的招标程序。工程项目招投标涉及业主和承包商两个方面。招标主要是从业主的角度揭示其工作内容,而投标主要是从承包商的角度阐述,两者具有密切的关联性,不能将其割裂开来。

3.2.1　工程项目施工公开招标投标程序

公开招标的程序分为 3 个阶段:招标准备阶段、招标投标阶段、决标成交阶段,共 15 个环节,具体内容见 3-1 程序图和后续章节。

3.2.2　建设工程施工邀请招标投标程序

邀请招标与公开招标的程序基本相同,不同之处有两点:

(1)公开招标发布招标公告,邀请招标发出投标邀请书。

(2)邀请招标一般没有资格预审环节,在评标时进行资格后审,因为招标单位直接向有能力承担本工程的施工单位发出投标邀请书。

3.2.3　建设行政主管部门对招投标的监督

(1)依法核查必须采用招标方式选择承包单位的建设项目。

(2)接受各个阶段的备案与核查(如资格预审文件、招标文件、招标组织机构、招标文件的答疑与修改、招投标情况报告、签订的合同)。

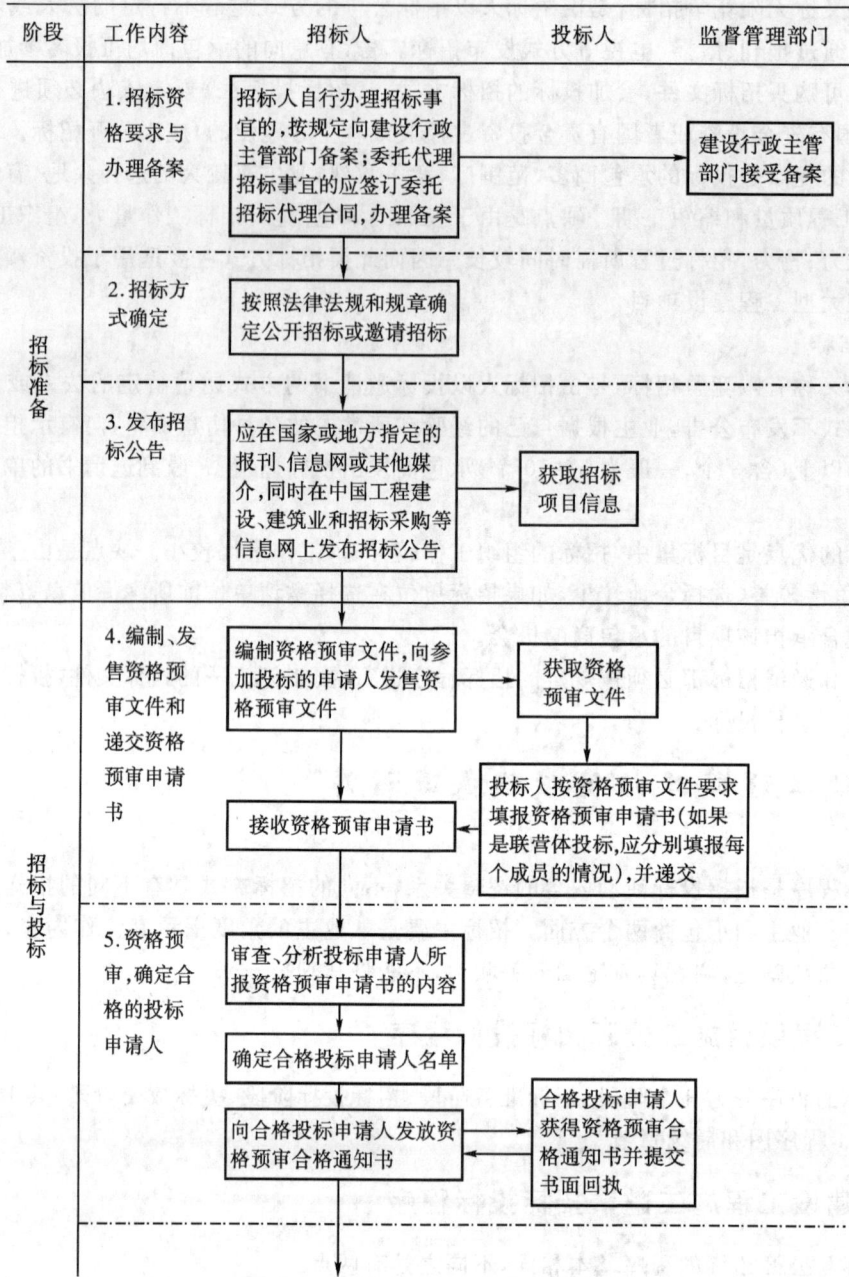

阶段	工作内容	招标人	投标人	监督管理部门
招标准备	1. 招标资格要求与办理备案	招标人自行办理招标事宜的,按规定向建设行政主管部门备案;委托代理招标事宜的应签订委托招标代理合同,办理备案		建设行政主管部门接受备案
	2. 招标方式确定	按照法律法规和规章确定公开招标或邀请招标		
	3. 发布招标公告	应在国家或地方指定的报刊、信息网或其他媒介,同时在中国工程建设、建筑业和招标采购等信息网上发布招标公告	获取招标项目信息	
招标与投标	4. 编制、发售资格预审文件和递交资格预审申请书	编制资格预审文件,向参加投标的申请人发售资格预审文件	获取资格预审文件	
		接收资格预审申请书	投标人按资格预审文件要求填报资格预审申请书(如果是联营体投标,应分别填报每个成员的情况),并递交	
	5. 资格预审,确定合格的投标申请人	审查、分析投标申请人所报资格预审申请书的内容		
		确定合格投标申请人名单		
		向合格投标申请人发放资格预审合格通知书	合格投标申请人获得资格预审合格通知书并提交书面回执	

续图 3-1

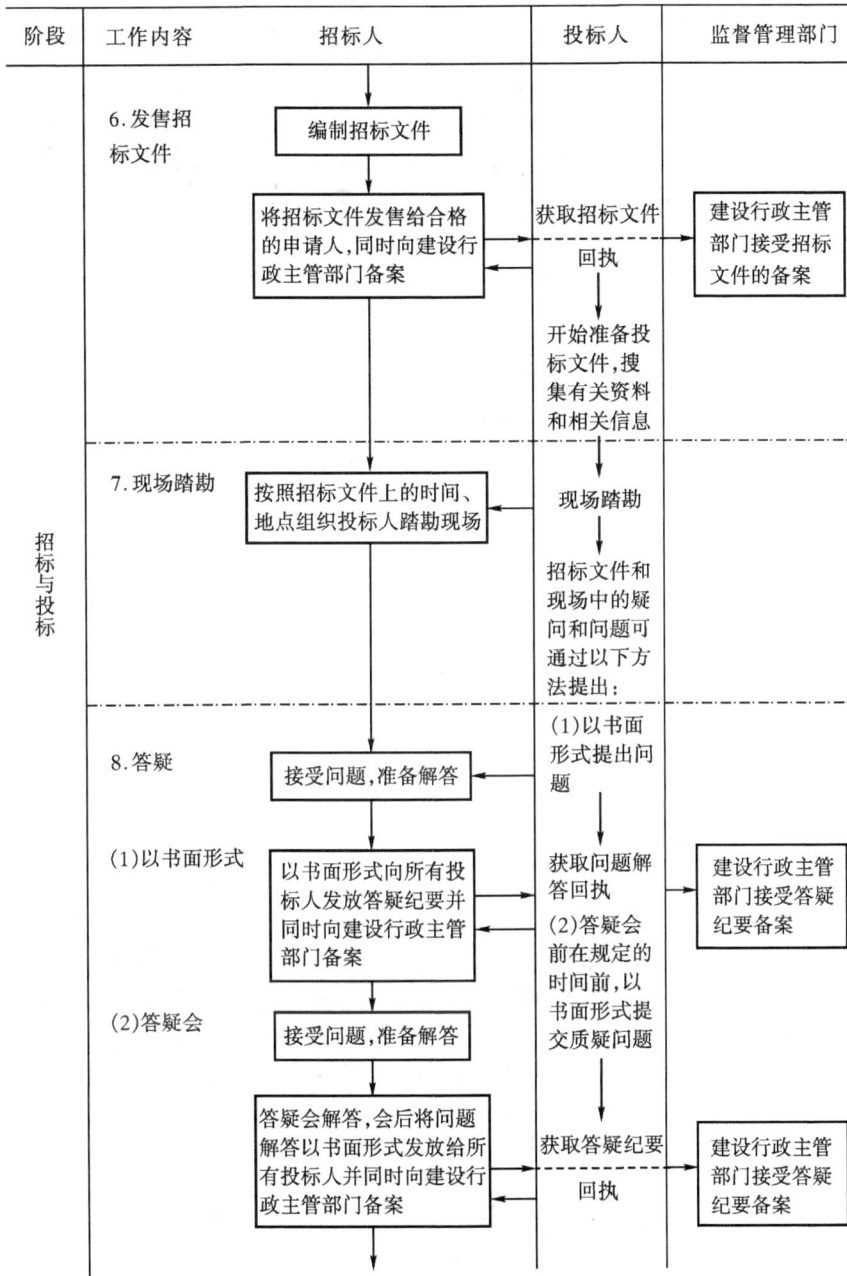

续图 3-1

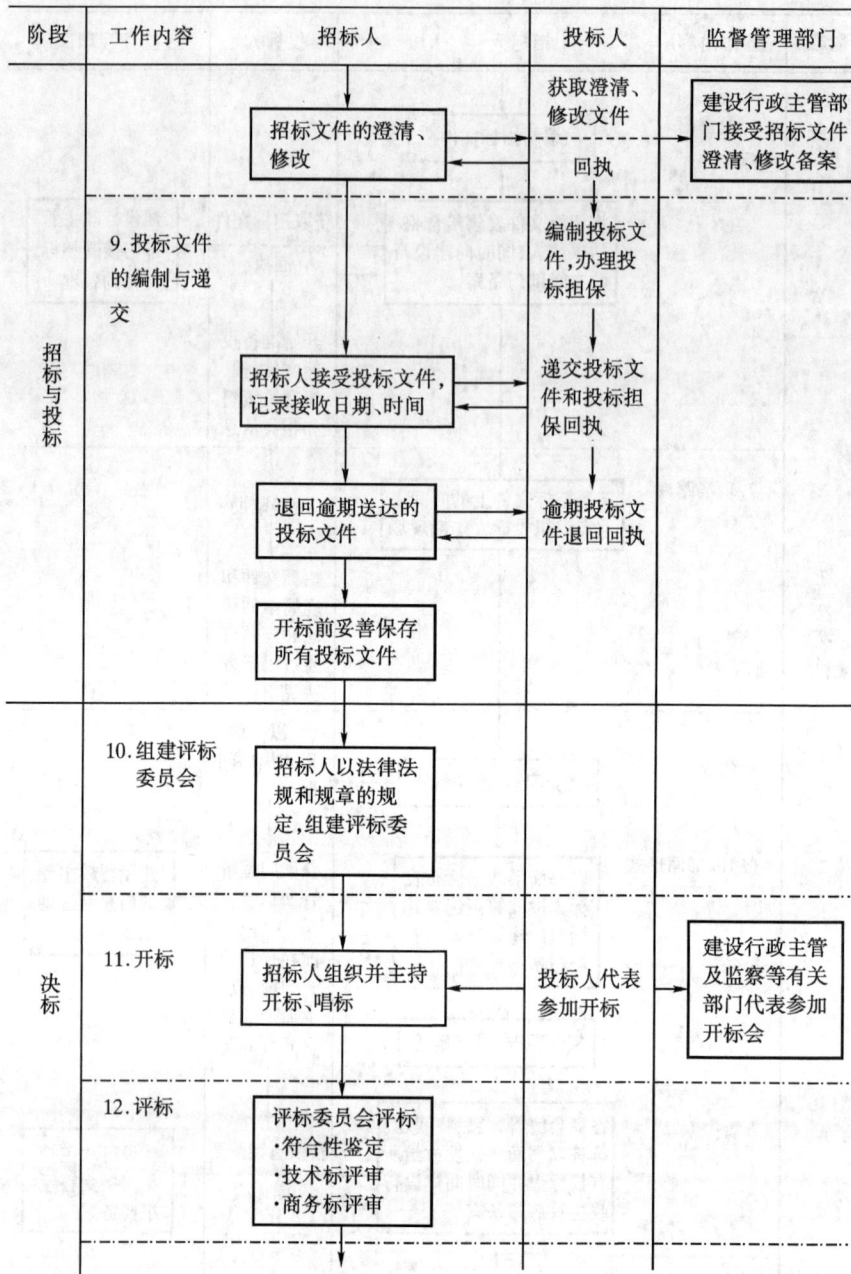

续图 3-1

阶段	工作内容	招标人	投标人	监督管理部门
决标		评标委员会就投标文件的澄清或答辩	对评标委员会的澄清内容进行书面澄清、答复或答辩	
		完成评标 ·推荐中标候选人或确定中标人 ·编写评标报告		
招投标情况备案及签订合同	13.招标投标情况书面报告及备案	招标人编写招标投标书面情况报告,确定中标人 15 日内向建设行政主管部门备案		建设行政主管部门接受备案
	14.发出中标通知书	招标人向中标人发出中标通知书,并同时向未中标人发出中标结果通知	中标人接受中标通知书,未中标人接受中标结果	公示结果,接受监督
	15.签署合同协议	招标人与中标人谈判、签署合同协议		
		办理、提交支付担保 ← 办理提交交履约担保		
		退回中标人及未中标人投标保证金 ← 接受投标保证金回执		
		办理合同备案		建设行政主管部门接受备案

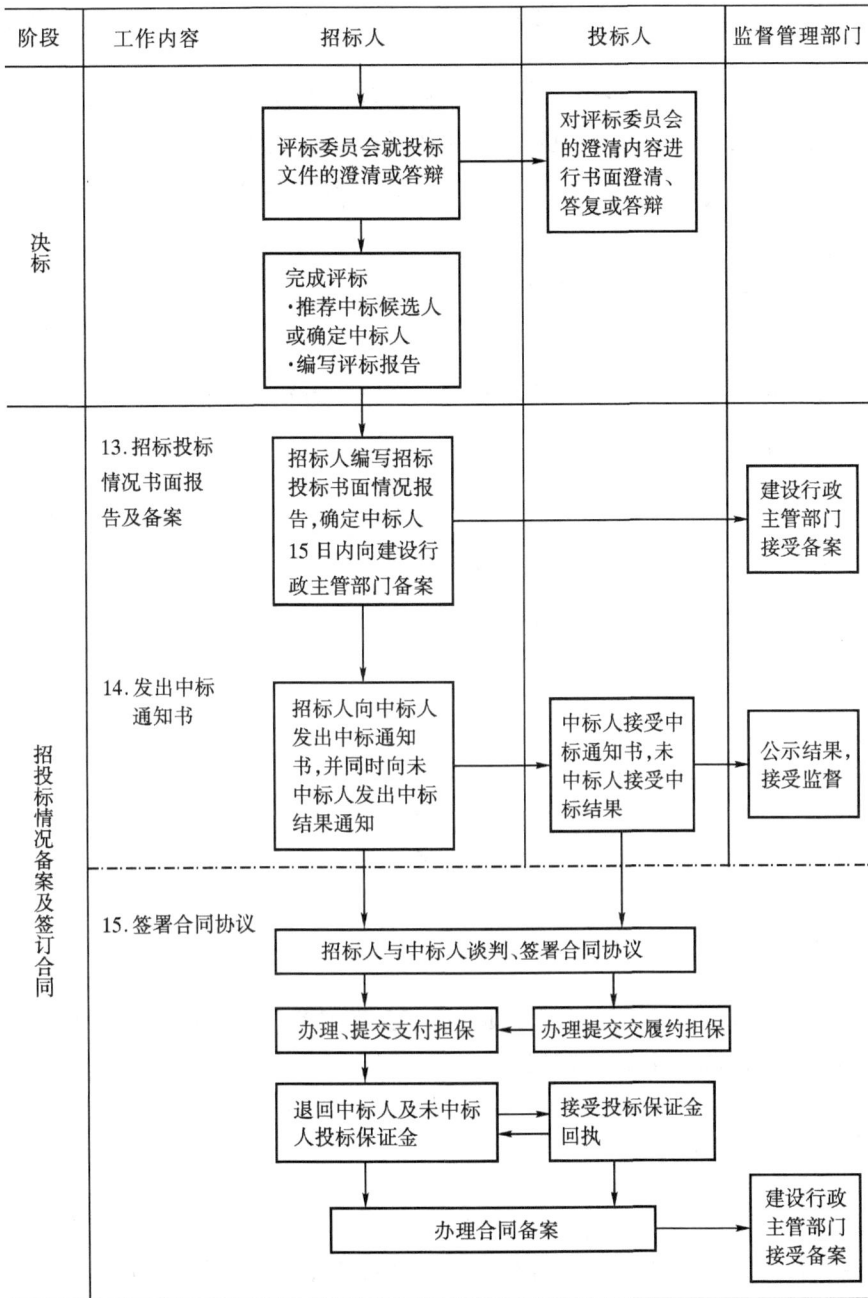

图 3-1 建设工程施工公开招标投标程序流程图

(3)对招投标活动的监督。全部使用国有资金投资或者国有资金投资占控股或者主导地位,依法必须施工招标的工程项目,应进入有形建筑市场进行招投标活动。各地建设行政主管部门认可的建设工程交易中心,既为招投标活动提供场所,又便于行政主管部门对招投标活动进行有效监督。

(4)查处招投标活动中的违法行为。有关行政监督部门有权依法对招标投标活动中的违法行为进行查处。视情节和对招标的影响程度,违法主体承担行政法律责任的形式可能有:判定招标无效,责令改正后重新招标;对单位负责人或其他直接责任者给予行政处分;没收非法所得,并处以罚金等。

3.3 招标准备阶段的主要工作

此阶段工作由招标人单独完成,投标人不参与。其主要内容见图 3-1。

➤ 3.3.1 项目报建

凡在我国境内投资兴建的工程建设项目,都必须实行报建制度,接受当地建设行政主管部门的监督管理。建设工程项目报建,是建设单位招标活动的前提。

➤ 3.3.2 招标资格要求和委托招标

1. 建设工程应具备的条件
(1)建设工程已批准立项。
(2)向建设行政主管部门履行了报建手续,并取得批准。
(3)建设用地已依法取得,并领取了建设工程规划许可证。
(4)有能够满足招投标需要的施工图纸及技术资料。
(5)建设资金能满足工程的要求,符合规定的资金到位率。
(6)法律、法规、规章规定的其他条件。

2. 招标人应具备的条件
为了保证招标行为规范、科学,招标人应具备以下条件方可自行招标:
(1)具有法人资格或者是依法成立的组织。
(2)有与招标工程相适应的经济、技术、管理人员。
(3)有组织编制招标文件的能力。
(4)有审查投标单位资质的能力。
(5)有组织开标、评标、定标的能力。
不具备上述条件的,须委托具有相应资质的中介机构(咨询、监理等单位)代理招标。

3. 委托招标
招标人不具备自行招标能力的或虽有能力,但不准备自行招标的,可以委托具有相应资质的中介机构代理招标。
对招标代理机构的法律要求如下:
(1)招标代理机构按照委托代理合同,依法组织招标活动,并按照合同约定取得酬金。
(2)招标代理单位对于提供的招标文件、评标报告等的科学性、准确性负责,并不得向外泄露可能影响公正、公平竞争的有关情况。

(3)招标代理单位不得接受同一招标工程的投标代理和投标咨询业务,也不得转让招标代理业务。招标代理单位与行政机关和其他国家机关以及被代理工程的投标单位不得有隶属关系或者其他利害关系。

▶ 3.3.3　招标代理机构资格和业务范围

根据自 2007 年 3 月 1 日起施行的《工程建设项目招标代理机构资格认定办法》(原建设部令第 154 号),工程建设项目是指土木工程、建筑工程、线路管道和设备安装工程及装饰装修工程项目;工程建设项目招标代理是指工程招标代理机构接受招标人的委托,从事工程的勘察、设计、施工、监理以及与工程建设有关的重要设备(进口机电设备除外)、材料采购招标的代理业务。办法对工程招标代理机构的资格认定和业务范围作出了明确规定。

1. **工程招标代理机构资格**

(1)申请工程招标代理资格的机构应当具备下列条件:

①是依法设立的中介组织,具有独立法人资格;

②与行政机关和其他国家机关没有行政隶属关系或者其他利益关系;

③有固定的营业场所和开展工程招标代理业务所需设施及办公条件;

④有健全的组织机构和内部管理规章制度;

⑤具备编制招标文件和组织评标的相应专业力量;

⑥具有可以作为评标委员会成员人选的技术、经济等方面的专家库;

⑦法律、行政法规规定的其他条件。

(2)工程招标代理机构资格分为甲级、乙级和暂定级,其标准具体如下。

申请甲级工程招标代理资格的机构,除具备上述(1)规定的条件外,还应当具备下列条件:

①取得乙级工程招标代理资格满 3 年;

②近 3 年内累计工程招标代理中标金额在 16 亿元人民币以上(以中标通知书为依据,下同);

③具有中级以上职称的工程招标代理机构专职人员不少于 20 人,其中具有工程建设类注册执业资格人员不少于 10 人(其中注册造价工程师不少于 5 人),从事工程招标代理业务 3 年以上的人员不少于 10 人;

④技术经济负责人为本机构专职人员,具有 10 年以上从事工程管理的经验,具有高级技术经济职称和工程建设类注册执业资格;

⑤注册资本金不少于 200 万元。

申请乙级工程招标代理资格的机构,除具备上述(1)规定的条件外,还应当具备下列条件:

①取得暂定级工程招标代理资格满 1 年;

②近 3 年内累计工程招标代理中标金额在 8 亿元人民币以上;

③具有中级以上职称的工程招标代理机构专职人员不少于 12 人,其中具有工程建设类注册执业资格人员不少于 6 人(其中注册造价工程师不少于 3 人),从事工程招标代理业务 3 年以上的人员不少于 6 人;

④技术经济负责人为本机构专职人员,具有 8 年以上从事工程管理的经历,具有高级技术经济职称和工程建设类注册执业资格;

⑤注册资本金不少于 100 万元。

新设立的工程招标代理机构具备上述(1)和乙级资格中的③④⑤项条件的,可以申请暂定级工程招标代理资格。

甲级工程招标代理机构资格由国务院建设主管部门认定。乙级、暂定级工程招标代理机构资格由工商注册所在地的省、自治区、直辖市人民政府建设主管部门认定。

2. 工程招标代理机构资格相应许可的业务范围

(1)工程招标代理业务的机构,应当依法取得国务院建设主管部门或者省、自治区、直辖市人民政府建设主管部门认定的工程招标代理机构资格,并在其资格许可的范围内从事相应的工程招标代理业务。

(2)工程招标代理机构可以跨省、自治区、直辖市承担工程招标代理业务。任何单位和个人不得限制或者排斥工程招标代理机构依法开展工程招标代理业务。

(3)甲级工程招标代理机构可以承担各类工程的招标代理业务;乙级工程招标代理机构只能承担工程总投资1亿元人民币以下的工程招标代理业务;暂定级工程招标代理机构,只能承担工程总投资6 000万元人民币以下的工程招标代理业务。

3.3.4 确定招标方式和招标范围

根据项目的特点和相关的法律规定选择招标方式和招标范围。划分合同包的招标范围时,主要应考虑以下因素的影响:

1. 招标人的管理能力

全部施工内容只发一个合同包招标,招标人仅与一个中标人签订合同,施工过程中管理工作比较简单,但有能力参与竞争的投标人较少。

如果招标人有足够的管理能力,也可以将全部施工内容分解成若干个单位工程和特殊专业工程分别发包,这样一则可以发挥不同投标人的专业特长,增强投标的竞争性,二则每个独立合同比总承包合同更容易落实,即使出问题也是局部的,易于纠正或补救。但招标发包的数量要适当,合同太多会给招标工作和施工阶段的管理工作带来麻烦或不必要损失。

2. 施工内容的专业要求

将土建施工和设备安装分别招标。土建施工采用公开招标,跨行业、跨地域在较广泛范围内选择技术水平高、管理能力强而报价又合理的投标人实施。设备安装工作由于专业技术要求高,可采用邀请招标,选择有能力的中标人。

3. 施工现场条件

划分合同包时应充分考虑施工过程中几个独立承包人同时施工可能发生的交叉干扰。其基本原则是现场施工尽可能避免平面或不同高程作业的干扰,还需考虑各合同施工中空间和时间的衔接,避免两个合同交界面工作责任的推诿扯皮,以及关键线路上的施工内容划分在不同合同包时要保证总进度计划目标的实现。

4. 对工程总投资影响

合同数量划分的多与少对工程总造价的影响不可一概而论,应根据项目的具体特点进行客观分析。

只发一个合同包,便于投标人的施工,人工、施工机械和临时设施可以统一使用;划分合同数量较多时,各投标书的报价中均要分别考虑动员准备费、施工机械闲置费、施工干扰的风险费等。但大型复杂项目的工程总承包,由于有能力参与竞争的投标人较少,且报价中往往计入分包管理费,因而会导致中标的合同价较高。

5. 其他因素影响

工程项目的施工是一个复杂的系统工程,影响划分合同包的因素很多,如筹措建设资金的到位时间、施工图完成的计划进度等条件。如：施工招标时，已完成施工图设计的中小型工程，可采用总价合同；若为初步设计完成后的大型复杂工程，则应采用单价合同。

3.3.5 办理招标备案

依法必须进行招标、招标人自行招标的项目，应当在发布招标公告或者发出投标邀请书前，向工程所在地县级以上人民政府建设行政主管部门备案。

招标备案内容包括招标范围、招标方式、计划工期、对投标人的资质要求、招标项目的前期准备情况、自行招标还是委托代理招标等。获得认可后才可以开展招标工作。

3.3.6 编制招标有关文件

招标准备阶段招标人应编制好招标过程中需要使用的有关文件，保证招标活动的顺利进行。这些文件主要包括招标公告、资格预审文件、招标文件（包括工程量清单）等，文件具体内容见后续章节。

3.3.7 设标底招标和无标底招标的弊端

根据相关法律、规章规定，建设工程招标可以设标底，也可以不设标底。

1. 设标底招标的弊端

(1)设标底时易发生泄露标底及暗箱操作的现象，失去招标的公平公正性。

(2)现在编制的标底价是预算价，科学合理性差，较难考虑施工方案、技术措施对造价的影响，容易与市场造价脱节。

(3)标底在评标过程的特殊地位使标底价成为左右工程造价的杠杆；不合理的标底会使合理的投标报价在评标中显得不合理。

(4)将标底作为衡量投标人报价的基准，会导致投标人尽力地去迎合标底，往往招投标过程反映的不是投标人实力的竞争，而是投标人编制预算文件能力的竞争，或者各种合法或非法的"投标策略"的竞争。

2. 无标底招标的弊端

(1)容易出现围标、串标现象，各投标人哄抬价格，给招标人带来投资失控的风险。

(2)容易出现低价中标后偷工减料，不顾工程质量，以此来降低工程成本；或先低价中标，后高额索赔等不良后果。

(3)评标时，招标人对投标人的报价没有参考依据和评判标准。

3.3.8 编制招标控制价

1. 招标控制价的概念

2008 版《工程量清单计价规范》对招标控制价的定义为：招标人根据国家或省级、行业建设主管部门颁发的有关计价依据和办法，按设计施工图纸计算的，对招标工程限定的最高工程造价。招标控制价是招标人对拟建工程期望的发包价，是投标报价的最高限价。

招标控制价应在招标文件中公布，不应上调或下浮，招标人应将招标控制价及有关资料报送工程所在地工程造价管理机构备查。投标人经复核认为招标人公布的招标控制价未按照规定进行编制的，应在开标前 5 日向招投标监督机构或(和)工程造价管理机构投诉。招投标监督机构应会同工程造价管理机构对投诉进行处理，发现确有错误的，应责成招标人修改。

目前各地对招标控制价的名称不完全相同。例如云南省称为拦标价,它是依据招标文件、招标答疑和设计图纸,及其相关配套的计价文件的规定,结合市场供求状况,综合考虑投资、通常条件下的施工组织和施工方法、工期和质量要求、必要的技术措施和合同实施过程可能发生的风险因素后合理确定的全费用价格。

拦标价的计算公式为:$J = Z + C + G + Q + F + L + S + X$

式中:J 为拦标价;Z 为直接工程费;C 为措施费;G 为管理费;Q 为其他项目费;F 为规费;L 为利润;S 为税金;X 为风险费〔$X = (Z + C) \times f$,其中 f 为招标人确定的风险系数,最低不得小于 1%,跨年度的工程不得小于 3%〕。

2. 招标控制价的适用范围以及编制依据

(1)适用范围。国有资金投资的工程建设项目应实行工程量清单招标,并应编制招标控制价。招标控制价超过批准的概算时,招标人应将其报原概算审批部门审核。投标人的投标报价高于招标控制价的,其投标应予以拒绝。

(2)编制人和编制依据。招标控制价应由具有编制能力的招标人或受其委托,具有相应资质的工程造价咨询人编制。其编制依据是:

①2008 版《工程量清单计价规范》;

②国家或省级、行业建设主管部门颁发的计价定额和计价办法;

③建设工程设计文件及相关资料;

④招标文件中的工程量清单及有关要求;

⑤与建设项目相关的标准、规范、技术资料;

⑥工程造价管理机构发布的工程造价信息,工程造价信息没有发布的材料,参照市场价;

⑦其他的相关资料。

3. 招标控制价的组成和优点

(1)招标控制价的组成。

①分部分项工程费应根据招标文件中的分部分项工程量清单及有关要求,按 2008 版《工程量清单计价规范》的规定确定综合单价计价。招标文件提供了暂估单价的材料,按暂估的单价计入综合单价。综合单价=人工费+材料费+机械费+管理费+利润+由投标人承担的风险费用+其他项目清单中的材料暂估价。

②措施项目费应根据招标文件中的措施项目清单,按 2008 版《工程量清单计价规范》规定计价。措施项目清单计价应根据拟建工程的施工组织设计,可以计算工程量的,适宜采用分部分项工程量清单方式的措施项目应采用综合单价计价;其余的措施项目可以"项"为单位的方式计价,应包括除规费、税金外的全部费用。措施项目清单中的安全文明施工费应按照国家或省级、行业建设主管部门的规定计价,不得作为竞争性费用。

③其他项目费中,暂列金额应根据工程特点,按有关计价规定估算;暂估价中的材料单价应根据工程造价信息或参照市场价格估算;暂估价中的专业工程金额应分不同专业,按有关计价规定估算;计日工应根据工程特点和有关计价依据计算;总承包服务费应根据招标文件列出的内容和要求估算。

④规费和税金应按国家或省级、行业建设主管部门的规定计算,不得作为竞争性费用的规定计算。

(2)设置招标控制价的优点。设置招标控制价具有以下优点:

①可有效控制投资,防止恶性哄抬报价带来的投资风险。

②提高了透明度,避免了暗箱操作、寻租等违法活动的产生。

③可使各投标人自主报价、公平竞争,符合市场规律。投标人自主报价,不受标底的左右。

④既设置了控制上限,又尽量地减少了业主对评标基准价的影响。

3.4 招标与投标阶段的主要工作

公开招标从发布招标公告开始,邀请招标从发出投标邀请函开始,到投标截止日期为止的期间称为招投标阶段。在此阶段,招标人应做好招标的组织工作,投标人则应按照招标有关文件的规定程序和具体要求进行投标。

▷ 3.4.1 发布招标公告

招标公告的作用是让潜在投标人获取招标信息,以便进行项目筛选,确定是否参与竞争。具体格式由招标人自定。其内容一般包括:招标单位名称,建设项目资金来源,工程项目概况,本次招标工作范围简要介绍,购买资格预审文件的时间、地点和价格、联系方式,等有关事项。

▷ 3.4.2 资格预审

1. 资格审查方式

资格审查一般可分为资格预审和资格后审。资格预审指在投标前对投标申请人进行资格审查;资格后审一般指在评标时对投标申请人进行资格审查。资格后审的内容、审查程序和资格预审的内容、审查程序大致相同。

招标人应根据工程规模、结构复杂程度或技术难度等具体情况,对投标人采取资格预审方式或资格后审方式。

2. 资格预审的目的

对潜在投标人进行资格预审要达到下列目的:

(1)了解投标者,保证投标人在资质和能力方面能够满足招标项目的要求;

(2)淘汰不合格的投标者,减少评标工作量,降低评审费用;

(3)为不合格的投标者节约购买招标文件、参加现场考察及投标的费用;

(4)降低招标人的风险,为业主选择一个优秀的中标者打下良好的基础。

3. 资格预审文件

对于要求资格预审的应编制预审文件,资格预审文件包括的内容除资格预审公告外,还包括资格预审须知、资格预审表和资料、资格预审合格通知书以及招标工程概况和工作范围介绍、对投标人的基本要求和指导投标人填写资格预审文件的有关说明等。

资格预审表是对潜在投标人资质条件、实施能力、技术水平、商业信誉等方面需要了解的内容,以应答形式给出的调查文件。在资格预审文件中一般规定统一表格,让参加资格预审的单位填报和提交有关资料。这些资料包括以下内容:

(1)资格预审单位概况、财务状况;

(2)拟投入的主要管理人员情况、拟投入劳动力和施工机械设备情况;

(3)近年来所承建的工程和在建工程情况一览表;

(4)目前和过去几年涉及的诉讼和仲裁情况;

(5)其他情况(各种奖励和处罚等);

(6)联合体协议书和授权书。

4. 对联合体资格预审的要求

联合体投标是指两个以上的法人或其他组织组成一个联合体,以一个投标人的身份投标,按照资质等级较低的单位确定资质等级,并承担连带责任。

联合体的每一个成员提交同单独参加资格预审单位一样要求的全套文件。提交预审文件时应附上联合体协议。作为联合体的成员资格预审合格的,不能认为作为单独成员或其他联营体的成员也资格预审合格。

5. 资格预审方法

资格预审一般采用加权打分法,招标人依据工程项目特点和发包工作性质划分评审的几大方面,如资质条件、人员能力、设备和技术能力、财务状况、工程经验、企业信誉等,并分别给予不同权重,对其中的各方面再细化评定内容和分项评分标准。通过对各投标人的评定和打分,确定各投标人的综合素质分。

6. 资格预审合格条件

投标人必需满足资格预审文件规定的必要合格条件和附加合格条件。

必要合格条件通常包括法人地位、资质等级、财务状况、企业信誉、分包计划等具体要求,是潜在投标人应满足的最低标准。

是否设置附加合格条件视招标项目对潜在投标人是否有特殊要求来决定。普通工程项目一般承包人均可完成,可不设置附加合格条件。

对于大型复杂项目尤其是需要有专门技术、设备或经验的投标人才能完成时,则应设置此类条件。附加合格条件是为了保证承包工作能够保质、保量、按期完成,按照项目特点设定而不是针对外地区或外系统投标人,不能违背《招标投标法》的有关规定,如招标人不得以不合理的条件限制或者排斥潜在的投标人,不得对潜在投标人实行歧视待遇。

招标人可以针对工程所需的特别措施或工艺的专长、专业工程施工资质、环境保护方针和保证体系、同类工程施工经历、项目经理资质要求、安全文明施工要求等设立附加合格条件。

目前采用的合格标准有两种方式:一种是限制合格者数量,以便减小评标的工作量(如7家),招标人按得分高低次序排列,如果某一家放弃投标则由下一家递补维持预定数量;另一种是不限制合格者的数量,凡满足某分值以上的潜在投标人均视为合格。

不论采用哪种方法,法律规定招标人都不得向他人透露参与竞争的潜在投标人的名称、人数以及与招标投标有关的情况。

7. 资格预审合格通知书

在资格预审完成后,招标单位将资格预审结果以书面形式通知所有参加预审的施工单位。对资格预审合格的单位还应发资格预审合格通知书,通知投标单位开列回执并准备投标。

➤ 3.4.3 发售招标文件

招标文件、图纸和有关技术资料应在招标公告指定的时间和地点发售给通过资格预审获得投标资格的投标单位。投标单位收到招标文件、图纸和有关资料后,应认真核对,核对无误后,应以书面形式予以确认。法律规定,从招标文件或者资格预审文件出售之日至停止出售,最短不得少于5个工作日。

根据建设部发布的《建设施工招标文件范本》,推荐施工招标的招标文件包括以下10章内容。

第一章　投标须知

第二章　施工合同通用条款
第三章　施工合同专用条款
第四章　合同格式
第五章　技术规范
第六章　投标书及投标书附录
第七章　工程量清单与报价表
第八章　辅助资料表
第九章　资格审查表
第十章　图纸

1. 投标须知

投标须知是招标文件中很重要的一部分内容,投标者在投标时必须仔细阅读和理解,按须知中的要求进行投标。其内容包括:

(1)总则。在总则中说明工程概况和资金的来源等问题。

(2)招标文件的组成、解释、修改。

(3)投标报价说明。包括投标价格的方式、投标的货币及币种等。

(4)投标文件的编制。包括投标文件的语言、组成、投标有效期、投标保证金、投标预备会、投标文件的份数和签署等。

(5)投标文件的递交要求。

(6)开标的时间、地点、程序。

(7)评标。包括评标内容的保密、资格审查、投标文件的澄清、投标文件的符合性鉴定、错误的修正、投标文件的评价。

(8)授予合同。

一般在投标须知前有一张"前附表"。"前附表"是将投标须知中重要的内容用一个表格的形式列出来,以使投标者在整个投标过程中严格遵守,以防造成废标。

2. 施工合同通用条款

通用条款是适合于一般工程项目的部分,不需要当事人作出特殊的约定。

3. 施工合同专用条款

在招标文件编写中,根据实际情况,有的招标单位只部分采用上述的《建设工程施工合同示范文本》,有的则用其他的标准合同来代替。

4. 合同格式

合同格式包括以下内容:合同协议书格式、银行履约保函格式、履约担保格式、预付款银行保函格式等。为了便于投标和评标,在招标文件中都用统一的格式。

5. 技术规范

技术规范主要说明工程现场的自然条件、施工条件及本工程施工技术要求和采用的技术规范。

在招标文件中的技术规范必须由招标单位根据工程的实际要求,自行决定其具体的内容和格式,没有标准化内容和格式可以套用,由招标文件的编写人员自己编写。

6. 投标书及投标书附录

投标书是由投标单位授权的代表签署的一份投标文件,投标书是对业主和承包商双方均具有约束力的合同的重要部分。

与投标书一起提交的有投标书附录、投标保证书和投标单位的法人代表资格证书及授权委托书。

7. 工程量清单报价表

工程量清单报价表为投标单位提供统一的报价格式要求,填报表中各栏目价格,按价格的组成逐项汇总,再把逐项价格汇总成整个工程的投标报价。

8. 辅助资料表

辅助资料表是为了进一步了解投标单位对工程施工人员、机械和各项工作的安排情况,便于评标时进行比较,同时便于业主在工程实施过程中安排资金计划。在招标文件中统一拟定各类表格或提出具体要求让投标单位填写或说明。

辅助资料表一般包括项目经理简历表、主要施工管理人员表、主要施工机械设备表、拟分包项目情况表、劳动力计划表、计划开工、竣工日期和施工进度表等。

9. 资格审查表

对于未采用资格预审的,在招标文件中应编制资格审查表,以便进行资格后审。

10. 图纸

图纸是投标单位拟定施工方案、确定施工方法、提出替代方案、确定工程量清单和计算投标报价时不可缺少的资料。

为了规范施工招标文件编制活动,促进招标投标活动的公开、公平和公正,国家发展和改革委员会、财政部、建设部、铁道部、交通部等部门联合制定了《标准施工招标文件(试行)》,自2008年5月1日起试行。标准文件在政府投资项目中试行。其与原来的招标文件范本的主要区别有以下两点:第一,招标人按照《标准施工招标文件》的格式发布招标公告或发出投标邀请书后,将实际发布的招标公告或实际发出的投标邀请书编入出售的招标文件中,作为投标邀请。第二,评标办法前附表应按试行规定要求列明全部评审因素和评审标准,并标明投标人不满足其要求即导致废标的全部条款。

▷ 3.4.4 现场踏勘

招标人在招标文件中注明勘察现场的时间和地点,组织投标人自费进行考察,或不组织统一的现场踏勘。

1. 现场踏勘的目的

一方面是让投标人了解工程项目的现场情况、自然条件、施工条件以及周围环境等,以便尽可能准确地确定施工方案以及措施费,进而编制针对性较强的投标书,提高中标机会;另一方面,要求投标人通过自己的实地考察确定投标的原则和策略,避免合同履行过程中投标人以不了解现场情况为理由推卸应承担的合同责任。

2. 现场踏勘的主要内容

现场踏勘主要包括以下内容:

(1)工程的性质以及与其他工程之间的关系。

(2)投标人投标的那一部分工程与其他承包商或分包商之间的关系。

(3)工地地貌、地质、气候、交通、电力、水源等情况,有无障碍物等。

(4)工地附近有无住宿条件,料场开采条件,其他加工条件,设备维修条件等。

(5)工地附近治安情况。

为便于解答投标单位提出的问题,踏勘现场一般安排在投标答疑会之前。

▶ 3.4.5　书面答疑和标前答疑会

投标人研究招标文件和现场踏勘后以书面形式提出某些质疑问题,招标人应及时给予书面解答。招标人对任何一位投标人所提问题的回答必须发送给每一位投标人,以保证招标的公开和公平,但不必说明问题的来源。

如果书面解答的问题与招标文件中的规定不一致,以函件的解答为准。投标单位提出要求答复的问题应在答疑会前以书面形式送达招标单位,对于在答疑会期间产生的招标文件的修改应遵照招标文件中关于修改的规定,以补充通知形式发给投标单位。

对于招标文件的澄清和修改,应在投标截止日期至少 15 日以前以书面形式发给所有的招标文件买受人,一起构成招标文件的组成部分。

▶ 3.4.6　编制投标文件

投标文件是承包商参与投标竞争的重要凭证,是评标、定标、签订合同的重要依据,是投标人素质的综合反映和投标人能否取得经济效益的重要因素。投标人要根据招标文件及工程技术规范要求,结合项目施工现场条件编制施工规划和投标报价书。

1. 编制投标文件的程序

(1)组织投标班子,确定投标文件编制人员。

(2)仔细阅读诸如投标须知、投标书附件等,研究招标文件。研究招标文件,重点应放在投标者须知、合同条件、设计图纸、工程范围以及工程量表上,最好有专人或小组研究技术规范和设计图纸,弄清其特殊要求。

(3)投标人应根据图纸校核工程量清单中分部分项工程的内容和数量,因为它直接影响投标报价及中标机会,如发现工程量有重大出入的,必要时可找招标人核对,要求招标人确认,并给予书面证明,这对固定总价合同尤为重要。

(4)编制施工规划。在投标过程中,必须编制全面的施工规划,但其深度和广度都比不上施工组织设计。如果中标,再编制施工组织设计。

制定施工规划的依据是设计图纸、执行的规范,经复核的工程量,招标文件要求的开工、竣工日期以及对市场材料、机械设备、劳动力价格的调查。编制施工规划的原则是在保证工期和工程质量的前提下,如何使成本最低,利润最大。

施工规划一般包括以下内容:①选择和确定施工方法;②选择施工设备和施工设施;③编制施工进度计划。

(5)收集现行定额标准、取费标准及各类标准图集,并掌握政策性调价文件,进行投标报价。

2. 投标文件的编制原则

编制投标文件,应遵循以下原则:

(1)依法投标。严格按照《招标投标法》等国家法律、法规的规定编制投标文件。

(2)诚实信用原则。提供的数据准确可靠,对作出的承诺负责履行。

(3)遵照招标文件要求的原则。对提供的所有资料和材料,必须从形式到内容都满足招标文件的要求。

(4)用语和文字上力求准确严密、周到、细致,切不可模棱两可。

(5)从实际出发,在依法投标的前提下,可充分运用和发挥投标竞争的技巧与策略。

3. 投标文件的内容

工程施工招标项目的投标文件由商务标部分和技术标部分两部分组成。

(1)商务投标书包括以下内容：

①法定代表人资格证明书、投标文件签署授权委托书、投标函、投标函附录。

②投标报价汇总表、工程量清单、设备清单及报价表。

③现场因素、施工技术措施及赶工措施费用报价表。

④主要材料清单及计价表。

⑤投标保证金或银行保函、投标人综合业绩材料。

⑥招标文件要求提交的其他投标材料。

(2)技术投标书包括以下内容：

①各分部分项工程的主要施工方法、施工总平面图。

②工程投入的主要施工机械设备情况、主要施工机械进场计划、劳动力安排计划。

③确保工程质量、安全生产、文明施工、工期的技术组织措施。

④项目管理机构配备情况。

⑤拟分包项目名称和分包人情况。

⑥替代方案和报价(如允许提交)。

➤ 3.4.7　投标保证金(bid bond)

1. 投标保证金的概念

投标保证金是指在招标投标活动中，投标人随投标文件一同递交给招标人的一定形式、一定金额的投标责任担保。其主要目的为：①担保投标人在招标人定标前不得撤销其投标；②担保投标人在被招标人宣布为中标人后其即受合同成立的约束，不得反悔或者改变其投标文件中的实质性内容，否则其投标保证金将被招标人没收。

2. 投标保证金的额度及缴纳方式

《工程建设项目施工招标投标办法》第37条规定，招标人可以在招标文件中要求投标人提交投标保证金。投标保证金除现金外，可以是银行出具的银行保函、保兑支票、银行汇票或现金支票。所谓投标人申请银行开立的保证函，即是保证投标人在中标人确定之前不得撤销投标，在中标后应当按照招标文件和投标文件与招标人签订合同。如果投标人违反规定，开立保证函的银行将根据招标人的通知，支付银行保函中规定数额的资金给招标人。

投标保证金一般不得超过投标总价的2%，但最高不得超过80万元人民币。投标保证金有效期应当超出投标有效期30天。投标人应当按照招标文件要求的方式和金额，将投标保证金随投标文件提交给招标人，由招标人开具收款收据。投标人应在商务标中粘贴投标保证金交存凭证复印件，其是投标书的一个组成部分。投标人不按招标文件要求提交投标保证金的，该投标文件将被拒绝，作废标处理。投标保证金在中标通知发出后无息退还各投标人。

3. 投标保证金与投标有效期

投标有效期是指以递交投标文件的截止时间为起点，以招标文件中规定的时间为终点的一段时间。在这段时间内，投标人必须对其递交的投标文件负责，受其约束。而在投标有效期开始生效之前(即递交投标文件截止时间之前)，投标人(潜在投标人)可以自主决定是否投标、对投标文件进行补充修改，甚至撤回已递交的投标文件；在投标有效期届满之后，投标人可以拒绝招标人的中标通知而不受任何约束或惩罚。

如果在招标投标过程中出现特殊情况,在招标文件规定的投标有效期内,招标人无法完成评标并与中标人签订合同,则在原投标有效期期满之前招标人可以以书面形式要求所有投标人延长投标有效期。投标人同意延长的,不得要求或被允许修改其投标文件,但应当相应延长其投标保证金的有效期;投标人拒绝延长的,其投标在原投标有效期期满之后失效,投标人有权收回其投标保证金。

投标保证金本身也有一个有效期的问题。如银行一般都会在投标保函中明确该保函在什么时间内保持有效,当然投标保证金的有效期必须大于或等于投标有效期。我国的招标投标法规规定,投标保证金的有效期应当超出投标有效期三十天。但这并不意味着招标人在投标有效期满到投标保证金有效期满之间的这段时间内,仍然像在投标有效期内那样享有对投标保证金的追索权。

4. 投标保证金的没收

按照目前招标投标活动中的一般惯例,招标人一般在招标文件中规定,若发生以下任何一种情况,招标人可以没收投标保证金:

(1)投标人在招标文件中规定的投标文件有效期内撤回其投标文件。

(2)中标人在收到中标通知书后拒签合同或拒交招标文件中规定的履约保证金。

5. 投标保证金的作用

(1)对投标人的投标行为产生约束作用。招标投标是一项严肃的法律活动,投标人的投标是一种要约行为。投标人作为要约人,向招标人递交投标文件之后,即意味着向招标人发出了要约。在投标文件递交截止时间至招标人确定中标人的这段时间内,投标人不能要求退出竞标或者修改投标文件;而一旦招标人发出中标通知书,作出承诺,则合同即告成立,中标的投标人必须接受,并受到约束。否则,投标人就要承担合同订立过程中的缔约过失责任,就要承担投标保证金被招标人没收的法律后果。这是投标保证金最基本的功能。

(2)督促招标人尽快定标。投标保证金对投标人的约束作用是有一定时间限制的,这一时间即是投标有效期。通常在招标文件中会明确投标保证金的有效期超出投标有效期的时间。如果超出了期限,则投标人不对其投标的法律后果承担任何义务。所以,投标保证金只是在一个明确的期限内保持有效,从而可以防止招标人无限期地延长定标时间,影响投标人的经营决策和合理调配自己的资源。

(3)从一个侧面反映和考察投标人的实力。投标保证金采用现金、支票、汇票等形式,实际上是对投标人流动资金的直接考验。如投标保证金采用银行保函的形式,银行在出具投标保函之前一般都要对投标人的资信状况进行考察,信誉欠佳或资不抵债的投标人很难从银行获得经济担保。由于银行一般都对投标人进行动态的资信评价,掌握着大量投标人的资信信息,因此,投标人能否获得银行保函,能够获得多大额度的银行保函,这也可以从一个侧面反映投标人的实力。

6. 投标保证金与履约保证金的区别

(1)提交主体不同。投标保证金由所有投标人提交;履约保证金仅由中标人提交。

(2)保证金的期限不同。投标保证金应在招标文件规定的期限内提交;履约保证金应在签订正式施工合同前提交;投标保证金返还时间为签订施工合同或提供履约保证后;履约保证金返还时间为工程经验收合格之日或合同约定时间。

(3)后果不同。没有按照招标文件提交投标保证金或所提供有瑕疵的,按废标处理;提交投标保证金后中标但没有按招标文件要求提交履约保证金的,将失去订立合同的资格,并没收投标保证金。提交履约保证金方不履行合同,接受方可按合同约定没收保证金;接受方不履行合同,须向提交方双倍返还履约保证金。

➤ 3.4.8 投标文件的递交与接收

1. 投标文件的密封与递交

投标文件编制完成后应仔细核对和整理成册，并按招标文件要求进行装订、密封和标示。然后按照招标文件规定的地点，在投标截止日期之前送达投标文件。超过截止时间的投标文件将被拒收。

关于投标截止日期，《招投标法》中明确规定："招标人应当确定投标人编制投标文件所需要的合理时间。但是，依法必须进行招标的项目，自招标文件开始发出之日起至投标人提交投标文件的截止日期，最短不得少于 20 天。"

如果招标单位因补充通知修改招标文件而酌情延长投标截止日期的，招标和投标单位在投标截止日期方面的全部权利、责任和义务，将适用延长后新的投标截止期。

2. 投标文件的签收与保存

投标人把投标文件递交招标人或招标代理机构后，应当履行签收、登记和备案手续。签收人要记录投标文件递交的日期及密封情况，签收后应将投标文件放置保密、安全处，在开标前任何人不得开启。

3. 投标文件的修改与撤回

投标单位在递交投标文件后，可以在规定的投标截止时间之前以书面形式向招标单位递交修改或撤回其投标文件的通知。如果在投标截止日期之前放弃投标，招标人不得收取投标保证金。在投标截止时间之后，则不能修改与撤销投标文件，否则，将没收投标保证金。

3.5 决标成交阶段的主要工作

从开标日到签订合同这一期间称为决标成交阶段，是对各投标书进行评审比较，最终确定中标人并与之签订合同的过程。

➤ 3.5.1 开标

开标应当在投标截止时间后，按照招标文件规定的时间和地点公开进行。已建立建设工程交易中心的地方，开标应当在建设工程交易中心举行。

开标由招标人主持，并邀请所有投标单位的法定代表人或者其代理人（一般为项目经理）参加，建设行政主管部门及其工程招投标监督管理机构依法实施监督。

1. 开标程序

开标一般按照下列程序进行：

(1)主持人宣布开标会议开始，介绍参加开标会议的单位人员名单、宣布公证、唱标、记录人员名单等；

(2)宣布评标原则、评标办法；

(3)请投标单位代表确认投标文件的密封性，确认无误后，工作人员当众拆封；

(4)宣读投标单位的名称，投标报价，工期，质量目标，主要材料用量，投标担保或保函以及投标文件的修改、撤回等情况，所有在投标致函中提出的附加条件、补充声明、优惠条件、替代方案等均应宣读，如果有标底或招标控制价也应公开宣布；

(5)开标过程应当场记录，与会的投标单位法定代表人或者其代理人在记录上签字，确认开标结果；

（6）宣读评标期间的有关事项；

（7）宣布开标会议结束，进入评标阶段。

开标后，任何投标人都不允许更改投标书的内容和报价，也不允许再增加优惠条件。投标书经启封后不得再更改招标文件中说明的评标、定标办法。

2．无效投标文件

在开标时，如果发现投标文件出现下列情形之一，应当作为无效投标文件，不再进入评标阶段。

①投标截止日期以后送达的；

②投标文件未按照招标文件的要求予以密封的以及盖章的；

③投标文件中的投标函未加盖投标人的企业及企业法定代表人印章，或者企业法定代表人委托代理人没有合法、有效的委托书（原件）及委托代理人印章的；

④投标文件的关键内容字迹模糊、无法辨认的；

⑤投标人未按照招标文件的要求提供投标保证金或者投标保函的；

⑥组成联合体投标的，投标文件未附联合体各方共同投标协议的。

➤ 3.5.2　评标

评标是对各投标书优劣的比较，以便最终确定中标人，由评标委员会负责评标工作。

1．评标委员会

评标委员会的成员由招标单位代表和聘请的有关技术、经济专家组成（如果委托招标代理或者工程监理的，应当有招标代理、工程监理单位的代表参加）为5人以上的单数，其中专家不得少于三分之二。

省、自治区、直辖市和地级以上城市（包括地、州、盟）建设行政主管部门，应当在建设工程交易中心建立评标专家库。评标专家须由从事相关领域工作8年以上，并具有高级职称或者具有同等专业水平的工程技术、经济管理人员担任。

专家人选在开标前应以随机抽取方式确定，与投标人有利害关系的人不得进入评标委员会，已经进入的应当更换，保证评标的公平和公正。

2．评标程序

大型工程项目的评标通常分为初评和详评两个阶段。

（1）初评。评标委员会以招标文件为依据，审查各投标书是否为实质性响应的投标。检查内容包括资格审查和符合性审查，审查投标人的资格、投标保证金有效性、报送资料的完整性、投标书与招标文件的要求有无实质性背离、报价计算的正确性等。

投标文件对招标文件实质性要求是否作出响应的偏差分为重大偏差和细微偏差两类。

①重大偏差。未作实质性响应的重大偏差包括：

A．没有按照招标文件要求提供投标担保或者所提供的投标担保有瑕疵；

B．没有按照招标文件要求由投标人授权代表签字并加盖公章；

C．投标文件记载的招标项目完成期限超过招标文件规定的完成期限；

D．明显不符合技术规格、技术标准的要求；

E．投标文件记载的货物包装方式、检验标准和方法等不符合招标文件的要求；

F．投标附有招标人不能接受的条件；

G．不符合招标文件中规定的其他实质性要求。

所有存在重大偏差的投标文件都属于初评阶段应该淘汰的投标书(废标)。

②细微偏差。所谓存在细微偏差的投标文件,指投标文件基本上符合招标文件要求,但在个别地方存在漏项或者提供了不完整的技术信息和数据等情况,并且补正这些遗漏或者不完整不会对其他投标人造成不公平的结果。对招标文件的响应存在细微偏差的投标文件仍属于有效投标书。

属于存在细微偏差的投标书,可以书面要求投标人在评标结束前予以澄清、说明或者补正,但不得超出投标文件的范围或者改变投标文件的实质性内容。

商务标中出现以下情况时,由评标委员会对投标书中的错误加以修正后请该标书的投标授权人予以签字确认,作为详评比较的依据。如果投标人拒绝签字,则按投标人违约对待,不仅投标无效,而且没收其投标保证金。修正错误应遵循以下原则:A.投标文件中的大写金额和小写金额不一致的,以大写金额为准;B.总价金额与单价金额不一致的,以单价金额为准,但单价金额小数点有明显错误的除外。

(2)详评。

①技术评审。技术评审是比较与审查投标人完成招标项目的技术能力和实力,如:施工招标中主要审查投标人的施工方案的可行性和先进性,施工进度计划及保证措施的可靠性,质量保证体系及其措施的完整性,劳动力计划及主要设备材料与购配件用量计划的合理性,安全措施的可靠性与完善性,如有分包应审查分包商的资格条件和是否有完成分包工程的能力与经验,等。

②商务评审。商务评审主要评审投标报价,它包括投标报价的校核;审查全部报价数据计算的正确性;分析报价构成的合理性和可行性;设有标底的应参考标底价格进行对比。

在两阶段评标中,只有通过了技术评审的投标文件,才能进入商务评审。

3. **投标文件澄清**

提交投标文件截止时间以后,投标人不得补充和修改提交的投标文件。

但评标时,评标委员会认为必要时可以单独约请投标人对标书中含义不明确的内容作必要的澄清或说明,但澄清或说明不得超出投标文件的范围或改变投标文件的实质性内容。澄清内容也要整理成文字材料,且应有法定代表人或授权代理人签字,并作为投标文件的组成部分。

在对投标文件澄清过程中,不允许对投标报价等实质性问题进行任何改动。

4. **评标方法**

由于工程项目的规模不同、招标的标的不同,具体评标方法由招标单位决定,并在招标文件中载明,招标文件中没有规定的标准和方法,不得作为评标的依据。

(1)小型项目的评标方法。

①专家评议法。评标委员对各标书共同进行认真分析比较后,以协商和投票的方式确定候选中标人,可在较短时间内完成,但科学性较差。

②合理低价法。在技术标通过的前提下,以及保证质量、工期等条件下,选择合理低价(不低于成本价)的单位中标。

(2)大型或者技术复杂项目的评标方法。

对于大型或者技术复杂的工程,可以采用综合评分法或者评标价法进行科学的量化比较,甚至可以采用技术标、商务标两阶段评标法。

①综合评分法。将评审内容分类后分别赋予不同权重,评标委员依据评分标准对各类内容细分的小项进行相应的打分,最后计算的累计分值反映投标人的综合水平,以得分最高的投标书为最优。

②评标价法。评标价法是指评审过程中以该标书的报价为基础,将报价之外需要评定的要素

按预先规定的折算办法换算为货币价值,根据对招标人有利或不利的原则在投标报价上增加或扣减一定金额,最终构成评标价格。

以评标价最低的标书为最优,而不是投标报价最低。评标价仅作为衡量投标人能力高低的量化比较值,与中标人签订合同时仍以投标价格为准。

5.评标报告

评标结束后,评标委员会应当编制评标报告。评标报告是评标委员会经过对各投标书评审后向招标人提出的结论性报告,作为定标的主要依据。

评标报告应包括下列主要内容:

(1)招标情况,包括工程概况、招标范围和招标的主要过程;

(2)开标情况,包括开标的时间、地点、参加开标会议的单位和人员,以及唱标等情况;

(3)评标情况,包括评标委员会的组成人员名单,评标的方法、内容和依据,对各投标文件的分析论证及评审意见;

(4)对投标单位的评标结果排序,并提出中标候选人的推荐名单。

评标报告须经评标委员会全体成员签字确认。

6.重新评标

评标过程中有下列情况之一的,评标无效,应当重新评标或者重新进行招标:

(1)使用招标文件没有确定的评标标准和方法的;

(2)评标标准和方法含有倾向或者排斥投标人的内容,妨碍或者限制投标人之间竞争,且影响评标结果;

(3)应当回避担任评标委员会成员的人参与评标的;

(4)评标委员会的组建及人员组成不符合法定要求的。

➤ 3.5.3 定标

1.确定中标候选人

评标委员会根据招标文件中规定的评标方法,经过对投标文件进行全面、认真、系统地评审和比较后,确定出最大限度地满足招标文件的实质性要求、不超过3名有排序的合格的中标候选人,并标明排列顺序。

招标单位应当依据评标委员会的评标报告,从其推荐的中标候选人名单中确定中标单位,也可以授权评标委员会直接定标。

排名第一的中标候选人为中标人;排名第一的中标候选人放弃中标,或因不可抗力提出不履行合同,或在规定的时间内未能提交履约保证金的,排名第二的中标候选人为中标人;排名第二的中标候选人因前述原因不能签订合同的,第三名中标候选人为中标人。

2.定标原则

《招标投标法》规定,中标人的投标应当符合下列条件之一:

(1)能够最大限度地满足招标文件中规定的各项综合评价标准;

(2)能够满足招标文件各项要求,并经评审的价格最低,但投标价格低于成本的除外。

第一种情况即指用综合评分法或评标价法进行比较后,最佳标书的投标人应为中标人。第二种情况适用于招标工作属于一般投标人均可完成的小型工程施工;采购通用的材料;购买技术指标固定、性能基本相同的定型生产的中小型设备等招标,对满足基本条件的投标书主要进行投标价格的比较。

3. 中标通知书

在评标委员会提交评标报告后,招标单位应当在招标文件规定的时间内完成定标。定标后,招标单位须向中标单位发出中标通知书,同时通知未中标人。中标通知书的实质内容应当与中标单位投标文件的内容相一致。

中标通知书对招标人和中标人具有法律约束力。中标通知书发出后,招标人改变中标结果或中标人放弃中标的,应当承担法律责任。

招标人确定中标人后 15 日内,应向有关行政监督部门提交招投标情况的书面报告。

3.5.4　签订合同

自中标通知书发出之日 30 日内,招标单位应当与中标单位签订合同,合同价应当与中标价相一致;合同的其他主要条款,应当与招标文件、中标通知书相一致。

中标后,除不可抗力外,中标单位拒绝与招标单位签订合同的,招标单位可以不退还其投标保证金,并可以要求赔偿相应的损失;招标单位拒绝与中标单位签订合同的,应当双倍返还其投标保证金,并赔偿相应的损失。

中标单位与招标单位签订合同时,应当按照招标文件的要求,向招标单位提供履约保证。履约保证可以采用银行履约保函(一般为合同价的 5%～10%),或者其他担保方式(一般为合同价的 10%～20%)。招标单位应当向中标单位提供工程款支付担保。

招标人与中标人签订合同后 5 个工作日内,应当向中标人和未中标的投标人退还投标保证金,并向建设行政主管部门办理合同备案。

3.5.5　重新招标

招标投标过程中出现下列情况之一的,招标人应重新招标:

(1)资格预审合格的潜在投标人不足 3 个的。

(2)所有投标截止时间前提交投标文件的投标人少于 3 个的。

(3)所有投标均被作废标处理或被否决的。

(4)评标委员会否决不合格投标或者界定为废标后,因有效投标不足 3 个使得投标明显缺乏竞争,评标委员会决定否决全部投标的。

(5)同意延长投标有效期的投标人少于 3 个的。

3.6　投标的决策与技巧

投标人要想在投标中获胜,即中标得到承包工程,然后又要从承包工程中赢利,就需要进行投标决策和研究投标技巧。

3.6.1　投标决策

1. 投标决策前期阶段

前期阶段的投标决策必须在购买资格预审资料前完成。决策的主要依据是招标公告,以及投标人对招标工程、业主情况的调研和了解的程度,如果是国际工程,还包括对工程所在国和工程所在地的调研。前期阶段必须对投标与否做出论证。

通常情况下,下列招标项目应放弃投标:

(1)本施工企业主管和兼营能力之外的项目。

(2)工程规模、技术要求超过本施工企业技术等级的项目。

(3)本施工企业生产任务饱满,招标工程的盈利水平较低或风险较大的项目。

(4)本施工企业技术等级、信誉、施工水平明显不如竞争对手的项目。

2. 投标决策后期阶段

当充分分析了以上主客观情况,对某一具体工程决定投标,即进入投标决策的后期。它是指从申报资格预审至封送投标书前完成的决策阶段,主要研究在投标中采取的策略问题。

常见的投标策略有以下几种:

(1)靠提高经营管理水平取胜。这主要靠做好施工组织设计,采取合理的施工技术和施工机械,精心采购材料、设备,选择可靠的分包单位,安排紧凑的施工进度,力求节省管理费用等,从而有效地降低工程成本而获得较大的利润。

(2)靠改进设计和缩短工期取胜。即仔细研究原设计图纸,发现有不够合理之处,提出能降低造价的修改设计建议,以提高对业主的吸引力。另外,靠缩短工期取胜,即比规定的工期有所缩短,达到早投产,早收益,有时甚至标价稍高,对业主也是很有吸引力的。

(3)低利政策。主要适用于承包任务不足时,与其坐吃山空,不如以低利承包到一些工程,还是有利的。此外,承包商初到一个新的地区,为了打入这个地区的承包市场,建立信誉,也往往采用这种策略。

(4)加强索赔管理。有时虽然报价低,却着眼于施工索赔,还能赚到高额利润。例如在香港,某些大的承包企业就常用这种方法,有时报价甚至低于成本,以高薪雇佣 1 至 2 名索赔专家,千方百计地从设计图纸、标书、合同中寻找索赔机会。一般索赔金额可达 10%~20%,当然这种策略并不是到处可用的,如在中东地区就较难达到目的。

(5)着眼于发展。为争取将来的优势,而宁愿目前少盈利。承包商为了掌握某种有发展前途的工程施工技术(如建造核电站的反应堆或海洋工程等),就可能采用这种策略。这是一种较有远见的策略。

以上这些策略不是互相排斥的,可以根据具体情况,综合、灵活运用。

➤ 3.6.2 投标报价技巧

投标报价技巧,其实是在保证工程质量与工期条件下,寻求一个好的报价的技巧问题。

1. 报价原则

在报价时,对什么工程定价应高,什么工程定价可低,或在一个工程中,在总价无多大出入的情况下,对哪些单价宜高,哪些单价宜低,都有一定的技巧。技巧运用的好与坏,得法与否,在一定程度上可以决定工程能否中标和盈利。因此,它是不可忽视的一个环节。下面是一些可供参考的做法:

(1)对施工条件差的工程(如场地窄小或地处交通要道等)、造价低的小型工程、自己施工上有专长的工程以及由于某些原因自己不想干的工程,报价可高一些;对结构比较简单而工程量又较大、短期能突击完成的工程(如成批住宅区和大量土方工程等),企业急需拿到任务以及投标竞争对手较多时,报价可低一些。

(2)海港、码头、特殊构筑物等工程报价可高,一般土建工程则报价宜低。

(3)在同一个工程中可采用不平衡报价法和多方案报价法等报价技巧。

2. 不平衡报价法

不平衡报价法,指在一个工程项目总报价基本确定的前提下,通过调整内部各个子项的报价,以期不提高总报价,既不影响中标,又能在结算时获取更好的经济效益。

通常采用的不平衡报价有下列几种情况:

(1)对能早期结账收回工程款的项目(如土方、基础等)的单价可报以较高价,以利于资金周转;对后期项目(如装饰、设备安装等)单价可适当降低。

(2)估计今后工程量可能增加的项目,其单价可提高,而工程量可能减少的项目,其单价可降低。

(3)图纸内容不明确或有错误,估计修改后工程量要增加的,其单价可提高;而工程内容不明确的,其单价可降低。

(4)没有工程量、只填报单价的项目(如河道工程中的开挖淤泥工作等),其单价宜高。这样,既不影响总的投标报价,又可多获利。

(5)对于暂定项目,其实施的可能性大的项目,价格可定高;估计该工程不一定实施的可定低价。

(6)零星用工一般可稍高于工程单价表中的人工单价。零星用工不计入承包合同总价内,发生时实报实销,也可多获利。

3. 多方案报价法

当工程说明书或合同条款有些不够明确之处时,往往使投标人承担较大风险。为了减少风险就必须扩大工程单价,增加"不可预见费"。但这样做又会因报价过高而增加被淘汰的可能性。多方案报价法就是为对付这种两难局面而出现的。

其具体做法是在标书上报两个单价,一是按原设计方案、工程说明书或者合同条款报一个价;二是加以注解,"如设计方案或合同条款可作某些改变时",则可降低多少的费用,使报价降低,以吸引业主,增加中标的概率。

但是,如果招标文件规定工程方案是不容许改动的,这个方法就不能使用。

4. 突然降价法

投标报价中各竞争对手往往在报价时采取迷惑对手的方法。即先按一般情况报价或较高的价格,以表现出自己对该工程兴趣不大,到投标快截止时,再突然降价。采用这种方法时,一定要在准备投标报价的过程中考虑降价的幅度,在临近投标截止日期前,分析情报再作出最后决策。

3.7 建设工程其他工作招投标特点

➤ 3.7.1 咨询服务招投标特点

咨询服务招投标具有以下特点:咨询服务招标通常涉及无形商品的提供,其质量和内容难以像货物和工程那样进行定量描述;重视投标人的能力和质量;只能在一定范围内通过征求建议书、参加竞争性谈判方式进行。评标时,主要评审咨询公司有无类似咨询服务经验、以往所作的咨询服务获奖情况以及企业资质。

➤ 3.7.2 工程勘察招投标特点

招标人委托勘察任务的目的是为建设项目的可行性研究立项选址和进行设计工作取得现场的实际依据资料,有时可能还要包括某些科研工作内容。如果仅委托勘察任务而无科研要求,委托工作大多属于用常规方法实施的内容。任务明确具体,可以在招标文件中给出任务的数量指标,如地质勘探的孔位、眼数、总钻探进尺长度等。

　　勘察任务也可以包括在设计招标任务中。由于勘察工作所取得的工程项目所需技术基础资料是设计的依据,必须满足设计的需要,因此将勘察任务包括在设计招标的发包范围内,由有相应能力的设计单位完成或由其再去选择承担勘察任务的分包单位,对招标人较为有利。勘察设计总承包与分为两个合同分别承包比较,不仅在合同履行过程中招标人和监理人可以摆脱实施过程中可能遇到的协调义务,而且能使勘察工作直接根据设计需要进行,满足设计对勘察资料深度、内容和进度的要求,必要时还可以进行补充勘察工作。

▷ 3.7.3　工程设计招投标特点

　　设计的优劣对工程项目建设的成败有着至关重要的影响。以招标投标方式委托设计任务,是为了让设计的技术和成果作为有价值的商品进入市场,打破地区、部门的界限开展设计竞争,通过招标择优确定实施单位,达到拟建工程项目能够采用先进的技术和工艺、降低工程造价、缩短建设周期和提高投资效益的目的。设计招标的特点是投标人将招标人对项目的设想变为可实施方案的竞争。

　　鉴于设计任务本身的特点,设计招标应采用设计方案竞选的方式招标。设计招标与工程项目实施阶段的施工招标、材料供应招标、设备订购招标,在程序上的主要区别表现为以下几个方面:

　　(1)承包任务不同。设计招标的承包任务是承包者通过自己的智力活动,将业主对建设项目的设想转变为可实施的蓝图,而后者则是承包者按设计的明确要求去完成规定的物质生产活动。

　　(2)招标文件内容不同。设计招标文件中仅提出设计依据、工程项目应达到的技术指标、项目限定的工作范围、项目所在地的基本资料、要求完成的时间等内容,而无具体的工作量要求。

　　(3)投标书的编制要求不同。投标人的投标报价不是按规定的工程量清单填报单价后算出总价,而是首先提出设计方案,论述该方案的优点和实现计划,在此基础上再进一步提出报价。

　　(4)开标形式不同。开标时不是由招标单位按公布各投标书的报价高低排定标价次序,而是分别简单公布各初步设计方案的基本构思和意图,而且不排定标价次序。

　　(5)评标原则不同。评标时不过分追求完成设计任务的报价额高低,更多关注于所提供方案的技术先进性,所达到的技术指标、方案的合理性,以及对工程项目投资效益的影响。

▷ 3.7.4　工程监理招投标特点

　　监理基本的招标投标程序和施工招投标相似,也应经过招标公告、投标、开标、评标等环节。

　　监理招标具有以下特点:

　　(1)监理招标的标的是"监理服务",与工程项目建设中其他各类招标的最大区别表现为:监理单位不承担物质生产任务,只是受招标人委托对建设过程提供监督、管理、协调、咨询等服务。

　　(2)招标宗旨是对监理单位能力的选择,报价在选择中居于次要地位。监理服务是监理单位的高智能投入,服务工作完成得好坏不仅依赖于执行监理业务是否遵循了规范化的管理程序和方法,更多地取决于参与监理工作人员的业务专长、经验、判断能力、创新想象力以及风险意识。因此招标选择监理单位时,鼓励的是能力竞争,而不是价格竞争。当然,服务质量与价格之间应有相应的平衡关系,所以招标人应在能力相当的投标人之间再进行价格比较。

　　(3)招标方式以邀请招标为主,且邀请数量以 3～5 家为宜。因为监理招标是对知识、技能和经验等方面综合能力的选择,每一份标书内都会提出具有独特见解或创造性的实施建议,但又各有长处和短处。如果邀请过多投标人参与竞争,不仅要增大评标工作量,而且定标后还要给予未中标人一定补偿费。

(4)监理招标的工作内容和范围,可以是整个工程项目的全过程,也可以只是某个特定阶段。

施工阶段的监理是我国开展建设监理最早、最普遍的建设阶段,也是开展监理招标最早的建设阶段。设计监理招标仅是将工程项目设计阶段的监理服务发包。设计监理投标人一般都有设计方面的背景或特长。设计监理中标人在完成设计监理任务后有的也被邀请参加施工监理投标,但前提是前段的监理服务让业主满意。

从设计开始到竣工交付过程中的监理,称为设计施工全过程监理,其最大的优越性是监理工程师了解设计过程、熟悉设计内容及设计人员,这对协调设计与施工的关系,处理施工中的设计问题非常有利。但也存在施工中发现设计的问题被掩饰的可能,因为设计中的问题隐含了监理的责任。全过程监理招标是从项目立项开始到建成交付的全过程监理。这对投标人的要求很高,不仅要有会设计、懂施工的监理人才,还要有能从事建设前期服务的高级咨询人才。全过程监理招标,在我国目前还很少。

➤ 3.7.5　物资采购招投标特点

项目建设所需物资按标的物的特点可以区分为买卖合同和承揽合同两大类。采购大宗建筑材料或定型批量生产的中小型设备属于买卖合同,由于标的物的规格、性能、主要技术参数均为通用指标,因此招标一般仅限于对投标人的商业信誉、报价和交货期限等方面的比较;而订购非批量生产的大型复杂机组设备、特殊用途的大型非标准部件则属于承揽合同,招标评选时要对投标人的商业信誉、加工制造能力、报价、交货期限和方式、安装(或安装指导)、调试、保修及操作人员培训等各方面条件进行全面比较。

3.8　本章案例

【案例 3-1】 招标公告实例

××安置区二期工程项目 BT 模式招标公告

××安置区二期工程是区委、区政府确定的重点工程项目和十大民心工程之一,经批准采用BT 模式(建设—移交)模式进行投资建设,该项目 BT 招标采用公开招标方式进行。现就有关事项公告如下:

1. 项目概况

(1)招标人:××建设局;

(2)项目名称:××安置区二期工程;

(3)工程地点:××区内;

(4)工程规模:占地约 42 亩,多层,建筑面积约 6 万平方米;

(5)工程总投资:约 6 000 万元人民币;

(6)施工工期:12 个月;

(7)招标范围:以招标人提供的工程施工图及工程量清单为准;

(8)工作包括:对本次招标项目进行投融资、建设施工和管理、工程移交以及其他的相关工作。

2. 投标申请人报名资格要求

企业注册资金 5 000 万元人民币以上;财务状况、企业信用状况良好,具备良好的投融资能力;具备房屋建筑工程施工总承包壹级(含壹级)以上资质的施工企业。

3. 报名时间、资料及地点

2008 年 3 月 31 日至 4 月 4 日上午 9：00—12：00，下午 2：30—5：30 报名。报名时携带资料：企业介绍信及本人身份证、企业法人营业执照、企业资质证书、企业安全生产许可证、建造师注册证、外地企业进陕登记证及入市注册证（原件及加盖公章的复印件 2 套）。

有关说明：项目运作采用融资建设方式，即建设—移交。由招标人通过公开招标的方式选择 BT 项目的投资、建设单位（简称"中标人"），招标人与中标人签订《BT 投资建设合同》，在建设单位及有关单位的监督下就本项目中标人根据《BT 投资建设合同》确定的建设内容、技术标准等进行工程投资、融资、管理、施工总承包工作，同时得到相应专业管理部门的认可后，投资人将符合设计及相应规范要求的工程移交给建设单位。关于投资回报率以及回购款支付方式等在招标文件和后续谈判中确定。

　　招标代理：××公司

　　报名地点：××

　　联 系 人：××

　　联系电话：××

【案例 3 - 2】背景材料：某住宅工程，拦标价为 4 500 万元，工期为 360 天，各评标指标的相对权重为：工程报价 40％，工期 10％，质量 35％，企业信誉 15％。各承包商投标报价情况见表 3 - 1，评标方法见表 3 - 2。

表 3 - 1　各单位投标情况汇总

投标单位	工程报价（万元）	投标工期（天）	上年度优良工程建筑面积(m²)	上年度承建工程面积(m²)	上年度获荣誉称号	上年度获工程质量奖
A	4 460	320	24 000	50 600	市级	市级
B	4 530	300	46 000	60 800	省部级	市级
C	4 290	270	18 000	43 200	市级	县级
D	4 100	280	21 500	71 200	无	县级

表 3 - 2　综合评分法量化指标评分办法

评价指标	计算办法
相对报价 X_p	$X_p = \dfrac{\text{标底} - \text{标价}}{\text{标底}} \times 100 + 90$ （当 $0 \leqslant \dfrac{\text{标底} - \text{标价}}{\text{标底}} \times 100 \leqslant 10$ 时有效）
工期分 X_t	$X_t = \dfrac{\text{招标工期} - \text{投标工期}}{\text{招标工期}} \times 100 + 75$ （当 $0 \leqslant \dfrac{\text{招标工期} - \text{投标工期}}{\text{招标工期}} \times 100 \leqslant 25$ 时有效）
工程优良率 X_q	$X_q = \dfrac{\text{上年度优良工程建筑面积}}{\text{上年度承建工程面积}} \times 100\%$

续表 3 - 2

评价指标	计算办法		
企业信誉 $X_n = X_1 + X_2$	上年度获荣誉 称号 X_1	省部级	50
		市级	40
		县级	30
	上年度获工程 质量奖 X_2	省部级	50
		市级	40
		县级	30

问题:(1)根据综合评分的规则,初选合格的投标单位。

(2)对合格投标单位进行综合评价,确定中标单位。

核心提示:评标方法的运用

案例评析:(1)B 投标单位的工程报价 4 530 万元已经超过了标底价 4 500 万元,故初选入围单位有 A、C、D 三家。

(2)根据投标报价情况和综合评分法量化指标计算方法计算出的各指标值见表 3-3。

根据投标报价各指标计算值和各指标权重,确定投标单位综合评分结果及名次见表 3-4。

表 3 - 3 投标报价各指标值计算

指标 单位	相对报价 X_p	工期分 X_t	工程优良率 $X_q(\%)$	企业信誉 $X_n = X_1 + X_2$
A	$\dfrac{4\ 500 - 4\ 460}{4\ 500} \times 100 + 90$ $= 90.89$	$\dfrac{360 - 320}{360} \times 100 + 75$ $= 86.14$	$\dfrac{24\ 000}{50\ 600} = 47.43$	80
C	$\dfrac{4\ 500 - 4\ 290}{4\ 500} \times 100 + 90$ $= 94.67$	$\dfrac{360 - 270}{360} \times 100 + 75$ $= 100$	$\dfrac{18\ 000}{43\ 200} = 41.67$	70
D	$\dfrac{4\ 500 - 4\ 100}{4\ 500} \times 100 + 90$ $= 98.89$	$\dfrac{360 - 280}{360} \times 100 + 75$ $= 97.22$	$\dfrac{21\ 500}{71\ 200} = 30.20$	30

表 3 - 4 投标单位综合评分结果

指标 单位	工程报价 得分	工期得分	工程优良 率得分	企业信誉 得分	总分	名次
A	$90.89 \times$ $40\% = 36.36$	$86.14 \times$ $10\% = 8.61$	$47.43 \times$ $35\% = 16.60$	$80 \times$ $15\% = 12$	73.57	1
C	$94.67 \times$ $40\% = 37.87$	$100 \times$ $10\% = 10$	$41.67 \times$ $35\% = 14.58$	$70 \times$ $15\% = 10.5$	72.95	2
D	$98.89 \times$ $40\% = 39.56$	$97.22 \times$ $10\% = 9.72$	$30.20 \times$ $35\% = 10.57$	$30 \times$ $15\% = 4.5$	64.35	3

所以,A 单位中标。

【案例 3-3】背景材料:某建设项目的业主于 2005 年 3 月 15 日发布该项目的施工招标公告,

其中载明招标项目的性质、大致规模、地点、获取招标文件的办法等事项,还要求参加投标的施工单位必须是本市二级以上企业或者外地一级以上企业,近三年内有项目获得过省、市工程质量奖,必须提供相应的资质证书和证明文件。4月1日向通过资格预审的施工单位发售招标文件,各投标单位领取招标文件的人员均按照要求在同一张表格上登记并签收。招标文件明确规定:工期不长于24个月,工程质量标准为优良,4月18日16时为投标截止时间。

开标时,由各投标人推选的代表检查投标文件的密封情况,确认无误后,由招标人当众拆封,宣读投标人名称、投标价格、工期等内容。同时宣布更改招标文件规定的评标办法,并宣布了评标委员会名单(共8人,其中招标人代表4人),并授权评标委员会直接确定中标人。问题:

(1)开标的一般程序是什么?

(2)该项目施工招标在哪些方面不符合招投标法律的有关规定?请逐一说明。

核心提示:招投标程序

案例评析:(1)开标的一般程序如下:详见3.5.1内容。

(2)该项目的招标在下列方面不符合有关法律规定:

①该项目招标公告中对本地和外地投标人的资质等级要求不同是错误的,这属于"以不合理的条件限制或者排斥潜在投标人"。

②要求领取招标文件的投标人在一张表格上登记并签字是错误的。因为按规定,招标人不得向他人透露已获取招标文件的潜在投标人的名称、数量等情况。

③投标截止时间过短。按规定,自招标文件发出之日起至投标人提交投标文件截止之日时,最短不得少于20天。

④评标标准在开标时宣布,可能涉及两种情况:一是评标标准未包括在招标文件中,开标时才宣布,这是错误的;二是评标标准已包括在招标文件中,开标时只是重申性地宣布,则不属错误。

⑤评标委员会的名单在中标结果确定之前应当保密,而不应在开标时宣布;评标委员会的人数应为5人以上单数,不应为8人;其中技术、经济专家不得少于总数的2/3,而本案仅为1/2。

【案例3-4】背景材料:某工业项目的安装工程投资数额较大,因此业主对承包方式非常重视,决定实行公开招标,在招标文件中对技术标的评标标准特设"承包方式"一项指标,规定若由安装专业公司和土建专业公司组成联合体投标,得20分;若由安装专业公司作总包,土建专业公司作分包,得15分;若由安装公司独立投标,且全部工程均自己施工,得10分。

安装公司F决定参与该项目的投标,经分析,在其他条件(如报价、工期等)相同的情况下,上述评标标准使得三种承包方式的中标概率分别为0.8、0.7、0.5;另经分析,三种承包方式的承包效果、概率和盈利情况见表3-5。编制投标文件的费用均为3万元。

表 3-5　各种承包方式情况

承包方式	效果	概率	盈利(万元)
联合体承包	好	0.4	100
	中	0.3	70
	差	0.3	50
总分包	好	0.6	150
	中	0.2	100
	差	0.2	80
独立承包	好	0.3	180
	中	0.5	120
	差	0.2	30

请用决策树法帮助安装公司 F 进行承包方式的决策。

核心提示:决策树在投标决策中的应用

案例评析:绘制决策树如图 3-2。

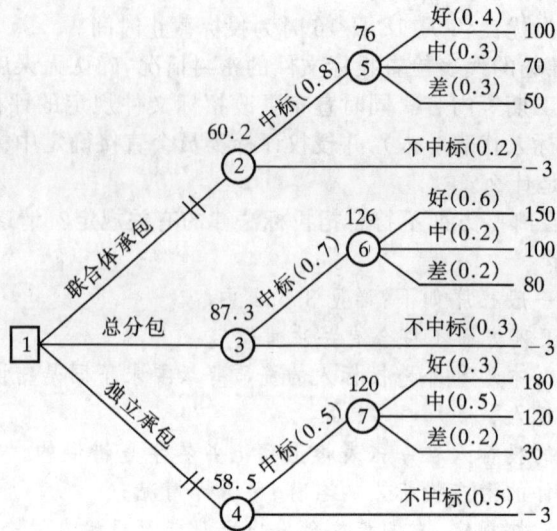

图 3-2　决策树

计算各机会点的期望值,并将其标示在图 3-2 中。

点⑤:$100 \times 0.4 + 70 \times 0.3 + 50 \times 0.3 = 76$(万元)

点②:$76 \times 0.8 + (-3) \times 0.2 = 60.2$(万元)

点⑥:$150 \times 0.6 + 100 \times 0.2 + 80 \times 0.2 = 126$(万元)

点③:$126 \times 0.7 + (-3) \times 0.3 = 87.3$(万元)

点⑦:$180 \times 0.3 + 120 \times 0.5 + 30 \times 0.2 = 120$(万元)

点④:$120 \times 0.5 + (-3) \times 0.5 = 58.5$(万元)

经计算,点③的期望值最大,应以安装公司总包、土建公司分包的承包方式投标。

【案例 3-5】背景材料:某承包商对某办公楼建筑工程进行投标(安装工程由业主另行招标)。为了既不影响中标,又能在中标后取得较好的效益,决定采用不平衡报价法对原估价做出适当的调整,具体数字见表 3-6。

表 3-6　报价调整表　　　　　　　　　　　　　　单位:万元

	桩基工程	主体结构工程	装饰工程	总价
调整前 (投标估价)	2 680	8 100	7 600	18 380
调整后 (正式报价)	2 700	8 800	6 880	18 380

现在假设桩基工程、主体结构工程、装饰工程的工期分别为 5 个月、12 个月、8 个月,贷款年利率为 12%,并假设各分部工程每月完成的工作量相同且能按月度及时收到工程款(不考虑工程款

结算所需要的时间)。

问题:(1)该承包商所应用的不平衡报价法是否恰当? 为什么?

(2)采用不平衡报价法之后,该承包商所得工程款的现值比原估价增加了多少?(以开工日期为折现点)

核心提示:不平衡报价法

案例评析:(1)恰当。因为该承包商是将属于项目前期的桩基工程和主体结构工程的报价调高,而将属于后期的装饰工程的报价调低,可以提高承包商所得工程款的现值。而且,调整幅度均在±10%以内,属于合理范围。

(2)计算单价调整前的工程款现值:

桩基工程每月工程款 $A=2\ 680/5=536$(万元)

主体结构工程每月工程款 $B=8\ 100/12=675$(万元)

装饰工程每月工程款 $C=7\ 600/8=950$(万元)

单价调整前的工程款现值:

$$PV_1=A(P/A,1‰,5)+B(P/A,1‰,12)(P/F,1‰,5)+C(P/A,1‰,8)(P/F,1‰,17)$$
$$=536\times4.853+675\times11.255\times0.951+950\times7.652\times0.844$$
$$=15\ 961.45\ (万元)$$

(3)计算单价调整后的工程款现值:

桩基工程每月工程款 $A'=2\ 700/5=540$(万元)

主体结构工程每月工程款 $B'=8\ 800/12=733$(万元)

装饰工程每月工程款 $C'=6\ 880/8=860$(万元)

单价调整后的工程款现值:

$$PV_2=A'(P/A,1‰,5)+B'(P/A,1‰,12)(P/F,1‰,5)+C'(P/A,1‰,8)(P/F,1‰,17)$$
$$=540\times4.853+733\times11.255\times0.951+860\times7.652\times0.844$$
$$=16\ 020.42\ (万元)$$

(4)计算调整前后工程款现值的差额:

$$PV_2-PV_1=16\ 020.42-15\ 961.45=58.97\ (万元)$$

因此,采用不平衡报价法后,该承包商所得工程款的现值比原估价增加了58.97万元。

【案例 3-6】招投标文件实例

利用多媒体让学生了解某建设工程的招标文件和投标文件,为课程设计和毕业设计编制招标文件和投标文件奠定基础。

思考与练习

1. 我国采用的工程项目招标方式有哪些? 各有什么优缺点? 适用范围如何?
2. 建设单位和建设项目招标应具备什么条件?
3. 资格预审的目的和内容是什么?
4. 施工项目公开招标程序包括哪些主要步骤?
5. 评标时哪些情形可能导致废标?
6. 简述大型项目经常采用的评标方法。

7. 某办公楼项目的招标人于 2007 年 10 月 11 日向具备承担该项目能力的 A、B、C、D、E 共 5 家承包商发出投标邀请书,其中说明,10 月 17 日—18 日,9:00—16:00 在招标人办公室领取招标文件,11 月 5 日 14 时为投标截止时间。该 5 家承包商均接受邀请,并按规定时间提交了投标文件。但承包商 A 在送出投标文件后发现报价估算有较严重失误,遂赶在投标截止时间前 10 分钟递交了一份书面声明,撤回已提交的投标文件。

开标时,由招标人委托的市公证处人员检查投标文件的密封情况,确认无误后,由工作人员当众拆封。由于承包商 A 已撤回投标文件,故招标人宣布有 B、C、D、E 4 家承包商投标,并宣读了该 4 家承包商的投标价格、工期和其他主要内容。

评标委员会委员由招标人直接确定,共由 7 人组成。在评标过程中,评标委员会要求 B、D 两投标人分别对其施工方案作详细说明,并对若干技术要点和难点提出问题,要求其提出具体、可靠的实施措施。作为评标委员会的招标人代表希望承包人 B 再适当考虑一下降低报价的可能性。

按照招标文件中确定的综合评标标准,4 个投标人综合得分从高到低依次为:B、D、C、E。故评标委员会确定承包商 B 为中标人。由于承包商 B 为外地企业,招标人于 11 月 10 日将中标通知书以挂号的方式寄出,承包商 B 于 11 月 14 日收到中标通知书。

由于从报价情况来看,4 个投标人的报价从低到高依次为:D、C、B、E,因此,从 11 月 16 日至 12 月 11 日招标人又与承包商 B 就合同价格进行了多次谈判,结果承包商 B 将价格降到略低于承包商 C 的报价水平,最终双方于 12 月 12 日签订了书面合同。问题:

(1)从招标投标的性质看,本案例中要约邀请、要约和承诺的具体表现是什么?

(2)从所介绍的背景资料来看,在项目的招标投标程序中哪些方面不符合《招标投标法》的有关规定? 请逐一说明。

8. 某工程采用公开招标方式,有 A、B、C、D 四家承包商参加投标,经过资格预审这四家承包商均满足业主要求。该工程采用两阶段评标法评标,评标委员会共由 5 名成员组成,评标具体规定如下:

(1)第一阶段,评技术标。

技术标共计 40 分,其中施工方案 16 分,总工期 10 分,工程质量 5 分,项目班子 4 分,企业信誉 5 分。

技术标各项内容的得分,为各评委得分除去一个最高分和一个最低分后的平均数。各评委对四家承包商施工方案评分如表 3-7。

表 3-7　各评委对四家承包商施工方案评分

评委 投标单位	一	二	三	四	五
A	14.5	13.5	13.0	13.5	14.0
B	12.5	13.0	13.5	12.5	13.0
C	14.0	14.0	13.5	12.5	14.0
D	12.0	12.5	12.5	13.0	13.0

各评委对 4 家承包商总工期、工程质量、项目班子、企业信誉得分汇总如表 3-8。

表 3-8　各评委对四家承包商得分汇总表

投标单位	总工期	工程质量	项目班子	企业信誉
A	8.5	4.0	2.5	4.0
B	8.0	4.5	3.0	4.5
C	8.5	3.5	3.0	4.5
D	9.0	4.0	2.5	3.5

(2)第二阶段,评商务标。

商务标共计 60 分。以标底的 50% 与承包商报价算术平均数的 50% 之和为基准价,但最高(或最低)报价高于(或低于)次高(或次低)报价的 15% 者,在计算承包商报价算术平均数时不予考虑,且商务标得分为 15 分。

以基准价为满分(60 分),报价比基准价每下降 1%,扣 1 分,最多扣 10 分;报价比基准价每增加 1%,扣 2 分,扣分不保底。

标底和各承包商的报价如表 3-9。

表 3-9　标底和各承包商的报价　　　　单位:万元

投标单位	A	B	C	D	标底
报价	32 781	33 197	33 611	27 765	33 072

所有计算结果均保留两位小数。

请按综合得分最高者中标的原则确定中标单位。

第4章

建设工程委托监理合同管理

学习要点

1. 委托监理合同的概念、特征与组成
2. 委托人与监理人的权利、义务与责任
3. 委托人与监理人在监理合同管理过程中注意问题

4.1 建设工程委托监理合同概述

▷ 4.1.1 建设工程监理的内涵

所谓建设工程监理,是指具有相应资质的工程监理企业,接受建设单位的委托和授权,依据工程建设文件、有关的法律法规规章和标准规范、建设工程委托监理合同和有关的建设工程合同,承担其项目管理工作,并代表建设单位对承建单位的建设行为进行监控的专业化服务活动。实行建设工程监理的范围可以根据工程类别、建设阶段以及工程性质和规模进行不同的划分。

我国建设工程监理是在 20 世纪 80 年代后期,借鉴国际咨询工程师参与项目管理的模式与经验,逐渐形成的为委托方提供工程监理服务的一种新事业。1997 年颁布的《中华人民共和国建筑法》第 30 条以法律制度的形式明确规定,国家推行建筑工程监理制度。至此工程监理在全国范围内进入全面推行和大力发展阶段。在中国建筑业快速增长的特殊历史时期,提供工程监理服务的组织,在维护业主与承包商的合法权益、促进提高建筑生产过程的质量和水平等方面发挥了积极作用。

▷ 4.1.2 委托监理合同的概念和特征

建设工程委托监理合同简称监理合同,是指由建设单位(委托人)委托和授权具有相应资质的监理单位(监理人)为其对工程建设的全过程或某个阶段进行监督和管理而签订的,明确双方权利和义务的协议。

从《合同法》的角度看,监理合同属于分则中所列十五类有名合同中委托合同的范畴,因而具有委托合同的特征,譬如是诺成、双务合同等,此外,由于监理对象(建设工程)的复杂性,委托监理合同还具有以下特点:

(1)监理合同的当事人双方应当具有民事权力能力和民事行为能力。作为委托人,必须是有国家批准的建设项目,落实投资计划的企事业单位、其他社会组织和在法律允许范围内的个人;作为受托人,必须是依法成立、具有法人资格并且具有相应资质的监理企业。目前监理企业资质分为综合类资质、专业类资质和事务所三个序列。综合资质、事务所资质不分级别。专业类资质按照工程性质和技术特点划分为房屋建筑工程、冶炼工程、矿山工程、化工石油工程、水利水电工程、电力工程、农林工程、铁路工程、公路工程、港口与航道工程、航天航空工程、通信工程、市政公用工程、机电安装工程共 14 个工程类别,分为甲级、乙级;其中,房屋建筑、水利水电、公路和市政公用专业资质可设立丙级。工程监理企业可以根据其资质等级,监理经核定的工程类别中相应等级的工程。

(2)监理合同委托的工作内容及订立应符合工程项目建设程序。所谓建设程序是指一项建设工程从设想、提出、评估到决策,经过设计、施工、验收,直至投产或交付使用的整个过程中,应当遵循的内在规律。我国工程建设程序已不断完善。监理合同是以对建设工程实施控制和管理为主要内容,因此监理合同订立前应审查工程建设各阶段的相关文件是否齐备。双方签订合同必须符合建设程序,符合国家和建设行政主管部门颁发的有关建设工程的法律、行政法规、部门规章和各种标准、规范要求。

(3)委托监理合同的标的是服务。建设工程实施阶段所签订的其他合同,如勘察设计合同、施工承包合同、物资采购合同、加工承揽合同的标的物是产生新的物质成果或信息成果,而建设工程监理的工作机理是监理工程师根据自己的知识、经验、技能受建设单位委托为其所签订其他合同的履行实施监督和管理。从合同法律关系的构成要素上来说,监理合同的客体属于行为,因而监理合同的标的应该是监理服务。这一特点决定了监理合同从订立到履行的管理重点。

▷ 4.1.3　建设工程委托监理合同的组成

建设工程监理合同有广义和狭义之分。广义的监理合同是指包括合同文本、中标人的投标书、中标通知书以及合同实施过程中双方签署的合同补充或修改文件等关系到双方权利义务的承诺和约定;而狭义的合同仅指合同文本,即双方所签订的监理合同中所包括的内容。

在我国招投标体制和合同管理体系下,对双方有约束力的监理合同组成如下:

(1)中标人的监理投标书;

(2)监理中标通知书或监理委托函;

(3)委托监理合同文本;

(4)在实施监理过程中双方共同签署的补充和修正文件。

合同文件在形成过程中,当内容出现矛盾时,通常后形成的文件可以解释先形成的文件,因此上述合同文件序号的逆顺序即为监理合同文件的优先解释顺序。

▷ 4.1.4　建设工程委托监理合同示范文本

中华人民共和国原建设部(现住房与城乡建设部)和国家工商行政管理局在 2000 年联合发布了《建设工程委托监理合同(示范文本)》(GF—2000—0202),该示范文本由"建设工程委托监理合同"、"建设工程委托监理合同标准条件"、"建设工程委托监理合同专用条件"组成。

1. 建设工程委托监理合同(下称"合同")

"合同"是一个总的协议,是所监理工程重要信息的高度概括,是纲领性的法律文件。其中明确了当事人双方确定的委托监理工程的名称、地点、工程规模、总投资等,委托人向监理人支付报酬的期限、方式和币种,合同签订、生效、完成时间,双方愿意履行约定的各项义务的表示,合同的份数。

"合同"是一份标准的格式文件,经当事人双方在有限的空格内填写具体规定的内容并签字盖章后,即发生法律效力。

2. 建设工程委托监理合同标准条件

标准条件中包括了合同中所用词语定义、适用范围和法规,签约双方的责任、权利和义务,合同生效、变更与终止,监理报酬,其他情形以及争议的解决等部分。标准条件所规定的内容是委托监理合同的通用文件,对各类建设工程的监理具有普遍的适用性。因此签订监理合同的各委托人和监理人都应遵守。

3. 建设工程委托监理合同的专用条件

由于标准条件适用于各种行业和专业项目的建设工程监理,因此其中的某些条款规定的比较笼统,需要在签订具体工程项目监理合同时,结合地域特点、专业特点和委托监理项目的工程特点,对标准条件中的某些条款进行补充、修正。

所谓"补充"是指标准条件中的条款明确规定,在该条款确定的原则下,专用条件的相同条款中进一步明确具体内容,使前后两个条件中相同序号的条款共同组成一条内容完备的条款,作为双方都必须遵守的条件。如标准条件中第10条规定:"委托人应当在双方约定的时间内免费向监理人提供与工程有关的为监理工作所需要的工程资料。"就具体监理项目而言,就应该在专用条件中第10条写入委托人应提供的工程资料名称和具体的提供时间,如某项目监理合同专用条件中写:①工程开工需办理的审批文件;②委托人与承包商签订的勘察合同、设计合同、施工合同、材料供应合同、施工图各一套;③提供时间以不影响正常施工进度和监理准备工作为原则。

所谓"修正"主要是指签约双方认为标准条件中规定的某些程序方面的内容不合适,所进行的协议修改。如标准条件中第17条规定:"征得委托人同意,监理人有权发布开工令、停工令、复工令,但应当事先向委托人报告。如在紧急情况下未能事先报告时,则应在24小时内向委托人作出书面报告。"如果委托人认为这个时间过长,可与监理人协商一致后,在专用条件的第17条款中另行写明具体时间,如改为12小时。

在专用条件最后,双方还可以针对所监理工程,再拟订附加协议条款,但不得签署违背中标条件的合同补充与修改文件,不得订立阴阳合同。

4.2 工程监理合同的订立

▷ 4.2.1 委托的工程监理业务

1. 监理范围和监理工作内容

监理合同中所规定的监理范围和监理工作内容是指监理人为委托人提供服务的范围和工作量。委托人委托监理业务的范围和内容依各项目的实际情况而定。从工程建设的阶段来说,可以包括项目前期立项咨询、招标代理、设计阶段、实施阶段、保修阶段的全部监理工作或某一阶段的监理工作。在各阶段内,又可以包括投资控制、质量控制、工期控制、安全控制,及信息管理、合同管理和现场管理等内容。针对特定项目,要结合工程的规模特点、委托人和监理人的管理能力、建设各阶段的监理任务等诸因素,在监理合同的专用条件中详细列明所委托的监理任务。例如某项目施工阶段的监理范围和监理工作内容为:项目施工阶段及保修阶段的质量控制、进度控制、投资控制、安全控制、合同管理、信息管理及施工现场组织协调工作。

2. 对监理工作的要求

委托人对监理人执行监理工作的要求应在监理合同中明确约定,并且应当符合中国工程监理协会编制发布的《建设工程监理规范》(GB50319)的规定。例如针对具体工程项目的实际情况应当派出适应监理工作需要的监理机构及监理人员,向委托人报送委派的总监理工程师及其监理机构主要成员名单、监理规划,定期向委托人报告监理工作,从而保证完成合同约定的监理工程范围内的监理业务。

▷4.2.2 监理合同的履行期限、地点和方式

订立监理合同时约定的履行期限、地点和方式是指合同中规定的双方当事人履行各自义务的时间、地点以及工作报酬支付方式。在签订合同时双方应标明监理工作起止时限。实际中合同约定的监理酬金就是根据合同中注明的监理工作开始实施到完成日期的时间段以及工作量估算的。监理酬金支付方式多样,双方应在专用条件中约定:是否支付预付款以及支付额度;按照每季度等额支付还是根据工程形象进度支付以及支付的币种等;监理业务完成后剩余酬金的结算办法以及支付时间。如果因增加委托工作范围或内容等原因导致需监理人延长合同期限,双方可在专用条件中明确此部分监理报酬的计算办法和支付方式。

▷4.2.3 双方的权利

针对特定建设项目的监理业务,委托人与监理人签订合同的目的就是为了使合同的标的得以全面实现,因此双方应明确各自的权利。

1. 委托人权利

(1)对与其订立合同的承包人的选定权。由于委托人最终拥有所订立合同的标的并需要支付合同另一方价款或酬金,因此在总承包模式下,委托人有选定工程总承包人以及与其订立合同的权利;在传统平行发包模式下,例如委托人对设计、施工、物资采购等合同的承包单位有选定权和订立合同的签字权。

(2)所委托监理工程重大事项的决定权。委托人需对项目的策划、资金筹措、建设实施、生产经营、偿还债务等全过程负责,因此委托人有对工程规模、设计标准、规划设计、生产工艺设计和设计使用功能等要求的认定权,以及在实施过程中对工程设计变更的审批权。

(3)授予监理人权限的权利。在监理合同内除需明确委托的监理范围和监理工作内容外,还应规定监理人的权限,这样监理人才能在委托人授权范围内,对委托方与第三人订立的各类承包合同的履行实施有效监理。当然,在监理过程中,委托人可以根据情况的变化,随时通过签订书面补充协议扩大或减小所授予监理人的权限。

(4)对监理人履行合同的监督控制权。委托人对监理人履行合同的监督权利主要体现在以下3个方面:

①对监理人员的监督控制。建设工程监理实行总监理工程师负责制,总监是一个监理单位的灵魂和竞争优势的集中体现,同时也是委托人对监理人监理业务能否充分完成的信任基础,因此监理人调换总监理工程师须事先经委托人同意。同时当委托人发现监理项目部监理人员不按监理合同履行监理职责,或与承包人串通给委托人或工程造成损失的,有权要求监理人更换监理人员,以保证完成监理合同专用条件中约定的监理工作范围内的任务。

②对监理合同履行的监督权。为了按照合同约定检查监理工作的执行情况,委托人有权要求监理人按时提交监理工作月报,也可以要求监理人对监理业务范围内重大问题提交专项报告,目的

是促使监理合同的履行。

③对监理合同转让和分包的监督。通常监理招标文件会明确，不允许监理中标人中标后转让、分包，或者未经委托人书面同意，监理人不得将所涉及的利益或规定义务转让给第三方。在没有取得委托人的书面同意前，监理人应全面、实际履行监理合同，不得实行、更改或终止全部或部分监理服务的任何分包合同。

2. 监理人权利

(1)监理工程有关重大事项和工程设计的建议权。工程有关重大事项包括工程规模、设计标准、规划设计、生产工艺设计和使用功能要求等。

对工程设计中的技术问题，按照安全和优化的原则，向设计人提出建议；如果拟提出的建议可能会提高工程造价，或延长工期，应当事先征得委托人的同意。当发现工程设计不符合国家颁布的建设工程质量标准或设计合同约定的质量标准时，监理人应当书面报告委托人并要求设计人更正。

(2)选择工程总承包人的建议权和选择分包人的认可权。监理人根据自身的知识、经验和以往的合作，结合委托监理项目的特点等因素综合予以考虑后，可以向委托人建议优先选择的工程总承包人名单；与委托人订立合同的设计和施工等总包单位对拟选定的分包单位首先向监理人递交其资质、资信材料，监理机构通过审查和实地考察，拥有批准权或否决权。

(3)建设工程有关协作单位组织协调的主持权。一项工程涉及众多合作单位，监理人可利用工地例会、专题现场协调会、各类监理文件等形式来有效协调有关协作单位，但如关键节点的进度安排等重要协调事项应当事先向委托人报告。在监理过程中如发现工程承包人人员工作不力，监理机构可要求承包人调换有关人员。

(4)对监理项目的质量、进度和投资的监督控制权。委托人赋予监理人很重要的权利就是进行三大目标的有效控制，主要包括：①自主审批承包人报送的工程施工组织设计和技术方案，按照保质量、保工期和降低成本的原则，向承包人提出建议；②征得委托人同意，监理人有权发布开工令、停工令、复工令，但应当事先向委托人报告；③对工程上使用的材料和施工质量进行检验，未经监理工程师签字，建筑材料、建筑构配件和设备不得在工地上使用，施工单位不得进行下一道工序的施工；④对工程施工进度进行检查、监督，以及工程实际竣工日期提前或超过工程施工合同规定的竣工期限的签认；⑤在工程施工合同约定的工程价格范围内，工程款支付的审核和签认权，以及工程结算的复核确认权与否决权。未经总监理工程师签字确认，委托人不支付工程款。

(5)发布变更指令权。监理人在委托人授权下，可对任何承包人合同规定的义务提出变更。如果由此严重影响了工程费用或质量、进度，则这种变更须经委托人事先批准。在紧急情况下未能事先报委托人批准时，监理人所做的变更也应尽快通知委托人。在业务紧急情况下，为了工程和人身安全，尽管变更指令已超越了委托人授权而又不能事先得到批准时，也有权发布变更指令，但应尽快通知委托人。

(6)审核承包人索赔的权利。在委托监理的工程范围内，工程承包人由于非自身原因所造成的权利或经济损失，承包人须首先向监理机构提出工期或费用索赔要求，由监理机构独立、客观公正地进行判断，研究承包人的索赔主张。

(7)从事监理任务获得酬金的权利。监理人不仅可获得合同规定的正常监理工作的酬金，还可按照合同内专用条件约定的计算办法获得完成附加工作和额外工作的酬金，以及监理人在工作过程中做出了显著成绩或者提出的合理化建议使委托人得到了经济效益，获得委托人给予的经济奖励。

4.3　工程监理合同的履行

▷4.3.1　监理人应完成的工程监理工作

监理人在履行监理合同所规定的义务时,根据不同的范围和内容、完成工作的特点和性质,委托监理工作分为以下三类:

1. 工程监理的正常工作

所谓"正常工作",是指合同双方在合同专用条件中约定委托人委托的监理工作范围和内容。这是订立合同时监理人可以合理预见的工作,据此来约定预计的监理工作时间和合同酬金。专用条件中工期的确定与酬金的支付数额和方式都以正常工作为基础。

2. 工程监理的附加工作

所谓"附加工作",是指与完成正常工作相关、在委托正常监理工作范围以外监理人应完成的工作。其可能包括:①通过双方书面协议另外增加的监理工作范围和内容等。如在原约定监理工作范围的基础上,建筑主体增加层数或者增加小区室外绿化任务等而增加的监理工作量。②由于委托人或承包人原因,使监理工作受到阻碍或延误,因增加工作量或持续时间而增加的工作。如委托人资金不到位,致使工程不能如期竣工而延长的监理工作时间等。

3. 工程监理的额外工作

所谓"额外工作",是指正常工作和附加工作以外的工作。它包括:①由于合同协议终止监理人必须完成的工作。②非监理人自己的原因而暂停或终止监理业务,过后需进行善后工作及恢复监理业务工作,恢复监理业务前应当增加不超过42日的准备时间。例如合同履行过程中发生不可抗力,承包人的施工被迫中断,监理工程师应完成的确认灾害发生前承包人已完成工程的合格和不合格部分,指示承包人采取应急措施等,以及灾害消失后恢复施工前必要的监理准备工作。

由于附加工作和额外工作是订立合同时未能或不能合理预见,而合同履行过程中可能发生需要监理人完成的工作,因此附加工作酬金和额外工作酬金的计算办法应在专用条件内予以约定,委托人在监理人完成附加工作和额外工作后支付相应酬金。

▷4.3.2　双方的义务

1. 委托人义务

委托人具有以下义务:

(1)在监理人开展监理业务之前应向监理人支付预付款。双方应在专用条件中约定支付预付款的数额及时间。

(2)应负责建设工程的所有外部关系的协调工作,满足开展监理工作所需提供的外部条件。工程项目是委托人投资建设的,因此委托人需办理与政府管理部门和上级主管部门的各种报批报建手续,负责建设场地外部的关系、水电、道路以及建设管理部门的协调工作,分包的设备订货等。但委托人可将部分或全部协调工作委托监理人承担,在专用条件中明确委托的工作和相应的报酬。

(3)与监理人做好沟通协调工作。项目的建设体现的是委托人的意图,因此委托人需要与监理人保持经常性的沟通。委托人要授权一位熟悉建设工程情况,能迅速做出决定的常驻代表,负责与监理人联系。更换此人要提前通知监理人。同时委托人应当在专用条款约定的合理时间内就监理人书面提交并要求作出决定的一切事宜作出书面决定。

（4）监理人的有关事宜及时通知被监理人。为确保监理人顺利履行合同义务，委托人应将授予监理人的监理权利，以及监理人监理机构主要成员的职能分工、监理权限及时书面通知已选定的第三方，并在与第三方签订的合同中予以明确。

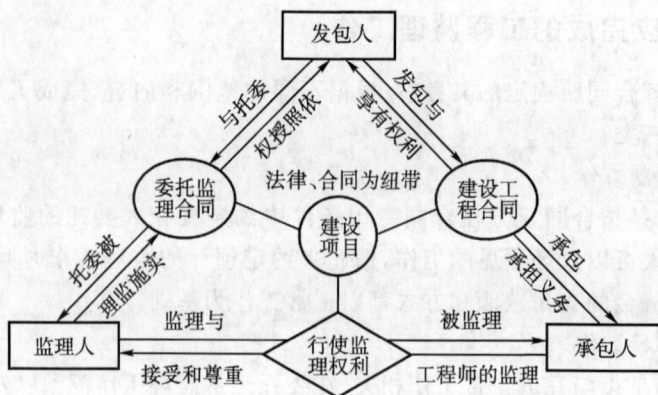

图4-1　建设工程委托监理法律关系示意图

在建设工程当事人三方的法律关系当中（见图4-1），委托人与监理人有合同关系，委托人与承包人有合同关系，监理和承包人没有合同关系，然而监理进驻工地，恰恰是要监理承包人的活动。对于承包人来说，就需要一个被监理的依据，这就要求委托人要将监理的权限向承包人做出正式界定，并在合同中约定。

（5）对于监理人编制的所有文件，委托人仅有权为本工程使用或复制此类文件。

（6）为监理人驻工地监理机构开展正常工作提供协助服务。具体包括以下三方面：

①应在不影响监理人开展监理工作的时间内提供：与工程有关的监理服务所需要的工程资料，与本工程合作的原材料、构配件、机械设备等生产厂家名录，与本工程有关的协作单位、配合单位的名录。

②应免费向监理人提供办公用房、通讯设施、监理人员工地住房及合同专用条件约定的设施。对于双方约定某些原应由委托人提供，而由监理人自备的设施，则应给予监理人合理的经济补偿。其计算方法通常为：

$$补偿金额＝设施在工程使用时间占折旧年限的比例×设施原值＋管理费$$

③根据情况需要，如果合同双方约定，在监理期间内由委托人免费向监理机构提供工作人员和服务人员，应在合同专用条件中予以明确提供的人数和服务时间，由总监理工程师安排其工作。凡涉及服务时，此类职员只应从总监理工程师处接受指示。监理机构应与此类服务的提供者合作，但不对他们及其行为负任何责任。

2. 监理人义务

监理人具有以下义务：

（1）合同履行期间应按合同约定派出监理工作需要的监理机构及监理人员，向委托人报送委派的总监理工程师及其监理机构主要成员名单、监理规划，完成监理合同专用条件中约定的监理工程范围内的监理业务并定期向委托人报告监理工作。

（2）监理人在履行本合同的义务期间，应认真、勤奋地工作，为委托人提供与其水平相适应的咨询意见，公正维护各方面的合法权益。如果因违反其规定或监理人过失而造成了委托人的经济损失，应当向委托人赔偿。

(3)监理人使用委托人提供的设施和物品属委托人的财产。在监理工作完成或中止时,应将其设施和剩余的物品移交给委托人。

(4)在合同期内或合同终止后,未征得有关方同意,不得泄露与本工程、合同业务有关的保密资料。在监理过程中,不得泄露委托人申明的秘密,亦不得泄露设计、承包等单位申明的秘密。

(5)非经委托人书面同意,监理人及其职员不应接受委托监理合同约定以外的与监理工程有关的报酬,以保证监理行为的公正性。监理人不得参与可能与合同规定的与委托人利益相冲突的任何活动。

(6)监理人员应配合委托的建设工程监理所必要的出外考察、材料设备复试,其费用支出经委托人同意的,在预算范围内向委托人实报实销。在监理业务范围内,对监理人聘用的专家咨询或协助,其费用由监理人承担。

(7)负责合同的协调管理工作。在委托监理的工程范围内,委托人或承包人对对方提出的包括索赔要求在内的任何意见和要求,均必须首先向监理机构提出,由监理机构研究处置意见,再同双方协商确定。当委托人和承包人发生争议时,监理机构应该根据自己的职能,以独立的身份判断,公正地进行调解。当双方的争议由政府行政主管部门调解或仲裁机构仲裁时,应当提供作证的事实材料。

▷ 4.3.3 监理合同的酬金计算办法与支付

1. 正常监理工作的酬金

(1)监理工作酬金的构成。建设工程监理酬金由监理直接成本、间接成本、税金和利润 4 部分构成。它是构成建设工程投资估算、投资概(预)算的一部分,在工程概(预)算中单独列支。

直接成本是指监理企业履行委托监理合同时所发生的成本。主要包括以下费用:①监理人员和监理辅助人员的工资、奖金、津贴、补助、附加工资等;②监理工作的常规检测工器具、计算机等办公设施的购置费和其他仪器、机械的租赁费;③监理人员和辅助人员的其他专项开支,包括办公费、通讯费、差旅费、书报费、文印费、会议费、医疗费、劳保费、保险费、休假探亲费等;④所需的其他外部协作费用。

间接成本是指全部业务经营开支及非工程监理的特定开支。具体包括以下费用:①管理人员、行政人员以及后勤人员的工资、奖金、补助和津贴;②经营性业务开支,包括为招揽监理业务而发生的广告费、宣传费、有关合同的公证费等;③办公费,包括办公用品、报刊、会议、文印、上下班交通费等;④办公设施使用费,包括办公使用的水、电、气、环卫、保安等费用;⑤业务培训费、图书和资料购置费;⑥附加费,包括劳动统筹、医疗统筹、福利基金、工会经费、人身保险、住房公积金、特殊补助等;⑦其他行政活动经费。

税金是指按照国家规定,工程监理企业应交纳的各种税金总额,如营业税、所得税、印花税等。

利润是指工程监理企业的监理活动收入扣除直接成本、间接成本和各种税金之后的金额。

(2)工程监理与相关服务收费计取办法。根据 2007 年 5 月 1 日起执行的《建设工程监理与相关服务收费管理规定》,界定监理服务范围分为勘察、设计、施工和保修 4 个阶段,根据监理委托范围及工作内容分别按相应收费标准计取服务费用。依法必须实行监理的建设工程施工阶段的监理收费实行政府指导价;其他建设工程施工阶段的监理收费和其他阶段的监理与相关服务收费实行市场调节价,由发包人与监理人参考政府指导价协商确定。

①施工监理服务费用计取。实行政府指导价的建设工程施工阶段监理收费,其基准价根据《建设工程监理与相关服务收费标准》计算,浮动幅度为上下 20%,发包人和监理人应当根据建设工程

的实际情况在规定的浮动幅度内协商确定收费额。监理收费基准价是在监理收费基价的基础上考虑监理专业、工程复杂程度、所监理工程的海拔高程等因素而定。施工监理服务收费基价是完成国家法律法规、规范规定的施工阶段监理基本服务内容的价格。施工监理服务收费基价如表4-1所示,对于计费额处于两个数值区间的,采用直线内插法确定施工监理服务收费基价。计费额500万

表4-1 施工监理服务收费基价表

序号	计费额(万元)	收费基价(万元)	序号	计费额(万元)	收费基价(万元)
1	500	16.5	9	60 000	991.4
2	1 000	30.1	10	80 000	1 255.8
3	3 000	78.1	11	100 000	1 507.0
4	5 000	120.8	12	200 000	2 712.5
5	8 000	181.0	13	400 000	4 882.6
6	10 000	218.6	14	600 000	6 835.6
7	20 000	393.4	15	800 000	8 658.4
8	40 000	708.2	16	1 000 000	10 390.1

注:计费额大于1 000 000万元的,以计费额乘以1.039%的收费率计算收费基价。

元以下的工程项目均按3.3%的费率计算收费基价。施工监理服务收费可以按照下列公式计算:

施工监理服务收费=施工监理服务收费基准价×(1±浮动幅度值)

施工监理服务收费基准价=施工监理服务收费基价×专业调整系数×工程复杂程度调整系数×高程调整系数(注:上述系数的确定在此不予详述)

②其他阶段的相关服务收费。其他阶段的相关服务收费一般按相关服务工作所需工日和工日费用标准进行确定。建设工程监理与相关服务人员人工日费用标准如表4-2所示。

表4-2 建设工程监理与相关服务人员人工日费用标准

建设工程监理与相关服务人员职级	工日费用标准(元)
高级专家	1 000~1 200
高级专业技术职称的监理与相关服务人员	800~1 000
中级专业技术职称的监理与相关服务人员	600~800
初级及以下专业技术职称监理与相关服务人员	300~600

2. 附加监理工作的酬金

(1)增加监理工作时间的补偿酬金。

报酬=附加工作日数×(合同报酬/监理服务日)

(2)增加监理工作内容的补偿酬金。

增加监理工作的范围或内容属于监理合同的变更,双方应另行签订补充协议,并具体商定报酬额或报酬的计算方法。

3. 额外监理工作的酬金

额外监理工作酬金按实际增加工作的天数计算补偿金额,可参照以上公式双方具体约定计算办法。

4．奖金

监理人在监理工作过程中提出的合理化建议，使委托人得到了经济效益，应按专用条件的约定给予经济奖励。奖金的计算办法是：奖励金额＝工程费用节省额×报酬比率。

5．监理酬金的支付

（1）在监理合同实施中，监理酬金支付方式可以根据工程的具体情况双方协商确定。一般采取首期支付多少，以后每月（季）等额支付，工程竣工验收后结算尾款；或者根据工程形象进度，在关键节点支付一定比例的监理酬金。

（2）正常的监理工作、附加工作和额外工作的报酬，按照监理合同专用条件中约定的方法计算，并按约定的时间和数额支付。

（3）支付过程中，委托人如果对监理人提交的支付通知书中酬金或部分酬金项目提出异议，应在收到支付通知书24小时内向监理人发出表示异议的通知，但不得拖延其他无异议项目酬金的支付。

（4）当委托人在规定的支付期限内未支付监理报酬，自规定之日起向监理人补偿应支付滞纳金。滞纳金从规定支付期限最后一日起计算。

▶ 4.3.4 监理合同的生效、变更与终止

1．监理合同的生效

监理合同一般自合同双方签字盖章之日起生效；但有的监理合同附有生效条件，如在专用条件中规定，合同在工商行政部门鉴证通过后生效。

2．监理合同的变更

（1）如果由于委托人或第三方的原因使监理工作受到阻碍或延误，以致增加了工程量或持续时间，监理人应将此情况与可能产生的影响及时通知委托人。增加的工作量应视为附加的工作，完成监理业务的时间应相应延长，并得到附加工作酬金。

（2）如果在监理合同签订后，出现了不应由监理人负责的情况，导致监理人不能全部或部分执行监理任务时，监理人应立即通知委托人。在这种情况下，如果不得不暂停执行某些监理任务，则该项服务的完成期限应予以延长，直到这种情况不再持续。当恢复监理工作时，还应增加不超过42日的合理时间用于恢复执行监理业务，并按双方约定的数量支付监理酬金。

（3）建设工程实行监理的，发包人应当与监理人采用书面形式订立委托监理合同。变更或解除合同的通知或协议必须采取书面形式，协议未达成之前，原合同仍然有效。在实际履行中，可以采取正式文件、信件协议或委托单等几种方式对合同进行修改，如果变动范围太大，也可重新制定一个合同取代原有合同。

3．合同的暂停或终止

（1）监理人向委托人办理完竣工验收或工程移交手续，承包人和委托人已签订工程保修合同，监理人收到监理酬金尾款结清监理酬金后，本合同即告终止。

（2）当事人一方要求变更或解除合同时，应当在42日前通知对方，因变更或解除合同使一方遭受损失的，除依法可免除责任者外，应由责任方负责赔偿。

（3）如果委托人认为监理人无正当理由而又未履行监理义务时，可向监理人发出指明其未履行义务的通知。若委托人在21日内未收到答复，可在第一个通知发出后35日内发出终止监理合同的通知，合同即行终止，具体程序见图4-2所示。

（4）监理人在应当获得监理酬金之日起30日内仍未收到支付单据，而委托人又未对监理人提

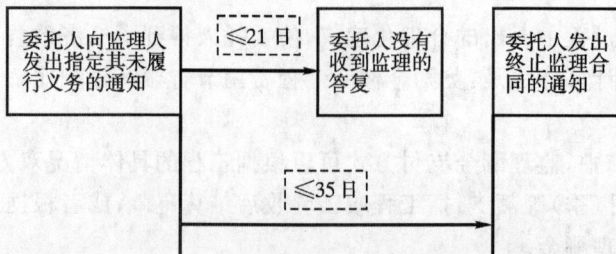

图 4-2　委托人合同终止程序图

出任何书面解释,或暂停监理业务期限已超过半年时,监理人可向委托人发出终止合同的通知。如果 14 日内未得到委托人答复,可以进一步发出终止合同的通知。如果第二份通知发出后 42 日内仍未得到委托人的答复,监理人可终止合同,也可自行暂停履行部分或全部监理业务,其具体程序见图 4-3 所示。

图 4-3　监理人合同终止程序图

➤ 4.3.5　违约赔偿及其争议的解决

1. 违约赔偿

违约赔偿是承担违约责任的一种非常重要的方式,监理合同中的双方当事人任何一方,只要有违约行为都要进行赔偿。

(1)在合同责任期内,监理人员不按监理合同履行监理职责,或与承包人串通给委托人或工程造成损失的,委托人有权要求监理人更换监理人员,直到终止合同并要求监理人承担相应的赔偿责任或连带赔偿责任;如果监理人未按合同要求的职责认真勤奋地工作,因过失造成经济损失,应向委托人进行赔偿,累计赔偿额不应超出监理酬金总额(除去税金)。《合同法》中对于赔偿损失的规定是赔偿实际损失,但监理合同中的处理稍有不同,此条款对合同法做出了补充解释。但是监理人主要凭借自身知识、技术和管理经验,向委托人提供高智能的技术服务,因此监理人不对第三人违反合同规定的质量要求和完工(交图、交货)时限,以及因不可抗力导致委托监理合同不能全部或部分履行承担责任。

(2)委托人应当履行委托监理合同约定的义务,如有违反则应当承担违约责任,赔偿给监理人造成的经济损失。监理人处理委托业务时,因非其原因的事由受到损失的,可以向委托人要求补偿损失。

(3)当一方向另一方的索赔要求不成立时,提出索赔的一方应补偿由此所导致的对方各种费用支出。此条款设定的目的是限制双方不可滥用索赔权。

2. 争议的解决

因违反或终止合同而引起的对对方造成损失或损害的赔偿,委托人与监理人应协商解决。如协商未能达成一致,可提交主管部门协调。如仍不能达成一致时,则根据双方约定提交仲裁机构仲裁或向人民法院起诉。

▷ 4.3.6 监理合同有效期

尽管双方签订《建设工程委托监理合同》中注明"本合同自×年×月×日开始实施,至×年×月×日完成",但此期限仅指完成正常监理工作预定的时间,并不一定是监理合同的有效期。监理合同的有效期即监理人的责任期,不以约定的日历天数为准,而是以监理人是否完成了包括附加和额外工作的义务来判定。因此通用条款规定,监理合同的有效期为双方签订合同后,工程准备工作开始,到监理人向委托人办理完竣工验收或工程移交手续,承包人和委托人已签订工程保修责任书,监理人收到监理报酬尾款,监理合同才终止。如果保修期间仍需监理人执行相应的监理工作,双方应在专用条件中另行约定。

4.4 工程监理合同管理过程中应注意的问题

▷ 4.4.1 委托人监理合同管理需注意的问题

(1)委托人与监理人签订合同之前,需主要对监理单位进行以下方面的考察:

①资质。监理单位必须是经主管机关核准登记注册,领取了《企业法人营业执照》,年审合格,具有独立法人资格的合格监理单位;必须有经建设主管部门批准并颁发的,具有承担监理合同内规定的建设工程相应类别和相应等级工程的资质证书。

②能力。监理单位必须具备对委托的建设工程进行监理的实际能力,包括监理人员素质、主要检测设备情况;从多方面实地调查,防止不具有相应资质和能力的单位或个人挂靠来承接项目。

③社会信誉。其包括已承接的监理任务的完成情况,近几年经营效益,承担类似业务的监理业绩、经历及合同的履行情况。

(2)监理范围和监理工作内容具体明确。委托人应结合自身的管理能力、项目的复杂程度以及计划达到的效果等因素,在进行监理招标和签订监理合同时明确委托监理人所监理工程的阶段、范围和监理的具体工作内容,这样可使监理人根据项目工期和工作量预计较准确的成本,从而确定较合理而又有竞争性的报价,避免合同履行过程中产生不必要的争议和纠纷。

(3)监理取费恰当。委托人切忌一味压价,而应当看到,监理取费适中、监理人提供良好的服务,能为委托人带来巨大的经济和社会效益。例如,监理人严格控制工程质量,使工程高质量完成,可使工程未来的维修费用、运行费用大为减少;再例如,监理人提出的改进意见能大幅度节省投资等。总之监理工作的实质是监理人为委托人提供服务,如果因为外部环境或监理酬金过低而使监理人不能很好地发挥作用,对委托人来说是得不偿失的。

(4)严格按照监理合同的规定履行应尽义务。监理合同内规定的应由委托人负责的工作,是使合同最终实现的基础,如外部关系的协调,为监理工作提供外部条件,为监理人提供获取本工程使用的原材料、构配件、设备等生产厂家名录等都是监理人做好工作的先决条件。委托人必须严格按照监理合同的规定,履行应尽的义务,及时支付监理酬金等,这样才有权要求监理人履行合同,同时也可避免发生违约情况。

▷ 4.4.2 监理人监理合同管理需注意的问题

(1)监理人在决定是否参加某项业务的竞争和承揽,并签订合同之前,要对工程委托人进行了解并对工程合同的可行性进行调查。其内容主要是：

①对委托人的考察了解，看其是否具有签订合同的合法资格以及是否具有与签订合同相当的财产和经费。

②了解该项目的前期报批报建手续是否齐全、项目建设是否合法、是否符合基本建设程序。作为监理的包括工程建设有关文件等的依据必须真实可靠，才能为业主提供优质服务，取得业主的认可和赞许。

（2）派驻项目监理机构人员相称。每个建设项目，都有自己的性质和特点，委托人需要提供的服务内容不完全相同，因此选派项目监理机构人员，尤其是总监理工程师时，应考虑上述因素和实际情况，同时在项目建设的不同阶段配备适当数量的监理人员，土建、水、暖、电等专业齐全，监理工程师与监理员搭配合理，方能取得良好的社会信誉。

（3）监理酬金的支付数额及方式合理。作为有经验的监理人，应提前预计到工程本身的情况和性质、委托人的准备情况、承包人的实力与信誉等，订立合同时注明合理的监理酬金支付数额与方式，以免非监理人的原因导致工期拖延而监理人不能获得合理的酬金。同时监理人应敏锐地发现当非自身原因导致的合同变更或委托人违约，积极申请签认附加工作和额外工作酬金。

（4）重视监理工作总结归档。监理工作总结归档应包括以下内容：

①监理机构向委托人提交的监理工作总结。其内容主要包括：委托监理合同履行情况概述，监理任务或监理目标完成情况评价，由业主提供的监理活动使用的办公用房、车辆、试验设施等清单，表明监理工作终结的说明，等。做好监理工作总结是委托人认同监理工作和履行监理合同的重要方面，为以后直接委托监理业务奠定了良好基础。

②监理机构向监理人提交的监理工作总结。其内容主要包括：监理工作经验——可以是采用某种监理技术、方法的经验，也可以是采用某种经济措施、组织措施的经验，以及签订委托监理合同方面的经验，如何处理好与委托人、承包人关系的经验，等。同时也应深刻指出监理工作中存在的问题及改进的建议，以便指导今后的监理工作，不断提高监理水平，获取更高的市场份额。还可以向政府有关部门提出政策建议，为不断完善我国工程建设监理的水平做出贡献。

4.5　本章案例

【案例4-1】背景材料：某房地产开发企业投资开发建设某住宅小区，与某工程咨询监理公司签订委托监理合同。在监理职责条款中，合同约定："乙方（监理公司）负责甲方（房地产开发企业）小区工程设计阶段和施工阶段的监理业务。房地产开发企业应于监理业务结束之日起5日内支付最后20%的监理费用。"

小区工程竣工一周后，监理公司要求房地产开发企业支付剩余20%的监理费，房地产开发企业以双方有口头约定监理公司监理职责应履行至工程保修期满为由，拒绝支付，监理公司索款未果，诉至法院。法院判决双方口头商定的监理职责延至保修期满的内容不构成委托监理合同的内容，房地产开发企业到期未支付最后一笔监理费，构成违约，应承担违约责任，支付监理公司剩余20%监理费及延期付款利息。

核心提示：监理公司监理职责是否应履行至工程保修期满

案例评析：根据《合同法》第276条规定："建设工程实行监理的，发包人应当与监理人采用书面形式订立委托监理合同。发包人与监理人的权利和义务以及法律责任，应当依照本法委托合同以及其他有关法律、行政法规的规定。"

　　本案房地产开发企业开发成片住宅小区,属于需要实行监理的建设工程,理应与监理人签订委托监理合同。本案争议焦点在于确定监理公司监理义务范围。依书面合同约定,监理范围包括工程设计和施工两阶段,而未包括工程的保修阶段;双方只是口头约定监理还应包括保修阶段。依本条规定,委托监理合同应以书面形式订立,口头形式约定不成立委托监理合同。因此,该委托监理合同关于监理义务的约定,只能包括工程设计和施工两阶段,不应包括保修阶段,也就是说,监理公司已完全履行了合同义务,房产开发企业逾期支付监理费用,属违约行为,故判决其承担违约责任,支付剩余监理费及利息,无疑是正确的。

　　【案例 4 - 2】背景材料:某建设监理单位在工程项目的监理工作中,出现了如下情况:

　　1. 由于第三方原因,使监理工作受阻并延误了工期,增加了监理工作量。监理方采取以下措施是否妥当,为什么?

　　(1)总监理工程师及时通报业主;

　　(2)总监理工程师及时指出可能产生的影响;

　　(3)由此增加的工作量应视为附加工作量;

　　(4)完成监理的业务时间应延长;

　　(5)按照增加的工作量和业务时间索取额外酬金;

　　(6)业主承担监理单位相关的其他经济损失。

　　2. 由于第三方原因违反原合同中规定的质量要求和进度期限,监理单位应承担如下哪些责任?

　　(1)监理单位应履行原合同中约定的义务和责任;

　　(2)对违反合同规定的质量要求和进度期限不承担责任;

　　(3)如违约中,属不可抗力导致的质量要求和完工期限改变,应部分地承担责任;

　　(4)属第三方违约,则第三方支付违约金,如造成损失还应支付赔偿金。

　　3. 由于业主违反合同中某些条款的原因,使得工程项目实际情况发生变化,监理单位不能全部或部分执行监理业务时,下面采取的措施,哪些是恰当的? 哪些是不当的? 为什么?

　　(1)一旦发生合同条款变化,立即正式通知业主;

　　(2)监理业务时间应予延长;

　　(3)按双方约定支付监理酬金;

　　(4)业主认为监理单位无正当理由不能履行业务时,业主可以终止合同;

　　(5)遇到不可抗力因素不能履行监理业务时,业主可终止合同。

　　核心提示:第三方原因使监理工作受阻

　　案例评析:1. 第(1)、(2)、(3)、(4)、(5)条是恰当的,第(6)条不恰当。因为监理单位相关的其他经济损失没有约定。

　　2. 监理单位应承担(1)、(2)、(4)条。

　　3. 监理方可采取(1)、(2)、(3)、(5)措施,第(4)条措施是不妥的。因为业主认为监理单位无正当理由,应以合同法规条件为准,不能主观臆定。

思考与练习

　　1. 工程监理的特点是什么? 对监理合同的签订有何影响?

2. 委托监理合同的基本条款有哪些？

3. 什么是监理的正常工作、附加工作、额外工作？并举例说明。

4. 监理合同中界定的监理工程师的权利和义务有哪些？

5. 监理合同的生效、变更和终止与建设领域的其他合同有什么不同？

6. 如何解决监理合同发生的争议？

7. 如何理解工程监理的责任期？

8. 调查我国工程监理企业监理收费现状，试从合同管理的角度讨论工程监理企业如何能致力于为委托方提供高智能服务，而不是通过一味竞相压价来获取监理业务。

第5章

建设工程勘察设计合同管理

5.1 建设工程勘察设计合同概述

5.1.1 建设工程勘察设计的内涵

建设工程勘察,是指根据建设工程的要求,查明、分析、评价建设场地的地质、地理环境特征和岩土工程条件,编制建设工程勘察文件的活动,为建设场地的选择和工程的设计与施工提供地质资料依据。建设工程设计,是指根据建设工程的总体需求和地质勘察报告,对建设工程所需的技术、经济、资源、环境等条件进行综合分析、论证,编制建设工程设计文件的活动。它对工程的外形和内在的实体进行筹划、研究、构思、设计和描绘,使得工程各目标和水平具体化,为施工提供直接依据。工程设计严密、合理,是建设工程的安全、适用、经济与环境保护等措施得以实现的保证,决定工程建设的成败。

勘察、设计阶段一般是指从项目可行性研究报告经审批并由投资人作出决策后(简称立项后),直至施工图设计完成并交给建设单位投入使用。国内外对项目实施阶段节约投资的潜力研究表明,勘察、设计阶段节约投资的潜力均在 10% 以上,设计准备阶段可达 95%。勘察资料不准确将会导致采用不适当的地基处理或基础设计,使得工程的成本增加或结构基础存在隐患。设计事故使工程无法满足质量要求和使用功能。勘察、设计进度不能按计划完成,设计不便于施工等等,都直接影响到整个工程的投资、进度和质量目标的实现。因此,重视建设工程的勘察设计,是实现建设工程项目管理目标的有力保障。

5.1.2 建设工程勘察设计合同的概念

建设工程勘察、设计合同简称勘察、设计合同,是指由建设单位(发包人)通过招标方式与选择的中标人或直接委托具有相应资质的工程勘察、设计单位(勘察、设计人)就建设工程的勘察或设计任务而签订的,明确双方权利和义务的协议。从事建设工程勘察、设计活动,必须遵循项目建设的内在规律,坚持先勘察、后设计、再施工的原则。

依据《合同法》等法律、法规和规章的要求,合同应规范化,避免缺款少项,减轻双方工作量,风险责任分担合理,保护当事人的合法权益。原建设部和国家工商行政管理局在2000年3月颁布了建设工程勘察合同示范文本和建设工程设计合同示范文本。

5.1.3　勘察设计合同示范文本

1. 勘察合同示范文本

按照不同的委托勘察任务,勘察合同范本分为以下两种。

(1)建设工程勘察合同(一)[GF—2000—0203]。该合同范本适用于为设计提供勘察工作的委托任务,包括岩土工程勘察、水文地质勘察(含凿井)、工程测量、工程物探等。合同文本的主要内容包括:工程概况,发包人应提供的资料,勘察成果的提交份数及时间,勘察收费标准及付费方式,发包人、勘察人责任,违约责任,未尽事宜的约定,争议的解决,合同生效与终止。

(2)建设工程勘察合同(二)[GF—2000—0204]。该合同范本的委托工作内容仅涉及岩土工程,包括取得岩土工程的勘察资料,对项目的岩土工程进行设计、治理和监测工作。合同文本除了勘察合同(一)包括的内容外,还包括变更及工程费的调整,材料设备的供应,报告、成果、文件的检查和验收等方面内容的约定。

2. 设计合同示范文本

按照不同的工程类别,设计合同范本分为以下两种。

(1)建设工程设计合同(一)[GF—2000—0209]。该合同范本适用于民用建设工程设计的合同。其主要内容包括:订立合同的依据文件,委托设计任务的范围和内容,发包人应提供的有关资料和文件,设计人应交付的资料和文件,设计费的支付,双方责任,违约责任,合同生效及其他。

(2)建设工程设计合同(二)[GF—2000—0210]。该合同范本适用于专业建设工程的设计。合同文本除了设计合同(一)包括的内容外,还增加有设计依据、合同文件的组成和优先次序、项目的投资要求、设计阶段和设计内容及保密方面的条款约定。

5.2　勘察设计合同的订立

5.2.1　勘察设计承包人条件

勘察、设计承包人必须在建设工程勘察、设计资质证书规定的资质等级和业务范围内承揽建设工程的勘察、设计业务。工程勘察资质分为工程勘察综合资质、专业资质和劳务资质。工程勘察综合资质只设甲级,可以承接各专业(海洋工程勘察除外)、各等级工程勘察业务;工程勘察专业资质包括岩土工程专业资质(又分岩土工程勘察、设计、物探测试检测监测和咨询等分项专业资质)、水文地质勘察专业资质和工程测量专业资质。各专业资质设甲级、乙级,根据工程性质和技术特点,部分专业设丙级,可以承接相应等级相应专业的工程勘察业务。工程勘察劳务资质不分等级,可以承接岩土工程治理、工程钻探、凿井等工程勘察劳务业务。

工程设计资质分为工程设计综合资质、行业资质、专业资质和专项资质。工程设计综合资质只设甲级,可以承接各行业、各等级的建设工程设计业务;工程设计行业资质、专业资质和专项资质设甲级、乙级,根据工程性质和技术特点,个别行业、专业、专项资质可以设丙级,建筑工程专业资质可以设丁级。取得工程设计行业资质(包括煤炭、电力、化工石化医药、石油天然气、民用建筑等 21 个行业)的企业,可以承接相应行业相应等级的工程设计业务及本行业范围内同级别的相应专业、专项工程设计业务(设计施工一体化资质除外);取得工程设计专业资质的企业,可以承接本专业相应等级的专业工程设计业务及同级别的相应专项工程设计业务(设计施工一体化资质除外);取得工程设计专项资质的企业,可以承接本专项相应等级的专项工程设计业务。

➤5.2.2　勘察合同的订立

建设单位将建设工程勘察任务依法通过招标发包或直接发包的方式确定勘察单位后,双方应当签订建设工程勘察合同。根据特定工程的特点,应明确以下方面的具体内容。

1. 勘察任务的范围

(1)工程建设地点与工程规模、特征;

(2)工程勘察任务委托文号、日期;

(3)工程勘察任务包括的内容与技术要求;

(4)预计的勘察工作量与勘察成果资料提交的份数。

2. 发包人应提供的勘察依据文件和资料

(1)提供本工程批准文件(复印件),以及用地(附红线范围)、施工、勘察许可等批件(复印件);

(2)提供工程勘察任务委托书、技术要求和工作范围的地形图、建筑总平面布置图;

(3)提供勘察工作范围已有的技术资料及工程所需的坐标与标高资料;

(4)提供勘察工作范围地下已有埋藏物的资料(如电力、电讯电缆、各种管道、人防设施、洞室等)及具体位置分布图;

(5)其他必要的相关资料。

3. 合同工期

合同约定工程的勘察工作开始时间和提交勘察成果资料的时间。

4. 勘察费用

(1)勘察工作收费的依据;

(2)勘察费用的预算金额;

(3)勘察费用的支付阶段和每次支付的比例。

5. 违约责任

(1)双方承担违约责任的条件;

(2)违约金的计算方法等。

6. 约定合同争议的最终解决方式

➤5.2.3　设计合同的订立

由于电力等其他专业建设工程各自特点不同,故本节主要以民用建设工程为例,介绍在订立设计合同时,双方应明确的具体内容。

1. 合同签订依据

(1)《合同法》、《建筑法》、《建设工程勘察设计市场管理规定》等国家及地方有关建设工程设计管理法规和规章。

(2)建设工程批准文件。

2. 委托任务的工作范围

(1)设计范围。包括建设规模以及工程各分项目的名称、层数和建筑面积等。

(2)建筑物的合理使用年限设计要求。

(3)委托的设计阶段及内容。既可以包括方案设计、初步设计和施工图设计的全过程,也可以是其中的某几个阶段。

(4)设计深度要求。编制建设工程勘察文件,应当真实、准确,满足建设工程规划、选址、设计、岩土治理和施工的需要。编制方案设计文件,应当满足编制初步设计文件和控制概算的需要;编制初步设计文件,应当满足编制施工招标文件、主要设备材料订货和编制施工图设计文件的需要;编制施工图设计文件,应当满足设备材料采购、非标准设备制作和施工的需要,并注明建设工程合理使用年限。具体内容要根据项目的特点在合同中约定。

3. 发包人应提供的有关资料和文件

①项目批准文件;②城市规划许可文件;③工程勘察成果;等。在合同内需约定提供资料和文件的名称、份数、提交日期和有关事宜。

4. 设计人应提交的设计资料、文件及时间

由于工程设计是按几个阶段完成不同的设计任务,所以需在合同中约定设计人分阶段提交设计资料及文件的名称、份数、提交日期和有关事宜。

5. 设计费用

建设工程设计发包方与承包方应当执行国家有关建设工程设计费的管理规定。合同内除了写明双方约定的总设计费外,还需列明分阶段支付由交付设计文件所决定的付费时间、占总设计费的百分比及付费额。

6. 发包人应为设计人提供的现场服务

该服务可能包括施工现场的工作条件、生活条件及交通等方面的具体内容。

7. 违约责任

违约责任需要约定,其内容包括承担违约责任的条件和违约金的计算方法等。

8. 合同争议的最终解决方式

明确约定解决合同争议的最终方式是采用仲裁或诉讼。

5.3 勘察设计合同的履行管理

合同订立后,当事人双方均需按照诚实信用原则和全面履行原则完成合同约定的本方义务。按照勘察和设计合同示范文本条款的规定,合同履行的管理工作应注意以下方面的内容。

▷5.3.1 勘察合同履行管理

1. 发包人的责任

(1)在勘察现场范围内,不属于委托勘察任务而又没有资料、图纸的地区(段),发包人应负责查清地下埋藏物。若因未提供上述资料、图纸,或提供的资料图纸不可靠、地下埋藏物不清,致使勘察人在勘察工作过程中发生人身伤害或造成经济损失时,由发包人承担民事责任。

(2)发包人应及时为勘察人提供并解决勘察现场的工作条件和出现的问题。例如:落实土地征用、青苗树木赔偿,拆除地上地下障碍物,处理施工扰民及影响施工正常进行的有关问题,平整施工现场,修好通行道路,接通电源、水源,挖好排水沟渠以及水上作业用船等,并承担其费用。

（3）若勘察现场需要看守，特别是在有毒、有害等危险现场作业时，发包人应派人负责安全保卫工作。按国家有关规定，对从事危险作业的现场人员进行保健防护，并承担费用。

（4）工程勘察前，若发包人负责提供材料的，应根据勘察人提出的工程用料计划，按时提供各种材料及其产品合格证明，并承担费用和运到现场，派人与勘察人的人员一起验收。

（5）勘察过程中的任何变更，经办理正式变更手续后，发包人应按实际发生的工作量支付勘察费。

（6）为勘察人的工作人员提供必要的生产、生活条件，并承担费用；如不能提供时，应根据实际情况一次性付给勘察人临时设施费。

（7）发包人若要求在合同规定时间内提前完工（或提交勘察成果资料）时，发包人应按每提前一天向勘察人支付双方商定所计算的加班费。

（8）发包人应保护勘察人的投标书、勘察方案、报告书、文件、资料图纸、数据、特殊工艺（方法）、专利技术和合理化建议，未经勘察人同意，发包人不得复制、泄露、擅自修改、传送或向第三人转让或用于本合同外的项目。

2．勘察人的责任

（1）勘察人应按国家技术规范、标准、规程和发包人的任务委托书及技术要求进行工程勘察，按合同规定的时间提交质量合格的勘察成果资料，并对其负责。

（2）若勘察人提供的勘察成果质量不合格，勘察人应负责无偿给予补充完善使其达到质量合格；若勘察人无力补充完善，需另委托其他单位时，勘察人应承担全部勘察费用；或因勘察质量造成重大经济损失或工程事故时，勘察人除应负法律责任和免收直接受损失部分的勘察费外，并应根据损失程度向发包人支付赔偿金，赔偿金由发包人、勘察人商定为实际损失的一定百分比。

（3）在工程勘察前，勘察人提出勘察纲要或勘察组织设计，派人与发包人的人员一起验收发包人提供的材料。

（4）勘察过程中，勘察人根据工程的岩土工程条件（或工作现场地形地貌、地质和水文地质条件）及技术规范要求，向发包人提出增减工作量或修改勘察工作的意见，并办理正式变更手续。

（5）在现场工作的勘察人的人员，应遵守发包人的安全保卫及其他有关的规章制度，承担其有关资料保密义务。

3．勘察合同的工期

勘察人应在合同约定的时间内提交勘察成果资料，勘察工作有效期限以发包人下达的开工通知书或合同规定的时间为准。如遇特殊情况，例如设计变更、工作量变化、不可抗力影响以及非勘察人原因造成的停、窝工等，工期相应顺延。

4．勘察费用的支付

工程勘察收费是指勘察人根据发包人的委托，收集已有资料，现场踏勘，制订勘察纲要，进行测绘、勘探、取样、试验、测试、检测、监测等勘察作业，以及编制工程勘察文件和岩土工程设计文件等收取的费用。

（1）勘察收费标准。

①按国家规定的现行收费标准《工程勘察设计收费规定》（2002 年修订本）取费。工程勘察收费标准分为通用工程勘察收费标准和专业工程勘察收费标准。

通用工程勘察收费标准适用于工程测量、岩土工程勘察、岩土工程设计与检测监测、水文地质勘察、工程水文气象勘察、工程物探、室内试验等工程勘察的收费。收费按实物工作量定额计费方法计算，由实物工作收费和技术工作收费两部分组成。

通用工程勘察收费按照下列公式计算：

工程勘察收费＝工程勘察收费基准价×(1±浮动幅度值)

工程勘察收费基准价＝工程勘察实物工作收费＋工程勘察技术工作收费

工程勘察实物工作收费＝工程勘察实物工作收费基价×实物工作量×附加调整系数

工程勘察技术工作收费＝工程勘察实物工作收费×技术工作收费比例

专业工程勘察收费标准分别适用于煤炭、水利水电、电力、长输管道、铁路、公路、通信、海洋工程等工程勘察的收费。

②采用预算包干、中标价加签证、实际完成工作量结算等方式计取收费。国家规定的收费标准中没有规定的收费项目,由发包人、勘察人另行议定。

(2)勘察费用的支付方式。

①合同签订后3日内,发包人应向勘察人支付预算勘察费的20％作为定金。

②勘察工作外业结束后,发包人向勘察人支付约定勘察费的某一百分比。对于勘察规模大、工期长的大型勘察工程,发包人还应将上述比例的勘察费用按实际完成的勘察进度分解,向勘察人分阶段支付工程进度款。

③提交勘察成果资料后10日内,发包人应一次付清全部工程费用。

5. 违约责任

(1)发包人的违约责任。

①由于发包人未给勘察人提供必要的工作生活条件而造成停、窝工或来回进出场地,发包人应承担的责任包括:付给勘察人停、窝工费,金额按预算的平均工日产值计算;工期按实际延误的工日顺延;支付勘察人来回的进出场费和调遣费。

②合同履行期间,由于工程停建而终止合同或发包人要求解除合同时,勘察人未进行勘察工作的,不退还发包人已付定金;已进行勘察工作的,完成的工作量在50％以内时,发包人应向勘察人支付预算额50％的勘察费;完成的工作量超过50％时,则应向勘察人支付预算额100％的勘察费。

③发包人未按合同规定时间(日期)拨付勘察费,每超过1日,应按未支付勘察费的1‰偿付逾期违约金。

④合同签订后,发包人不履行合同时,无权要求返还定金。

(2)勘察人的违约责任。

①由于勘察人原因造成勘察成果质量不合格,不能满足技术要求时,其返工勘察费用由勘察人承担。返工后仍不能达到合同约定条件,根据因此造成的损失程度向发包人支付赔偿金,赔偿金额最高不超过返工项目的收费。

②由于勘察人原因未按合同规定时间(日期)提交勘察成果资料,每超过1日,应减收勘察费的1‰。

③合同签订后,勘察人不履行合同时,应双倍返还定金。

▷ 5.3.2　设计合同履行管理

1. 设计合同的生效与终止

设计合同采用定金担保形式,发包人应在合同签字后的3日内支付设计费总额的20％作为定金。合同经双方当事人签字盖章并在发包人向设计人支付定金后生效。合同生效后,按规定到项目所在省级建设行政主管部门规定的审查部门备案。双方认为必要时,到项目所在地工商行政管理部门申请鉴证。

设计合同履行过程中,设计期限包括合同约定的各阶段交付设计文件的时间,以及可能由于非设计人应承担责任和风险的原因,经过双方补充协议确定应顺延的时间之和。

在合同正常履行的情况下,设计人为合同项目服务的结束时间为:对于民用建设工程,在工程施工完成且竣工验收工作后;对于专业建设工程,设计完成且施工安装验收。双方履行完合同规定的义务后,设计合同即行终止。

2. 合同双方的责任

(1)发包人的责任。

①提供设计依据的资料和文件。为保证设计工作的顺利进行,发包人应当在规定时间内向设计人提供合同所约定的资料名称及份数,并对其完整性、正确性及时限负责,发包人不得要求设计人违反国家有关标准进行设计。如果发包人提交资料及文件超过规定期限15日以内,设计人规定的交付设计文件时间相应顺延;交付资料及文件超过规定期限15日以上时,设计人有权重新确定提交设计文件的时间。设计文件中选用的国家标准图、部(委)标准图及地方标准图由发包人负责解决。

②提供必要的现场工作条件。发包人应为设计人派赴现场处理有关设计问题的工作人员,提供必要的工作、生活、交通等方面的方便条件及必要的劳动保护装备。

③保护设计人的知识产权。发包人应保护设计人的投标书、设计方案、文件、资料图纸、数据、计算软件和专利技术。未经设计人同意,发包人对设计人交付的设计资料及文件不得擅自修改、复制或向第三人转让或用于本合同外的项目。如发生以上情况,发包人应负法律责任,设计人有权向发包人提出索赔。

④遵循合理设计周期的规律。发包人要求设计人比合同规定时间提前交付设计资料及文件时,如果设计人能够做到,发包人应根据设计人提前投入的工作量,向设计人支付赶工费。但发包人不应严重背离合理设计周期的规律,强迫设计人不合理地缩短设计周期。

⑤重大设计变更的处理。发包人变更委托设计项目、规模、条件或因提交的资料错误,或所提交资料作了较大修改,以致造成设计人设计需返工时,双方除需另行协商签订补充协议(或另订合同)、重新明确有关条款外,发包人应按设计人所耗工作量向设计人增付设计费。

建设单位、施工单位、监理单位不得修改建设工程勘察、设计文件;确需修改的,应当由原建设工程勘察、设计单位修改。经原建设工程勘察、设计单位书面同意,建设单位也可以委托其他具有相应资质的建设工程勘察、设计单位修改。修改单位对修改的勘察、设计文件承担相应责任。建设工程勘察、设计文件内容需要作重大修改的,建设单位应当报经原审批机关批准后,方可修改。

⑥其他相关工作。建设工程勘察、设计文件中规定采用的新技术、新材料,可能影响建设工程质量和安全、又没有国家技术标准的,应当由国家认可的检测机构进行试验、论证,出具检测报告,并经国务院有关部门或者省、自治区、直辖市人民政府有关部门组织的建设工程技术专家委员会审定后,方可使用。

发包人委托设计人配合引进项目的设计任务,从询价、对外谈判、国内外技术考察直至建成投产的各个阶段,应吸收承担有关设计任务的设计人员参加。除制装费外,发生的其他费用由发包人支付。发包人委托设计人承担合同约定委托范围之外的服务工作,需另行支付费用。

(2)设计人的责任。

①对设计文件的质量负责。设计人应依据经批准的可行性研究报告及勘察成果等资料,按国家技术规范、标准、规程及发包人提出的设计要求进行工程设计,按合同规定的进度要求提交质量合格的设计资料,并对其负责。

需注明建(构)筑物的设计合理使用年限。设计文件中选用的建筑材料、构配件、设备等,应当注明规格、型号、性能等技术指标,其质量要求必须符合国家规定的标准。但设计人不得指定生产厂、供应商。发包人需要设计人的设计人员配合加工订货时,所需要费用由发包人承担。

②负责编制、完善设计文件。编制建设工程勘察、设计文件,应当以项目批准文件、城市规划、工程建设强制性标准和国家规定的建设工程勘察、设计深度要求等规定为依据。铁路、交通、水利等专业建设工程,还应当以专业规划的要求为依据。

设计人应负责修正和完善各设计阶段设计文件审查会提出的修改意见。设计人交付设计资料和文件后,需按规定参加有关的设计文件审查,并根据审查结论负责对不超出原定范围的内容做必要的调整或补充。

③对外商的设计资料进行审查。委托设计的专业建设工程中,如果有部分属于外商提供的设计,设计人则应负责对外商的设计资料进行审查,并负责该合同项目的设计联络工作。

④配合施工的义务。勘察、设计人按合同规定时限交付设计资料及文件后,在建设工程施工前,需参加设计交底会,向发包人、施工承包人和监理人说明建设工程勘察、设计意图,解释建设工程勘察、设计文件,处理有关设计问题。但对在一年内项目未开始施工的设计项目,设计人可按所需工作量向发包人适当收取咨询服务费,收费额由双方以补充协议商定。

建设工程勘察、设计单位应当在建设工程施工前,向施工单位和监理单位说明建设工程勘察、设计意图,解释建设工程勘察、设计文件。

建设工程勘察、设计人应当及时解决施工中出现的勘察、设计问题。但发包人要求设计人派专人长期留驻施工现场进行配合与解决有关问题时,双方应另行签订补充协议或技术咨询服务合同。

为了保证建设工程的质量,设计人应按合同约定参加涉及设计项目重要部位的隐蔽工程验收、试车验收和工程验收工作并发表意见。

⑤保护发包人的知识产权。设计人应保护发包人的知识产权,未经对方同意,不得向第三人泄露、转让发包人提交的产品图纸等技术资料。如发生以上情况并给发包人造成经济损失,发包人有权向设计人索赔。

3.支付管理

(1)合同价格。工程设计收费是指设计人根据发包人的委托,提供编制建设项目初步设计文件、施工图设计文件、非标准设备设计文件、施工图预算文件、竣工图文件等服务所收取的费用。

工程设计收费按照下列公式计算:

①工程设计收费=工程设计收费基准价×(1±浮动幅度值)

②工程设计收费基准价=基本设计收费+其他设计收费

③基本设计收费=工程设计收费基价×专业调整系数×工程复杂程度调整系数×附加调整系数

建设工程设计发包方与承包方应当执行国家有关建设工程设计费的管理规定。签订合同时,双方商定合同的设计费,收费依据和计算方法按国家和地方有关规定执行。国家和地方没有规定的,由双方商定。

如果合同约定的费用为估算设计费,则双方在初步设计审批后,按批准的初步设计概算核算设计费。工程建设期间如遇概算调整,设计费则也应做相应调整。

(2)定金的支付。设计合同由于采用定金担保,因此合同内没有预付款。发包人应在合同签订后3日内,支付设计费总额的20%作为定金。在合同履行过程中的中期支付,定金不参与结算,待双方的合同义务全部完成进行合同结算时,定金可以抵作设计费或收回。

(3)设计费的支付与结算。

①支付管理的原则。提交各阶段设计文件的同时支付各阶段设计费;在提交最后一部分施工图的同时结清全部设计费,不留尾款;实际设计费按初步设计概算(施工图设计概算)核定,多退少补;实际设计费与估算设计费出现差额时,双方另行签订补充协议。

②按设计阶段支付费用的百分比。合同签订后 3 日内,发包人支付设计费总额的 20% 作为定金。此笔费用支付后,设计人可以自主使用;设计人提交初步设计文件后 3 日内,发包人应支付设计费总额的 30%;施工图阶段,当设计人按合同约定提交阶段性设计成果后,发包人应依据约定的支付条件、所完成的施工图工作量比例和时间,分期分批向设计人支付剩余总设计费的 50%。施工图完成后,发包人结清设计费,不留尾款。

4.违约责任

(1)发包人的违约责任。

①发包人应按合同规定的金额和时间向设计人支付设计费,每逾期支付 1 日,承担应支付金额 2‰ 的逾期违约金,且设计人提交设计文件的时间顺延。逾期 30 天以上时,设计人有权暂停履行下阶段工作,并书面通知发包人。

②在合同履行期间,若发包人要求终止或解除合同,或出现发包人的上级或设计审批部门对设计文件不审批或合同项目停、缓建等情形,设计人未开始设计工作的,不退还发包人已付的定金;已开始设计工作的,发包人应根据设计人已进行的实际工作量支付设计费,设计不足一半的,按该阶段设计费的一半支付,若已超过一半,按该阶段设计费的全部支付。

(2)设计人的违约责任。

①设计人应对设计资料及文件中出现的遗漏或错误负责修改或补充。由于设计人员错误造成工程质量事故和损失,设计人除负责采取补救措施外,应免收直接受损失部分的设计费。损失严重的,还应根据损失程度和设计人责任大小向发包人支付由双方商定的为实际损失额一定比例的赔偿金。

②由于设计人自身原因,延误了按合同规定交付的设计资料及文件的时间,每延误 1 日,应减收该项目应收设计费的 2‰。

③合同生效后,设计人要求终止或解除合同,设计人应双倍返还定金。

5.不可抗力及争议的解决

由于不可抗力因素致使合同无法履行时,双方应及时协商解决。

在合同履行过程中发生争议,双方当事人应及时协商解决,也可由当地建设行政主管部门调解,调解不成时,经双方当事人同意,由仲裁委员会仲裁。双方当事人未在合同中约定仲裁机构,事后又未达成仲裁书面协议的,可向人民法院起诉。

5.4 勘察、设计合同管理过程中应注意的问题

1.发包人合同管理应注意的问题

(1)勘察、设计人的资格审查。在勘察、设计任务招标发包或直接委托,勘察、设计合同签订前,发包人要对承包人资格进行详细审查。审查勘察、设计人是否具有法人资格,是否持有建设行政主管部门颁发的工程勘察设计资质证书、工程勘察设计收费资格证书和工商行政管理部门核发的企业法人营业执照以及签订合同的签字人是否法人代表或承包人委托的代理人。这不仅是为了保证合同有效和受法律保护,而且是保证合同得到有效实施的必不可少的工作。

目前存在个人或者资质等级较低的勘察设计单位随意挂靠来承接任务的现象,发包人应进行实地调查,考察投标人的信誉和经验。相关法规规定:建设工程勘察、设计单位应当在其资质等级许可的范围内承揽建设工程勘察、设计业务。禁止建设工程勘察、设计单位超越其资质等级许可的范围或者以其他建设工程勘察、设计单位的名义承揽建设工程勘察、设计业务。禁止建设工程勘察、设计单位允许其他单位或者个人以本单位的名义承揽建设工程勘察、设计业务。

(2)重点考察从事本项目的勘察、设计人员。国家对从事建设工程勘察、设计活动的专业技术人员实行执业资格注册管理制度。未经注册的勘察、设计人员,不得以注册执业人员的名义从事建设工程勘察、设计活动。建设工程勘察、设计注册执业人员和其他专业技术人员只能受聘于一个勘察、设计单位;未受聘于建设工程勘察、设计单位的,不得从事工程勘察、设计活动。

由于工程勘察、设计经过勘察、设计人员的努力所提供的勘察报告和设计文件,体现出来的是智力成果,而不同勘察、设计人员的劳动所获取的智力成果又有高低之分,因此应重点考察欲承接本项目的项目负责人的资格和能力,项目主要人员的组成和相关专业的人员配备、经验情况。考察他们对实施项目的理解,对项目特点、难点、重点的技术分析和处理措施,对关键技术问题的阐述,对新技术、新工艺、新材料的应用以及所采取的质量保证措施等。

(3)勘察、设计任务合同价格合理。2000年9月25日起施行的《建设工程勘察设计管理条例》规定:建设工程勘察、设计发包方与承包方应当执行国家有关勘察费、设计费的管理规定。在市场经济体制下,虽然国家规定了取费标准,但一部分市场主体对价格大打折扣。部分勘察设计单位以低价承揽业务,其收费已远远低于国家规定下浮幅度20%的范围,部分单位设计收费不足6元/平方米。

一个好的设计带来的投资节省,往往是其他环节采取任何措施都无法比拟的。图5-1是国外描述的不同建设阶段影响投资程度的坐标图。从该图可看出,影响项目投资最大的阶段,是约占工程项目建设周期1/4的技术设计结束前的工作阶段。在初步设计阶段,影响项目投资的可能性为75%~95%;在技术设计阶段,影响项目投资的可能性为35%~75%;在施工图设计阶段,影响项目投资的可能性则为5%~35%。很显然,项目投资控制的重点在于施工以前的投资决策和设计阶段,而在项目做出投资决策后,控制项目投资的关键就在于设计。可以说,设计带来的节约,是工程建设过程中最大的节约。据西方一些国家分析,设计费一般只相当于建设工程全寿命费用的1%以下,但正是这少于1%的费用却基本决定了几乎全部随后的费用。同时,勘察设计对工程的质量和功能也有着重大影响。由此可见,建设单位和开发商肆意压低勘察设计收费,不合理地压缩设计周期,拖欠设计费,挫伤设计人员的创作积极性,对勘察设计质量的影响是非常巨大的。

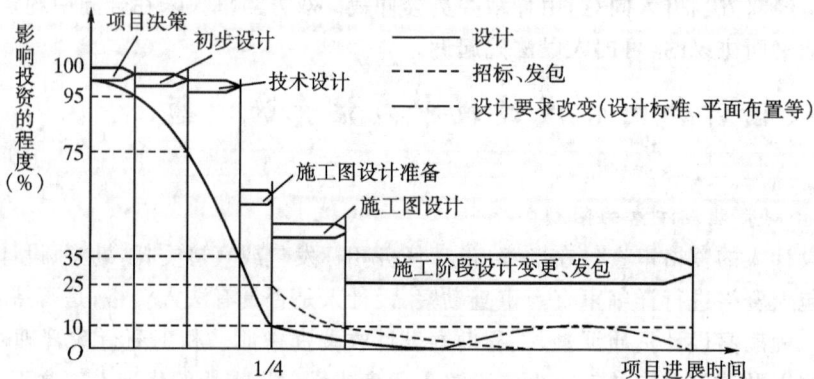

图5-1　项目不同建设阶段影响投资程度的坐标图

2. 承包人合同管理应注意的问题

(1)合同谈判拟订考虑全面。勘察合同由建设单位、设计单位或有关单位提出委托,经双方同意即可签订。设计合同,承包方应对发包项目的有关批准文件进行审查,这些文件是项目实施的前提条件。

虽然国家已经通过发布勘察、设计合同示范文本来最大限度减少合同的缺项和漏项,降低双方当事人的工作量,但在签订合同时,仍要结合委托项目的实际情况,在专用条件中由合同双方协商有关条款内容。

因此建设工程勘察、设计委托书的填写务必全面、正确、详细,这是评价勘察、设计工作的前提和标准;若建设工程勘察、设计委托书填写不全、不清,容易造成后期管理的矛盾。委托人、承包人的义务要填写全面、具体,防止出现纠纷时工程责任不好判定。合同双方应协商确定较为公平的解决纠纷方式和地域管辖,避免任一方选择不利于另一方的纠纷解决方式和地域管辖。合同书要求严格签字、盖章,如必要还要做公证,确保合同的法律效力;避免当出现合同纠纷时,由于签字、盖章等程序性工作的疏漏导致合同无效,导致守约方无法追究违约方的责任。

(2)重视勘察、设计质量。勘察、设计是工程建设的灵魂和源头,是工程建设质量的基础保证。勘察、设计质量的好坏,直接影响到工程的安全、质量和投资控制。

勘察、设计质量就是在严格遵守技术标准、法规的基础上对工程地质条件做出及时、准确的评价,正确处理和协调经济、资源、技术、环境条件的制约,使设计项目更好地满足业主所需要的功能和使用价值,充分发挥项目投资的经济效益。

目前一些勘察、设计单位无序竞争,无原则承诺,放松内部质量管理和控制,依赖审查机构进行把关。施工图审查市场化后,市场恶性竞争,为迎合业主,发现问题不报。存在的主要问题有:①勘察、设计项目违反工程建设强制性标准;②施工图审查机构把关不严,管理不善,审查报告不规范;③施工图设计深度达不到《建筑工程设计文件编制深度》要求;④建筑节能设计重视不够,执行不力;⑤勘察文件原始记录不完整,钻孔数不足,对土层的描述不规范,提出的力学性能指标缺乏依据,概念不清。

例如,2009年初,浙江省温州市建设局对全市勘察设计质量进行了专项检查。经统计,市外进温设计企业受检项目94项,违反强条数129条,平均每个受检项目1.4条,本市设计企业受检项目27项,违反强条数24条,平均每个受检项目0.9条;市外进温勘察企业受检项目59项,违反强条数38条,平均每个受检项目0.6条,本地勘察企业受检项目11项,违反强条数3条,平均每个受检项目0.3条。

勘察、设计质量低劣,一方面要承担违约责任,另一方面不能融入勘察、设计市场,为企业长远发展带来不利影响。因此勘察、设计企业对每一个承接来的项目都应精心勘察、设计,提高后续服务质量,树立良好形象,为参与市场竞争营造更好的环境。

(3)建立和完善工程勘察、设计合同管理组织机构和管理制度。勘察、设计合同政策性强,范围专业。它的标的、酬金、权利义务、履行期限与方式、违约责任等不但牵扯行业管理部门的价格标准、定额、地区及类别分级范围,同时涵盖许多专业规范、规程、标准、补充规定,又体现于现行的相关法律、法规、条例、办法、制度以及地方性法规的规范之中。

因此作为勘察、设计单位,设立企业内部合同管理机构,同时配备专职或兼职的合同管理人员,是企业对自身合同行为进行自律的必要组织保证。勘察、设计单位可根据自身的生产规模、企业管理专业化水平以及管理人员素质等因素对内部合同管理机构采取直接管理式、统管分管式或顾问参谋式的组织形式。

企业设立法律顾问参谋机构,可聘请专业律师或指定法律事务工作人员组成。企业法律顾问的职责主要是帮助企业起草法律事务文书,审查合同文本,以保证合同的有效订立和顺利履行,并参加企业有关重要合同的谈判,及时提供法律帮助;接受企业委托,以代理人身份参加合同纠纷的调解、仲裁和诉讼活动,帮助企业建立和完善各种合同管理制度等等。实践证明,企业聘请或自行配备法律顾问,在维护企业自身合法权益、完善合同管理制度、预防合同纠纷发生等方面具有重要作用。

5.5　本章案例

【案例5-1】背景材料:2008年4月,A单位拟建办公楼一栋,工程地址位于已建成的X小区附近。A单位就勘察任务与B单位签订了工程承包合同,合同规定勘察费15万元。该工程经过勘察、设计等阶段于同年10月20日开始施工。施工承包商为D建筑公司。

问题:(1)委托方A应预付勘察定金数额是多少?

(2)该工程签订勘察合同几天后,委托方A单位通过其他渠道获得X小区业主C单位提供的X小区的勘察报告。A单位认为可以借用该勘察报告,A单位即通知B单位不再履行合同。请问:在上述事件中,哪些单位的做法是错误的?为什么?A单位是否有权要求返还定金?

(3)若A单位和B单位双方都按期履行勘察合同,并按B单位提供的勘察报告进行设计与施工。但在进行基础施工阶段,发现其中有部分地段地质情况与勘察报告不符,出现软弱地基,而在原报告中并未指出。对于这种情况,D单位应怎样处理?

核心提示:勘察合同的签订、履行及违约

案例分析:(1)委托方A单位应向B单位支付定金为:$15×20\%=3$(万元)。

(2)A单位和C单位的做法都是错误的。A单位不履行勘察合同,属违约行为,无权要求返回定金。

C单位应维护他人的勘察成果和设计文件,不得擅自转让给第三方。

(3)D单位应在出现软弱地基后,及时以书面形式通知A单位,同时提出处置方案或请求A单位组织勘察、设计单位共同制定处理方案,并就延误的工期和因此发生的经济损失,向A单位代表提出索赔意向通知,提交索赔报告及有关资料。

思考与练习

1. 勘察、设计合同示范文本都包括哪些主要内容?
2. 发包人在委托勘察任务时,应提供哪些勘察依据文件和资料?
3. 在勘察合同履行过程中,发包人和勘察人都有哪些责任?
4. 设计合同履行期间,发包人和设计人各应履行哪些义务?
5. 设计合同履行过程中,合同当事人的哪些行为属于违约行为?分别应承担怎样的违约责任?
6. 结合实际,探讨设计单位在项目设计合同管理过程中应注意的问题。
7. 背景材料:

甲公司与乙勘察设计单位签订了一份勘察设计合同,合同约定:乙单位为甲公司筹建中的商业大厦进行勘察、设计,按照国家颁布的收费标准支付勘察、设计费;乙单位应按甲公司的设计标准、技术规范等提出勘察、设计要求,进行测量和工程地质、水文地质等勘察设计工作,并在 2007 年 5 月 1 日前向甲公司提交勘察成果和设计文件。合同还约定了双方的违约责任、争议的解决方式。甲公司同时与丙建筑公司签订了建设工程承包合同,在合同中规定了开工日期。

不料后来乙单位迟迟不能提交出勘察、设计文件。丙建筑公司按建设工程承包合同的约定做好了开工准备,如期进驻施工场地。在甲公司的再三催促下,乙单位迟延 36 天提交了勘察、设计文件。此时,丙公司已窝工 18 天。在施工期间,丙公司又发现设计图纸中存在多处错误,不得不停工等候甲公司请乙单位对设计图纸进行修改。丙公司由于窝工、停工要求甲公司赔偿损失,否则不再继续施工。甲公司将乙单位起诉到法院,要求乙单位赔偿损失。

试分析:法院应做怎样的认定?

第6章
建设工程施工合同管理

学习要点

1. 施工合同的进度管理
2. 施工合同的质量管理
3. 施工合同的投资管理

6.1 建设工程施工合同概述

6.1.1 建设工程施工合同的概念和特征

1. 建设工程施工合同的概念

建设工程施工合同,是指工程发包人与承包人为完成特定的建筑、安装工程的施工任务,签订的确定双方权利和义务的协议,简称施工合同,也称建筑安装承包合同。建筑是指对工程进行建造的行为,安装主要是指与工程有关的线路、管道、设备等设施的装配。

建设工程施工合同的当事人是发包人和承包人,双方是平等的民事主体。发包人是指具有工程发包主体资格和支付工程价款能力的当事人以及取得该当事人资格的合法继承人,可以是建设工程的业主,也可以是取得工程总承包资格的总承包人,对合同范围内的工程实施建设时,发包人必须具备组织协调能力。承包人应是具备工程施工承包相应资质和法人资格的,并被发包人接受的合同当事人及其合法继承人,也称施工单位。

2. 建设工程施工合同的特征

(1)合同标的的特殊性。施工合同的标的是特定建筑产品,它不同于一般工业产品。其具有以下特性:首先是固定性。建筑产品属于不动产,其基础部分与大地相连,不能移动,这就决定了每个施工合同的标的都是特殊的,相互间具有不可替代性,同时也决定了施工生产的流动性,施工人员、施工机械必须围绕建筑产品移动。其次,由于建筑产品各有其特定的功能要求,其实物形态千差万别,种类繁多,这就形成了建筑产品生产的单件性,即每项工程都有单独的设计和施工方案,即使有的建筑工程可重复采用相同的设计图纸,但因建筑场地不同也必须进行一定的设计修改。

(2)合同履行期限的长期性。由于建设工程结构复杂,体积庞大,工作量大,因而建设工程的施工工期都较长。而施工合同的履行期限肯定要长于施工工期,因为建设工程的施工应当在合同签订后才开始,还需加上合同签订后到正式开工前的施工准备时间和工程全部竣工验收后办理竣工结算及保修期的时间,且在工程施工过程中,还可能因为不可抗力、工程变更、材料供应不及时等原因导致工期顺延。

(3)合同内容的多样性和复杂性。虽然施工合同的当事人只有两方,但却涉及多方主体,而且涉及的法律关系(包括劳动关系、保险关系、运输关系等)也较多。同时,施工合同除了应当具备合同的一般内容外,还应对安全施工,专利技术使用,发现地下障碍物和文物,工程分包,不可抗力,工程设计变更,材料设备的供应、运输、验收等内容作出规定。

(4)合同监督的严格性。由于施工合同的履行对国家的经济发展、公民的工作和生活都有重大影响,因此,有关行政主管部门对施工合同的监督是十分严格的。具体表现在以下几个方面:

①对合同主体监督的严格性。建设工程施工合同的主体一般只能是法人,发包人一般只能是经过批准进行工程项目建设的法人。发包人必须有国家批准的建设工程和落实投资计划,并应当具备一定的协调能力。承包人必须具备法人资格,而且应当具备相应的从事施工的资质;没有资质或者超越资质承揽工程都是违法行为。

②对合同订立监督的严格性。订立建设工程施工合同必须以国家批准的投资计划为前提,即使是国家投资以外的、以其他方式筹集的投资也要受到当年的贷款规模和批准限额的限制,纳入当年投资规模计划,并经严格程序审批。建设工程施工合同的订立,还必须符合国家关于建设程序的规定。另外,考虑到建设工程的重要性和复杂性,在施工过程中经常会发生影响合同履行的纠纷,因此,《合同法》要求建设工程施工合同应当采用书面形式。

③对合同履行监督的严格性。在施工合同的履行过程中,除了合同当事人应当对合同进行严格管理外,工商行政管理机构、金融机构、建设行政主管部门等都要对建设工程施工合同的履行进行严格监督。

6.1.2 《建设工程施工合同(示范文本)》简介

为了规范和指导施工合同当事人双方的行为,减少施工中存在的因条款不完备等原因引起的纠纷,原建设部和国家工商行政管理局结合我国建设工程施工的实际情况,并借鉴国际上通用的土木工程施工合同条件(FIDIC 合同),颁布了《建设工程施工合同(示范文本)》(GF—1999—0201)。该示范文本由协议书、通用条款和专用条款三部分组成,并附有 3 个附件。

1. 协议书

协议书是施工合同的总纲性文件,采用标准化的协议书格式,其中空格的内容需要当事人双方结合工程的实际特点协商填写。协议书虽然篇幅很小,但规定了合同当事人双方最主要的权利和义务,规定了组成合同的文件及合同当事人对履行合同义务的承诺,并且要求合同当事人在该文件上签字盖章,因而具有很强的法律效力。

协议书主要由 10 方面的内容组成:工程概况、工程承包范围、合同工期、质量标准、价款、组成合同的文件、词语定义、保修责任、价款支付和合同生效。

2. 通用条款

通用条款中所列的条款内容不区分具体工程的性质、地域、规模等特点,只要属于建筑安装工程均适用。通用条款是将承、发包双方的权利和义务标准化的条款。

通用条款主要由 11 个部分组成,共 47 条,主要包括:词语定义及合同文件,双方一般权利和义务,施工组织设计和工期,质量与检验,安全施工,合同价款与支付,材料设备供应,工程变更,竣工验收与结算,违约、索赔和争议,其他。

通用条款在使用时一般不作任何改动,使用者可以直接应用。

3. 专用条款

由于具体工程的工作内容各不相同,施工现场和外部环境条件不同,发包人和承包人的管理能力、经验也不相同,通用条款不能完全适用于各个具体工程。因此,配合专用条款,可以对通用条款进行必要的修改和补充,使通用条款和专用条款成为双方协商一致的意思体现。

专用条款只是针对通用条款的内容进行补充或修正,因此,只需对通用条款部分需要具体化、补充或修正的内容作相应说明,按照通用条款编号顺序商定相应条款。专用条款的款号与通用条款完全一致,并且主要是空格,由当事人根据工程的具体情况予以说明,或者对通用条款进行修改、补充。

4. 附件

示范文本还提供了三个标准附件,对发包人和承包人的权利和义务进行进一步明确。这三个附件分别为承包人承揽工程项目一览表、发包人供应材料设备一览表和工程质量保修书。如果工程为包工包料承包,则可以不使用发包人供应材料设备一览表。

▷ 6.1.3 建设工程施工合同的订立条件和程序

1. 施工合同的订立条件

(1)初步设计已经批准。

(2)工程项目已经列入年度建设计划。

(3)有能够满足施工需要的设计文件和有关技术资料。

(4)建设资金和主要建筑材料设备来源已经落实。

(5)实行招投标的工程,中标通知书已经下达。

2. 施工合同订立的程序

施工合同作为合同的一种,其订立也应经过要约和承诺两个阶段。其订立方式有两种:招标发包和直接发包。对于国家规定必须进行招标的项目,施工承包人应通过招标确定。

中标通知书发出后,中标的施工企业应及时与发包人签订合同。根据《招标投标法》的规定,中标通知书发出后的 30 日内,中标单位应与发包人依据招标文件、投标书等文件签订工程施工承包合同(施工合同)。签订合同的承包人必须是中标的施工企业,投标书中确定的合同条款在签订时不得更改,合同价应与中标价一致。如果中标的施工企业拒绝与发包人签订合同,发包人将不再返还其投标保证金。如果是由银行等金融机构出具投标保函,则保函出具者应当承担相应的保证责任。建设行政主管部门或其授权机构还可对拒签合同的中标人给予一定的行政处罚。

▷ 6.1.4 合同文件及解释顺序

组成施工合同的文件包括订立合同时形成的文件和合同履行过程中发包人、承包人对有关工程内容的洽商、变更等形成的书面协议或文件。对于同一个内容,后达成的变更协议优于原来的合同约定。

组成施工合同的文件之间应能相互解释,互为说明。除专用条款另有约定外,组成施工合同的文件及优先解释顺序如下:

(1)本合同协议书。

(2)中标通知书。

(3)投标书及其附件。

(4)本合同专用条款。

(5)本合同通用条款。

(6)标准、规范及有关技术文件。

(7)图纸。

(8)工程量清单。

(9)工程报价单或预算书。

当合同文件内容含糊不清或不相一致时,在不影响工程正常进行的情况下,由发包人、承包人双方协商解决。双方也可以提请负责监理的工程师作出解释。双方协商不成或不同意监理工程师的解释时,按有关争议的约定处理。

➤ 6.1.5　工程师及其职权

1. 工程师

工程师包括监理单位委派的总监理工程师或者发包人派驻施工场地履行合同的代表两种情况。

(1)发包人委托监理。工程委托监理的,监理单位应当依照法律、有关技术标准、设计文件、施工合同,代表发包人对承包人在施工质量、建设工期和建设资金使用等方面实施监督。发包人应在实施监理前将委托的监理单位名称、监理内容及监理权限以书面形式通知承包人。

监理单位委派的总监理工程师是监理单位法人代表授权的、派驻施工现场监理机构的总负责人,在施工合同中称工程师,其姓名、职务、职权由发包人、承包人在专用条款内写明。工程师按合同约定行使职权,发包人在专用条款内要求工程师在行使某些职权前需要征得发包人批准的,工程师应征得发包人批准。

合同履行中,发生影响发包人、承包人双方权利或义务的事件时,负责监理的工程师应依据合同在其职权范围内客观公正地进行处理。

除合同内有明确约定或经发包人同意外,负责监理的工程师无权解除本合同约定的承包人的任何权利与义务。

(2)发包人派驻代表。发包人派驻施工场地履行合同的代表在本合同中也称工程师,是发包人派驻现场的负责人。其姓名、职务、职权由发包人在专用条款内写明,但职权不得与监理单位委派的总监理工程师职权相互交叉。双方职权发生交叉或不明确时,由发包人予以明确,并以书面形式通知承包人,避免造成现场施工管理的混乱。

2. 工程师的职权

(1)工程师委派代表。在施工过程中,不可能所有的监督管理工作都由工程师亲自完成,工程师可委派工程师代表,行使合同约定的自己的职权,并可在认为必要时撤回委派。委派和撤回均应提前7日以书面形式通知承包人,负责监理的工程师还应将委派和撤回通知发包人。委派书和撤回通知作为本合同附件。

工程师代表在工程师授权范围内向承包人发出的任何书面形式的函件,与工程师发出的函件具有同等效力。承包人对工程师代表向其发出的任何书面形式的函件有疑问时,可将此函件提交工程师,工程师应进行确认。工程师代表发出指令有失误时,工程师应进行纠正。

除工程师或工程师代表外,发包人派驻工地的其他人员均无权向承包人发出任何指令。

(2)工程师发布指令和通知。工程师的指令、通知由其本人签字后,以书面形式交给项目经理,项目经理在回执上签署姓名和收到时间后生效。确有必要时,工程师可发出口头指令,并在48小时内给予书面确认,承包人对工程师的指令应予执行。工程师不能及时给予书面确认的,承包人应于工程师发出口头指令后7日内提出书面确认要求。工程师在承包人提出确认要求后48小时内不予答复的,视为口头指令已被确认。

承包人认为工程师指令不合理,应在收到指令后 24 小时内向工程师提出修改指令的书面报告,工程师在收到承包人报告后 24 小时内须作出修改指令或继续执行原指令的决定,并以书面形式通知承包人。紧急情况下,工程师要求承包人立即执行的指令或承包人虽有异议,但工程师决定仍继续执行的指令,承包人应予执行。因指令错误发生的追加合同价款和给承包人造成的损失由发包人承担,延误的工期相应顺延。

工程师应按合同约定,及时向承包人提供所需指令、批准并履行约定的其他义务。如果工程师未能按合同约定履行义务造成工期延误,发包人应承担延误造成的追加合同价款,并赔偿承包人有关损失,顺延延误的工期。

(3)工程师易人。如需更换工程师,发包人应至少提前 7 日以书面形式通知承包人,后任继续行使合同文件约定的前任的职权,履行前任的义务。

➢ 6.1.6 项目经理及其职权

1. 项目经理

在施工合同中,项目经理是指承包人在专用条款中指定的负责施工管理和合同履行的代表,他代表承包人负责工程施工的组织、实施。2003 年 4 月 23 日,原建设部发布了《关于建筑业企业项目经理资质管理制度向建造师执业资格制度过渡有关问题的通知》,确定建筑业企业项目经理向建造师执业资格制度过渡的时间为 5 年,即从《国务院关于取消第二批行政审批项目和改变一批行政审批项目管理方式的决定》(2003 年 2 月 27 日,国发[2003]5 号文)印发之日起至 2008 年 2 月 27 日止。过渡期满后,规定大、中型工程项目施工的项目经理必须由取得建造师执业资格并在承接本项目的单位注册的建造师担任。自 2004 年举办一级、二级建造师执业资格考试以来,已有大批专业人员通过考试并注册执业。承包人施工质量、进度管理方面的好坏与项目经理的水平、能力、工作热情关系很大,项目经理的姓名、职务在专用条款内写明。

2. 项目经理的职权

(1)项目经理根据指令组织施工。项目经理有权代表承包人向发包人提出要求和通知。承包人依据合同发出的通知,以书面形式由项目经理签字后送交工程师,工程师在回执上签署姓名和收到时间后生效。

项目经理按发包人认可的施工组织设计(施工方案)和工程师依据合同发出的指令组织施工。在情况紧急且无法与工程师联系时,项目经理应当采取保证人员生命和工程、财产安全的紧急措施,并在采取措施后 48 小时内向工程师送交报告。若责任在发包人或第三人,由发包人承担由此发生的追加合同价款,相应顺延工期;若责任在承包人,则由承包人承担费用,不顺延工期。

(2)项目经理易人。承包人如需更换项目经理,应至少提前 7 日以书面形式通知发包人,并征得发包人同意。后任继续行使合同文件约定的前任的职权,履行前任的义务。发包人可以与承包人协商,建议更换其认为不称职的项目经理。

➢ 6.1.7 施工合同双方一般义务

1. 发包人工作

发包人按专用条款约定的内容和时间完成以下工作:

(1)完成办理土地征用、拆迁补偿、平整施工场地等工作,使施工场地具备施工条件,在开工后继续负责解决以上事项遗留问题。

（2）将施工所需水、电、电讯线路从施工场地外部接至专用条款约定地点，保证施工期间的需要。

（3）开通施工场地与城乡公共道路的通道，以及专用条款约定的施工场地内的主要道路，满足施工运输的需要，保证施工畅通。

（4）向承包人提供施工场地的工程地质和地下管线资料，对资料的真实准确性负责。

（5）办理施工许可证及其他施工所需证件、批件和临时用地、停水、停电、中断道路交通、爆破作业等的申请批准手续（证明承包人自身资质的证件除外）。

（6）确定水准点与坐标控制点，以书面形式交给承包人，进行现场交验。

（7）组织承包人和设计单位进行图纸会审和设计交底。

（8）协调处理施工场地周围地下管线和邻近建筑物、构筑物（包括文物保护建筑）、古树名木的保护工作，承担有关费用。

（9）发包人应做的其他工作，双方在专用条款内约定。

发包人可把上述部分工作委托承包人办理，双方在专用条款内约定，其费用由发包人承担。

发包人未能履行上述某项义务，导致工期延误或给承包人造成损失的，发包人赔偿承包人有关损失，顺延延误的工期。

2. 承包人工作

承包人按专用条款约定的内容和时间完成以下工作：

（1）根据发包人委托，在其设计资质等级和业务允许的范围内，完成施工图设计或与工程配套的设计，经工程师确认后使用，发包人承担此发生的费用。

（2）向工程师提供年、季、月度工程进度计划及相应进度统计报表。

（3）根据工程需要，提供和维修夜间施工使用的照明、围栏设施，并负责安全保卫。

（4）按专用条款约定的数量和要求，向发包人提供施工场地办公和生活的房屋及设施，发包人承担由此发生的费用。

（5）遵守政府有关主管部门对施工场地交通、施工噪音以及环境保护和安全生产等的管理规定，按规定办理有关手续，并以书面形式通知发包人，发包人承担由此发生的费用，因承包人责任造成的罚款除外。

（6）已竣工工程未交付发包人之前，承包人按专用条款约定负责已完工程的保护工作，保护期间发生损坏，承包人自费予以修复；发包人要求承包人采取特殊措施保护的工程部位和相应的追加合同价款，双方在专用条款内约定。

（7）按专用条款约定做好施工场地地下管线和邻近建筑物、构筑物（包括文物保护建筑）、古树名木的保护工作。

（8）保证施工场地清洁，符合环境卫生管理的有关规定，交工前清理现场，达到专用条款约定的要求，承担因自身原因违反有关规定造成的损失和罚款。

（9）承包人应做的其他工作，双方在专用条款内约定。

承包人未能履行上述某项义务，造成发包人损失的，承包人赔偿发包人有关损失。

6.2 施工准备阶段的合同管理

在开工以前，发包人、承包人、工程师都需要做许多准备工作，这些工作涉及合同管理的如下几个主要方面。

➤ 6.2.1 施工准备阶段的进度管理

施工准备阶段的许多工作都对施工的开始和进度有直接的影响,包括双方对合同工期的约定、承包人提交进度计划、设计图纸的提供、材料设备的采购、延期开工的处理等。

1. 双方约定合同工期

施工合同工期,是指施工的工程从开工起到完成施工合同专用条款中双方约定的全部内容,工程达到竣工验收标准所经历的时间。合同工期是施工合同的重要内容之一,故《建设工程施工合同》文本要求双方在协议书中作出明确约定。约定的内容包括开工日期、竣工日期和合同工期总日历天数。对于群体工程,双方应在合同附件《承包人承揽工程一览表》中具体约定不同单位工程的开工日期和竣工日期,对于大型、复杂的工程项目,除了约定整个工程的开工日期、竣工日期和合同工期的总日历天数外,还应约定重要里程碑事件的开工日期和竣工日期。合同当事人应当在开工日期前做好一切开工准备工作,承包人则应按约定的开工日期开工。

2. 承包人提交进度计划

承包人应当在专用条款约定的日期将施工组织设计和工程进度计划提交给工程师。群体工程中采取分阶段进行施工的工程,承包人则应按照发包人所提供图纸及有关资料的时间,分阶段编制进度计划,分别向工程师提交。

3. 工程师对进度计划予以确认

工程师接到承包人提交的进度计划后,应当予以确认或者提出修改意见,时间限制则由双方在专用条款中约定。如果工程师逾期不确认也不提出书面意见,则视为已经同意。

工程师对进度计划予以确认或者提出修改意见,并不免除承包人因施工组织设计和工程进度计划本身的缺陷所应承担的责任。工程师对进度计划予以确认的主要目的是为工程师对进度进行控制提供依据。

4. 其他影响进度的准备工作

在开工前,合同双方还应当做好其他各项准备工作。如发包人应当按照专用条款的规定使施工现场具备施工条件,开通施工现场与公共道路,承包人应当做好施工人员和设备的调配工作。

对于工程师而言,特别需要做好水准点与坐标控制点的交验,按时提供标准、规范。工程师需做好与设计单位的协调工作,以保证能够按时向承包人提供设计图纸,并按照专用条款的约定组织设计交底。

5. 延期开工

(1)承包人要求延期开工。承包人应当按协议书约定的开工日期开始施工。承包人不能按时开工,应在不迟于协议书约定的开工日期前 7 日,以书面形式向工程师提出延期开工的理由和要求。工程师在接到延期开工申请后的 48 小时内以书面形式答复承包人。工程师在接到延期开工申请后的 48 小时内予不答复,视为同意承包人的要求,工期相应顺延。

如果工程师不同意延期要求,工期则不予顺延。如果承包人未在规定时间内提出延期开工要求,如在协议书约定的开工日期前 5 天才提出,工期也不予顺延。

(2)因发包人原因延期开工。因发包人的原因导致不能按约定的日期开工,工程师以书面形式通知承包人后,可推迟开工日期。承包人对延期开工的通知没有否决权,但发包人应当赔偿承包人因此造成的损失,并相应顺延工期。

➤ 6.2.2 施工准备阶段的质量管理

建设工程的质量控制是合同履行的重要环节。施工合同的质量控制涉及许多方面的因素,任何一个方面的缺陷和疏漏,都会造成工程质量无法达到预期标准。在施工准备阶段,影响工程质量的因素主要是标准、规范和图纸。

1. 合同适用标准、规范

按照《标准化法》的规定,为保障人体健康、人身财产安全的标准属于强制性标准。建设工程施工的技术要求和方法即为强制性标准,施工合同当事人必须执行。《建筑法》也规定,建筑工程施工的质量必须符合国家有关建筑工程安全标准的要求。

施工所采用的施工和验收的标准、规范,都必须在签订施工合同时予以确定,因为不同的标准、规范对应不同的施工质量。严格地说,工程适用的标准、规范在招标文件中就应确定。发包人和承包人必须在专用条款内约定工程适用的国家标准、规范名称;没有国家标准、规范但有行业标准、规范的,使用行业标准、规范;没有国家和行业标准、规范的,使用工程所在地的地方标准、规范。发包人应当按照专用条款约定的时间向承包人提供一式两份约定的标准、规范。

国内没有相应的标准、规范时,可以由合同当事人约定工程适用的标准。首先,应由发包人按照约定的时间向承包人提出施工技术要求,承包人按照约定的时间和要求提出施工工艺,经发包人认可后执行;若工程使用国外标准、规范时,发包人应当负责提供中文译本。购买、翻译标准、规范或制定施工工艺的费用由发包人承担。

2. 图纸

建设工程施工应当按照图纸进行。在施工合同管理中的图纸是指由发包人提供或者由承包人提供、经工程师批准、满足承包人施工需要的所有图纸(包括配套说明和有关资料)。按时、按质、按量提供施工所需图纸,也是保证工程施工质量的重要方面。

(1)发包人提供图纸。在我国目前的建设工程管理体制中,施工中所需图纸主要由发包人提供(发包人通过设计合同委托设计单位设计)。在对图纸的管理中,发包人应当完成以下工作:①发包人应当按照专用条款约定的日期和套数,向承包人提供图纸。②承包人如果需要增加图纸套数,发包人应当代为复制。发包人代为复制意味着发包人应当为图纸的正确性负责。③如果对图纸有保密要求的,应当承担保密措施费用。

对于发包人提供的图纸,承包人应当完成以下工作:①在施工现场保留一套完整图纸,供工程师及其有关人员进行工程检查时使用。②如果专用条款对图纸提出了保密要求,承包人应当在约定的保密期限内承担保密义务。③承包人如果需要增加图纸套数,复制费用由承包人承担。

使用国外或者境外图纸,不能满足施工需要时,双方在专用条款内约定复制、重新绘制、翻译、购买标准图纸等责任及费用承担。

工程师在对图纸进行管理时,重点是按照合同约定按时向承包人提供图纸,同时根据图纸检查承包人的工程施工。

(2)承包人提供图纸。有些工程,施工图的设计或者与工程配套的设计有可能由承包人完成。如果合同中有这样的约定,则承包人应当在其设计资质允许的范围内,按工程师的要求完成这些设计,经工程师确认后使用,发生的费用由发包人承担。在这种情况下,工程师对图纸的管理重点是审查承包人的设计。

6.2.3　施工准备阶段的投资管理

1. 合同价款的约定

招标工程的合同价款由发包人、承包人依据中标通知书中的中标价格在协议书内约定。非招标工程的合同价款由发包人和承包人依据工程预算书在协议书内约定。合同价款约定后,任何一方不得擅自改变。下面列举了三种确定合同价款的方式,双方可在专用条款内约定采用其中一种。

(1)固定价格合同。双方在专用条款内约定合同价款包含的风险范围和风险费用的计算方法,在约定的风险范围内合同价款不再调整。固定价格合同可分为固定总价合同和固定单价合同。

①固定总价合同。这是普遍而经常使用的合同方式。总价被承包人接受以后,一般不得变动。所以在签订合同前,必须已基本完成设计工作(达80%~100%),工程量和工程范围已十分明确。但工程范围不宜过大,以减少双方风险。也可约定分期完成和分期付款的办法。这种方式适合于工期较短(一般不超过1年)、对工程要求十分明确的项目。

②固定单价合同。这是经常采用的合同方式,特别是在设计或其他建设条件(如地质条件等)还不太清楚的情况下(技术条件应明确),而以后又需增加工程内容或工程量时,可以按单价适当追加合同内容。在每月(或每阶段)工程结算时,根据实际完成的工程量计算,在工程全部完成时以竣工图的工程量最终结算工程价款。

(2)可调价格合同。可调价格合同可根据双方在专用条款内约定的调整方式进行调整。合同价款的调整因素包括:A.法律、行政法规和国家有关政策变化影响合同价款;B.工程造价管理部门公布的价格调整;C.一周内非承包人原因停水、停电、停气造成停工累计超过8小时;D.双方约定的其他因素。

承包人应当在上述情况发生后14日内,将调整原因、金额以书面形式通知工程师,工程师确认调整金额后作为追加合同价款,与工程款同期支付。若工程师收到承包人通知后14日内不予确认也不提出修改意见,则视为已经同意该项调整。

可调价格合同根据调整对象可分为可调总价合同和可调单价合同。

①可调总价合同。报价及签订合同时,以招标文件的要求及当时的物价计算总价合同。但在合同条款中双方应商定:如果在执行合同的过程中由于通货膨胀引起工料成本增加达到某一限度时,合同总价应相应调整。这种合同方式,发包人承担了通货膨胀这一不可预见的费用因素风险,承包人承担其他风险。工期较长(如1年以上)的工程适合采用这种合同方式。

②可调单价合同。合同单价可调,一般在工程招标文件中规定。在合同中签订的单价,根据合同约定的条款,如在工程实施过程中物价发生变化等,可作调值。有的工程在招标或签约时,因某些不确定因素而在合同中暂定某些分部分项工程的单价,在工程计算时,再根据实际情况和合同约定对合同单价进行调整,确定实际结算单价。

(3)成本加酬金合同。该合同是由发包人向承包人支付工程项目的实际成本,并按事先约定的某一种方式支付酬金的合同方式。在这类合同中,发包人需要承担建设工程实际发生的一切费用,因此也就承担了建设工程的全部风险。而承包人由于无风险,其报酬往往也较低。这类合同的缺点是发包人对工程总造价不易控制,承包人也往往不注意降低成本。

这类合同主要适用于以下项目:①需要立即开展工作的项目,如震后的救灾工作;②新型的工程项目,或对项目工程内容及技术经济指标未确定;③项目风险大。

合同计价方式有不同的权利与责任的分配,合同双方承担不同的风险,应视具体情况选择合同类型。有时也会在同一个合同中出现两种计价方式,如单价包干混合合同等。

2. 工程预付款

工程预付款是在工程开工前发包人预先支付给承包人用来进行工程准备的一笔款项。实行工程预付款的,双方应当在专用条款内约定发包人向承包人预付工程款的时间和数额,开工后按约定的时间和比例逐次扣回。预付时间应不迟于约定的开工日期前7日。发包人不按约定预付,承包人在约定预付时间7日后向发包人发出要求预付的通知,发包人收到通知后仍不能按要求预付,承包人可在发出通知后 7 日停止施工,发包人应从约定应付之日起向承包人支付应付款的贷款利息,并承担违约责任。如果发包人不预付工程款,在合同价款中可考虑承包人垫付工程费用的补偿。

6.3 施工阶段的合同管理

工程开工后,合同履行即进入施工阶段,直至工程竣工。

➢ 6.3.1 施工阶段的进度管理

这一阶段进度控制的任务是控制施工任务在协议书规定的合同工期内完成。

1. 工程师监督进度计划的执行

开工后,承包人必须按照工程师确认的进度计划组织施工,接受工程师对进度的检查、监督。检查、监督的依据一般是双方已经确认的月进度计划。这是工程师进行进度控制的一项日常性工作,一般情况下,工程师每月检查一次承包人的进度计划执行情况,由承包人提交一份上月进度计划实际执行情况和本月的施工计划,同时工程师还应进行必要的现场实地检查。

工程实际进度与进度计划不符时,承包人应当按照工程师的要求提出改进措施,经工程师确认后执行。如果采用改进措施后,经过一段时间工程实际进展赶上了进度计划,则仍可按原进度计划执行。如果采用改进措施一段时间后,工程实际进展仍明显与进度计划不符,则工程师可以要求承包人修改原进度计划,并经工程师确认。但是这种确认并不是工程师对工程延期的批准,而仅仅是要求承包人在合理的状态下施工。因此,如果修改后的进度计划不能按期完工,承包人仍应承担相应的违约责任。

工程师应当随时了解施工进度计划执行过程中所存在的问题,并帮助承包人予以解决,特别是承包人无力解决的内外关系协调方面的问题。

2. 暂停施工

在施工过程中,有些情况会导致暂停施工。暂停施工当然会影响工程进度,作为工程师应当尽量避免暂停施工。暂停施工的原因是多方面的,但归纳起来主要有以下三个方面:

(1)工程师要求的暂停施工。工程师在主观上是不希望暂停施工的,但有时继续施工会造成更大的损失。工程师在确有必要时,不论暂停施工的责任在发包人还是在承包人,均应以书面形式要求承包人暂停施工,并在提出要求后 48 小时内提出书面处理意见。承包人应当按照工程师的要求停止施工,并妥善保护已完工工程。承包人实施工程师作出的处理意见后,可提出书面复工要求,工程师应当在 48 小时内给予答复。工程师未能在规定时间内提出处理意见,或收到承包人复工要求后 48 小时内未予答复,承包人可以自行复工。

如果停工责任在发包人,由发包人承担所发生的追加合同价款,相应顺延工期;如果停工责任在承包人,由承包人承担发生的费用,工期不予顺延。因工程师没有及时作出答复导致承包人无法复工的,由发包人承担违约责任。

(2)由于发包人违约,承包人主动暂停施工。当发包人出现某些违约情况时,承包人可以暂停施工。这是承包人保护自己权益的有效措施。如发包人不按合同规定及时向承包人支付工程预付款、工程进度款且双方未达成延期付款协议,承包人均可暂停施工。这时,发包人应当承担相应的违约责任。出现这种情况时,工程师应当尽量督促发包人履行合同,以尽量减少双方的损失。

(3)意外情况导致的暂停施工。如果在施工过程中出现一些意外情况需要暂停施工,承包人则应暂停施工。在这些情况下,工期是否给予顺延应视风险责任的承担情况确定。如发现有价值的文物、发生不可抗力事件等,风险责任应当由发包人承担,故应给予承包人工期顺延。

3. 设计变更

在施工过程中如果发生设计变更,将对施工进度产生很大的影响,因此工程师在其可能的范围内应尽量减少设计变更。如果必须对设计进行变更,则必须严格按照国家的规定和合同约定的程序进行。

(1)发包人对原设计进行变更。施工中发包人如果需要对原工程设计进行变更,应不迟于变更前14日以书面形式向承包人发出变更通知,变更超过原设计标准或者批准的建设规模时,须经原规划管理部门和其他有关部门审查批准,并由原设计单位提供变更部分的相应图纸和变更说明。

(2)承包人要求对原设计进行变更。施工中承包人不得对原工程设计进行变更。因承包人擅自变更设计发生的费用和由此导致发包人的直接损失,由承包人承担,延误的工期不予顺延。

承包人在施工中提出的合理化建议涉及对设计图纸或施工组织设计的更改及对材料、设备的换用,须经工程师同意,未经同意擅自更改或换用时,承包人承担由此发生的费用,并赔偿发包人的有关损失,延误的工期不予顺延。

工程师同意并采用了承包人的合理化建议,所发生费用的分担以及收益的分享,由发包人、承包人双方另行约定。

(3)设计变更事项。能够构成设计变更的事项包括以下几点:①更改有关部分的标高、基线、位置和尺寸;②增减合同中约定的工程量;③改变有关工程的施工时间和顺序;④其他有关工程变更需要的附加工作。

由发包人实施并经工程师同意的、承包人要求进行的对原设计的变更,导致的合同价款的增减及承包人的损失,均由发包人承担,延误的工期相应顺延。

4. 工期延误

承包人应当按照合同约定完成工程施工,如果由于其自身的原因造成工期延误,应当承担违约责任。但是,在有些情况下工期延误后,竣工日期可以相应顺延。

(1)工期可以顺延的工期延误。经工程师确认,工期相应顺延的情形有:①发包人不能按约定日期支付工程预付款、进度款,致使工程不能正常进行;②发包人不能按专用条款的约定提供开工条件;③设计变更和工程量变化;④一周内非承包人原因停水、停电、停气造成停工累计超过8小时;⑤不可抗力;⑥专用条款中约定或工程师同意工期顺延的其他情况。

工期可以顺延的根本原因在于:这些情况属于发包人违约或者是应当由发包人承担风险。

(2)工期顺延的确认程序。发包人在工期可以顺延的情况发生后14日内,将延误的内容和因此发生的追加合同价款向工程师提出书面报告。工程师在收到报告后14日内予以确认答复,逾期不予答复,则视为报告要求已经被确认。

工程师确认的工期顺延期限应当是事件造成的合理延误,由工程师根据发生事件的具体情况和工期定额、合同等的规定确认。经工程师确认的顺延的工期应纳入合同工期,作为合同工期的一部分。如果承包人不同意工程师的确认结果,则按合同规定的争议解决方式处理。

6.3.2 施工阶段的质量管理

1. 材料设备供应的质量控制

建设工程的材料设备供应的质量控制,是整个工程质量控制的基础。建筑材料、构配件生产及设备供应单位对其生产或者供应的产品质量负责。而材料设备的需方则应根据买卖合同的规定进行质量验收。

（1）材料设备的质量要求。

①材料生产和设备供应单位应具备法定条件。建筑材料、构配件生产及设备供应单位均必须具备相应的生产条件、技术装备和质量保证体系，具备必要的检测人员和设备，把好产品看样、订货、储存、运输和核验的质量关。

②材料设备质量应符合有关规定。符合国家或者行业现行有关技术标准规定的合格标准和设计要求；符合在建筑材料、构配件及设备或其包装上注明采用的标准，符合以建筑材料、构配件及设备说明、实物样品等方式表明的质量状况。

③材料设备的标示应符合要求。有产品质量检验合格证明；有中文标明的产品名称、生产厂家名称和厂址；产品包装和商标样式符合国家有关规定和标准要求；设备应有详细的产品使用说明书，电气设备还应附有线路图；实施生产许可证或使用产品质量认证标志的产品，应有许可证或质量认证的编号、批准日期和有效期限。

（2）发包人供应材料设备时的质量控制。

①对于由发包人供应的材料设备，双方应当约定发包人提供材料设备一览表，作为合同附件。一览表的内容应当包括材料设备种类、规格、型号、数量、单价、质量等级、提供的时间和地点。发包人按照一览表的约定提供材料设备。

②发包人应当向承包人提供其供应材料设备的产品合格证明。发包人应在其所供应的材料设备到货前24小时，以书面形式通知承包人，由承包人派人与发包人共同验收。

③发包人供应的材料设备经双方共同验收后由承包人妥善保管，发包人支付相应的保管费用。若发生损坏或丢失，由承包人负责赔偿；若发包人不按规定通知承包人验收，发生的损坏或丢失由发包人负责。

④发包人供应的材料设备与约定不符时，应当由发包人承担有关责任，具体按照下列情况进行处理：

A. 材料设备单价与合同约定不符时，由发包人承担所有差价。

B. 材料设备种类、规格、型号、数量、质量等级与合同约定不符时，承包人可以拒绝接受保管，由发包人运出施工场地并重新采购。设备到货时如不能开箱检验，可只验收箱子数量。承包人开箱时须请发包人到场，若出现缺件或者质量等级、规格与合同约定不符的情况，由发包人负责补足缺件或者重新采购。

C. 发包人供应材料的规格、型号与合同约定不符时，承包人可以代为调剂串换，发包人承担相应的费用。

D. 到货地点与合同约定不符时，发包人负责倒运至合同约定的地点。

E. 供应数量少于合同约定的数量时，发包人将数量补齐；多于合同约定的数量时，发包人负责将多出部分运出施工场地。

F. 到货时间早于合同约定时间，发包人承担因此发生的保管费用；到货时间迟于合同约定的供应时间，由发包人承担相应的追加合同价款。发生延误，相应顺延工期，发包人赔偿由此给承包人造成的损失。

⑤发包人供应材料设备的重新检验。发包人供应的材料设备进入施工现场后需要重新检验或者试验的，由承包人负责，费用由发包人负责。即使在承包人检验通过之后，如果又发现材料设备有质量问题的，发包人仍应承担重新采购及拆除重建的追加合同价款，并相应顺延由此延误的工期。

（3）承包人采购材料设备的质量控制。

①对于合同约定由承包人采购的材料设备,应当由承包人选择生产厂家或者供应商,发包人不得指定生产厂家或者供应商。

②承包人根据专用条款的约定及设计和有关标准要求采购工程需要的材料设备,并提供产品合格证明,对材料设备质量负责。承包人在材料设备到货前 24 小时通知工程师验收,工程师应当严格按照合同约定、有关标准进行验收。

③承包人采购的材料设备与设计或者标准要求不符时,工程师可以拒绝验收,由承包人按照工程师要求的时间运出施工场地,重新采购符合要求的产品,并承担由此发生的费用,由此延误的工期不予顺延。

④承包人采购的材料设备在使用前,承包人应按工程师的要求进行检验或者试验,检验或试验的费用由承包人承担。不合格的不能使用,工程师应要求承包人负责修复、拆除以及重新采购,并承担发生的费用,由此延误的工期不予顺延。

⑤根据工程需要,承包人需要使用代用材料时,须经工程师认可后方可使用,由此增减的合同价款由双方以书面形式议定。

2. 施工过程中的检查和返工

在工程施工过程中,工程师及其委派人员对工程的检查检验是他们的一项日常性工作和重要职能。

承包人应认真按照标准、规范和设计要求以及工程师依据合同发出的指令施工,随时接受工程师及其委派人员的检查检验,为检查检验提供便利条件,并按工程师及其委派人员的要求返工、修改,承担由于自身原因导致返工、修改的费用。

检查检验合格后,若又发现因承包人造成的质量问题,则由承包人承担责任,赔偿发包人的直接损失,工期相应顺延。

检查检验不应影响施工的正常进行。如影响施工正常进行,检查检验不合格时,影响正常施工的费用由承包人承担。除此之外,影响正常施工的追加合同价款由发包人承担,相应顺延工期。

因发包人失误和其他非承包人原因发生的追加合同价款,由发包人承担。

3. 隐蔽工程和中间验收

由于隐蔽工程在施工中一旦完成隐蔽,就很难再对其进行质量检查(这种检查成本很大),因此必须在隐蔽前进行检查验收。对于中间验收,合同双方应在专用条款中约定需要进行中间验收的单项工程和部位的名称、验收的时间和要求,以及发包人应提供的便利条件。

工程具备隐蔽条件和达到专用条款约定的中间验收部位,承包人进行自检,并在隐蔽和中间验收前 48 小时以书面形式通知工程师验收,通知隐蔽和中间验收内容、验收时间和验收地点。承包人准备验收记录。若验收合格并经工程师在验收记录上签字后,承包人可进行隐蔽和继续施工。若验收不合格,承包人则须在工程师限定的时间内修改后重新进行验收。若工程质量符合标准、规范和设计图纸等的要求,但验收 24 小时后,工程师仍没在验收记录上签字,则视为工程已经批准,承包人可进行隐蔽或者继续施工。

4. 重新检验

工程师不能按时参加验收,须在开始验收前 24 小时向承包人提出书面延期要求,延期不能超过 48 小时。工程师未能按以上时间提出延期要求,不参加验收,承包人可自行组织验收,发包人应承认验收记录。

无论工程师是否参加验收,当其提出对已经隐蔽的工程重新检验的要求时,承包人应按要求进行剥露,并在检验后重新覆盖或者修复。检验合格,发包人承担由此发生的全部追加合同价款,赔偿承包人损失,并相应顺延工期;检验不合格,承包人承担发生的全部费用,工期不予顺延。

6.3.3　施工阶段的投资管理

1. 工程进度款的支付

(1)工程量的确认。对承包人已完成工程量的核实确认,是发包人支付工程款的前提。其具体程序如下:

①承包人向工程师提交已完工程量的报告。承包人应按专用条款约定的时间,向工程师提交已完工程量的报告。该报告应当由《完成工程量报审表》和作为其附件的《完成工程量统计报表》组成。承包人应当写明项目名称、申报工程量及简要说明。

②工程师计量。工程师接到报告后 7 日内按设计图纸核实已完工程量(也称工程计量),并在计量前 24 小时通知承包人,承包人为计量提供便利条件并派人参加。承包人不参加计量,工程师自行计量结果有效,作为工程价款支付的依据。

工程师收到承包人报告后 7 日内未进行计量,从第八天起,承包人报告中开列的工程量即视为已被确认,作为工程价款支付的依据。工程师不按约定时间通知承包人,使承包人不能参加计量,计量结果无效。

工程师对承包人超出设计图纸范围和(或)因自身原因造成返工的工程量,不予计量。

(2)工程进度款结算方式。

①按月结算。这种结算方式实行旬末或月中预支、月末结算,竣工后清算的办法。跨年度施工的工程,在年终进行工程盘点,办理年度结算。

②按形象进度分段结算。这种结算方式要求当年开工、当年不能竣工的单项工程或单位工程按照工程形象进度,划分不同阶段进行结算。分段的划分标准在合同中应予以明确,如约定当承包人完成基础工程施工时,发包人支付合同价款的 20%,完成主体结构工程施工时,支付合同价款的50%,工程竣工验收通过后支付全部余款。

③竣工后一次结算。建设工程或单项工程全部建筑安装工程建设期较短或施工合同价较低的,可以实行工程价款每月预支,竣工后一次结算。

④其他结算方式。经双方约定可以采用经开户银行同意的其他结算方式。

(3)工程进度款支付的程序和责任。

发包人应在双方计量确认后 14 日内,向承包人支付工程进度款。同期用于工程上的发包人供应材料设备的价款,以及按约定时间发包人应按比例扣回的预付款,与工程进度款同期结算。合同价款调整、设计变更调整的合同价款及追加的合同价款,应与工程进度款同期调整支付。

发包人超过约定的支付时间不支付工程进度款,承包人可向发包人发出要求付款的通知,发包人在收到承包人通知后仍不能按要求支付,可与承包人协商签订延期付款协议,经承包人同意后可延期支付。协议须明确延期支付时间和从发包人代表计量签字后第 15 日起计算应付款的贷款利息。发包人不按合同约定支付工程进度款,双方又未达成延期付款协议,导致施工无法进行,承包人可停止施工,由发包人承担违约责任。

2. 变更价款的确定

(1)变更价款的确定程序。设计变更发生后,承包人在设计变更确定后 14 日内,提出变更价款的报告,经工程师确认后调整合同价款。若承包人在确定变更后 14 日内没有向工程师提出报告,则视为该项设计变更不涉及合同价款的变更。

工程师收到变更工程价款报告之日起 14 日内应予以确认。若工程师无正当理由不予确认,则变更工程价款报告自变更价款报告送达之日起 14 日后自行生效。

若工程师不同意承包人提出的变更价格,则按照合同约定的争议解决方法处理。

(2)变更价款的确定方法。变更合同价款按照下列方法进行:①合同中已有适用于变更工程的价格,按合同已有的价格计算、变更合同价款;②合同中只有类似于变更工程的价格,可以参照此价格确定变更价格,变更合同价款;③合同中没有适用或类似于变更工程的价格,由承包人提出适当的变更价格,经工程师确认后执行。

3. 施工中涉及的其他费用

(1)安全施工方面的费用。承包人按工程质量、安全及消防管理有关规定组织施工,采取严格的安全防护措施,消除安全隐患,承担由于自身的安全措施不力造成事故的责任和因此发生的费用。非承包人责任造成安全事故的,由责任方承担责任和所发生的费用。

发生重大伤亡及其他安全事故,承包人应按有关规定立即上报有关部门并通知工程师,同时按政府有关部门要求处理,发生的费用由事故责任方承担。

承包人在动力设备、输电线路、地下管道、密封防震车间、易燃易爆地段以及临街交通要道附近施工时,施工开始前应向工程师提出安全保护措施,经工程师认可后实施,防护措施费用由发包人承担。

实施爆破作业,在放射、毒害性环境中施工(含存储、运输、使用)及使用毒害性、腐蚀性物品施工时,承包人应在施工前 14 日以书面形式通知工程师,并提出相应的安全保护措施,经工程师认可后实施。安全保护措施费用由发包人承担。

(2)专利技术及特殊工艺涉及的费用。发包人要求使用专利技术或特殊工艺,须负责办理相应的申报手续,承担申报、试验、使用等费用。承包人按发包人要求使用,并负责试验等有关工作。承包人提出使用专利技术或特殊工艺,报工程师认可后实施。承包人负责办理申报手续并承担有关费用。

擅自使用专利技术侵犯他人专利权,责任者承担全部后果及所发生的费用。

(3)文物和地下障碍物。在施工中发现古墓、古建筑遗址、钱币等文物及化石或其他有考古、地质研究等价值的物品时,承包人应立即保护好现场并于 4 小时内以书面形式通知工程师,工程师应于收到书面通知后 24 小时内报告当地文物管理部门,并按有关管理部门要求采取妥善保护措施。发包人承担由此发生的费用,延误的工期相应顺延。

施工中发现影响施工的地下障碍物时,承包人应于 8 小时内以书面形式通知工程师,同时提出处置方案,工程师应在收到处置方案后 24 小时内予以认可或提出修正方案。发包人承担由此发生的费用,延误的工期相应顺延。

所发现的地下障碍物有归属单位时,发包人报请有关部门协同处置。

6.4　竣工验收阶段的合同管理

➤ 6.4.1　工程试车

1. 试车的组织

对于设备安装工程,应当组织试车。试车内容应与承包人承包的安装范围相一致。

(1)单机无负荷试车。设备安装工程具备单机无负荷试车条件的,由承包人组织试车。只有单机试运转达到规定要求,才能进行联试。承包人应在试车前 48 小时书面通知工程师。承包人准备试车记录,发包人为试车提供必要条件。试车通过,工程师在试车记录上签字。

(2)联动无负荷试车。若设备安装工程具备无负荷联动试车条件,则由发包人组织试车,并于试车前48小时书面通知承包人。通知内容包括试车内容、时间、地点和对承包人的要求,承包人按要求做好准备工作和试车记录。试车通过,双方在试车记录上签字。

(3)投料试车。投料试车属于竣工后的带负荷试车,应当在工程竣工验收后由发包人全部负责,承包人一般不参与。如果发包人要求承包人配合或在工程竣工验收前进行,则应当征得承包人同意,另行签订补充协议。

2. 试车的双方责任

①由于设计原因试车达不到验收要求,发包人负责修改设计,承包人按修改后的设计重新安装。发包人承担修改设计、拆除及重新安装全部费用和追加合同价款,工期相应顺延。

②由于设备制造原因试车达不到验收要求,由该设备采购一方负责重新购置和修理,承包人负责拆除和重新安装。设备由承包人采购的,承包人承担修理或重新购置、拆除及重新安装的费用,工期不予顺延;设备由发包人采购的,发包人承担上述各项追加合同价款,工期相应顺延。

③由于承包人施工原因试车达不到验收要求,承包人按工程师要求重新安装和试车,并承担修改和重新试车的费用,工期不予顺延。

④试车费用除已包括在合同价款之内或专用条款另有约定外,均由发包人承担。

⑤工程师未在规定时间内提出修改意见,或试车合格后没有在试车记录上签字,试车结束24小时后,记录自行生效,承包人可继续施工或办理竣工手续。

3. 工程师要求延期试车

工程师不能按时参加试车,须在开始试车前24小时向承包人提出书面延期要求,延期不能超过48小时。工程师未能按以上时间提出延期要求,不参加试车,承包人可自行组织试车,发包人应当承认试车记录。

▷ 6.4.2　竣工验收

竣工验收是发包人对工程的全面考核,检查工程是否符合设计要求和质量要求的重要环节。

工程未经竣工验收或者竣工验收没有通过的,发包人不得使用。发包人强行使用的,由此发生的质量问题及其他问题,由发包人承担责任。

1. 竣工验收工程应具备的条件

竣工交付使用的建设工程必须符合下列要求:

(1)完成工程设计和合同中规定的各项工作内容。

(2)工程质量应符合国家现行有关法律法规、技术标准、设计文件及合同规定的要求。

(3)工程所用的设备和主要建筑材料、构件应具有产品质量出厂检验合格证明和技术标准规定必要的进场试验报告。

(4)具有完整的工程技术档案和施工管理资料。

(5)施工单位已签署工程保修证书。

(6)监理单位提交了质量评估报告,总监理工程师已签字。

(7)消防、环保等部门出具了准许使用文件。

2. 竣工验收的程序

(1)承包人提交竣工验收报告。当工程按合同要求全部完成后,工程具备了竣工验收条件,承包人应按国家工程竣工验收的有关规定,向发包人提供完整的竣工资料和竣工验收报告,并按约定日期和份数向发包人提交竣工图。

(2)发包人组织验收。发包人在收到竣工验收报告后28日内组织有关部门验收,并在验收后14日内给予认可或者提出修改意见,若需修改的承包人要按要求修改。如果由于承包人自身原因,工程质量达不到约定的质量标准,承包人承担违约责任。

中间交工工程的范围和竣工时间,由双方约定,其验收程序与上述规定相同。

3.竣工验收的步骤

(1)发包人、承包人和勘察设计、监理单位分别向验收组汇报合同履行情况。

(2)审阅工程档案。

(3)检验工程实体质量。

(4)形成竣工验收结论。

4.实际竣工日期的确定

竣工验收通过的,实际竣工日期为承包人送交竣工验收报告日期。需修改后才能达到验收要求的,实际竣工日期为承包人修改后提请发包人验收日期。

将实际竣工日期和合同工期进行比较,如果不能按期竣工,承包人应当承担违约责任。

5.发包人不按时验收的后果

发包人收到承包人送交的竣工验收报告后28日内不组织验收,或者在验收后14日内不提出修改意见,则视为竣工验收报告已经被认可。发包人收到承包人送交的竣工验收报告后28日内不组织验收,从第29日起承担工程保管及一切意外责任。

6.发包人要求提前竣工或者甩项竣工

在施工中,发包人如果要求提前竣工,发包人应当与承包人进行协商,协商一致后应签订提前竣工协议,发包人应为赶工提供方便条件。提前竣工协议应包括以下内容:

(1)提前的时间。

(2)承包人采取的赶工措施。

(3)发包人为赶工提供的条件。

(4)承包人为保证工程质量采取的措施。

(5)提前竣工所需追加的合同价款以及收益的分享。

因特殊原因,发包人要求部分单位工程或者工程部位须甩项竣工时,双方需另行签订甩项竣工协议,明确各方责任和工程价款的支付办法。

6.4.3 竣工结算

1.竣工结算的程序

(1)承包人递交竣工决算报告。工程竣工验收报告经发包人认可后28日内,承包人向发包人递交竣工决算报告及完整的结算资料。承、发包双方应当按协议书约定的合同价款及专用条款约定的合同价款调整方式进行工程竣工结算。

(2)发包人的核实和支付。发包人自收到竣工结算报告及结算资料后28日内进行核实,确认后支付工程竣工结算价款。承包人收到竣工结算价款后14日内将竣工工程交付发包人。

2.竣工结算的责任

工程竣工验收报告经发包人认可后28日内,承包人未能向发包人递交竣工决算报告及完整的结算资料,造成工程竣工结算不能正常进行或工程竣工结算价款不能及时支付,发包人要求交付工程的,承包人应当交付;发包人不要求交付工程的,承包人承担保管责任。

发包人收到竣工结算报告及结算资料后 28 日内无正当理由不支付工程竣工结算价款的,从第 29 日起按承包人同期向银行贷款利率支付拖欠工程价款的利息,并承担违约责任。

发包人收到竣工决算报告及结算资料后 28 日内不支付工程竣工结算价款,承包人可以催告发包人支付结算价款。发包人在收到竣工结算报告及结算资料后 56 日内仍不支付的,承包人可以与发包人协议将该工程折价,也可以由承包人申请人民法院将该工程依法拍卖,承包人就该工程折价或者拍卖的价款优先受偿。

➤ 6.4.4　质量保修

建设工程办理交工验收手续后,在规定的期限内,因勘察、设计、施工、材料等原因造成的质量缺陷,应当由施工单位负责维修。所谓质量缺陷是指工程不符合国家或行业现行的有关技术标准、设计文件以及合同中对质量的要求。

1. 质量保修书的内容

施工合同发包人、承包人双方在竣工验收前共同签署工程质量保修书,作为施工合同附件,其有效期限至保修期满。质量保修书的主要内容包括以下几个方面:①工程质量保修范围和内容;②质量保修期;③质量保修责任;④质量保修金的支付方法。

2. 工程质量保修的范围

工程质量保修范围包括地基基础工程、主体结构工程、屋面防水工程和双方约定的其他土建工程,以及电气管线、上下水管线的安装工程,供热、供冷系统工程项目。工程质量保修范围是国家强制性的规定,合同当事人不能约定减少国家规定的工程质量保修范围。

3. 质量保修期

质量保修期从工程竣工验收合格之日算起。分单项竣工验收的工程,按单项工程分别计算质量保证期。

合同双方可以根据国家的有关规定,结合具体工程约定质量保修期,但双方的约定不得低于国家规定的最低保证期。《建设工程质量管理条例》和建设部颁发的《房屋建筑工程质量保修办法》对正常使用条件下,房屋建筑工程的最低保修期限分别规定为:

(1)地基基础工程和主体结构工程为设计文件规定的该工程合理使用年限;

(2)屋面防水工程,有防水要求的卫生间、房间和外墙面的防渗漏,为 5 年;

(3)供热和供冷系统,为 2 个采暖期和供冷期;

(4)电气管线的给排水管道、设备安装和装修工程,为 2 年。

4. 质量保修责任

(1)保修工作程序。建设工程在保修范围和保修期限内发生质量问题时,发包人或房屋建筑所有人可向施工承包人发出保修通知。属于保修范围、内容的项目,承包人应当在接到保修通知之日起 7 日内派人保修。承包人不在约定期限内派人保修的,发包人可以委托他人修理。发生紧急抢修事故的,承包人在接到事故通知后,应当立即到达事故现场抢修。

若发生涉及结构安全的质量缺陷,发包人或房屋建筑所有人应当立即向当地建设行政主管部门报告,并采取相应的安全防范措施。原设计单位或具有相应资质等级的设计单位提出保修方案后,施工承包人实施保修,由原工程质量监督机构负责对保修进行监督。

保修完成后,发包人或房屋建筑所有人组织验收。涉及结构安全的质量保修,还应当报当地建设行政主管部门备案。

(2)保修责任。在质量保修书中应当明确建设工程的保修范围、保修期限和保修责任。因使用不当或者第三方造成的质量缺陷以及不可抗力造成的质量缺陷,不属于保修范围。保修费用由造成质量缺陷的责任方承担。

承包人应按法律、行政法规或国家关于工程质量保修的有关规定,对交付发包人使用的工程在质量保修期内承担质量保修责任。若承包人不按工程质量保修书约定履行保修义务或拖延履行保修义务,经发包人申告后,由建设行政主管部门责令改正,并处以 10 万元以上 20 万元以下的罚款。发包人也有权另行委托其他单位保修,由承包人承当相应责任。

保修期限内因工程质量缺陷造成工程所有人、使用人或第三方人身、财产损害的,受损害方可向发包人提出赔偿要求。发包人赔偿后向造成工程质量缺陷的责任方追偿。

建设工程超过合理使用年限后,承包人不再承担保修的义务和责任。若需要继续使用时,产权所有人应当委托具有相应资质等级的勘察、设计单位进行鉴定。根据鉴定结果采用相应的加固、维修等措施后,重新界定使用期限。

5. 工程质保金

工程质保金是指为落实工程项目在质量保修期内的维修责任,建设单位与施工企业在工程项目建设承包合同中约定,从应付的工程款中预留,用以保证施工企业在质量保修期内对已通过竣工验收的工程项目出现的缺陷(即项目工程建设质量不符合工程建设强制性标准、设计文件,以及承包合同的约定)进行维修的资金。由此可见,工程质保金既形成对施工单位施工质量的有效约束,也形成业主应对工程质量问题的有力保障。质保金由承包人向发包人支付,也可由发包人从应付承包人工程款内预留。质量保修金的比例及金额由双方约定,一般不超过施工合同价款的 5%。

施工企业应在工程项目竣工验收合格后的质量保修期(一般为 2 年)内,认真履行合同约定的责任,缺陷责任期满后,及时向建设单位申请返还工程质保金。质量保修期从工程通过竣工验收之日起计。由于发包人原因导致工程无法按规定期限进行竣工验收的,在承包人提交竣工验收报告90 日后,工程自动进入质量保修期。

缺陷责任期满后,发包人在接到承包人返还保证金申请后,应于 14 日内会同承包人按照合同约定的内容进行核实。如无异议,发包人应当在核实后 14 日内将保证金返还给承包人,逾期支付的,从逾期之日起,按照同期银行贷款利率计付利息,并承担违约责任。

6.5 施工合同管理的其他方面

➢ 6.5.1 工程分包

承包人按专用条款的约定分包所承包的部分工程,并与分包单位签订分包合同。未经发包人同意,承包人不得将承包工程的任何部分分包。承包人不得将其承包的全部工程转包给他人,也不得将其承包的全部工程肢解后以分包的名义分别转包给他人。

工程分包不能解除承包人的任何责任和义务。承包人应在分包现场派驻相应的管理人员,保证施工合同的履行。分包单位的任何违约行为或疏忽导致工程损害或给发包人造成其他损失的,承包人承担连带责任。分包工程价款由承包人与分包单位结算。发包人未经承包人同意,不得以任何形式向分包单位支付各种工程款项。

➢ 6.5.2 不可抗力

不可抗力事件发生后,对施工合同的履行会造成较大的影响。在合同订立时应当明确不可抗力的范围。工程师应当对不可抗力风险的承担有一个通盘的考虑:哪些不可抗力风险可以自己承担,哪些不可抗力风险应当转移出去(如投保等)。在施工合同的履行中,应当加强管理,在可能的范围减少或者避开不可抗力事件的发生(如爆炸、火灾等有时就是因为管理不善引起的)。不可抗力事件发生后应当尽量减少损失。

1. 不可抗力的范围

不可抗力是指合同当事人不能预见、不能避免并不能克服的客观情况。建设工程施工中的不可抗力包括因战争、动乱、空中飞行物坠落或其他非发包人责任造成的爆炸、火灾,以及专用条款约定的一定程度的风、雨、雪、洪水、地震等自然灾害。

2. 不可抗力事件发生后双方的工作

不可抗力事件发生后,承包人应在力所能及的条件下迅速采取措施,尽量减少损失,并在48小时内向工程师通报受害情况和损失情况,以及预计清理和修复的费用。发包人应协助承包人采取措施。不可抗力事件若继续发生,承包人应每隔7日向工程师报告一次受害情况,并于不可抗力事件结束后14日内,向工程师提交清理和修复费用的正式报告及有关资料。

3. 不可抗力的承担

因不可抗力事件导致的费用及延误的工期由双方按以下方法分别承担:

(1)工程本身的损害、第三方人员伤亡和财产损失以及运至施工场地用于施工的材料和待安装的设备的损害,由发包人承担;

(2)承、发包双方人员伤亡由其所在单位负责,并承担相应费用;

(3)承包人机械设备损坏及停工损失,由承包人承担;

(4)停工期间,承包人应工程师要求留在施工场地的必要的管理人员及保卫人员的费用由发包人承担;

(5)工程所需清理、修复费用,由发包人承担;

(6)延误的工期相应顺延。

因合同一方迟延履行合同后发生不可抗力的,不能免除迟延履行方的相应责任。

▶ 6.5.3　保险和担保

1. 保险

虽然我国对工程保险(主要是施工过程中的保险)没有强制性的规定,但随着业主负责制的推行,以前存在着事实上由国家承担不可抗力风险的情况将会有很大改变。工程项目参加保险的情况会越来越多。

双方的保险义务分担如下:

(1)工程开工前,发包人应当为建设工程和施工场地内发包人人员及第三方人员生命财产办理保险,支付保险费用。发包人可以将上述保险事项委托承包人办理,但费用由发包人承担。

(2)发包人必须为从事危险作业的职工办理意外伤害保险,并为施工场地内自有人员生命财产和施工机械设备办理保险,支付保险费用。

(3)运至施工场地内用于工程的材料和待安装设备,不论由承、发包双方哪一方保管,都应由发包人(或委托承包人)办理保险,并支付保险费用。

保险事故发生时,承、发包双方有责任尽力采取必要的措施,防止或者减少损失。

2. 担保

承、发包双方为了全面履行合同,应互相提供以下担保:

（1）发包人向承包人提供工程款支付担保,按合同约定支付工程价款及其他费用。

（2）承包人向发包人提供履约担保,按合同约定履行自己的各项义务。

➢ 6.5.4　违约责任

1. 发包人违约

（1）发包人的违约行为。发包人应当按合同约定完成相应的义务。如果发包人不履行合同义务或不按合同约定履行义务,则应承担相应的违约责任。发包人的违约行为包括:①发包人不按合同约定按时支付工程预付款。②发包人不按合同约定支付工程进度款,导致施工无法进行。③发包人无正当理由不支付工程竣工结算价款。④发包人不履行合同义务或者不按合同约定履行义务的其他情况。

发包人的违约行为可以分成两类:一类是不履行合同义务。如发包人应当将施工所需的水、电、电讯线路从施工场地外部接至约定地点,但发包人没有履行该项义务,即构成违约。另一类是不按合同约定履行义务。如发包人应当开通施工场地与城乡公共道路的通道,并在专用条款中约定了开通的时间和质量要求,但实际开通的时间晚于约定或质量低于合同约定,也构成违约。

合同约定应该由工程师完成的工作,工程师没有完成或没有按照约定完成,给承包人造成损失的,也应当由发包人承担违约责任。因为工程师是代表发包人进行工作的,其行为与合同约定不符时,视为发包人违约。发包人承担违约责任后,可以根据委托监理合同追究监理单位相应的责任。

（2）发包人的违约责任。发包人承担违约责任的方式有以下 4 种:

①赔偿因其违约给承包人造成的经济损失。赔偿损失是发包人承担违约责任的主要方式,其目的是补偿因违约给承包人造成的经济损失。承、发包人双方应当在专用条款内约定发包人赔偿承包人损失的计算方法。损失赔偿额应当相当于因违约所造成的损失,包括合同履行后可以获得的利益,但不得超过发包人在订立合同时预见或者应当预见到的因违约可能造成的损失。

②支付违约金。支付违约金的目的是补偿承包人的损失,双方可以在专用条款中约定发包人应当支付的违约金的数额或计算方法。

③顺延延误的工期。对于因为发包人违约而延误的工期,应当相应顺延。

④继续履行。发包人违约后,承包人要求发包人继续履行合同的,发包人应当在承担上述违约责任后继续履行施工合同。

2. 承包人违约

（1）承包人的违约行为。承包人的违约行为主要有以下 3 种情况:

①因承包人原因不能按照协议书约定的竣工日期或者工程师同意顺延的工期竣工。②因承包人原因导致工程质量达不到协议书约定的质量标准。③承包人不履行合同义务或不按合同约定履行义务的其他情况。

（2）承包人的违约责任。承包人承担违约责任的方式有以下 4 种:

①赔偿因其违约给发包人造成的损失。承、发包人双方应当在专用条款内约定承包人赔偿发包人损失的计算方法。损失赔偿额应当相当于因违约所造成的损失,包括合同履行后可以获得的利益,但不得超过承包人在订立合同时预见或者应当预见到的因违约可能造成的损失。

②支付违约金。双方可以在专用条款中约定承包人应当支付的违约金的数额或计算方法。发包人在确定违约金的费率时,一般要考虑以下因素:发包人盈利损失;由于工期延长而引起的贷款利息增加;工程拖期带来的附加监理费;由于本工程拖期无法投入使用,租用其他建筑物时的租赁费。

至于违约金的计算方法,在每个合同文件中均有具体规定,一般按每延误 1 日赔偿一定的款额计算,累计赔偿额一般不超过合同总额的10%。

③采取补救措施。对于施工质量不符合要求的违约,发包人有权要求承包人采取返工、修理、更换等补救措施。

④继续履行。承包人违约后,如果发包人要求承包人继续履行合同,承包人承担上述违约责任后仍应继续履行施工合同。

3. 担保人承担责任

如果施工合同双方当事人设定了担保方式,一方违约后,另一方可按双方约定的担保条款,要求提供担保的第三人承担相应的责任。

6.5.5 合同生效与终止

双方约定本合同生效方式。双方当事人可选择以下几种方式之一:

(1)本合同于××年××月××日签订,自即日起生效。

(2)本合同双方约定应进行公(鉴)证,自公(鉴)证之日起生效。

(3)本合同签订后,自发包人提供图纸或支付预付款或提供合格施工场地或下达正式开工指令之日起生效。

(4)本合同签订后,需经发包人上级主管部门批准,自上级主管部门正式批准之日起生效,但双方应约定合同签订后多少天内发包人上级主管部门应办完正式批准手续。

除了质量保修方面双方的权利和义务,如果发包人、承包人履行完合同全部义务,竣工结算价款支付完毕,承包人向发包人交付竣工工程后,本合同即告终止。合同的权利义务终止后,发包人、承包人应当遵循诚实信用原则,履行通知、协助、保密等义务。

6.5.6 施工合同的解除

1. 可以解除合同的情形

(1)发包人、承包人协商一致,可以解除合同。

(2)发包人不按合同约定支付工程进度款,双方又未达成延期付款协议,导致施工无法进行,承包人可以停止施工,由发包人承担违约责任。如果停止施工超过56天,发包人仍不支付工程进度款,承包人有权解除合同。

(3)承包人将其承包的全部工程转包给他人,或者肢解以后以分包的名义分别转包给他人,发包人有权解除合同。

(4)因不可抗力致使合同无法履行,发包人、承包人可以解除合同。

(5)因一方违约(包括因发包人原因造成工程停建或缓建)致使合同无法履行,发包人、承包人可以解除合同。

2. 解除合同的程序

合同一方依据上述约定要求解除合同的,应以书面形式向对方发出解除合同的通知,并在发出通知前7日告知对方,通知到达对方时合同解除。对解除合同有争议的,双方可按有关争议的约定处理。

3. 合同解除后的善后处理

合同解除后,承包人应妥善做好已完工程和已购材料、设备的保护和移交工作,按发包人要求将自有机械设备和人员撤出施工场地。发包人应为承包人撤出提供必要条件,支付以上所发生的费用,并按合同约定支付已完工程价款。已经订货的材料、设备由订货方负责退货或解除订货合同,不能退还的货款和因退货、解除订货合同发生的费用,由发包人承担,因未及时退货造成的损失由责任方承担。除此之外,有过错的一方应当赔偿因合同解除给对方造成的损失。

合同解除后,不影响双方在合同中约定的结算和清理条款的效力。

6.5.7 合同争议的解决

合同当事人在履行施工合同时发生争议,可以和解或者要求合同管理及其他有关主管部门调解。和解或调解不成的,双方可以在专用条款内约定以下两种方式之一解决争议:①双方达成仲裁协议,向约定的仲裁委员会申请仲裁;②向有管辖权的人民法院起诉。

发生争议后,在一般情况下,双方都应继续履行合同,保持施工连续,保护好已完工程。只有在仲裁机关或者法院要求时,当事人方可停止履行施工合同。

6.6 施工合同管理中应注意的问题

6.6.1 业主实施合同管理应注意的问题

由于业主是建设工程项目生产过程的总集成者,同时也是建设工程项目生产过程的总组织者,因此,业主方的合同管理是合同管理的核心,业主方的合同管理是全过程、全寿命周期的合同管理,具有主导性、主动性、针对性、实践性等特点。业主在实施合同管理的过程中要注意下列问题。

1. 借助科学方法做好合同的总体策划

合同总体策划构筑了完整的合同关系图,同时亦是项目总体实现的路线图,其余各参与方只能被动接受,合同总体策划是业主方合同管理的起点和发挥主导作用的具体体现,亦是事关项目管理成败与否的关键环节。合同总体策划在宏观方面,主要解决项目管理委托模式的问题;在中观方面,主要解决设计任务和施工任务委托模式问题;在微观方面,主要解决包括合同范围、合同条件、合同类型在内的合同方案选择问题。

由于合同总体策划的复杂性,业主应根据项目的具体情况和自身能力,借助一些科学方法来开展此项工作,如层次分析法、决策树等,合理确定发包模式和范围,降低发包人的项目风险。

2. 严格合同履行中的过程管理

施工合同的纠纷多数源于发包人不能按时支付工程款,承包人暂停施工甚至解除合同。要保证承包人的施工质量和进度,发包人必须保证建设资金按约定时间和比例到位。

另外,业主应按合同约定提供必要的施工条件,并做好各项配合工作,如设计图纸的交付、施工过程中需要发包人作出决策等。

3. 客观进行项目的后评价

合同评价为合同管理的最后阶段,包括合同签订情况评价、合同执行情况评价、合同管理工作评价、合同条款分析等内容。合同后评价内容涵盖了整个合同生命周期,是对合同管理进行的一次全面、综合的评价,将合同管理过程中的利弊得失、经验教训总结出来,提出分析报告,作为后续工程合同管理的借鉴。业主应根据阶段与目的的不同,选择合适的评价指标对项目进行客观评价,否则评价结果就失去了意义。

6.6.2 承包人实施合同管理应注意的问题

承包人只有实行规范化的合同管理,才能有效避免合同违约,规避合同风险,成功维护企业的合法权益,提高企业的经济效益,在激烈的市场竞争中生存和发展。承包人在合同管理中应注意以下问题。

1. 建立专门的合同管理机构

合同管理水平的高低对企业的经济效益影响很大。企业必须重视合同管理,建立专门的合同管理机构统一协调合同管理工作。配置专业合同管理人员,参与从项目的招投标到合同签订、履行的全过程,熟悉整个合同内容,依据合同管理项目进行管理。同时项目的管理人员不论职位高低,都要以合同的承诺为依据,规范、协调相互之间的行为,履行合同的约定。

2. 做好分包合同的协调和管理工作

如果分包商的施工质量出现问题或者工期延误,承包人都要承担连带责任,所以承包人要择优选择分包商,并对其实行严格管理。在合同中详细指明材料品牌、材质性能参数等,现场严把材料关,加强现场进度检查监控,研究质量缺陷,提出改进计划,监督分包商改进。督促分包商采取措施加大培训投入,必要时直接介入专项管理。要求分包商承担协调配合义务,现场管理采用奖罚等激励措施,强化分包商主动配合总包管理的行为,教育分包商树立项目整体的系统观念。

3. 加强合同及相关文件归档管理工作

加强合同及相关文件归档管理工作,为合同顺利履行创造条件。合同文本及相关资料如图纸、中标通知书、工程量清单报价单和投标文件等同属重要法律文件,应及时建账并妥善保存。由于建设工程周期长,涉及专业多,面临情况复杂,在经过长期的建设之后,很多具体问题要依靠相应资料解决,为此档案管理工作存档内容一定要完备。

4. 重视合同的变更和索赔管理

建筑施工项目合同变更经常发生,尤其是那些投资大、质量要求高、建设环境复杂的项目。此外,合同管理必须明确合同中的索赔问题,以免陷于亏损状态。在进行工程投标时,一定要量力而行,履行合同时,不能有一丝一毫的疏忽,否则就有可能导致全盘皆输。企业应提高索赔意识,在签订合同时要增加索赔条款的内容,详细、具体地约定索赔的计算原则,为后续索赔管理提供有力的依据。

➤ 6.6.3 监理工程师实施合同管理应注意的问题

监理活动必须围绕建设工程施工合同展开。监理工程师在合同管理中须以合同约定为依据,以发包人满意为准则,以不损害承包人合法权益为前提,在授权的范围内代表发包人行使监督检,并根据合同条件的变化,实事求是、公平公正地处理合同事件,以便更好地实现三大目标控制。合同管理是实现监理目标控制的重要手段,监理工程师在施工合同管理中应注意以下几个问题。

1. 公正地维护发包人的利益

监理工程师代表监理企业履行监理合同义务。监理企业是监理合同的当事人,而不是施工合同的当事人。在施工合同管理过程中监理工程师应当为自己正确定位。监理工程师在施工合同管理中是约束发包人和承包人双方行为的,公正便成了首要问题,这在监理工程师职业道德守则中有明确的体现。实践中,有人认为维护了发包人利益,就会损害承包人的利益,因而在监理工作中缩手缩脚。其实,执业公正性与维护发包人利益并不矛盾。施工合同是发包人和承包人双方对施工过程将要发生的权利、义务及责任协商一致的结果。施工合同双方当事人最大的、最根本的利益是按照合同约定完成商品交换。严格履行合同维护了发包人的利益,事实上也就是维护了承包人的利益。然而,维护不是偏袒,监理工程师不能超出合同规定损害承包人利益;对承包人符合合同约定的主张要实事求是地及时处理,这样也是维护发包人的利益。

2. 加强工程变更的管理

在施工合同执行过程中,由于施工的不确定因素和新情况的出现以及设计文件中固有的错、漏、碰、撞等问题的存在,各种工程设计变更在所难免。监理工程师对设计变更的管理首先要注意完善申报、审查程序。施工合同中有明确的工程变更程序则依照其执行,否则无论是发包人还是承包人提出的设计变更,均应经监理工程师再由发包人转交原设计单位编制设计变更文件,最后经发包人批准后由监理工程师出具工程变更通知单。应首先注意避免出现承包人的变更工作先于监理工程师变更通知的情况,否则很容易导致变更计量工作复杂化,不利于投资控制目标的实现。二要注意工程变更通知发出后,要及时在合同规定的时间内审核承包人提交的工程计量申报表。要认真及时审核、协商并确定变更工程引起的计量工程量、单价及总价。

3. 妥善处理施工索赔

工程索赔是指在合同实施过程中,因一方未履行或未完全履行合同规定的义务而使另一方发生损失时向另一方提出补偿要求的行为。合同履行过程中索赔的提出与处理是合同管理的重要工作。因此,妥善处理索赔事件就成了反映监理工程师执业能力的重要标志。作为一名合格的监理工程师,要注意培养和加强以下几方面的素质。一要树立正确的索赔观念。承包人提出的合理索赔要求,是规避风险的最后措施,监理工程师应当受理而不能拒绝。二要加强学习和实践,努力掌握处理索赔的原则、方法和技巧,用先进的管理方法代替传统习惯做法。三要认真熟悉合同文件,了解合同履行风险。在索赔要求提出时,能够知道该要求与合同约定的差异,分清责任并判断索赔是否成立。四要注意平时搜集和积累与工程建设有关的原始资料、凭证及验收记录。证据是索赔成立的关键,证据不足或者没有证据的索赔不予受理。监理工程师从一进入现场开始,就要安排专人从事信息资料管理工作。对证据齐全可靠、符合合同索赔条件的要予以受理。五要仔细审核费用和工期要求。要做到取费合理,计算准确。

4. 妥善解决合同争议

由于施工合同当事人的利益不一样,对合同条款理解不一致,以及合同条款不够严谨和设定的条件发生变化,在合同履行过程中,当事人对工程进度、质量、造价等具体问题赋予了监理工程师争议调解职能。监理工程师的职责是尽快化解分歧,避免这些分歧久拖不决以致影响合同的正常履行。要想妥善解决好合同争议,监理工程师要注意做好以下几方面的工作:一要平时注意与发包人代表和承包人项目经理建立良好的工作关系,以便在双方发生合同争议时,能在一个平和的气氛中接受和平调解;二要了解分歧产生的具体原因,弄清是非曲直,做到心中有数,对症下药;三要公平公正,是发包人的原因不偏祖,是承包人的原因不姑息;四要注意工作方法,要防止事态扩大致使双方无路可退;五是调解结束要及时形成文字,诸如会谈纪要、补充协议等。

5. 认真进行已完工程验收

已完工程验收是确认履行合同是否符合规定的重要工作,是监理工程师进行质量控制、进度控制、投资控制最重要的环节。监理工程师在工程验收工作中,一要对承包人超出合同约定而增加的工程量实事求是地验收,对于因非承包人自身原因增加的工程量予以确认,进行支付;二是注意验收工作不完全是工程师和承包人间的行为,要通知有关各方派员参加。

6.7　本章案例

【**案例** 6 - 1】背景材料:某建设单位(甲方)拟建造一栋职工住宅,采用招标方式由某施工单位(乙方)承建。甲乙双方签订的施工合同摘要如下:

(1)协议书中的部分条款

①工程概况

工程名称:职工住宅楼

工程地点:市区

工程内容:建筑面积为 3 200m² 的砖混结构住宅楼

②工程承包范围

承包范围:某建筑设计院设计的施工图所包括的土建、装饰、水暖电工程

③合同工期

开工日期:2008 年 3 月 21 日

竣工日期:2008 年 9 月 30 日

合同工期总日历天数:190 日(扣除 5 月 1 日—3 日)

④质量标准

工程质量标准:达到甲方规定的质量标准

⑤合同价款

合同总价为:壹佰陆拾陆万肆仟元人民币(¥166.4 万元)

……

⑥乙方承诺的质量保修

在该项目设计规定的使用年限(50 年)内,乙方承担全部保修责任。

⑦甲方承诺的合同价款支付期限与方式

工程预付款:于开工之日支付合同总价的 10% 作为预付款。工程实施后,预付款从工程后期进度款中扣回。

工程进度款:基础工程完成后,支付合同总价的 10%;主体结构三层完成后,支付合同总价的 20%;主体结构全部封顶后,支付合同总价的 20%;工程基本竣工时,支付合同总价的 30%。为确保工程如期竣工,乙方不得因甲方资金的暂时不到位而停工和拖延工期。

竣工结算:工程竣工验收后,进行竣工结算。结算时按全部工程造价的 3% 扣留工程质量保证金。在保修期(50 年)满后,质量保证金及其利息扣除已支出费用后的剩余部分退还给乙方。

⑧合同生效

合同订立时间:2008 年 3 月 5 日

合同订立地点:××市××区××街××号

本合同双方约定:经双方主管部门批准及公证后生效。

(2)专用条款中有关合同价款的条款

①合同价款与支付:本合同价款采用固定总价合同方式确定

②合同价款包括的风险范围:

A. 工程变更时间发生导致工程造价增减不超过合同总价的 10%;

B. 政策性规定以外的材料价格涨落等因素造成工程成本变化;

C. 风险费用的计算方法:风险费用已包括在合同总价中;

D. 风险范围以外合同价款调整方法:按实际竣工建筑面积 520.00 元/m² 调整合同价款。

(3)补充协议条款

在上述施工合同协议条款签订后,甲乙双方又接着签订了补充施工合同协议条款。摘要如下:

①木门窗均用水曲柳板包门窗套;

②铝合金窗 90 系列改用 42 型系列某铝合金厂产品；

③挑阳台均采用 42 型系列某铝合金厂铝合金窗封闭。

问题：(1)上述合同属于哪种方式的合同类型？

(2)该合同签订的条款有哪些不妥之处？应如何修改？

(3)对合同中未规定的承包商义务，合同实施过程中又必须进行的工程内容，承包商应如何处理？

核心提示：建设工程施工合同的内容

案例评析：(1)从甲、乙双方签订的合同条款来看，该工程施工合同属于固定总价合同。

(2)该合同条款存在的不妥之处及其修改如下：

①合同工期日历天数不应扣除节假日，可以将该节假日时间加到总日历天数中。

②本工程是住宅楼工程，目前对该类工程尚不存在其他可以明示的企业或行业的质量标准。因此，不应以甲方规定的质量标准作为该工程质量标准，而应以《建筑工程施工质量验收统一标准》(GB50300—2001)中规定的质量标准作为该工程的质量标准。

③质量保修条款不妥，应按《建设工程质量管理条例》的有关规定进行修改。

④工程预付款的预付时间过迟，根据《建设工程施工合同(示范文本)》的有关规定，工程预付款的预付时间应不迟于开工日期前 7 日。

⑤工程预付款的起扣点和扣回方式没有明确约定，应修订为明确的起扣点和扣回方式。

⑥工程价款支付条款中的"基本竣工时间"不明确，应修订为具体明确的时间；"乙方不得因甲方资金的暂时不到位而停工和拖延工期"条款显失公平，应说明甲方资金不到位在什么期限内乙方不得停工和拖延工期，逾期支付的利息如何计算。

⑦工程质量保证金返还时间不妥。根据国家建设部、财政部颁发的《关于印发〈建设工程质量保证金管理暂行办法〉的通知》[建质(2005)7 号]的规定，在施工合同中双方约定的工程质量保证金保留时间为 6 个月、12 个月或 24 个月。保留时间应从工程通过竣工验收之日算起。

⑧从该条例背景来看，合同双方是合法的独立法人单位，不应约定经双方主管部门批准后该合同生效。

⑨专用条款中有关风险范围以外合同价款调整方法(按实际竣工建筑面积 520.00 元/m² 调整合同价款)与合同的风险范围、风险费用的计算方法相矛盾，该条款应针对可能出现的除合同价款包括的风险范围以外的内容约定合同价款调整方法。

⑩在补充施工合同协议条款中，不仅要补充工程内容，而且要说明其价款是否需要调整，若需调整则如何调整。

(3)首先应及时与甲方协商，确认该部分工程内容是否由乙方完成。如果需要由乙方完成，则应与甲方商签补充合同条款，就该部分工程内容明确双方各自的权利义务，并对工程计划作出相应调整；如果由其他承包商完成，乙方也要与甲方就该部分工程内容的协作配合条件及相应的费用等问题达成一致意见，以保证工程的顺利进行。

【案例 6-2】背景材料：某工程，经施工招标，业主选定 A 公司为中标单位。施工合同中双方约定，A 公司将桩基工程分包给 B 专业工程公司。施工中出现如下情况：

桩基工程施工完毕，已按国家有关规定和合同约定作了检验验收。监理工程师对其中 5 号桩的混凝土质量有怀疑，建议业主采用钻孔取样方法进一步检验，B 公司却不配合，总监理工程师要求 A 公司给予配合，A 公司以桩基为 B 公司施工为由拒绝。

问题：(1)A 公司的做法是否妥当？为什么？

（2）若钻孔取样检验合格，A 公司要求监理公司承担因此而发生的全部费用，赔偿其窝工损失，并顺延所影响的工期，A 公司这样的要求是否合理？为什么？

核心提示：工程分包与重新检验

案例评析：（1）A 公司的做法是不妥当的。因为桩基施工任务是施工合同任务之一，A 公司作为施工合同的承包商有完成施工任务及其相应的检查验收义务，B 公司是 A 公司的分包商，属于合同中由第三方代为履行义务的第三方，它的出现不解除承包商 A 公司对施工合同应承担的任何义务。

（2）A 公司的要求不合理。因为，根据施工合同，对于重新检验情况，检验合格，业主承担由此发生的全部追加合同价款，赔偿承包商的损失，并相应顺延工期。承包商不应向监理公司提出索赔，而应向监理工程师提出索赔申请，要求业主赔偿其损失。

【案例 6-3】 背景材料：2007 年 8 月 10 日，某钢铁厂与某市政工程公司签订钢铁厂地下大排水工程总承包合同，总长 5 000 米，市政工程公司将任务下达给第四施工队。事后，第四施工队又与某乡建筑工程队签订分包合同，由乡建筑工程队分包 3 000 米任务，价金 35 万元，同年 9 月 10 日正式施工。2007 年 9 月 20 日，市建委主管部门在检查该项工程施工中，发现某乡建筑工程队承包手续不符合有关规定，责令停工。某乡建筑工程队不予理睬。10 月 3 日，市政工程公司下达停工文件，某乡建筑工程队不服，以合同经双方自愿签订，并有营业执照为由，于 10 月 10 日诉至人民法院，要求第四施工队继续履行合同或承担违约责任并赔偿经济损失。

问题：（1）依法确认总、分包合同的法律效力。

（2）该合同的法律效力应由哪个机关（机构）确认？

（3）某乡建筑工程队提供的承包工程法定文书完备吗？为什么？

（4）某市建委主管部门是否有权责令停工？

（5）合同纠纷的法律责任如何裁决？

核心提示：施工合同的效力与纠纷的解决

案例评析：（1）总包合同有效；分包合同无效。因为：①第四施工队不具备法人资格，无合法授权。②第四施工队将总体工程的二分之一以上的施工任务发包给某乡建筑程队施工，依据《建筑法》第 29 条规定：主体结构必须由总承包单位自行完成。

（2）该合同应由人民法院或仲裁机构确认。

（3）不完备，某乡建筑工程队只交验了营业执照，并未交验建筑企业资格证书。

（4）某市建委主管部门有权责令停工。

（5）双方均有过错，分别承担相应的责任，依法宣布分包合同无效，终止合同，由市政工程公司按规定交付已完工程量的实际费用（不含利润），不承担违约责任。

思考与练习

1. 什么是建设工程施工合同？订立合同的主体有何要求？

2. 施工合同订立应具备什么条件？

3. 施工合同发包人和承包人的一般义务分别是什么？

4. 如何对材料设备进行质量控制？

5. 质量保修责任如何承担？

6. 竣工结算有什么要求?

7. 不可抗力造成的后果如何承担?

8. 施工合同解除的条件是什么?

9. 施工合同违约责任如何承担?

10. 背景材料:某厂与某建筑公司于××年×月签订了建造厂房的建设工程承包合同。开工后一个月,厂方因资金紧缺,口头要求建筑公司暂停施工,建筑公司亦口头答应停工一个月。工程按合同规定期限验收时,厂方发现工程质量存在问题,要求返工。两个月后,返工完毕。结算时,厂方认为建筑公司迟延交付工程,应偿付逾期违约金。建筑公司认为:厂方要求临时停工并不得顺延完工日期,建筑公司为抢工期才出现了质量问题,因此迟延交付的责任不在建筑公司。厂方则认为:临时停工和不顺延工期是建筑公司当时答应的,其应当履行承诺,承担违约责任。

问题:此争议依据合同法律规范应如何处理?

11. 背景材料:某港口码头工程,在签订施工合同前,业主即委托一家监理公司协助业主完善和签订施工合同,以及进行施工阶段的监理,监理工程师查看了业主(甲方)和施工单位(乙方)草拟的施工合同条件后,注意到有以下一些条款:

(1)乙方按监理工程师批准的施工组织设计(或施工方案)组织施工,乙方不应承担因此引起的工期延误和费用增加的责任。

(2)甲方向乙方提供施工场地的工程地质和地下主要管网线路资料,供乙方参考使用。

(3)乙方不能将工程转包,但允许分包,也允许分包单位将分包的工程再次分包给其他施工单位。

(4)监理工程师应当对乙方提交的施工组织设计进行审批或提出修改意见。

(5)无论监理工程师是否参加隐蔽工程的验收,当其提出对已经隐蔽的工程重新检验的要求时,乙方应按要求进行剥露,并在检验合格后重新进行覆盖或者修复。检验如果合格,甲方承担由此发生的经济支出,赔偿乙方的损失并相应顺延工期。检验如果不合格,乙方则应承担发生的费用,工期应予顺延。

(6)乙方按协议条款约定时间应向监理工程师提交实际完成工程量的报告。监理工程师接到报告7日内按乙方提供的实际完成的工程量报告核实工程量(计量),并在计量24小时前通知乙方。

问题:请逐条指出以上合同条款中的不妥之处,并提出改正措施。

第7章
建设工程涉及的其他合同管理

学习要点

1. 建设工程中涉及的各类合同的特点
2. 各类合同主体的一般义务和责任

7.1 建设工程施工分包合同管理

施工企业的施工力量、技术力量、人员素质、信誉等的好坏,对工程质量、投资控制、进度控制等有直接影响。发包人是在经过了一系列考察,以及资格预审、投标和评标等活动之后选定承包人的,因而签订合同不仅意味着发包方对报价、工期等定量因素的认可,也意味着发包人对承包人的信任。一般情况下,承包人应当以自己的力量来完成全部或主要施工任务,但是,施工任务中的非主要部分或专业性较强的工程,法律允许承包人合法地进行工程分包。

工程分包,是指经合同约定和发包单位认可,从工程承包人承担的工程中承包部分工程的行为。工程分包合同是指从事工程总承包的单位将所承包的建设工程的一部分依法分包给具有相应资质的承包单位,该承包人不退出承包关系,其与第三人就第三人完成的工作成果向发包人承担连带责任而订立的合同。分包活动中,作为发包一方的建筑施工企业是分发包人、总承包人,作为承包一方的建筑施工企业是分承包人(分包人)。分包工程是指由承包人和分包人在合同协议书中约定的分包范围内的工程。分包人是指在分包合同协议书中约定的,被承包人接受的具有分包该工程资格的当事人,以及取得该当事人资格的合法继承人。

根据不同的签订方式,分包合同可以划分为发包人指定的分包合同、总承包人协议发包的分包合同、总承包人招标发包的分包合同。另外,根据专业的不同,分包合同可以划分为勘察分包合同、设计分包合同、施工分包合同等。其中,施工分包合同更为常见,根据交易对象的不同,施工分包合同又可分为施工专业分包合同和施工劳务分包合同。

本节主要介绍施工专业分包合同和施工劳务分包合同,其中与施工合同中相同或相似的内容,在本节不再详细介绍。

➤ 7.1.1 建设工程施工专业分包合同管理

1. 建筑业企业资质

依 2007 年 9 月 1 日起施行的《建筑业企业资质管理规定》,按照建筑业企业拥有的注册资本、净资产、专业技术人员、技术装备和已完成的建筑工程业绩等情况,建筑业企业资质分为施工总承包、专业承包和劳务分包3个序列。施工总承包资质、专业承包资质、劳务分包资质序列按照工程性质和技术特点分别划分为若干资质类别。各资质类别又可按照规定的条件划分为若干资质等级。

(1)施工总承包资质可分为房屋建筑、公路、铁路、港口与航道、水力水电、电力、矿山冶炼、化工石油、市政公用、通信、机电安装12个大类,每一类又可分为若干个等级。

取得施工总承包资质的企业(以下简称施工总承包企业),可以承接施工总承包工程。施工总承包企业可以对所承接的施工总承包工程内各专业工程全部自行施工,也可以将专业工程或劳务作业依法分包给具有相应资质的专业承包企业或劳务分包企业。

(2)专业承包资质可分为地基与基础、土石方、装饰装修、幕墙、预拌商品混凝土、混凝土预制构件、园林古建、钢结构、高耸构筑物、电梯、消防、防水、防腐、附着升降脚手架、金属门窗、预应力、起重设备安装、机电设备安装、爆破与拆除、建筑智能化、环保、电信、电子、桥梁、隧道、公路路面、公路路基、公路交通、铁路电务、铁路铺轨架梁、铁路电气化、机场场道、机场空管工程及航站楼弱电系统、机场目视助航、港口与海岸、港口装卸设备安装、航道、通航建筑、通航设备安装、水上交通管制、水工建筑物基础处理、水工金属结构制作与安装、水利水电机电设备安装、河湖整治、堤防、水工大坝、水工隧洞、火电设备安装、送变电、核、炉窑、冶炼机电设备安装、化工石油设备管道安装、管道、无损检测、海洋石油、城市轨道交通、城市及道路照明、体育场地设施、特种专业等60个大类,每一类又可分为若干个等级。

取得专业承包资质的企业(以下简称专业承包企业),可以承接施工总承包企业分包的专业工程和建设单位依法发包的专业工程。专业承包企业可以对所承接的专业工程全部自行施工,也可以将劳务作业依法分包给具有相应资质的劳务分包企业。

(3)劳务分包资质可分为木工、砌筑、抹灰、石制、油漆、钢筋、混凝土、脚手架、模板、焊接、水暖、钣金、架线13个大类。

取得劳务分包资质的企业(以下简称劳务分包企业),可以承接施工总承包企业或专业承包企业分包的劳务作业。

2.建设工程施工专业分包合同示范文本

为规范建筑市场施工专业分包合同,原建设部和国家工商行政管理总局于2003年联合颁发了《建设工程施工专业分包合同(示范文本)》(GF—2003—0213)。

该示范文本由3部分组成:协议书、通用条款和专用条款。

协议书由分包工程概况、分包合同价款、工期、工程质量标准、组成分包合同的文件、有关词语的含义、合同的生效等条款组成。

通用条款由10部分共38个条款组成。

专用条款与通用条款对应,结合具体分包工程,针对通用条款的内容进行补充或修正,与通用条款配套使用。

3.图纸

承包人应按照合同专用条款约定的日期和套数,向分包人提供图纸。

如果分包工程的图纸不能完全满足施工需要,并且承包人委托分包人进行深化施工图设计的,分包人应在其设计资质等级和业务允许的范围内,在原分包工程图纸的基础上,根据国家有关工程建设标准进行深化设计。分包人的深化设计须经过承包人确认后方可进行施工。

4.分包人的地位

(1)分包人对总包合同的了解。承包人应提供总包合同(有关承包工程的价格内容除外)供分包人查阅。当分包人要求时,承包人应向分包人提供一份总包合同(有关承包工程的价格内容除外)的副本或复印件。分包人应全面了解总包合同的各项规定。

(2)分包人对有关分包工程的责任。除合同条款另有约定,分包人应履行并承担总包合同中与分包工程有关的承包人的所有义务与责任,同时应避免因分包人自身行为或疏漏造成承包人违反总包合同中约定的承包人义务的情况发生。

(3)分包人与发包人的关系。分包人须服从承包人转发的发包人或工程师与分包工程有关的指令。未经承包人允许,分包人不得以任何理由与发包人或工程师发生直接工作联系,分包人不得直接致函发包人或工程师,也不得直接接受发包人或工程师的指令。如分包人与发包人或工程师发生直接工作联系,将被视为违约,并承担违约责任。

5. 指令和决定

(1)承包人指令。就分包工程范围内的有关工作,承包人随时可以向分包人发出指令,分包人应执行承包人根据分包合同所发出的所有指令。分包人拒不执行指令,承包人可委托其他施工单位完成该指令事项,发生的费用从应付给分包人的相应款项中扣除。

(2)发包人或工程师指令。就分包工程范围内的有关工作,分包人应执行经承包人确认和转发的发包人或工程师发出的所有指令和决定。

6. 总包项目经理

承包人所发出的指令、通知,由项目经理(或其授权人)签字后,以书面形式交给分包人,分包项目经理在回执上签署自己的姓名及收到时间后生效。分包人认为承包人指令不合理,应在收到指令后24小时内提出书面申告,承包人在收到分包人申告后24小时内作出修改指令或继续执行原指令的决定,并以书面形式通知分包人。紧急情况下,项目经理可发出要求分包人立即执行的指令,分包人如有异议也应执行。如承包人发出错误的指令,并给分包人造成经济损失的,则承包人应给予分包人相应的补偿,但因分包人违反分包合同引起的损失除外。

承包人如需更换项目经理,应至少提前7日以书面形式通知分包人,后任继续行使前任的职权,履行前任的义务。

7. 分包项目经理

分包人依据合同发出的请求和通知,以书面形式由分包项目经理签字后送交项目经理,项目经理在回执上签署姓名和收到时间后生效。

分包项目经理按总包项目经理批准的施工组织设计(或施工方案)和依据分包合同发出的指令组织施工。在情况紧急且无法与项目经理取得联系时,分包项目经理应采取保证人员生命和工程、财产安全的紧急措施,并在采取措施后48小时内向总包项目经理送交报告。若责任在承包人或第三人,则由承包人承担由此发生的追加合同价款,相应顺延工期;若责任在分包人,则由分包人承担费用,不顺延工期。

分包人如需更换分包项目经理,应至少提前7日以书面形式通知承包人,并征得承包人同意。

8. 承包人的工作

(1)承包人应按合同专用条款约定的内容和时间,一次或分阶段完成下列工作:

①向分包人提供根据总包合同由发包人办理的与分包工程相关的各种证件、批件、各种相关资料,向分包人提供具备施工条件的施工场地。

②按合同专用条款约定的时间,组织分包人参加发包人组织的图纸会审,向分包人进行设计图纸交底。

③提供合同专用条款中约定的设备和设施,并承担因此发生的费用。

④随时为分包人提供确保分包工程施工所要求的施工场地和通道等,满足施工运输的需要,保证施工期间的畅通。

⑤负责整个施工场地的管理工作,协调分包人与同一施工场地的其他分包人之间的交叉配合,确保分包人按照经批准的施工组织设计进行施工。

⑥承包人应做的其他工作,双方在合同专用条款内约定。

(2)承包人未履行上述各项义务,导致工期延误或给分包人造成损失的,承包人赔偿分包人的相应损失,顺延延误的工期。

9. 分包人的工作

分包人应按合同专用条款约定的内容和时间,完成下列工作:

(1)对分包工程进行设计(分包合同有约定时)、施工、竣工和保修。分包人在审阅分包合同和(或)总包合同时,或在分包合同的履行中,如发现分包工程的设计或工程建设标准、技术要求存在错误、遗漏、失误或其他缺陷,应立即通知承包人。

(2)完成合同专用条款规定的设计内容,报承包人确认后在分包工程中使用,承包人承担由此发生的费用。

(3)向承包人提供年、季、月度工程进度计划及相应进度统计报表。分包人不能按承包人批准的进度计划施工时,应根据承包人的要求提交一份修订的进度计划,以保证分包工程如期竣工。

(4)分包人应在约定的时间内,向承包人提交一份详细的施工组织设计,承包人在约定的时间内批准后,分包人方可执行。

(5)遵守政府有关主管部门对施工场地交通、施工噪音以及环境保护和安全文明生产等的管理规定,按规定办理有关手续,并以书面形式通知承包人,承包人承担由此发生的费用,因分包人责任造成的罚款除外。

(6)分包人应允许承包人、发包人、工程师及其三方中任何一方授权的人员在工作时间内,合理进入分包工程施工场地或材料存放的地点,以及施工场地以外与分包合同有关的分包人的任何工作或准备的地点,分包人应提供方便。

(7)已竣工工程未交付承包人之前,分包人应负责已完分包工程的成品保护工作,保护期间发生损坏,分包人应自费予以修复;若承包人要求分包人采取特殊措施保护的工程部位,应按照专用条款的约定追加合同价款。

(8)分包人应做的其他工作,双方在合同专用条款内约定。

分包人未履行上述各项义务,造成承包人损失的,分包人赔偿承包人有关损失。

10. 总包合同解除

若在分包人没有全面履行分包合同义务之前,总包合同解除,则承包人应及时通知分包人解除分包合同,分包人接到通知后应尽快撤离现场。

因总包合同解除的原因终止分包合同,分包人可以得到已完工程价款、分包人员工的遣散费、二次搬运费等补偿。如果总包合同终止是因为分包人的严重违约,则只能得到已完工程价款补偿。

在上述情况下,分包人经承包人同意为分包工程已采购或已运至施工场地的材料设备,应全部移交给承包人,费用由承包人按合同专用条款约定的价格支付给分包人。

11. 工程转包

工程转包,是指不行使承包人的管理职能,不承担技术经济责任,将所承包的工程倒手转给他人承包的行为。分包人经承包人同意可以将劳务作业再分包给具有相应劳务分包资质的劳务分包企业。否则,分包人不得将其承包的分包工程转包给他人,也不得将其承包的分包工程的全部或部分再分包给他人;若分包人将其承包的分包工程转包或再分包,则被视为违约,并承担违约责任。分包人应对再分包的劳务作业的质量等相关事宜进行督促和检查,并承担相关连带责任。

下列行为均属工程转包:

(1)承包人将其承包的工程全部包给其他施工单位的;

(2)承包人将其承包的工程的主要部分或群体工程(指结构技术要求相同的)中半数以上的单位工程包给其他施工单位的;

(3)分包单位将承包的工程再次分包给其他施工单位的。

12. 工期

(1)开工与延期开工。

①分包人应当按照约定的日期开工。分包人不能按时开工的,应当不迟于约定的开工日期前5日以书面形式向承包人提出延期开工的理由,承包人应当在接到延期开工申请后的48小时内以书面形式答复分包人。承包人在接到延期开工申请后48小时内不答复,视为同意分包人要求,工期相应顺延。承包人不同意延期要求或分包人未在规定时间内提出延期开工要求,工期不予顺延。

②因承包人原因不能按照约定的日期开工,项目经理应以书面形式通知分包人,推迟开工日期。承包人赔偿分包人因延期开工造成的损失,并相应顺延工期。

(2)工期延误。因下列原因之一造成分包工程工期延误,经项目经理确认,工期相应顺延:①承包人根据总包合同从工程师处获得与分包合同相关的竣工时间延长;②承包人未按约定提供图纸、开工条件、设备设施、施工场地;③承包人未按约定日期支付工程预付款、进度款,致使分包工程施工不能正常进行;④项目经理未按分包合同约定提供所需的指令、批准或所发出的指令错误,致使分包工程施工不能正常进行;⑤非分包人原因的分包工程范围内的工程变更及工程量增加;⑥不可抗力;⑦合同专用条款中约定的或项目经理同意工期顺延的其他情况。

分包人应在上述约定情况发生后14日内,就延误的工期以书面形式向承包人提出报告。承包人在收到报告后14日内予以确认,逾期不予确认也不提出修改意见,视为同意顺延工期。

13. 质量与安全

(1)质量检查与验收。

①分包工程质量应达到合同约定的工程质量标准。因分包人原因导致工程质量达不到约定的质量标准,分包人应承担违约责任,违约金计算方法或额度在合同专用条款内约定。

分包人应就分包工程向承包人承担总包合同约定的承包人应承担的义务,但并不免除承包人根据总包合同应承担的总包质量管理的责任。

②分包人应允许并配合承包人或工程师进入分包人施工场地检查工程质量。

(2)安全施工。分包人应遵守工程建设安全生产有关管理规定,严格按照安全标准组织施工,承担由于自身安全措施不力造成事故的责任和因此发生的费用。

14. 施工专业分包合同管理中应注意的问题

(1)签订分包合同应注意的问题。

①分包合同签订前应得到业主的批准,否则不得将承包工程的任何部分进行分包。分包虽经业主批准,但并不能免除总承包方相对于业主的任何责任及义务。

②分包单位资格应与分包工程相符。总承包商应审核分包单位的营业执照、资质、业绩、拟分包工程的内容和范围以及分包单位专职管理人员和特种作业人员的资格证、上岗证。

③下列行为属于违法行为:总承包商不行使承包人的管理职能;不承担技术经济责任;将所承包的工程转包给他人。

④分包合同的签订原则：与总承包合同条款一致原则；平等互利原则。

⑤分包合同应条款清晰、责权明确、内容齐全严密，价格、安全、质量和工期目标明确。

⑥分包合同的签订人应为法人或法人代表委托人，合同内容合法，否则合同无效。

⑦分包合同应采用书面形式。

⑧为保障合同目标的实现，合同条款对分包方提出了较多约束，但总承包方要为分包方提供服务与指导，尽量为分包方创造施工条件，帮助分包方降低成本，实现预期效益，以有利于顺利实现合同目标。

(2)总承包人审核分包合同应注意的问题。

①风险转嫁。对于发包人在总承包合同中提出的强制性要求，应将其对应逐条写入分包合同，从而转嫁风险，以避免发生承包人必须对业主承担责任却无法相应追究分包人责任的情况。

②工期。可以在分包合同中明确不因任何原因调整分包工程工期。

③工程造价。可以在分包合同中约定闭口价或单价包干，从而固定分包工程价格，避免工程分包价款波动风险或者失控。

④诉讼管辖。约定一旦发生诉讼，由承包人住所地法院或仲裁机构管辖。

⑤合同的约定。签订分包合同时，约定得越详细越好，以避免发生纠纷。

(3)分包合同履行中应注意的问题。

①及时做好合同变更。在合同签订完后，在履行过程中需要根据工程实际情况的变化，及时签订补充协议或者变更原合同。

②关于分包工程中施工机械租赁和材料供应的问题。在分包工程中，机械设备和工程材料的供应一般有两种情况：发包人提供或总承包人提供；分包人自行采购或租赁。如果由总承包人提供，则总承包方一定要督促分包方办理签收手续；如果由发包人提供，则要求分包人在由其使用的材料上与总承包人共同签字确认，同时要妥善保管这些签收凭证。这些凭证说明了分包人使用的材料和设备，在决算时可以从其应付款中抵扣。

③关于分包方的工程量签证问题。目前，由于建筑工程造价普遍偏低，分包人上报签证量时，往往会采用抬高签证量的做法，因此，应对分包方的签证进行审核，以避免纠纷。

④注意保留合同履行过程中的文件资料等凭证。合同履行中的书面签证、来往文件、文书、传真等都是合同的组成部分，如果发生争议，这些都是事实依据。

➤ 7.1.2 建设工程施工劳务分包合同管理

1. 劳务分包合同的概念

劳务分包，又称劳务作业分包，指施工总承包企业或专业承包企业即劳务作业发包人将其承包工程的劳务作业发包给劳务承包企业即劳务作业承包人完成的活动。劳务作业分包，无需经发包人或总承包人的同意。业主不得指定劳务作业承包人，劳务分包人也不得将该合同项下的劳务作业转包或再分包给他人。

原建设部和国家工商行政管理总局于 2003 年 8 月联合发布了《建设工程施工劳务分包合同（示范文本）》，其主要内容包括：劳务分包人资质情况，劳务分包工作对象及提供的劳务内容，分包工作期限，质量标准，合同文件及解释顺序，标准规范，总(分)包合同，图纸，项目经理，工程承包人义务，劳务分包人义务，安全施工与检查，安全防护，事故处理，保险，材料、设备供应，劳务报酬，工时及工程量的确认，劳务报酬的中间支付，施工机具、周转材料供应，施工变更，施工验收，施工配合，劳务报酬最终支付，违约责任，索赔，争议，禁止转包或再分包，不可抗力，文物和地下障碍物，合同解除,合同终止,合同份数及补充条款共34条。

2. 劳务分包合同订立管理

(1)劳务分包人资质情况。在合同中明确劳务分包人的资质证书号码、发证机关、资质专业及等级以及复审时间及有效期。

(2)劳务分包工作对象及提供劳务内容。在合同中注明工程名称、工程地点、分包范围以及具体的提供分包劳务内容。

(3)分包工作期限。在合同中明确开始工作日期、结束工作日期以及总日历工作天数。

(4)工程质量。按总(分)包合同有关质量的约定、国家现行的《建筑安装工程施工及验收规范》和《建筑安装工程质量评定标准》,在合同中明确本工作必须达到的质量评定等级。

(5)合同文件及解释顺序。组成本合同的文件及优先解释顺序如下:①合同示范文本;②合同示范文本附件;③工程施工总承包合同;④工程施工专业承(分)包合同。

3. 劳务分包合同履行管理

(1)工程承包人义务。

①组建与工程相适应的项目管理班子,全面履行总(分)包合同,组织实施施工管理的各项工作,对工程的工期和质量向发包人负责。

②除另有约定,工程承包人完成劳务分包人约定施工日期前的下列工作并承担相应费用:向劳务分包人交付具备劳务作业开工条件的施工场地,说明具备开工条件的施工场地的交付要求;完成水、电、热、电讯等施工管线和施工道路,并满足完成劳务作业所需的能源供应、通讯及施工道路畅通的时间和质量要求;向劳务分包人提供相应的工程地质和地下管网线路资料;完成办理下列工作手续(包括各种证件、批件、规费,但涉及劳务分包人自身的手续除外):向劳务分包人提供相应的水准点与坐标控制点位置,并明确其交验要求与保护责任,以及向劳务分包人提供相应的生产、生活临时设施,并明确其交验要求与保护责任。

③负责编制施工组织设计,统一制定各项管理目标,组织编制年、季、月施工计划、物资需用量计划表,实施对工程质量、工期、安全生产、文明施工,计量析测、实验化验的控制、监督、检查和验收。

④负责工程测量定位、沉降观测、技术交底,组织图纸会审,统一安排技术档案资料的收集整理及交工验收。

⑤统筹安排、协调解决非劳务分包人独立使用的生产、生活临时设施、工作用水、用电及施工场地。

⑥按时提供图纸,及时交付应供材料、设备,提供施工机械设备、周转材料、安全设施以保证施工需要。

⑦按合同约定,向劳务分包人支付劳动报酬。

⑧负责与发包人、监理、设计及有关部门联系,协调现场工作关系。

(2)劳务分包人义务。

①对劳务分包范围内的工程质量向工程承包人负责,组织具有相应资格证书的熟练工人投入工作;未经工程承包人授权或允许,不得擅自与发包人及有关部门建立工作联系;自觉遵守法律法规及有关规章制度。

②劳务分包人根据施工组织设计总进度计划的要求,每月底前约定日期提交下月施工计划,有阶段工期要求的提交阶段施工计划,必要时按工程承包人要求提交旬、周施工计划,以及与完成上述阶段、时段施工计划相应的劳动力安排计划,经工程承包人批准后严格实施。

③严格按照设计图纸、施工验收规范、有关技术要求及施工组织设计精心组织施工,确保工程质量达到约定的标准;科学安排作业计划,投入足够的人力、物力,保证工期;加强安全教育,认真执行安全技术规范,严格遵守安全制度,落实安全措施,确保施工安全;加强现场管理,严格执行建设主管部门及环保、消防、环卫等有关部门对施工现场的管理规定,做到文明施工;承担由于自身责任造成的质量修改、返工、工期拖延、安全事故、现场脏乱造成的损失及各种罚款。

④自觉接受工程承包人及有关部门的管理、监督和检查;接受工程承包人随时检查其设备、材料的保管和使用情况,及其操作人员的有效证件、持证上岗情况;与现场其他单位协调配合,照顾全局。

⑤按工程承包人统一规划堆放材料、机具,按工程承包人标准化工地要求设置标牌,搞好生活区的管理,做好自身责任区的治安保卫工作。

⑥按时提交报表、完整的原始技术经济资料,配合工程承包人办理交工验收。

⑦做好施工场地周围建筑物、构筑物和地下管线以及已完工程部分的成品保护工作;因劳务分包人责任发生损坏,劳务分包人自行承担由此引起的一切经济损失及各种罚款。

⑧妥善保管、合理使用工程承包人提供或租赁给劳务分包人使用的机具、周转材料及其他设施。

⑨除非另有约定,劳务分包人应对其作业内容的实施、完工负责,劳务分包人应承担并履行总(分)包合同约定的、与劳务作业有关的所有义务及工作程序。

(3)安全施工与检查。

①劳务分包人应遵守工程建设安全生产有关管理规定,严格按安全标准进行施工,并随时接受行业安全检查人员依法实施的监督检查,采取必要的安全防护措施,消除事故隐患。由于劳务分包人安全措施不力造成事故的责任和因此而发生的费用,由劳务分包人承担。

②工程承包人应对其在施工场地的工作人员进行安全教育,并对他们的安全负责。工程承包人不得要求劳务分包人违反安全管理的规定进行施工。因工程承包人原因导致的安全事故,由工程承包人承担相应责任及发生的费用。

(4)安全防护。

①劳务分包人在动力设备、输电线路、地下管道、密封防震车间、易燃易爆地段以及临街交通要道附近施工时,施工开始前应向工程承包人提出安全防护措施,经工程承包人认可后实施,防护措施费用由工程承包人承担。

②实施爆破作业,在放射、毒害性环境中工作(含储存、运输、使用)及使用毒害性、腐蚀性物品施工时,劳务分包人应在施工前10日以书面形式通知工程承包人,并提出相应的安全防护措施,经工程承包人认可后实施,由工程承包人承担安全防护措施费用。

③劳务分包人在施工现场内使用的安全保护用品(如安全帽、安全带及其他保护用品),由劳务分包人提供使用计划,经工程承包人批准后,由工程承包人负责供应。

(5)事故处理。

①发生重大伤亡及其他安全事故,劳务分包人应按有关规定立即上报有关部门并报告工程承包人,同时按照国家有关法律、行政法规的规定对事故进行处理。

②劳务分包人和工程承包人对事故责任有争议时,应按相关规定处理。

(6)保险。

①劳务分包人施工开始前,工程承包人应获得发包人为施工场地内的自有人员及第三人人员生命财产办理的保险,且不需劳务分包人支付保险费用。

②运至施工场地用于劳务施工的材料和待安装设备,由工程承包人办理或获得保险,且不需劳务分包人支付保险费用。

③工程承包人必须为租赁或提供给劳务分包人使用的施工机械设备办理保险,并支付保险费用。

④劳务分包人必须为从事危险作业的职工办理意外伤害保险,并为施工场地内自有人员生命财产和施工机械设备办理保险,支付保险费用。

⑤保险事故发生时,劳务分包人和工程承包人有责任采取必要的措施,防止或减少损失。

(7)材料、设备供应。

①劳务分包人应在接到图纸后的约定时间内,向工程承包人提交材料、设备、构配件供应计划;经确认后,工程承包人应按供应计划要求的质量、品种、规格、型号、数量和供应时间等组织货源并及时交付;需要劳务分包人运输、卸车的应及时进行,费用另行约定。如质量、品种、规格、型号不符合要求,劳务分包人应在验收时提出,工程承包人负责处理。

②劳务分包人应妥善保管、合理使用工程承包人供应的材料、设备。因保管不善发生丢失、损坏,劳务分包人应赔偿,并承担因此造成的工期延误等发生的一切经济损失。

③工程承包人委托劳务分包人采购低值易耗性材料的费用,由劳务分包人凭采购凭证,另加合同约定的管理费向工程承包人报销。

(8)劳务报酬。合同约定工程的劳务报酬采用下列任何一种方式计算:

①固定劳务报酬(含管理费);

②约定不同工种劳务的计时单价(含管理费),按确认的工时计算;

③约定不同工作成果的计件单价(含管理费),按确认的工程量计算。

(9)工时及工程量的确认。

①采用固定劳务报酬方式的,施工过程中不计算工时和工程量。

②采用按确定的工时计算劳务报酬的,由劳务分包人每日将提供劳务人数报工程承包人,由工程承包人确认。

③采用按确认的工程量计算劳务报酬的,由劳务分包人按月(或旬、日)将完成的工程量报工程承包人确认。对劳务分包人未经工程承包人认可,超出设计图纸范围和因劳务分包人原因造成返工的工程量,工程承包人不予计量。

(10)劳务报酬的中间支付。

①采用固定劳务报酬方式支付劳务报酬的,劳务分包人与工程承包人约定按支付方式:合同生效即支付预付款的数额;中间每次支付的时间和金额。

②采用计时单价或计件单价方式支付劳务报酬的,劳务分包人与工程承包人双方约定支付方式。

③本合同确定调整的劳务报酬、工程变更调整的劳务报酬及其他条款中约定的追加劳务报酬,应与上述劳务报酬同期调整支付。

➤ 7.1.3　工程分包合同与劳务分包合同的主要区别

(1)工程分包人是取得总包工程中的一部分非主体工程;工程劳务分包人是取得工程中的劳务,提供劳动力。

(2)工程分包单位以自己的劳动力、设备、原材料、管理等独立完成分包工程;劳务分包人提供的劳务即劳动力要和承包人的机具设备、原材料结合。承包单位提供技术和管理,共同完成建设工程。

(3)承包单位进行分包工程,需经过业主的同意;承包单位进行劳务分包不需要业主同意。

(4)工程分包人要对分包工程进行施工过程中的管理,工程承包人对分包人的管理是协调上的管理,基本上不干涉分包人的内部事务,承包人对分包人收取管理费;工程劳务分包人提供的劳动是工程承包人工程建设内容的一部分。属于工程承包人的内部劳动,工程承包人要对劳务分包人提供的劳动力进行直接管理,但不能收取管理费。

(5)工程分包人向工程承包人结算的是工程价款;劳务分包人向工程承包人结算的是工费,是按日的单价和工日的总数量进行结算的。

7.2 建设工程物资采购合同管理

▶ 7.2.1 建设工程物资采购合同概述

1. 建设工程物资采购合同的概念

建设工程物资采购合同,是指具有平等主体的自然人、法人、其他组织之间为实现建设工程物资买卖,设立、变更、终止相互权利义务关系的协议。依照协议,出卖人(简称卖方)转移建设工程物资的所有权于买受人(简称买方),买受人接受该项建设工程物资并支付价款。

工程项目建设阶段需要采购的物资种类繁多,合同形式各异,但根据合同标的物的不同,可将涉及的各种合同大致划分为建设工程物资采购合同和大型设备采购合同两大类。建设工程物资采购合同的标的物是工程建设所需的建筑材料和市场上可直接购买定型生产的中小型通用设备;而大型设备采购合同的标的物是工程项目所需的大型复杂设备。本节主要介绍建设工程物资采购合同。

2. 建设工程物资采购合同的特征

建设工程物资采购合同除具有买卖合同的一般特征外,还具有如下特征:

(1)物资采购合同应依据施工合同订立。施工合同中确立了关于物资采购的协商条款,发包方和承包方都应依据施工合同采购物资,因此,施工合同一般是订立建设工程物资采购合同的依据。

(2)物资采购合同以转移财物和支付价款为基本内容。采购合同内容繁多,条款复杂,但最为根本的是双方应尽的义务,即卖方按质、按量、按时将建设物资的所有权转归买方;买方按时、按量支付货款。

(3)物资采购合同的标的品种繁多,供货条件复杂。建设物资的特点在于品种、质量、数量和价格差异较大,有的数量庞大,有的技术要求高,因此,在合同中必须根据建设工程的需要对各种物资逐一明细。

(4)物资采购合同应实际履行。物资采购合同是根据施工合同订立的,其履行直接影响到施工合同的履行,因此,合同一旦订立,卖方义务一般不能解除,不允许卖方以支付违约金和赔偿金的方式代替合同的履行,除非合同的迟延履行对买方成为必要。

(5)物资采购合同应采用书面形式。建设工程物资采购合同的标的物用量大,质量要求复杂,且根据工程进度计划分期分批均衡履行,同时还涉及售后维修服务工作,所以合同履行周期一般较长,根据有关规定,应采用书面形式。

3. 建设工程物资采购合同的分类

建设工程物资采购合同属于买卖合同。建设工程物资种类多,不同种类的物资采购特点不同。

建设工程物资采购合同依据不同的标准可以分为以下几类：

(1)根据合同标的的性质不同分为材料采购合同和设备采购合同。材料采购合同是指以工程项目所需材料为标的、以材料买卖为目的,出卖人(简称卖方)转移材料的所有权于买受人(简称买方),买受人支付材料价款的合同;设备采购合同是指以工程项目所需设备为标的、以设备买卖为目的,出卖人(简称卖方)转移设备的所有权于买受人(简称买方),买受人支付设备价款的合同。

(2)根据物资的来源地不同分为国内采购合同和国际采购合同。国际采购是许多国际金融组织和外贸工程项目要求的采购方式。

(3)根据物资采购方式不同分为直接采购合同和招标采购合同。当物资的采购金额和规模较小时,发包人或承包人或分包人可以自行直接采购所需的物资;如果所需物资达到国家相关规定的要求或者根据采购人意愿,则可以通过招投标的方式采购物资。

(4)根据物资采购主体的不同分为发包人采购合同、承包人采购合同和分包人采购合同。根据工程项目管理模式,建设工程物资的采购人可以是发包人、承包人和分包人。

▷ 7.2.2 材料采购合同的订立及履行

1. 材料采购合同的订立方式

材料采购合同的订立可采用以下几种方式:

(1)公开招标。即由招标单位通过报刊、广播、电视等公开发布招标广告,邀请不特定的法人或者其他组织投标。大宗材料采购通常采用公开招标方式进行。

(2)邀请招标。即招标人以投标邀请书的方式邀请特定的法人或者其他组织投标。

(3)询价、报价、签订合同。物资买方向若干建材厂商发出询价函,要求他们在规定的期限内作出报价,在收到厂商的报价后,经过比较,选定报价合理的厂商并与其签订合同。

(4)直接订购。由材料买方直接向材料生产厂商或材料经营公司报价,生产厂商或材料经营公司接受报价、签订合同。

2. 材料采购合同的主要条款

依据《合同法》规定,材料采购合同的主要条款如下:

(1)双方当事人的名称、地址,法定代表人的姓名。委托代理的,应有授权委托书并注明委托代理人的姓名、职务等。

(2)合同标的。它是供货合同的主要条款,主要包括购销材料的名称(注明牌号、商标)、品种、型号、规格、等级、花色、技术标准等,这些内容均应符合施工合同的规定。

(3)技术标准和质量要求。质量条款应明确各类材料的技术要求、试验项目、试验方法、试验频率以及国家强制性标准、行业强制性标准。

(4)材料数量及计量方法。材料数量的确定由当事人协商,应以材料清单为依据,并规定交货数量的正负尾差、合理磅差和在途自然减(增)量和计量方法,计量单位采用国家规定的度量标准。计量方法按国家的有关规定执行;没有规定的,可由当事人协商执行。建筑材料数量的计量方法一般有理论换算计量、检斤计量和计件计量,应在合同中注明具体采用何种方式,并明确规定相应的计量单位。

(5)材料的包装。材料的包装是保护材料在储运过程中免受损坏所不可缺少的环节。材料的包装条款包括包装的标准、包装物的供应及回收。

(6)材料交付方式。材料交付可采取送货、自提和代运等方式。由于工程用料数量大、体积大、品种繁杂、时间性较强,当事人应采取合理的交付方式,明确交货地点,以便及时、准确、安全、经济地履行合同。

(7)材料的交货期限。材料的交货期限应在合同中明确约定。

(8)材料的价格。材料的价格应在订立合同时明确,可以是约定价格,也可以是政府指定价或指导价。

(9)结算。结算指买卖双方对材料货款、实际交付的运杂费和其他费用进行货币结算和了结的一种形式。

(10)违约责任。在合同中,当事人应对违反合同所负的经济责任作出明确规定。

(11)特殊条款。如果双方当事人对一些特殊条件或要求达成一致意见,也可在合同中明确规定,成为合同的条款。

(12)争议的解决方式。一般先通过协商、调解的方式解决,调解不成的可申请仲裁或依法向人民法院起诉。

当事人对以上条款达成一致意见并形成书面协议后,经当事人签名盖章即产生法律效力。如果行政规定或当事人要求签证或公证的,则经签证机关或公证机关盖章后方可生效。例如,我国一些地方行政命令规定商品混凝土等大宗工程材料的采购合同需要经过政府部门备案审查方可生效。

3. 材料采购合同的履行

材料采购合同订立后,应依《合同法》的规定全面、实际地履行。

(1)按约定的标的履行。卖方交付的货物的名称、品种、规格、型号必须与合同规定相一致,除非买方同意,否则不允许以其他货物代替合同标的,也不允许以支付违约金或赔偿金的方式代替履行合同。

(2)按合同规定的期限、地点交付货物。交付货物的日期应在合同规定的交付期限内,交付地点应在合同指定的地点。实际交付的日期早于或迟于合同规定的交付期限的,即视为提前交付或逾期交付。提前交付的,买方可拒绝接受。逾期交付的,卖方应当承担逾期交付的责任。如果逾期交货,买方不再需要,应在接到卖方交货通知后 15 日内通知卖方,逾期不答复的,视为同意延期交货。

(3)按合同规定的数量和质量进行验收。对于交付货物的数量,应当当场检验,清点账目后,由双方当事人签字。

(4)违约责任。

①卖方的违约责任。卖方不能按合同约定交货的,应向买方支付违约金;卖方所交货物质量与合同规定不符的,应根据情况由卖方负责包换、包退,并赔偿由此造成的买方损失;卖方承担不能按合同规定期限交货的责任或提前交货的责任。

②买方的违约责任。买方中途退货的,应向卖方偿付违约金;逾期付款的,应按合同约定的计算办法支付逾期付款利息;延误提供包装物的,除交货日期予以顺延外,还应比照逾期付款的规定支付相应的违约金;货物交接地点错误的,所产生的后果均由买方承担。

4. 不当履行合同的处理

卖方多交标的物的,买方可以接收或者拒绝接收多交部分。买方接收多交部分的,按照合同的价格支付价款;买方拒绝接收多交部分的,应及时通知出卖人。

标的物在交付之前产生的孳息,归卖方所有;交付之后产生的孳息,归买方所有。

因标的物的主物不符合约定而解除合同的,解除合同的效力及于从物;因标的物的从物不符合约定而解除合同的,解除合同的效力不及于主物。

➤ 7.2.3　设备采购合同的订立及履行

1. 建设工程中的设备供应方式

建设工程中的设备供应方式主要有以下三种：

(1)委托承包。由设备成套公司根据发包单位提供的成套设备清单进行承包供应，并收取一定的成套业务费，其费率由双方根据设备供应的时间、供应的难度、是否需要进行技术咨询和开展现场服务的范围等情况商定。

(2)按设备包干。根据发包单位提出的设备清单及双方核定的设备预算总价，由设备成套公司承包供应。

(3)招标投标。发包单位对需要的成套设备进行招标，设备成套公司参加投标，按照中标价格承包供应。

2. 设备采购合同的内容

设备采购合同通常采用标准合同格式，其内容可分为以下三部分：

(1)约首。即合同的开头部分，包括项目名称、合同号、签约日期、签约地点、双方当事人名称或姓名、地址等条款。

(2)正文。即合同的主要内容，包括合同文件、合同范围和条件、货物及数量、合同金额、付款条件、交货时间和交货地点、验收方法、现场服务、保修内容、合同生效等条款。其中合同文件包括合同条款、投标格式和投标人提交的投标报价表、要求一览表(含设备名称、品种、型号、规格、等级等)、技术规范、履约保证金、规格响应表、买方授权通知书等；货物及数量(含计量单位)、交货时间和交货地点等均在要求一览表中明确；合同金额指合同的总价，分项价格则在投标报价表中确定。

(3)约尾。即合同的结尾部分，规定本合同生效条件，具体包括双方的名称、签字盖章及签字时间、地点等。

3. 设备采购合同的条款

(1)技术规范。除应注明成套设备系统的主要技术性能外，还要在合同后附上说明各部分设备的主要技术标准和技术性能的文件。提供和交付的货物的技术规范应与合同文件的规定相一致。

(2)专利权。若合同中的设备涉及某些专利权的使用问题，卖方应保证买方在使用该货物或其他任何一部分时不被第三方提出侵犯其专利权、商标权和工业设计权的起诉。

(3)包装要求。卖方提供的货物包装应符合运输、装卸、仓储要求，确保货物完全无损地运抵现场，并在每个包装箱内附一份详细装箱单和质量合格证，在包装箱表面作醒目的标志。

(4)装运条件及装运通知。卖方应在合同规定的交货期前 30 日以电报或电传形式将合同号、货物名称、数量、包装箱号、总毛重、总体积和备妥交货日期通知买方。同时，应用挂号信将详细交货清单以及货物运输、仓储的特殊要求、注意事项通知买方。卖方在货物装完 24 小时内以电报或电传的方式通知买方。

(5)保险。根据合同采用的不同价格，由不同当事人办理保险业务。出厂价合同，货物装运后由买方办理保险；目的地交货价合同，由卖方办理保险。

(6)交付。合同中应规定卖方交付设备的期限、地点、方式，并规定买方支付货款的时间、数额、方式。卖方按合同规定履行义务后，可按买方提供的单据，将一套交付资料寄给买方，并在发货时另行随货物发运一套。

(7)质量保证。卖方须保证货物是全新的、未使用过的，完全符合合同规定的质量、规格和性能要求。

(8)检验与保修。在发货前,卖方应对货物的质量、规格、性能、数量和重量等进行准确而全面的检验,并出具证书,但检验结果不能视为最终检验。成套设备的安装是一项复杂的工程,安装成功后,试车是关键,因此,合同中应详细注明成套设备的验收方法,买方应在项目成套设备安装后才能验收。某些必须安装运转后才能发现内在质量缺陷的成套设备,一般可在运转之日起 6 个月内提出异议。成套设备是否保修、保修期限、费用负担等都应在合同中明确规定。

(9)违约罚款。在履行合同过程中,卖方如果遇到不能按时交货或提供服务的情况,应及时以书面形式通知买方,并说明不能交货的理由及延误时间。买方在收到通知后,可通过修改合同酌情延长交货时间。如果卖方毫无理由地拖延交货,买方可没收履约保证金,并加收罚款或终止合同。

(10)不可抗力。发生不可抗力事件后,受事故影响一方应及时书面通知另一方,双方协商延长合同履行期限或解除合同。

(11)履约保证金。卖方应在收到中标通知书 30 日内,通知银行向买方提供相当于合同总价10%的履约保证金,其有效期到货物保证期满为止。

(12)争议的解决。执行合同中发生的争议,双方应通过友好协商解决,如协商不能解决,当事人可通过仲裁解决或诉讼解决,具体解决方式应在合同中明确规定。

(13)破产终止合同。卖方破产或无清偿能力时,买方可以书面形式通知卖方终止合同,并有权请求卖方赔偿有关损失。

(14)转让或分包。双方应就卖方能否完全或部分转让其应履行的合同义务达成一致意见。

(15)其他。包括合同生效时间、合同正副本份数、修改或补充合同的程序等。

4. 设备采购合同的履行

(1)交付货物。卖方应按合同规定,按时、按质、按量地履行供货义务,并做好现场服务工作,及时解决有关设备的技术、质量、缺损件等问题。

(2)验收交货。买方应及时对卖方交付的货物进行验收,依据合同规定对设备的质量及数量进行核实检验,如有异议,应及时与卖方协商解决。

(3)结算。买方检验卖方交付的货物没有发现问题时,应按合同的规定及时付款;如果发现问题,在卖方及时处理达到合同要求后,也应及时履行付款义务。

(4)违约责任。在合同履行过程中,任何一方都不应借故延迟履约或拒绝履行合同义务,否则,应追究违约当事人的法律责任。

①卖方交货不符合合同规定的,如交付的设备不符合合同规定,或交付的设备未达到质量、技术要求,或数量、交货日期等与合同规定不符,卖方应承担违约责任。

②卖方中途解除合同的,买方可采取合理的补救措施,并要求卖方赔偿损失。

③买方在验收货物后,不能按期付款的,应按中国人民银行有关延期付款的规定交付违约金。

④买方中途退货的,卖方可采取合理的补救措施,并要求买方赔偿损失。

7.3　大型设备采购合同管理

7.3.1　大型设备采购合同概述

1. 大型设备采购合同的概念

大型设备采购合同是指采购方(通常是业主,也可能是承包商)与供货方(大多为生产厂家,也可能是供货商)为提供工程项目所需的大型复杂设备而签订的合同。

大型设备采购合同的标的物可能是非标准产品,需要专门加工制作,也可能虽为标准设备,但技术复杂而市场需求量较小,一般没有现货供应,待双方签订合同后由供货方专门进行加工制作。

2. 物资采购合同与大型设备采购合同的区别

(1)物资采购合同的标的是物的转移,而大型设备采购合同的标的是完成约定的工作,并表现为一定的劳动成果;大型设备采购合同的定作物是供货方按照采购方提出的特殊要求加工制造的,或虽有定型生产的设计和图纸,但不能大批量生产。

(2)物资采购合同的标的物可以是在合同成立时已经存在或不存在;而大型设备采购合同的标的物,必须是合同成立后供货方依据采购方的要求而制造的特定产品,它在合同签订前不存在。

(3)物资采购合同的采购方只能在合同约定期限到来时要求供货方履行,一般无权过问供货方是如何组织生产的;而大型设备采购合同的供货方必须按照采购方交付的任务和要求去完成工作,在不影响供货方正常制造的情况下,采购方还要对加工制造过程中的质量和期限等进行检查和监督。

(4)物资采购合同中订购的货物不一定是供货方自己生产的;而大型设备采购合同则要求供货方必须用自己的劳动、设备、技能独立完成定作物的加工制造。

(5)物资采购合同的供货方按质、按量、按期将订购货物交付采购方后即完成了合同义务;而在大型设备采购合同中,供货方不仅要按质、按量、按期将订购货物交付采购方,采购方可能还会要求供货方承担设备安装服务,或在其他承包商进行设备安装时负责协助、指导等合同约定的服务,以及对生产技术人员的培训服务等内容。

(6)当为采购一般建筑材料或设备而订立物资采购合同时,采购方一般可以选用公开招标、邀请招标、询价—报价—签订合同和直接订购等方式之一挑选供货商;但大型设备采购合同由于标的物的特殊性,要求供货方应具备一定的资质条件,以及相应的加工技术能力,因此均应采用公开招标或邀请招标的方式来确定供货方。

3. 大型设备采购合同条款的主要内容

当事人双方在合同内根据具体订购设备的特点和要求,约定以下几方面的内容:合同中的词语定义;合同标的;供货范围;合同价格;付款;交货和运输;包装与标记;技术服务;质量监造与检验;安装、调试和验收;保证与索赔;保险;税费;分包与外购;合同的变更、修改、中止和终止;不可抗力;合同争议的解决;其他。

4. 大型设备采购合同的主要附件

为了对合同中某些约定条款涉及内容较多部分作出更为详细的说明,还需要编制一些附件作为合同的一个组成部分。附件通常可能包括:技术规范,供货范围,技术资料的内容和交付安排,交货进度,监造、检验和性能验收试验,价格表,技术服务的内容,分包和外购计划,大部件说明表,等。

▷7.3.2 设备监造

1. 设备监造的概念及方式

(1)设备监造的概念。设备监造也称为设备制造监理,指在设备制造过程中采购方委托有资质的监造单位派出驻厂代表,对供货方提供合同设备的关键部位进行质量监督。但设备监造不解除供货方对合同设备质量应负的责任。

(2)设备监造方式。设备监造实行现场见证和文件见证两种方式。

①现场见证的形式包括:以巡视的方式监督生产制造过程;接到供货方的通知后,参加合同内规定的中间检查试验和出厂前的检查试验;在认为必要时,有权要求进行合同内没有规定的检验。

②文件见证指对所进行的检查或检验认为质量达到合同规定的标准后,在检查或试验记录上

签署认可意见,以及就制造过程中有关问题发给供货方的相关文件。

2.供货方的义务

(1)在合同约定的时间内向采购方提交订购设备的设计、制造和检验的标准,如标准、图纸、资料和工艺要求等。

(2)合同设备开始投料制造时,向监造代表提供整套设备的生产计划。

(3)每个月末均应提供月报表,说明本月包括工艺过程和检验记录在内的实际生产进度,以及下一月的生产、检验计划。中间检验报告需说明检验的时间、地点、过程和试验记录,以及不一致性原因分析和改进措施。

(4)在监造过程中,监造代表如果发现设备和材料与合同规定不符而提出意见并暂不予以签字时,供货方需采取相应改进措施,以保证交货质量。无论监造代表是否要求或是否知道,供货方均有义务主动及时地向其提供合同设备制造过程中出现的较大的质量缺陷和问题,不得隐瞒,不得擅自处理。

(5)监造代表发现重大问题要求停工检验时,供货方应当停工检验。

(6)为监造代表提供工作、生活等必要的方便条件。

(7)供货方所供应的所有合同设备、部件(包括分包与外购部分)的所有检验、试验和总装(装配),必须有正式的记录文件,否则不能出厂发运。这些正式记录文件和合格证明提交给监理,作为技术资料的一部分存档。此外,供货方还应在随机文件中提供合格证和质量证明文件。

3.采购方的义务

(1)审查并签字认可供货方在合同设备开始投料制造前提交的整套设备的生产计划。

(2)尽量结合供货方工厂实际生产过程,进行制造现场的监造检验和见证,不应影响正常的生产进度(不包括发现重大问题时的停工检验)。

(3)监造代表应按时参加合同规定的检查和实验。若监造代表不能按供货方通知的时间及时到场,供货方的试验工作可以正常进行,试验结果有效。若供货方未及时通知监造代表而单独检验,需方将不承认该检验结果,供货方必须在需方代表在场的情况下进行该项试验。

4.对制造质量的监督

(1)监造的内容。具体内容可能包括监造的部套(由订购范围确定)、每套的监造内容、监造方式、检验的数量等。

(2)检查和试验的范围。包括:①原材料和元器件的进厂检验;②部件的加工检验和实验;③出厂前预组装检验;④包装检验。

➤ 7.3.3 现场交货

1.准备工作

(1)供货方的义务。

①供货方应在发运前合同约定的时间内向采购方发出通知,以便对方做好接货准备工作。

②供货方负责设备运输时,应向承运部门办理申请发运设备所需的运输工具计划,负责合同设备从供货方到现场交货地点的运输。

③供货方在每批货物备妥及装运车辆(船)发出24小时内,应以电报或传真将该批货物的如下内容通知采购方:合同号;机组号;货物备妥发运日期;货物名称及编号和价格;货物总毛重;货物总体积;总包装件数;交运车站(码头)的名称;车号(船号)和运单号;重量超过20吨或尺寸超过9米×3米×3米的每件特大型货物的名称、重量、体积和件数,以及对每件该类设备(部件)还必须标明

重心和吊心位置,并附有草图。

(2)采购方的义务。

①采购方应在接到提设备通知后做好现场接货的准备工作,并按时到运输部门提货。

②如果由于采购方原因要求供货方推迟设备发货,应及时通知对方,并承担因此发生的费用。

2.设备交付

(1)交付的方式。设备交付可以分为采购方到合同约定地点自提设备和供货方负责将设备送到指定地点两大类,而供货方送货又分为将设备负责送到现场和委托运输部门代运两种方式。为了明确设备的运输责任,应在相应条款内写明所采用的交提设备方式、交提设备地点、接收单位的名称等。

(2)交付的期限。合同履行过程中,判定是否如期交(提)设备,依照约定的交提设备方式不同,可能有以下几种情况:①供货方送设备到现场的交设备日期,以采购方接受设备时在设备单上签收的日期为准;②供货方负责代运设备,以发设备时承运部门签发设备单上的戳记日期为准;③采购方自提产品,以供货方通知提货的日期为准。但在供货方的提设备通知中,应给对方预留合理必要的途中时间。

3.到货检验

设备采购合同验收条款应明确以下内容:

(1)检验依据。双方签订的采购合同;供货方提供的发货单、计量单、装箱单及其他有关凭证;合同约定质量标准的写明执行的标准代号、标准名称;产品合格证、检验单;图纸、样品或其他技术证明文件。

(2)对设备的数量和质量进行检验。数量可以很容易验收,但是设备的质量要等到运行后才能检验,因此对某些必须安装运转后才能发现内在质量缺陷的设备,应于合同内规定缺陷责任期或保修期。在此期间内,凡检测不合格的物资和设备,均由供货方负责;若采购方在规定时间内未提出质量异议,供货方不再负任何责任。

(3)对设备提出异议的时间和办法。合同内应具体写明采购方对不合格产品提出异议的时间和拒付货款的条件。在采购方提出的书面异议中,应说明检验情况,出具检验证明和对不符合规定产品提出的具体处理意见。

▷ 7.3.4 设备安装调试和验收

1.设备安装调试

依照大型设备采购合同,供货方应完成一定的设备工程安装调试任务,采购方应提供必要的条件并支付工程价款。

设备工程安装调试过程中,代表采购方进行管理的是设备监理师,设备监理师可以是采购方委派的采购方代表,也可以是监理单位委派的设备监理师。

(1)供货方的现场服务。按照合同约定的不同,设备安装工作可以由供货方负责,也可以在供货方提供必要的技术服务条件下由采购方承担。如果由采购方负责设备安装,供货方应提供的现场服务一般包括以下内容:

①派出必要的现场服务人员,进行指导安装和调试、处理设备的质量问题、参加试车和验收试验等。

②技术交底。安装和调试前,供货方的技术人员应向安装施工人员进行技术交底,讲解和示范将要进行的工作程序和方法。

③重要安装、调试的工序。重要工序须经供货方现场技术服务人员签字确认。若采购方未按供货方的技术资料规定和现场技术服务人员的指导、签字确认进行安装、调试,出现问题后则由采购方自行负责(设备质量问题除外);若因供货方技术资料规定和现场技术服务人员的指导、签字确认错误而出现问题,则由供货方承担责任。设备安装完毕后的调试工作由供货方的技术服务人员负责,或采购方的人员在其指导下进行。

(2)采购方义务。

①采购方应根据约定的内容和时间,分阶段或一次性完成办理土地征用、拆迁补偿、平整安装调试场地等工作,使安装调试场地具备安装调试条件,并在开工后继续解决以上事项的遗留问题。

②保证安装调试所需水、电、电讯线路能满足安装调试期间的需要。

③保证安装调试期间运输的畅通。

④向供货方提供安装调试场地的工程地质和地下管线资料,保证数据真实,位置准确,对资料的真实性负责。

⑤办理安装调试许可证和临时用地、停水、停电、中断道路交通、爆破作业以及可能损坏道路、管线、电力、通讯等公共设施的法律、法规规定的申请批准手续及其他安装调试所需的证件。

⑥采购方应做的其他工作,双方在合同中约定。

2. 设备验收

(1)启动试车。安装调试完毕后,双方共同参加启动试车的检验工作。试车分无负荷空运和带负荷运行两个阶段,且每一阶段均应按技术规范要求的程序维持一定的时间,以检验设备的质量。检验合格后,双方在验收文件上签字,正式移交给采购方。若检验不合格,若属于供货方原因,则由供货方负责修理、更换并承担所有费用;若属于采购方原因,则由采购方负责拆除后纠正缺陷。

(2)性能验收。性能验收又称为性能指标达标考核。合同中通常约定设备移交试生产稳定运行多长时间后进行性能测试。由于在合同规定的性能验收时间内采购方已正式投产运行,所以这项验收试验由采购方负责,供货方参加。

性能验收试验完毕,每套合同设备都达到合同规定的各项性能指标保证值后,采购方与供货方共同会签合同设备初步验收证书,以证明供货方所提供的合同设备性能和参数截至出具初步验收证明时可以按合同要求予以接受,但不能视为解除供货方对合同设备中存在的可能引起合同设备损坏的潜在缺陷所应负责任的证据。所谓潜在缺陷是指设备的隐患在正常情况下不能在制造过程中被发现。当发现这类潜在缺陷时,供货方应按照合同的规定进行修理或调换。

(3)最终验收。

①合同内应约定具体的设备保证期限。保证期从签发初步验收证书之日起开始计算。在保证期内的任何时候,如果由于供货方责任而需要进行的检查、试验、修理或调换,供货方应负担修理或调换的费用,并按实际修理或更换使设备停运所延误的时间将保证期限相应延长。

②合同保证期满后,采购方应在合同规定时间内向供货方出具合同设备最终验收证书。

③从每套合同设备最后一批交货到达现场之日起,如果因采购方原因在约定时间内未进行试运行和性能验收试验,期满后即视为通过最终验收。

➤ 7.3.5　合同价格与支付

1. 合同价格

设备采购合同通常采用固定总价合同,合同价格内包括合同设备(含备品备件、专用工具)、技术资料、技术服务等费用,还包括合同设备的税费、运杂费、保险费等与合同有关的其他费用。

2. 付款

支付的条件、时间和费用内容应在合同内具体约定。

(1)支付条件。合同生效后,供货方提交不可撤销的履约保函金额为约定的合同设备价格一定百分比,以此作为采购方支付合同价款的先决条件。

(2)支付程序。目前,大型设备采购合同的支付程序一般如下:

①合同设备款的支付。采购的合同设备价款分三次支付:供货方应在设备制造前提交履约保函和金额为合同设备价格10%的商业发票,然后,采购方支付合同设备价格的10%作为预付款;供货方按交货顺序在规定的时间内将每批设备(部组件)运到交货地点,并将该批设备的商业发票、清单、质量检验合格证明、货运提单提供给采购方,采购方支付该批设备价格的80%;剩余设备合同价格的10%作为设备保证金,待每套设备保证期满并没有质量问题,采购方签发设备最终验收证书后支付。

②技术服务费的支付。该费用一般分两次支付:每批设备交货后,采购方支付该套合同设备技术服务费的30%;每套合同设备通过该套机组性能验收试验,初步验收证书签署后,采购方支付该套合同设备技术服务费的70%;运杂费在设备交货时由供货方分批向采购方结算,结算总额为合同规定的运杂费。

7.3.6 违约责任

在合同履行过程中,任何一方都不应借故延迟履约或拒绝履行合同义务,否则应追究违约一方的法律责任。

1. 供货方违约责任

(1)未能依照合同约定交付设备。这类违约行为包括不能供货和不能如期供货两种情况。由于这两类行为给对方造成的损失不同,因此承担违约责任的形式也不完全一样。

①如果因供货方原因导致不能全部或部分交货,应依照合同约定的违约金比例乘以不能交货的部分货款计算违约金。若违约金不足以偿付采购方所受到的实际损失,可以修改违约金,使实际受到的损失得到合理的补偿。

②供货方不能如期交货的行为又可以进一步区分为逾期交货和提前交货两种情况。对于供货方逾期交货的情况,按照合同约定依据逾期交货部分货款总价计算违约金。另外供货方还应在发货前与采购方就发货的有关事宜进行协商。对于提前交货的情况,属于约定由采购方自提设备的合同,采购方接到对方发出的提前提货通知后,可以根据情况拒绝提前提货。属于供货方提前发运或交付的设备,采购方仍可依照合同规定的时间付款。

(2)设备的质量瑕疵。如果交付设备的品种、型号、规格、质量不符合合同规定,若采购方同意利用,应当按质论价;若采购方不同意利用时,则由供货方负责包换或包修。不能修理或调换的产品,按供货方不能交货对待。

(3)供货方的运输责任。该责任主要涉及包装责任和发货责任两个方面。因包装不符合规定造成设备运输过程中的损坏或灭失,均由供货方负责赔偿。供货方如果将设备错发到接货地点或接货人时,除应负责将设备发送到合同约定的到货地点或接货人外,还应承担因此给对方造成的损失。

2. 采购方违约责任

(1)不按照合同约定接收设备。合同签订以后或履行过程中,采购方要求中途退货,应向供货方支付按退货部分货款总额计算的违约金;对于实行供货方送货代运方式的设备,采购方违反合同规定拒绝接货,要承担由此造成的设备损失和运输部门的罚款。

(2)逾期付款。采购方逾期付款,应依照约定的计算方法,支付逾期利息。

(3)货物交接地点错误的责任。不论是由于采购方在合同内错填到货地点或接货人,还是未在合同约定的时限内及时将变更到货地点或接货人通知对方,导致供货方送货或代运过程中不能顺利交接设备,所产生的后果均由采购方承担。

7.4 建设工程咨询合同管理

➤ 7.4.1 工程咨询合同概述

1. 工程咨询的概念

工程咨询是受客户委托,在规定的时间内,运用科学技术、经济管理、法律等多方面的手段,在工程建设全过程的决策、实施和管理中,由咨询人提供智力服务的过程。智力劳动成果是人类脑力劳动所创造的劳动对象,与工程材料、设备等实体成果相区别。

工程咨询是一种知识性商品,咨询服务水平高低直接影响工程建设效益,对工程的成本、工期、质量等有重要影响。工程咨询属于无形产品,其质量高低与咨询工程师个人能力和经验等密切相关,因此,工程咨询合同与工程施工承包合同存在着较大的差别。

2. 工程咨询合同的分类

工程咨询合同是工程合同的一个重要组成部分。目前我国将工程建设管理的所有工作按专业分类,实施专业化的资质管理,而没有使用统一的咨询工程师资质。这里借鉴 FIDIC 的分类方法,根据合同内容对我国工程咨询合同进行分类。

根据合同内容,工程咨询合同主要分为以下几类:规划咨询合同、项目建议书咨询合同、项目可行性研究咨询合同、评估咨询合同、工程勘察设计合同、工程招标代理合同、工程造价咨询合同、工程监理合同、投产后咨询合同等。

本节主要介绍建设工程招标代理合同和建设工程造价咨询合同的管理。

➤ 7.4.2 建设工程招标代理合同管理

1. 建设工程招标代理合同概述

为了加强建设工程招标代理市场的监管,规范市场行为,原建设部和国家工商行政管理总局联合制定了《建设工程招标代理合同(示范文本)》(GF—2005—0215)。示范文本由 3 部分组成:协议书、通用条款和专用条款。

2. 词语定义

通用条款定义了 16 个词语,部分词语定义如下:

(1)招标代理合同。它指委托人将建设工程招标工作委托给具有相应招标代理资质的受托人,实施招标活动签订的委托合同。

(2)委托人。委托人指在合同中约定的,具有建设工程招标委托主体资格的当事人,以及取得该当事人资格的合法继承人。

(3)受托人。受托人指在合同中约定的,被委托人接受的具有建设工程招标代理主体资格的当事人,以及取得该当事人资格的合法继承人。

(4)招标代理业务。委托人委托受托人代理实施工程建设工程招标的工作内容。

3．委托人的义务

(1)委托人将委托招标代理工作的具体范围和内容在专用条款中约定。

(2)委托人按专用条款约定的内容和时间完成下列工作：

①向受托人提供工程招标代理业务应具备的相关工程前期资料(如立项批准手续、规划许可、报建证等)及资金落实情况资料；

②向受托人提供完成工程招标代理业务所需的全部技术资料和图纸，需要交底的须向受托人详细交底，并对提供资料的真实性、完整性、准确性负责；

③向受托人提供保证招标工作顺利完成的条件；

④指定专人与受托人联系，指定人员的姓名、职务、职称在专用条款内约定；

⑤根据需要，作好与第三方的协调工作；

⑥按专用条款的约定金额及方式支付代理报酬；

⑦依法应尽的其他义务，双方在合同专用条款内约定。

(3)受托人在履行招标代理业务过程中，提出的超出招标代理范围的合理化建议，经委托人同意并取得经济效益，委托人应向受托人支付一定的经济奖励。

(4)委托人负有对受托人提供的技术服务进行知识产权保护的责任。

(5)委托人未能履行以上各项义务，给受托人造成损失的，应当赔偿受托人的有关损失。

4．受托人的义务

(1)受托人应根据约定的委托招标代理业务的工作范围和内容，选择有足够经验的专职技术经济人员担任招标代理项目负责人。招标代理项目负责人的姓名、身份证号在专用条款内写明。

(2)受托人按专用条款约定的内容和时间完成下列工作：

①依法按照公开、公平、公正和诚实信用原则，组织招标工作，维护各方的合法权益；

②应用专业技术与技能为委托人提供完成招标工作相关的咨询服务；

③向委托人宣传有关工程招标的法律、行政法规和规章，解释合理的招标程序，以便得到委托人的支持和配合；

④依法应尽的其他义务，双方在专用条款内约定。

(3)受托人应对其在招标工作中所出具的有关数据的计算、技术资料等的科学性和准确性负责。

(4)受托人不得接受委托招标范围之内的相关的咨询业务。

(5)受托人提供的技术服务的知识产权应属受托人专有。任何第三方如果提出侵权指控，受托人须与第三方交涉并承担由此而引起的一切法律责任和费用。

(6)未经委托人同意，受托人不得分包或转让任何权利和义务。

(7)受托人不得接受所有投标人的礼品、宴请和其他任何好处，不得泄露招标、评标、定标过程中依法需要保密的内容。合同终止后，未经委托人同意，受托人不得泄漏与工程相关的任何招标资料和情况。

(8)受托人未能履行以上各项义务，给委托人造成损失的，应当赔偿委托人的有关损失。

5．委托人的权利

(1)按约定，接收招标代理成果。

(2)向受托人询问工程招标工作进展情况和相关内容或提出不违反法律、行政法规的建议。

(3)审查受托人为工程编制的各种文件，并提出修正意见。

(4)要求受托人提交招标代理业务工作报告。

(5)与受托人协商，建议更换其不称职的招标代理从业人员。

(6)依法选择中标人。

(7)合同履行期间,由于受托人不履行约定的内容,给委托人造成损失或影响招标工作正常进行的,委托人有权终止合同,并依法向受托人追索经济赔偿,直至追究法律责任。

(8)依法享有的其他权利,双方在合同专用条款内约定。

6. 受托人的权利

(1)按合同约定收取委托代理报酬。

(2)对招标过程中应由委托人作出的决定,受托人有权提出建议。

(3)当委托人提供的资料不足或不明确时,有权要求委托人补足材料或作出明确的答复。

(4)拒绝委托人提出的违反法律、行政法规的要求,并向委托人作出解释。

(5)有权参加委托人组织的涉及招标工作的所有会议和活动。

(6)对于为合同工程编制的所有文件拥有知识产权和使用或复制的权利。

(7)依法享有的其他权利,双方在合同专用条款内约定。

7. 委托代理报酬及其收取

(1)委托代理报酬。

①双方按照合同约定的招标代理业务范围,约定委托代理报酬的计算方法、金额、币种、汇率和支付方式、支付时间。

原国家计委印发的《招标代理服务收费管理暂行办法》(计价格[2002]1980号)对招标代理服务收费标准有明确规定,具体见下表 7-1 所示。

表 7-1 招标代理服务收费标准

中标金额(万元)	货物招标(%)	服务招标(%)	工程招标(%)
100 以下	1.5	1.5	1.0
100~500	1.1	0.8	0.7
500~1 000	0.8	0.45	0.55
1 000~5 000	0.5	0.25	0.35
5 000~10 000	0.25	0.1	0.2
10 000~100 000	0.05	0.05	0.05
1 000 000 以上	0.01	0.01	0.01

注:1. 按本表费率计算的收费为招标代理服务全过程的收费基准价格,单独提供
编制招标文件(有标底的含标底)服务的,可按规定标准的 30% 计收。
2. 招标代理服务收费按差额定率累进法计算。

②受托人对所承接的招标代理业务需要出外考察的,其外出人员数量和费用,经委托人同意后,向委托人实报实销。

③在招标代理业务范围内所发生的费用(如评标会务费、评标专家的差旅费、劳务费、公证费等),由委托人与受托人在补充条款中约定。

(2)委托代理报酬的收取。

①由委托人支付代理报酬的,在合同签订后 10 日内,委托人应向受托人支付不少于全部代理报酬 20% 的代理预付款,具体额度(或比例)双方具体约定。

②由中标人支付代理报酬的,在中标人与委托人签订承包合同 5 日内,将合同约定的全部委托代理报酬一次性支付给受托人。

③受托人完成委托人委托的招标代理工作范围以外的工作,为附加服务项目,应收取的报酬由双方协商,签订补充协议。

④委托人未能在约定的支付时间内如期支付代理预付费用,自应支付之日起,按同期银行贷款利率计算支付代理预付费用的利息。

⑤委托人未能在约定的支付时间内如期支付代理报酬,除应承担违约责任外,还应按同期银行贷款利率计算支付应付代理报酬的利息。

⑥委托代理报酬应由委托人按约定的支付方法和时间直接向受托人支付,或由受托人按照约定直接向中标人收取。

8. 违约责任

(1)委托人违约。委托人违约一般包括以下几种情形:

①委托人未按约定向受托人提供为保证招标工作顺利完成的条件,致使招标工作无法进行;

②委托人未按约定向受托人支付委托代理报酬;

③委托人不履行合同义务或不按约定履行义务的其他情况。

当发生以上情况时,委托人应承担违约责任,赔偿因其违约给受托人造成的经济损失。由双方约定委托人赔偿受托人损失的计算方法或委托人应当支付违约金的数额或计算方法。

(2)受托人违约。受托人违约一般包括以下几种情形:

①受托人未按约定,向委托人提供为完成招标工作的咨询服务;

②受托人未按约定,接受了与合同建设工程有关的投标咨询业务;

③受托人未按约定,泄露了工程相关的任何招标资料和情况;

④受托人不履行合同义务或不按约定履行义务的其他情况。

当发生以上情况时,受托人应承担违约责任,赔偿因其违约给委托人造成的经济损失。由双方约定受托人赔偿委托人损失的计算方法或受托人应当支付违约金的数额或计算方法。受托人承担违约责任,赔偿金额最高不应超过委托代理报酬的金额(扣除税金)。

(3)第三方违约。如果一方的违约被认定为是与第三方共同造成的,则应由合同双方中有违约的一方先行向另一方承担全部违约责任,再由承担违约责任的一方向第三方追索。

7.4.3 建设工程造价咨询合同管理

1. 建设工程造价咨询合同概述

建设工程造价工程师制度,是我国针对工程计量、工程计价、工程价款支付、工程价款审查、工程造价管理和控制等提出的一项制度。为了加强建设工程造价咨询市场管理,规范市场行为,原建设部和国家工商行政管理总局联合制订了《建设工程造价咨询合同(示范文本)》。

示范文本由建设工程造价咨询合同、标准条件、专用条件3部分组成。

2. 词语定义

(1)委托人是指委托建设工程造价咨询业务和聘用工程造价咨询单位的一方,以及其合法继承人。

(2)咨询人是指承担建设工程造价咨询业务和工程造价咨询责任的一方,以及其合法继承人。

(3)第三人是指除委托人、咨询人以外与本咨询业务有关的当事人。

3. 咨询人的义务

(1)向委托人提供与工程造价咨询业务有关的资料,包括工程造价咨询的资质证书及承担合同业务的专业人员名单、咨询工作计划等,并按约定的范围实施咨询业务。

(2)咨询人在履行合同期间,向委托人提供的服务包括正常服务、附加服务和额外服务。

①正常服务是指双方约定的工程造价咨询工作;

②附加服务是指在正常服务以外,经双方书面协议确定的附加服务;

③额外服务是指不属于正常服务和附加服务,咨询人应增加的额外工作量。

(3)在履行合同期间或规定期限内,不得泄露与业务活动有关的保密资料。

4.委托人的义务

(1)委托人应负责与建设工程造价咨询业务有关的第三人的协调,为咨询人工作提供外部条件。

(2)委托人应当在约定时间内,免费向咨询人提供与咨询业务有关的资料。

(3)委托人应当在约定时间内就咨询人书面提交并要求做出答复的事宜做出书面答复。咨询人要求第三人提供有关资料时,委托人应负责转达及转送资料。

(4)委托人应当授权胜任咨询业务的代表,负责与咨询人联系。

5.咨询人的权利

(1)咨询人在咨询过程中,如委托人提供的资料不明确时可向委托人提出书面报告。

(2)咨询人在咨询过程中,有权对第三人提出与咨询业务有关的问题进行核对或查问。

(3)咨询人在咨询过程中,有到工程现场勘察的权利。

6.委托人的权利

(1)委托人有权向咨询人询问工作进展情况及相关内容。

(2)委托人有权阐述对具体问题的意见和建议。

(3)当委托人认定咨询专业人员不履行其职责,或与第三人串通给委托人造成经济损失的,委托人有权要求更换咨询专业人员,直至终止合同并要求咨询人承担相应的赔偿责任。

7.咨询人的责任

(1)咨询人的责任期即建设工程造价咨询合同有效期。如因非咨询人的责任造成进度的推迟或延误而超过约定的日期,双方应约定相应延长合同有效期。

(2)咨询人责任期内,应当履行约定的义务,因咨询人的单方过失造成的经济损失,应当向委托人进行赔偿。累计赔偿总额不应超过造价咨询酬金总额(除去税金)。

(3)咨询人对委托人或第三人所提出的问题不能及时核对或答复,导致合同不能全部或部分履行,咨询人应承担责任。

(4)咨询人向委托人提出赔偿要求不能成立时,则应补偿由于该赔偿或其他要求所导致委托人的各种费用的支出。

8.委托人的责任

(1)委托人应当履行约定的义务,如有违反则应当承担违约责任,赔偿给咨询人造成的损失。

(2)委托人如果向咨询人提出的赔偿或其他要求不能成立时,则应补偿由于该赔偿或其他要求所导致咨询人的各种费用的支出。

9.咨询业务的酬金

(1)正常的造价咨询业务、附加工作和额外工作的酬金,按照约定的方法计取,并按约定的时间和数额支付。在约定造价咨询酬金标准时应根据委托人委托的建设工程项目内容繁简程度、工作量大小,双方约定,一般应当在签订合同时预付30%预付款,当工作量完成70%时,预付70%的工程款,剩余部分待咨询结果定案时一次付清。

目前各省、市、自治区根据《中华人民共和国价格法》和《国家计委关于印发建设项目前期工作咨询收费暂行规定的通知》(计价格[1999]283号)的有关规定,制定了较规范的建设工程造价咨询服务收费标准。

（2）如果委托人在规定的支付期限内未支付酬金，自规定支付之日起，应当向咨询人补偿应支付的酬金利息。利息额按规定支付期限最后一日银行活期贷款利率乘以拖欠酬金时间计算。

（3）如果委托人对咨询人提交的支付通知书中酬金或部分酬金项目提出异议，应当在收到支付通知书两日内向咨询人发出异议的通知，但委托人不得拖延其无异议酬金项目的支付。

（4）支付造价咨询酬金所采取的货币币种、汇率由双方约定。

7.5　建设工程技术合同管理

▷ 7.5.1　技术合同的概念和特征

1. 技术合同的概念

技术合同是当事人就技术开发、技术转让、技术咨询或者技术服务订立的确定相互之间权利义务的协议。

2. 技术合同的特征

技术合同除具备一般合同的特点外，还具备以下特征：

（1）标的是提供技术的行为。这些行为包括提供现存的技术成果，对尚未存在的技术进行开发以及提供与技术有关的辅助性帮助等行为。

（2）内容具有特殊性。技术合同中作为交换的技术商品，其占有、使用、受益、处分等权利的表现形式要比有形财物所有权复杂得多，一项技术可以在不同的空间同时被多人使用。同时，技术很容易溢出其所有权主体，而为其他人同时占有使用和无偿受益。

（3）履行具有特殊性。技术合同的履行因常常涉及与技术有关的其他权利归属而具有与一般合同履行不同的特性，如发明权、专利申请权、科技成果权、技术使用许可权和技术转让权等。

（4）技术合同是双务、有偿合同。在技术合同中，当事人双方都承担相应的义务，因此是双务合同；技术合同的当事人一方应进行技术开发、转让、咨询与服务，另一方应支付价款或报酬，所以是有偿合同。

（5）当事人具有广泛性和特定性。虽然技术合同的主体范围在法律上没有限制，但通常一方是能够利用自己的技术力量从事技术开发、转让、咨询或服务的组织或个人，因此，技术合同的当事人有一定的限定性。

▷ 7.5.2　技术合同的类型

技术合同分为四种类型：技术开发合同、技术转让合同、技术咨询合同和技术服务合同。

（1）技术开发合同，是指当事人之间就新技术、新产品、新工艺和新材料及其系统的研究开发所订立的合同，它包括委托或合作开发合同。

（2）技术转让合同，是指当事人就专利权转让、专利申请权转让、非专利技术转让、专利实施许可以及技术引进所订立的合同。

（3）技术咨询合同，是指当事人一方就特定技术项目提供可行性论证、技术预测、专题技术调查、分析评价报告等咨询服务，另一方支付咨询报酬的合同。

（4）技术服务合同，是指当事人一方以技术知识为另一方解决特定问题，技术合同不包括建设工程的勘察、设计施工合同和承揽合同。

➤ 7.5.3　技术合同的主要条款

技术合同基本条款是阐明当事人主要权利义务的必备条款,根据《合同法》分则的规定,技术合同基本条款包括:

(1)项目名称。该条款是对合同有关事项的高度概括,包括标的类别、性质等,是区分不同类型技术合同的标志。

(2)标的内容、范围和要求。这是技术合同的中心条款,它要求明确表明技术合同的具体任务,写明技术合同类型、技术范围、技术条件和技术参数等,这一条款既是确定双方权利义务的依据,也是将来检验合同履行状况的依据。

(3)履行的计划、期限、进度、地点和方式。履行的计划、进度表明当事人履行技术合同意思表示的科学性和真实性;合同履行期限包括合同签订日期、完成日期和合同有效期限;合同履行地点指合同当事人约定在哪一方履行的具体地点和场所;合同履行方式指以什么样的手段完成、实现技术合同标的所要求的技术指标和经济指标。

(4)技术情报和资料的保密。这是技术合同特有的而且比较重要的条款。当事人在订立合同前可以就交换技术情报和资料达成书面保密协议,即使合同达不成协议时也不影响保密协议的效力;同时,技术合同终止后,当事人可以约定一方或各方在一定期限、一定地域内对有关情报和资料负有保密义务。保密条款中应写明保密的事项、范围、时间、责任等。

(5)风险责任的承担。就履行技术合同来说,往往是一种探索求知的创造性活动,尤其是技术开发合同有可能失败或部分失败。风险责任承担条款就是用来解决技术合同在履行中出现的无法预见、无法防止、无法克服的客观原因导致部分或全部失败时,如何承担风险的问题。

(6)技术成果的归属和收益的分成方法。该条款由于涉及双方的技术权益和经济利益,故应约定在履行合同中产生的技术成果的权利归属、如何使用和转让以及产生的利益如何分配。

(7)验收标准和方法。这是合同履行验收的依据。当事人可参照国家标准或专业技术标准确定完成规定任务所应达到的技术、经济指标及其鉴定方式。

(8)价款或报酬及其支付方式。当事人应根据公平合理和方便履行的原则协商价款或报酬数额和支付方式。支付方式通常有一次总算和一次总付、一次总算和分期支付或约定提成支付等。

(9)违约金或损失赔偿额的计算方法。当事人约定违约金的,违约金视为违反技术合同的损失赔偿额。违反合同的一方支付违约金后,不再计算和赔偿损失。但是,当事人对损失赔偿方法另有规定的除外。

(10)争议的解决方法。合同当事人约定一旦发生纠纷可采用的解决方式。通常解决争议的方式有协商、调解、仲裁或诉讼。

(11)术语和名词的解释。技术合同专业性较强,对合同中的不特定词语和概念作特定的界定,以避免对关键词和术语的理解发生歧义、引起争议。

除以上条款外,与履行合同有关的技术背景资料包括可行性论证和技术评价报告、项目任务书和计划书、技术标准、技术规范、原始设计和工艺文件,以及其他技术文档,按照当事人的约定可以以附件的形式作为合同的组成部分,附件与主文具有同等法律效力。同时,技术合同涉及专利的,应当注明发明创造的名称、专利申请人和专利权人、申请日期、申请专利号以及专利权的有效期限。

➤ 7.5.4　技术合同管理中应注意的问题

(1)在工程项目建设的各个阶段,不涉及技术开发合同。因为技术开发合同有经济风险,按照国家有关规定,工程项目的技术性能必须稳定、可靠,不允许将工程作为实验对象,所有工程项目只能采用经过科学鉴定的成熟可靠的技术成果。

(2)在订立技术转让合同时,受让方应注意转让方是否拥有该项技术的合法转让权。转让的技术是专利技术还是非专利技术。

(3)在技术咨询合同履行后,对顾问方提交的咨询报告,委托方应结合其他条件,综合考虑,不宜盲目运用、实施。因此,除咨询合同另有约定外,委托方按照咨询报告或意见作出决策并付诸实施而未达到预期经济目的的,甚至由此造成一定损失的,顾问方不承担责任。

7.6 工程保险合同管理

7.6.1 工程保险合同概述

1. 工程保险的概念

工程项目在建设过程中存在很多不确定因素,这些风险一旦发生往往会造成很大的直接经济损失,因此参与项目建设的业主和承包人经常通过向保险公司投保来转移风险。工程保险就是通过工程参与各方购买相应的保险,将风险因素转移给保险公司,以求在意外事件发生时,其蒙受的损失能得到保险公司的经济补偿。

2. 工程保险合同的概念

保险合同是投保人与保险人约定保险权利义务关系的协议。

保险合同是较为特殊的双务有偿合同,投保人给付保险费的义务是固定的,保险人赔偿或者给付保险金的义务则是不确定的,只有在保险期内发生保险人承保的事件使被保险人受到损害时才支付保险金。投保人给付保险费只是获得了一个得到保险金的机会。另外,由于保险业是风险行业,其经营对象的特殊性决定了保险合同对被保险当事人的诚信要求比一般合同更为重要。

3. 保险合同中某些词语的含义

(1)保险合同的当事人。依据保险合同建立权利义务关系的当事人一方为保险人,另一方为投保人、被保险人或保险受益人。

①保险人指承担保险标的风险责任,负有赔偿或给付保险金义务的保险公司。

②投保人是指与保险人订立保险合同并按保险合同负有支付保险费义务的人。

③被保险人指保险合同内写明投保人一方享有保险权益的所有人。在一份保险合同内,可以有若干个被保险人,其中任何一方受到损害后都有权凭借保险合同向保险公司索赔。如业主投保的"建筑工程一切险"的保险合同内填写的被保险人可以包括业主、承包人和监理工程师,任何一方受到承保范围内的风险损害后,都有权从保险公司获得赔偿。

④保险受益人是指人身保险合同内填写的,当保险期限内被保险人意外死亡后有权享受保险赔偿的亲属或其他指定人。

(2)保险标的。工程项目建设过程中涉及的投保内容主要包括工程险、第三者责任险、承包人设备保险和人身意外伤害保险。第三者责任险是指在施工场地由于施工发生对被保险人之外的第三人的财产或人员的生命安全、健康造成损害后,由保险公司负责赔偿的保险。

(3)保险金额。保险金额是指当事人双方约定,在保险事故或事件发生时,保险人应当赔偿或支付的最高限额。不同的保险合同中,保险金额的确定方法有所不同。财产保险合同中,保险金额根据保险价值确定,原则上不超过保险标的物的价值;人身保险合同中,由于人的价值无法用金钱衡量,则由合同双方约定一个保险人承担的最大给付数额或实际支付金额;对于施工中的人身意外伤害保险,由于是局限于项目施工阶段的短期人身保险,保险公司一般规定有一个保险责任限额,该限额根据投保人支付保险费的能力来确定。

(4)保险的责任限度。保险合同的条款内都列有保险公司的责任范围和除外责任的条款。除外责任又称责任免除,即指被保险人虽然受到损害但保险公司不承担赔偿责任的事件原因范围。

▷ 7.6.2　建筑工程一切险保险合同

我国保险公司目前提供的常见工程保险包括建筑工程一切险、安装工程一切险、第三者责任险、雇主责任险、机器损坏保险、建筑工程施工人员团体人身意外伤害综合保险和建筑工程设计责任保险等,提供的工程保险合同的格式条款基本相同,本节主要介绍建筑工程一切险保险合同和安装工程一切险保险合同。

1. 建筑工程一切险的概念

建筑工程一切险是指承保各类民用、工业和公用事业建筑工程项目,在建造过程中因自然灾害或意外事故而引起的一切损失。

建筑工程一切险往往还加保第三者责任险,即保险人在承保某建筑工程的同时,还对该工程在保险期限内因发生意外事故造成的依法应由被保险人负责的工地及邻近地区的第三者的人身伤亡、疾病或财产损失,以及被保险人因此而支付的诉讼费用和事先经保险人书面同意支付的其他费用,负赔偿责任。

2. 被保险人

在工程保险中,保险公司可以在一张保险单上对投保人填写的所有参加该项工程的有关各方都给予所需的保险。即凡在工程进行期间,对这项工程承担一定风险的有关各方均可作为被保险人。工程一切险的被保险人可以包括业主、承包商或分包商和技术顾问(包括业主雇用的建筑师、工程师及其他专业顾问等)。

由于被保险人不止一个,而且每个被保险人各有其本身的权益和责任,为了避免有关各方相互之间追偿责任,大部分保险单还加贴共保交叉责任条款。即每一个被保险人应负的那部分"责任"发生问题,财产遭受损失,都可以从保险人那里获得相应的赔偿。如果各个被保险人之间发生相互的责任事故,每一个负有责任的被保险人都可以在保单项下得到保障,都可由保险人负责赔偿,无需根据各自的责任相互进行追偿。

3. 承保对象

建筑工程一切险的承保对象包括物质损失部分和第三者责任部分。建筑工程一切险承保的物质损失部分包括:①合同规定的建筑工程,包括永久工程、临时工程以及在工地的材料;②建筑用机器、工具、设备和临时工房及其屋内存放的物件;③业主或承包商在工地的原有财产,被保险人提供的物料及项目;④安装工程项目;⑤场地清理费;⑥工地内的现成建筑物;⑦业主或承包商在工地上的其他财产。

第三者责任部分为保险事故范围内的第三者责任及相关费用。

4. 保险责任范围

(1)建筑工程一切险的责任范围:①洪水、潮水、水灾、地震、海啸、暴雨、风暴、雪崩、山崩、冻灾、冰雹及其他自然灾害;②雷电、火灾、爆炸;③飞机坠毁、飞机部件或物件坠落;④盗窃;⑤工人、技术人员因缺乏经验、疏忽、过失、恶意行为等造成的事故;⑥原材料缺陷或工艺不善所引起的事故;⑦除外责任以外的其他不可预料的自然灾害或意外事故。

(2)第三者责任险的责任范围:①因发生与承保工程直接相关的意外事故引起工地内部及临近区域的第三者人身伤亡、疾病或财产损失,依法应由被保险人承担的经济赔偿责任;②被保险人因上述原因而支付的诉讼费用,以及事先经保险公司书面同意支付的其他费用;③对每次事故引起的赔偿金额以法院或政府有关部门根据法律裁定应由被保险人偿付的金额为准,但不得超过保单列明的每次事故赔偿限额和累计赔偿限额。

5. 除外责任

(1)总除外责任。该责任包括:①战争、敌对行动、武装冲突、恐怖活动等引起的任何损失、费用和责任;②政府命令或任何公共当局的没收、征用、销毁或毁坏;③罢工、暴动、骚乱引起的任何损失、费用和责任;④被保险人及其代表人的故意行为或重大过失引起的任何损失、费用和责任;⑤核裂变、核聚变、核武器、核材料及放射性污染引起的任何损失、费用和责任;⑥大气、土地、水污染及其他各种污染引起的任何损失、费用和责任;⑦工程部分停工或全部停工引起的任何损失、费用和责任;⑧罚金、延误、丧失合同及其他后果损失;⑨保险单明细表或有关条款中规定的应由被保险人自行负担的免赔额。

(2)建筑工程一切险除外责任。该责任包括:①被保险人的故意行为引起的损失;②设计错误引起的损失、费用和责任;③自然磨损、内在或潜在缺陷、物质本身变化、自燃、氧化、锈蚀、渗漏等原因造成保险财产自身的损失和费用;④停工造成的损失;⑤非外力引起的机构或电气装置的本身损失,或施工用机具、设备、机械装置失灵造成的本身损失;⑥换置、修理或矫正标的本身原材料缺陷或工艺不善所支付的费用,维修、保养或正常检修的费用;⑦档案、文件、账簿、票据、现金、有价证券、图表资料的损失;⑧领有公共运输执照的或已有其他保险保障的车辆、船舶和飞机的损失;⑨保险工程开工前已经存在或形成的位于工地范围内或其周围的属于被保险人的财产损失。

(3)第三者责任险的除外责任。该责任包括:①因发生于工程一切险物质损失项下或本应在该项下予以负责的损失及各种费用;②由于震动、移动或减弱支撑而造成的任何财产、土地、建筑物的损失及由此造成的任何人员伤害和物质损失;③工程所有人、承包人或其他关系方或他们所雇用的在工地现场从事与工程有关工作的职员、工人以及他们的家庭成员的人身伤亡和疾病;④工程所有人、承包人或其他关系方或他们所雇用的职员、工人所有的或由其照管、控制的财产发生的损失;⑤领有公共运输执照的或已有其他保险保障的车辆、船舶和飞机的损失;⑥被保险人根据与他人的协议应支付的赔偿或其他款项。

➢ 7.6.3 安装工程一切险保险合同

1. 安装工程一切险概述

安装工程一切险是指承保安装各种工厂用的机器、设备、储油罐、钢结构工程、起重机、吊车,以及包含机械工程因素的任何建造工程因自然灾害或意外事故而引起的一切损失。

安装工程一切险属于技术险种,其目的在于为各种机器的安装及钢结构工程的实施提供尽可能全面的专门保险。由于目前机电设备价值日趋高昂,工艺和构造日趋复杂,安装工程的风险越来越高,因此在国际保险市场上,安装工程一切险已发展成一种保障比较广泛、专业性很强的综合性险种。

安装工程一切险的投保人可以是业主,也可以是承包人或卖方(供货商或制造商)。在合同中,有关利益方,如所有人、承包人、转承包人、供货人、制造人、技术顾问等其他有关方,都可被列为被保险人。

安装工程一切险也可以根据投保人的要求附加第三者责任险。在安装工程建设过程中因发生任何意外事故,造成在工地及邻近地区的第三者人身伤亡、致残或财产损失,依法应由被保险人承担赔偿责任的,保险人将负责赔偿,且应赔偿被保险人因此而支付的诉讼费用或事先经保险人同意支付的其他费用。

2. 保险期限

安装工程一切险通常应以整个工期为保险期限,一般是自被保险项目被卸至施工地点时起到工程预计竣工验收交付使用之日止。若验收完毕先于保险单列明的终止日,则验收完毕时保险期亦即终止。若工期延长,被保险人应及时以书面通知保险人申请延长保险期,并按规定增缴保险费。安装工程第三者责任保险作为附加险,其保险期限应当与安装工程一切险相同。

3. 安装工程一切险责任范围

安装工程一切险的责任范围包括:①安装的机器及安装费,包括安装工程合同内要安装的机器、设备、装置、物料、基础工程(如地基、座基等)以及安装工程所需的各种临时设施(如水电、照明、通讯设备)等;②为安装工程使用的承包人的机器、设备;③附带投保的土木建筑工程项目,其保额不得超过整个工程项目保额的20%;④场地清理费用;⑤业主或承包人在工地上的其他财产。

4. 影响安装工程一切险费率的因素

在制定安装工程一切险的费率时,应注意安装工程的下列主要特点:

(1)保险标的从安装开始就存在于工地上,风险一开始就比较集中。

(2)试车考核期内任何潜在因素都可能造成损失,且试车期的损失率占整个安装期风险的50%以上。

(3)人为因素造成的损失较多。

总之,安装工程一切险的费率要高于建筑工程一切险。

5. 除外责任

(1)总除外责任。安装工程一切险的总除外责任与建筑工程一切险的总除外责任相同。

(2)安装工程一切险总除外责任。该责任包括:①因设计错误、铸造或原材料缺陷或工艺不善引起的保险财产本身的损失以及为换置、修理或矫正这些缺点错误所支付的费用;②由于超负荷、过电压、碰线、电弧、漏电、短路、大气放电及其他电器原因造成电气设备或电气用具本身的损失;③施工用机具、设备、机械装置失灵造成的本身损失;④自然磨损、内在或潜在缺陷、物质本身变化、自燃、自热、氧化、锈蚀、渗漏、鼠咬、虫蛀、大气(气候或气温)变化、正常水位变化或其他渐变原因造成的被保险财产自身的损失和费用;⑤维修保养或正常检修的费用;⑥档案、文件、账簿、票据、现金、各种有价证券、图表资料及包装物料的损失;⑦盘点时发现的短缺;⑧领有公共运输行驶执照的,或已由其他保险予以保障的车辆、船舶和飞机的损失;⑨除非另有约定,在被保险工程开始以前已经存在或形成的位于工地范围内或其周围的属于被保险人的财产的损失;⑩除非另有约定,在保险期限终止以前,保险财产中已由工程所有人签发完工验收证书或验收合格或实际占有或使用或接收的部分。

7.7 工程担保合同管理

▷7.7.1 工程担保合同概述

1. 工程担保的概念

工程担保是指在工程建设活动中,由保证人(合同当事人以外的第三方)向合同一方当事人(受益人)提供的,保证合同另一方当事人(被保证人)履行合同义务的担保行为。在被保证人不履行合同义务时,由保证人代为履行或承担赔偿责任。

工程担保合同一般是工程承包合同的从合同。工程担保合同可以增加主合同当事人履行的责任,用市场手段加大违约失信的成本和惩戒力度,减少合同纠纷。

工程担保包括投标人的投标担保、承包商的履约担保、业主的支付担保、承包商的付款担保、预付款担保、分包履约担保和保修金担保等。

2. 保证人

提供工程担保的保证人必须是具有代为清偿债务能力的法人、其他组织或公民,如在境内注册的有资格的银行、专业担保公司和保险公司。银行、专业担保公司和保险公司从事工程担保应当遵守相关法律法规和建设行政主管部门的有关规定。

3. 工程担保和工程保险的不同之处

(1)风险对象不同。担保面对的是"人祸",即针对人为的违约责任;保险则面对的是"天灾",即意外事件、自然灾害。

(2)风险承担方式不同。保险合同是在投保人和保险人之间签订的,风险转移给了保险人。担保合同中当事人有委托人、权利人和担保保证人三方。权利人是享受合同保障的人,即受益方。当委托人违约使权利人遭受经济损失时,权利人有权从担保人处获得补偿。保险是谁投保谁受益,而担保的投保人并不受益,受益的是第三方。

(3)风险责任不同。依据担保法律,委托人对保证人为其向权利人支付的任何赔偿,有返还给保证人的义务;而依据保险法律,保险人赔付后是不能向投保人追偿的。

(4)风险选择不同。同样作为投保人,保险没有选择性,只要投保人愿意,都可以被保险。担保不同,它必须通过资信审查评估等手段选择有资格的委托人。因此,在发达国家,能够轻松地拿到保函,是有信誉、有实力的象征。也因为这样,通过担保可以建立一种严格的建设市场准入制度。

(5)风险预期不同。保险开展业务对于风险损失是有预期的,而担保在理论上却不希望发生风险损失,这可能是不现实的,但却是担保的原理。由于担保人在出具保函前要对委托人的各种有关情况进行调查,一旦决定担保,基本上能确信不大可能发生委托人不履约的行为。换句话说,保险建立在实际可计算的预期损失基础上,而担保则建立在委托人的信用等级和履约能力上。保险形成的是互助机制,担保形成的是信用机制。

➢ 7.7.2　担保合同的主要条款

《工程担保合同示范文本(试行)》由投标委托保证合同、投标保函、业主支付委托保证合同、业主支付保函、承包商履约委托保证合同、承包商履约保函、总承包商付款(分包)委托保证合同、总承包商付款(分包)保函、总承包商付款(供货)委托保证合同、总承包商付款(供货)保函组成。地方建设行政主管部门可以参考建设部颁发的工程担保合同示范文本,制定适合本区域的工程担保合同和保函的格式文本。本节仅介绍投标委托保证合同和投标保函的内容。

1. 投标委托保证合同的主要条款

根据建设部《关于印发〈工程担保合同示范文本(试行)〉的通知》(建市[2005]74号),工程委托保证合同一般由12个条款组成。

(1)定义。投标担保是指保证人向招标人保证,当投标人未按照招标文件的规定履行义务时,由保证人代为承担保证责任的行为。

(2)保证的范围及保证金额。保证人保证的范围指投标人未按照招标文件的规定履行投标人义务,给招标人造成的实际损失。

保证人在投标人发生以下情形时承担保证责任:①在招标文件规定的投标有效期内未经招标人许可撤回投标文件;②中标后因中标人原因未在招标文件规定的时间内与招标人签订《建设工程施工合同》;③中标后不能按照招标文件的规定提供履约保证;④招标文件规定的投标人应支付投标保证金的其他情形。

(3)保证的方式及保证期间。保证人保证的方式为连带责任保证;保证人保证的期间为自保函生效之日起至招标文件规定的投标有效期届满后约定的时间止;投标有效期延长的,经保证人书面同意后,保函的保证期间做相应调整。

(4)承担保证责任的形式。保证人根据招标人要求,以下列方式之一承担保证责任:①代投标人支付投标保证金;②如果招标人选择重新招标,保证人支付重新招标的费用,但支付金额不超过合同约定的保证金额。

(5)担保费及支付方式。该条款说明担保费率的大小、担保费的金额和支付日期。

(6)反担保。该条款说明担保人和被担保人需要另行签订反担保合同。

(7)保证人的追偿权。保证人承担了保证责任后,被保证人必须立即归还保证人代偿的全部款项及其相关费用,还应支付代偿之日起的贷款利息、罚息以及违约金等。

(8)双方的其他权利义务。说明保证人出具担保函的日期、被保证人法人资格等变更的应尽通知义务,主合同发生修改和变更等应尽通知义务,发生结构、规模、标准等重大设计变更应经保证人书面同意;被保证人应全面履行主合同,及时通报主合同的履行情况,保证人在进行定期或随时检查和监督时,被保证人应积极配合。

(9)争议的解决。说明保证合同发生争议或纠纷时,当事人双方可以通过协商解决。协商不成的,可以选择约定的诉讼或仲裁的方式解决争议。

(10)当事人双方约定的其他事项。

(11)合同的生效、变更和解除。说明合同生效条件,即由双方法定代表人(或其授权代理人)签字或加盖公章后生效。合同生效后,任何有关保证合同的补充、修改、变更、解除等均需双方协商一致并订立书面协议。

(12)附则。说明合同的份数。

2. 投标保函的主要条款

(1)保证的范围及保证金额。保证人在投标人发生以下情形时承担保证责任:①投标人在招标文件规定的投标有效期内未经招标人许可撤回投标文件;②投标人中标后因自身原因未在招标文件规定的时间内与招标人签订《建设工程施工合同》;③投标人中标后不能按照招标文件的规定提供履约保证;④招标文件规定的投标人应支付投标保证金的其他情形。

(2)保证的方式及保证期间。保证的方式为连带责任保证以及保证期间的起止时间;投标有效期延长的,经书面同意后,保函的保证期间做相应调整。

(3)承担保证责任的形式。保证人按照招标人的要求以下列方式之一承担保证责任:①代投标人向招标人支付投标保证金;②如果招标人选择重新招标,保证人向招标人支付重新招标的费用,但支付金额不超过保证函约定的保证金额。

(4)代偿的安排。招标人要求保证人承担保证责任的,应向保证人发出书面索赔通知。索赔通知应写明要求索赔的金额、支付款项应到达的账号,并附有说明因投标人违约造成己方损失情况的证明材料;保证人收到招标人的书面索赔通知及相应的证明材料后,在约定时间内进行核定后按照保函的承诺承担保证责任。

（5）保证责任的解除。①保证期间届满招标人未向保证人书面主张保证责任的,自保证期间届满次日起,保证人解除保证责任;②保证人按照保函向招标人履行了保证责任后,自保证人向招标人支付(支付款项从保证人账户划出)之日起,保证责任即解除;③按照法律法规的规定或出现应解除保证人保证责任的其他情形的,保证人在保函项下的保证责任亦解除。保证人解除保证责任后,招标人应在约定时间内,将保函原件返还保证人。

（6）免责条款。①因招标人违约致使投标人不能履行义务的,保证人不承担保证责任;②依照法律规定或招标人与投标人的另行约定,免除投标人部分或全部义务的,保证人亦免除其相应的保证责任;③因不可抗力造成投标人不能履行义务的,保证人不承担保证责任。

（7）争议的解决。该条款说明保函发生纠纷时,由受益人和保证人双方协商解决。协商不成的,通过诉讼程序解决,指定诉讼管辖地的法院名称。

（8）保函的生效。该条款说明保函的生效条件,即经保证人的法定代表人(或其授权代理人)签字或加盖公章并交付受益人之日起生效。

7.8 本章案例

【案例7-1】背景材料:某大型综合体育馆工程发包方(简称甲方)通过邀请招标的方式确定本工程由承包商乙中标,双方签订了工程总承包合同。在征得甲方书面同意的情况下,承包商乙将桩基础工程分包给具有相应资质的专业分包商丙,并签订了专业分包合同。在桩基施工期间,由于分包商丙自身管理不善,造成甲方现场周围的建筑物受损,给甲方造成了一定的经济损失,甲方就此事件向承包商乙提出了赔偿要求。

另外,考虑到体育馆主体工程施工难度高、自身技术力量和经验不足等情况,在甲方不知情的情况下,承包商乙又与另一家具有施工总承包资质的某知名承包商丁签订了主体工程分包合同,合同约定承包商丁以承包商乙的名义进行施工,双方按约定的方式进行结算。

问题:(1)什么是工程分包?什么是工程转包?

（2）承包商乙与分包商丙签订的桩基础工程分包合同是否有效?简述理由。

（3）对分包商丙给甲方造成的损失,承包商乙要承担什么责任?简述理由。

（4）承包商乙将主体工程分包给承包商丁在法律上属于何种行为?简述理由。

核心提示:工程分包和转包

案例评析:(1)工程分包,是指经合同约定和发包单位认可,从工程承包人承担的工程中承包部分工程的行为。工程转包,是指不行使承包人的管理职能,不承担技术经济责任,将所承包的工程倒手转给他人承包的行为。

（2）有效。根据有关规定,在征得建设单位书面同意的情况下,施工总承包单位可以将非主体工程或者劳务作业分包给具有相应专业承包资质或者劳务分包资质的其他施工单位。

（3）对分包商丙给甲方造成的损失,承包商乙要承担连带责任。根据《建筑法》第29条的规定,建筑工程总承包单位按照总承包合同的约定对建设单位负责;分包单位按照分包合同的约定对总承包单位负责;总承包单位和分包单位就分包工程对建设单位承担连带责任。

（4）该主体工程的分包在法律上属于违法行为。根据《建设工程质量管理条例》第78条的规定,下列行为均为违法分包:①总承包单位将建设工程分包给不具备相应资质条件的单位的;②建设工程总承包合同中未有约定,又未经建设单位认可,承包单位将其承包的部分建设工程交由其他单位完成的;③施工总承包单位将建设工程主体结构的施工分包给其他单位的;④分包单位将其承包的建设工程再次分包的。所以本案例中,在甲方不知情的情况下,承包商乙又与另一家具有施工总承包资质的某知名承包商丁签订了主体工程分包合同,在法律上属于违法行为。

【案例 7-2】背景材料:某设备工程项目,业主委托甲制造公司进行主要设备制造,委托乙安装制造公司进行施工安装及钢结构制造,委托丙设计单位负责主要设备的设计工作,并委托了监理公司进行监理。

驻甲制造公司的设备监理工程师在审查设计图纸时,发现部分设备的设计内容不符合有关技术规范要求,遂向总监理工程师汇报,总监理工程师确认后便向丙设计单位书面提出设计修改方案。在得到丙设计单位口头同意后,总监理工程师通知甲制造公司遵照执行。

甲制造公司在外购制造设备所用钢材时,发现合同规定的某部件所选钢材无法在市场上采购到,于是拟以高质钢材替代合同规定的钢材。

驻安装现场的设备监理工程师在审查该工程支架系统时,发现乙安装制造公司未按合同规定对钢结构焊缝进行超声波探伤检验。设备监理工程师随机选择了多个部位进行超声波检查,发现焊缝质量均未达到合同要求。监理机构向业主汇报后,要求乙安装制造公司进行整改。乙安装制造公司回函称,按照国家有关技术标准不必进行超声波检查,不同意整改。

问题:(1)指出总监理工程师处理上述设计问题的不妥之处,写出正确做法。

(2)甲制造公司以高质钢材替代规定钢材的正确变更程序是什么?

(3)乙安装制造公司不同意整改的答复是否妥当?请说明理由。设备监理工程师应该如何处理该事件?

(4)甲制造公司在制造某设备时,多次出现同一质量问题,对此,设备监理工程师应如何处理?

核心提示:大型设备采购合同

案例评析:(1)总监理工程师不能向丙设计单位书面提出设计修改方案,正确做法是经总监确认以后,致函设计单位,由设计单位提出书面设计修改方案,总监审核后下发制造单位执行。

(2)正确变更程序是甲制造公司向监理提出书面的材料变更要求,监理审核后,送设计审定,然后由监理下发制造单位执行。

(3)不妥当。理由为:一是合同要求应优先执行;二是焊缝质量未达合同要求,监理有权要求施工单位进行相应检测。

设备监理工程师应致函乙安装制造公司,要求乙公司整改,直至验收合格。如乙公司不同意整改,可罚款或扣留相应部分的工程款,另请安装单位进行整改,所发生的全部整改费用由乙公司承担。

(4)设备监理工程师核实甲制造公司多次出现同一质量问题,可要求甲制造公司更换制造设备,更换加工人员,若确实无法完成合格设备,可要求更换设备制造公司。

【案例 7-3】背景材料:某水泥有限公司向某财产保险股份有限公司投保建筑工程一切险、财产保险一切险和机器设备损坏险。其中财产一切险和机损险保险期限自 2004 年 10 月 31 日 0 时起至 2005 年 10 月 31 日 24 时止。2004 年 12 月 10 日该水泥公司日产五千吨熟料的 2# 生产线熟料库坍塌并压坏其附近的斗式提升机、斜拉链机等设备。2005 年 1 月 2 日该被保险人日产五千吨熟料的 1# 生产线熟料库坍塌并导致相关设备损坏,两起事故被保险人共计索赔人民币 22 080 000 元。

【事故经过】

2004 年 12 月 10 日 14 时许,被保险人 2# 生产线窑尾电力室掉电造成窑连锁跳停,当班人员处理完后准备开启投料,又发现生料库库顶斜槽堵料,因此组织人员继续处理。当晚 19 时 01 分,当班人员发现熟料库斗式输送机突然跳停,立即通知现场巡检工进行检查,发现 2# 生产线高 60

米的熟料罐垮塌,熟料罐本体设备受损,倒塌的熟料罐残骸又将生产线上的其他设备埋没,遂向相关部门进行汇报,同时向保险人报案。

2005 年 1 月 2 日被保险人拥有的 1♯生产线又发生了基本上和 2♯生产线基本相同的坍塌事故。

【现场查勘情况】

保险人接到报案后立即组织人员到达现场查勘,受损的两条生产线完全相同并已投产。两条生产线的产能分别为日产五千吨熟料。

倒塌的熟料库容积分别约为 6 万立方米,可储存约 10 万吨熟料。熟料库的主体结构为内、外筒钢筋混凝土结构。该熟料库基础全部采用 Φ1250 及 Φ1110 挖孔桩灌注柱桩,所有桩端均进入微风化灰岩。

根据现场查勘,损失情况如下:

(1)熟料库 21.8 米以上的钢筋混凝土结构及钢结构完全坍塌,且大部分没入熟料当中,其中内筒结构也大部分毁损。

(2)熟料库外筒的钢筋混凝土基本完好。

(3)21.8 米以上的机械设备完全塌入库内的水泥熟料中。

(4)斜拉链机位于中心筒顶部的动力部分也因为熟料库的坍塌而掉入废墟中,其送料的料斗、链板以及钢桁架折断。

【赔案处理的思路及过程】

(1)相关资料的收集。保险人收集了大量关于这两条生产线的相关资料,包括:原始设计、施工资料;损毁生产线的预、决算等财务资料;原生产线的设备采购、建造相关的合同以及其他经济往来的法律文件;事故发生的相关报告;项目有关的审批和验收报告。

(2)事故原因的判断。根据两起事故具有明显的雷同性,断定两起偶发事故存在一定的必然联系。结合事故现场查勘情况和分析所收集到的技术资料,初步推断事故发生的原因有如下几种可能:

①基础或桩基质量问题。该地区处于石灰岩地区,若群桩置于石灰岩溶洞之上,在较大荷载作用下会导致部分桩基下沉,最终导致筒结构破坏。图纸和相关资料信息显示内筒的群桩是 Φ1250 的人工挖孔桩,调查相关记录显示桩尖落在微风化灰岩中,排除该因素导致事故出现的可能。

②地震。调查当地地震部门获证两起事故事发当时当地并未出现地震现象。

③地基沉陷、地面下陷。经现场实际调查,在两条生产线周边未发现地基下沉下陷的情况。

④熟料罐顶部钢筋混凝土梁板结构质量事故导致本体坍塌。根据对相关技术资料和设计计算书的分析,排除了该原因导致事故发生的可能。

⑤上部设备安装质量或不合理设计导致事故发生。在 40.5 米平台以上安装的各种输送设备,如果安装设计或施工发生偏差,可能导致较重的设备脱落突然压在平台上,在冲击荷载的作用下钢筋混凝土大梁断裂,从而导致坍塌事故的发生。后经证实这种可能性也不存在。

⑥熟料罐建筑使用的材料或者工艺不善导致罐体坍塌。

经过大量的取证调查,研究分析证明此事故是由于施工单位对于中心筒耐热混凝土的骨料选择和处理不当所致。熟料库中心筒耐热混凝土配制时对粗集料(即骨料)的选用不当,选用了一种含游离 CaO、MgO 等体积不稳定性成分较高的钢渣作为耐热混凝土的粗集料。这种钢渣在使用条件下会与水反应生成 $Ca(OH)_2$ 和 $Mg(OH)_2$ 等,体积膨胀,使得混凝土结构的均匀性、连续性和强度性能受到影响,从而造成最终破坏,致使中心筒上半部坍塌,最终导致本次事故发生。

为了慎重起见,保险人最终取得了某知名研究机构对这两起事故原因的分析报告,验证了保险人的推断,并最终取得了被保险人以及两条生产线建设的承建方、设计院、监理单位对事故原因书面认可。

【保险责任的判断】

(1)根据被保险人现场的具体情况和各保单的责任期限,受损标的已移交甲方(被保险人)正常投入生产,完成施工安装。可以判定该事故不属于建筑工程一切险保单责任范围。

(2)被保险人投保了机器损坏险,保险人是否承担机损险项下的赔偿责任。导致这两起事故的主要原因是由于施工过程中采用的骨料不当或者施工时未对上述骨料进行必要的处理,属于施工时采用的原材料缺陷或者工艺不善。但究竟是否属于机损险责任范围内的"工人、技术人员操作错误、缺乏经验、技术不善、疏忽、过失、恶意行为"或者"原材料缺陷"的保单责任,客观上讲事故的发生与机损险责任中列明的由于工人、技术人员操作错误、缺乏经验、技术不善、疏忽、过失、恶意行为或者原材料缺陷而导致的突然的、不可预料的物质损坏或灭失有一定的类同性。

为了进一步界定该事故究竟是否属于机损险责任范围,保险人进行了下述的调查和推证。

首先必须明确倒塌的熟料罐是否属于机损险的承保标的。为了取得相应的判定依据,保险人做了如下两方面的工作:第一,熟料罐究竟属于水泥建筑物还是属于生产线中机器设备。第二,在投保或承保过程中,保险双方在财产一切险和机损险保单和投保单中对于事故中倒塌的熟料罐的标的属性究竟是怎样认定的。为此保险人做了以下工作:核查了机损险和财产一切险投保单中保险金额的构成方式,仔细核对了财务账册中固定资产科目下机器设备金额和固定资产明细以及机器设备明细。调查了熟料罐在城建规划质检部门的申请报批情况。取得了熟料罐在被保险人内部预算中列入建筑预算并在结算时列入固定资产项下建筑物科目的依据;取得了项目验收时熟料罐属于建筑质量验收范围的依据;取得了建设过程中监理的详细监理记录和隐蔽工程验收记录以及单体竣工记录。所有的调查结果显示,熟料罐应该属于建筑物而不属于机器设备范围并且被保险人在投保时并未作为机器设备标的投保机损险,仅仅作为固定资产投保了财产一切险。所以该事故不属于机损险的赔偿范围。

(3)财产一切险的保险责任判定。对于这两次事故中受损的斗式提升机、袋收尘设备、斜拉链机、罗茨风机等财产分别通过一系列的调查证实全部属于财产一切险保单的保险标的,是意外事故造成的直接物质损坏,属于财产一切险的赔偿范围。但熟料罐的损坏是由于原材料缺陷导致本体坍塌,符合财产一切险除外责任中的"设计错误、原材料缺陷或工艺不善引起的损失和费用"。熟料罐本体在财产一切险项下的保单责任不成立,不属于保险人赔偿范围。

(4)第三方追偿责任成立与否。在建造这两条生产线过程中,两家大型建筑企业属于包工包料。承建方对倒塌熟料罐建造所使用的骨料完全自主采购和使用,所以对于原材料的质量和使用工艺负完全责任,被保险人对此没有责任。保险人为此进行了如下的调查和取证:首先骨料是两家建筑企业自主向其他单位购买的,属于乙供材料。而且在采购和使用过程中被保险人没有采取任何形式授意、要求或影响骨料的采购和施工工艺。保险人取得了原熟料罐建造时的《施工合同》以及关于建筑材料的备忘录,同时取得了建筑方、承建方、监理方对于骨料采购、使用过程的相关会签材料。上述法律依据证明承建方对事故的发生负有责任,被保险人对于事故发生不存在直接责任。

鉴于上述情况,保险人承担保险赔偿责任的斗式提升机、斜拉链机等设备损失的第三方责任成立。对于斜拉链机等机器设备部分的损失,保单责任成立。保险人在其赔款额度内履行代位追偿权利。由于熟料罐部分损失的保单责任不成立,保险人无需对此承担保险赔偿责任,因此不涉及代位追偿。

(5)定损和理算。事故发生后,被保险人向保险人提出了人民币2 208万元的索赔要求。其中:熟料库 760 万,拉链机等设备1 268万元,现场清理费用 60 万元,临时恢复生产费用 120 万。

①熟料库建筑部分损失。该部分损失在财产一切险项下,属于除外责任范围。保险责任不成立,不予赔偿。

②斜拉链机等设备损失的核定。被保险人就该部分的损失向保险人提出了人民币1 268万元的索赔要求。为了对损失情况进行客观判断,保险人对整个恢复工程进行了跟踪,取得了被保险人恢复工程的有关资料。安装费用在承建单位的设备安装和非标件制作安装预算基础上按照相关预算定额核定。修复过程中涉及的设备和材料,保险人取得了相应的采购合同、支付凭证、进口报关记录等资料并采取了分项核定的办法,将整个系统分为四十多个单项来核定。

由于在事故中该袋收尘等国产设备的主体结构严重变形,难以修复,因此核定全损。根据市场询价,按照该受损袋收尘器市场重置价格,保险人予以赔付。

③拆除和清理费用的核定。被保险人最初就该项费用向保险人提出了人民币 60 万元的索赔要求。其中包括塔吊、镐头机租赁费用,熟料清理费,等。保险人考虑到,塔吊的租赁不仅用于拆除、清理,而且也用于搭设临时性生产通道临时恢复生产,所以予以部分赔偿。镐头机的租赁费和熟料清理费完全是为了清理现场,保险人予以全额赔付。倒塌熟料罐中储存的熟料转场运输产生的费用,属于被保险人为了完成生产过程和降低停产损失而增加的生产成本,保险人不予赔偿。

④临时恢复生产费用的核定。被保险人就此项费用向保险人提出了人民币 120 万元的索赔要求。保险人考虑到,该项费用的发生是为了减少生产停顿造成利润损失而额外增加的成本,该项费用在财产一切险项下不予赔付。

思考与练习

1. 劳务分包合同的特征有哪些?工程承包人和劳务分包人的义务分别有哪些?
2. 什么是建设工程物资采购合同?什么是大型设备采购合同?两者有何区别?
3. 建设工程物资采购合同的特征是什么?
4. 材料采购合同的订立方式有哪些?建设工程中的设备供应方式主要有哪些?
5. 什么是设备监造?设备监造的方式有哪些?
6. 什么是招标代理合同?招标代理合同中委托人和受托人的权利分别有哪些?
7. 建设工程造价咨询合同中,咨询人向委托人提供的正常服务、附加服务和额外服务分别指什么?
8. 什么是技术合同?技术合同的特征有哪些?
9. 什么是建筑工程一切险?什么是安装工程一切险?
10. 建筑工程一切险的除外责任包括什么?安装工程一切险的除外责任包括什么?
11. 工程担保和工程保险有何区别?
12. 投标委托保证合同和投标保函的主要条款分别有哪些?

第8章
FIDIC 合同管理

学习要点

1. FIDIC 施工合同条件中各合同主体的权利和义务
2. FIDIC 施工合同条件中的开工、延误、暂停、竣工检验
3. FIDIC 施工合同条件中的索赔、争端和仲裁
4. FIDIC 交钥匙合同条件中的雇主管理、设计和竣工后试验

8.1 FIDIC 合同条件概述

8.1.1 国际工程承包的界定

国际工程是指在咨询、融资、设计、采购、施工、管理及培训等各个阶段中,参与者来自不止一个国家,并且按照国际上通用的工程管理模式进行管理的工程。因此对于我国来说,国际工程既包括我国公司去海外参与投资和实施的工程项目,也包括外国公司和国际组织到我国境内投资和实施的工程。我国已加入 WTO,随着世界经济一体化的进程不断加快,我国建筑业的国际化也是大势所趋,因此学习和掌握国际工程合同管理的知识和经验,就非常必要和紧迫。

按照项目的生命周期中各参与方工作的性质去划分国际工程的阶段,可以将其承包的业务分为咨询和实施两种,即国际工程承包的业务可分为国际工程咨询与国际工程承包。国际工程咨询是指为项目所有者提供智力服务的工作,包括投资机会分析、可行性研究、项目评估、勘察、设计、招标文件编制、监理、项目管理、项目后评价等,是以提供高水平的智力服务为主的工作;国际工程承包则包括对工程项目进行投标、施工、设备采购及安装调试、分包、提供劳务等内容。在本教材中,介绍的主要是后一项工作所涉及的合同管理。

8.1.2 国际工程咨询组织及其合同条件简介

国际工程合同可以由业主和承包商协商后自行拟定,但由于国际工程的复杂性,这项工作的难度非常大,因而在国际工程承包几百年实施过程中,逐渐形成了一些国际性的咨询组织,并且通过总结发达国家工业化生产的先进经验,这些组织相继出版了各自的合同范本即相关的合同条件如FIDIC 合同条件系列。

目前国际上比较重要的工程咨询组织及其合同条件如下：

1. 英国土木工程合同条件

(1)JCT 合同条件。联合合同委员会 JCT(Joint Contracts Tribunal)于 1931 年在英国成立,其前身是英国皇家建筑师协会(RIBA),并于 1998 年成为一家在英国注册的有限公司。

JCT 制定了多种为全世界建筑业普遍使用的标准合同文本、业界指引及其他文本。其中 JCT 的"建筑工程合同条件"(即 JCT80)属于总价合同,用于业主与承包商之间的传统的施工总承包合同,它的最新版本是 1991 年版。JCT 还分别在 1981 年和 1987 年制定了适用于 DB 模式的 JCT81,在 1987 年制定了适用于 MC 模式的 JCT87。

(2)ICE 合同条件。ICE 是英国土木工程师学会(The Institution of Civil Engineers)的简称。该学会是设立于英国的国际性组织,拥有包括从专业土木工程师到学生在内的会员 8 万多名,其中 1/5 来自于英国以外的 140 多个国家和地区。创立于 1818 年的 ICE 在土木工程建设合同方面具有高度的权威性。该组织编写的合同条件为《ICE 合同条件(土木工程施工)》(1991 年 1 月第 6 版)。JCT 和 ICE 合同条件是英国以及英联邦国家和地区的主流合同条件。

(3)NEC 合同条件。ICE 在 1993 年 3 月又出版了新的工程合同条件,即 NEC 合同条件(The New Engineering Contract)系列文件,并于 1995 年 11 月再版。

NEC 系列合同范本包括以下文件:

①工程设计与施工合同(engineers and construction contract,ECC,黑皮书):适用于所有领域的工程合同,包括核心条款、主要选项、次要选项、成本组成表、合同资料及附录。

②工程设计与施工分包合同(engineers and construction subcontract,ECS):与 ECC 配套使用。根据主合同,部分工作和责任可转移至分包商。

③专业服务合同(professional services contract,PSC):适用于项目聘用的专业顾问、项目经理、设计师、监理工程师等专业技术人才。

④工程设计与施工简要合同(engineers and construction short contract,ECSC):适用于工程结构简单、风险较低、对项目管理要求不太苛刻的项目。

⑤裁决人合同(adjudicators contract,AC):业主聘用裁决人的合同。

新版合同条件以弹性、清晰、易懂为特点,适用于各类工程,在英国及英联邦成员国、南非和香港地区得到广泛使用。

2. 美国 AIA 系列合同条件

创始于 1857 年的 AIA 是美国建筑师学会(The American Institute of Architects)的简称,是美国主要的建筑师专业社团,目前成员总数已超过 7 万名。AIA 出版的系列合同文件在美国建筑业及国际工程承包界,特别是在美洲地区具有很高的权威性,应用广泛,主要用于私营的房屋建筑工程。

AIA 合同文件经过多年的发展已经系列化形成了包括 80 多个独立文件在内的复杂体系。AIA 的系列合同文件分为 A,B,C,D,G,INT6 个系列,其中 A 系列是用于业主与总承包商的标准合同文件;B 系列主要用于业主与建筑师之间的标准合同文件,其中包括专门用于建筑设计、室内装修工程等特定情况的标准合同条件;C 系列主要是建筑师与专业咨询机构之间的标准合同文件;D 系列是建筑师行业内部使用的文件;G 系列主要是在建筑师企业及项目管理中使用的文件;INT 是用于国际工程项目的合同条件(为 B 系列的一部分)。

AIA 系列合同文件的核心是"通用条件"(A201 等)。采用不同的工程项目管理模式及不同的计价方式时,只需选用不同的"协议书格式"与"通用条件"。

3. FIDIC 简述

FIDIC 是一个国际性的非官方组织,用其法文名称"Fédération Internationl des Ingénieurs Conseils"的前五个字母代表,其中文名称是"国际咨询工程师联合会",英文名称是"International Federation of Consulting Engineers"。FIDIC 是由欧洲比利时、法国和瑞士三个国家的咨询工程师协会于 1913 年成立的,总部在瑞士。组建联合会的目的是共同促进成员协会的职业利益,以及向其成员协会会员传播有益信息。下设许多专业委员会,编制规范性的文件和指导性的手册。截止到 2006 年,FIDIC 的成员已经包含全球 76 个国家和地区,中国工程咨询协会于 1996 年正式加入 FIDIC。

FIDIC 的工作是举办各类研讨会、会议及其他活动,以促进其目标:维护高的道德和职业标准;交流观点和信息;讨论成员协会和国际金融机构共同关心的问题以及发展中国家工程咨询业的发展。

FIDIC 的出版物包括:各类会议和研讨会的文件,为咨询工程师、项目业主和国际开发机构提供的信息,资格预审标准格式,合同文件以及客户与工程咨询单位协议书。

➤ 8.1.3 FIDIC 合同条件发展与现状

FIDIC 组织最重要的贡献就是其出版的 FIDIC 合同条件,有人称其为国际工程承包的"圣经"。可以说,FIDIC 合同是集工业发达国家土木工程建筑业上百年的经验,把工程技术、法律、经济和管理科学等有机结合起来的一个合同条件,其形成和完善经历了一个漫长的过程。

1957 年,FIDIC 与国际房屋建筑和公共工程联合会(现称为"欧洲国际建筑联合会")在英国咨询工程师联合会颁布的《土木工程合同文件格式》的基础上出版了《土木工程施工合同条件(国际)》(第 1 版),因其封面为红色,俗称"红皮书"。该条件分为两部分,第一部分为通用合同条件,第二部分为专用合同条件。

1963 年,FIDIC 出版了适用于雇主和承包商的机械与设备供应和安装的《电气与机械工程标准合同条件格式》,即俗称的"黄皮书"。

1969 年,红皮书第 2 版问世。1977 年,红皮书出版第 3 版。1980 年,黄皮书出版第 2 版。

1987 年 9 月红皮书出版了第 4 版。这一版将第二部分(专用条款)进行了扩大,并单独成册,而其条款编号与第一部分(通用条款)一一对应,使两部分合在一起共同构成确定合同双方权利和义务的完整条款。第二部分须根据合同的具体内容起草。为了方便第二部分的编写,该版编有解释性说明及条款的举例,为合同双方提供了必要且可供选择的条文。

1995 年,FIDIC 又出版了《设计—建造和交钥匙合同条件》,即"橙皮书"。至此,上面说到的"红皮书""黄皮书""橙皮书"与《土木工程施工合同一分包合同条件》、《招标程序》("蓝皮书")、《业主/咨询工程师模式服务协议》(1991 年出版"白皮书")等,共同构成了著名的 FIDIC"彩虹系列"合同文件。

随着国际上项目规模的逐步扩大以及雇主方对项目管理模式要求的多样化,FIDIC 感到其原有的几种合同条件已经不能完全适应形势的要求。于是 FIDIC 委托英国里丁大学对其"土木工程施工合同条件"(1987 年第 4 版)在全球各地的使用情况进行了调查研究,以调查研究结果和里丁大学提出的建议为依据,经过多位专家研究,于 1999 年正式出版了一系列性的标准合同条件。

1. 施工合同条件(conditions of contract for construction)

该条件简称"新红皮书",是 1987 年版红皮书《土木工程施工合同条件》的最新修订版。适用条件:①各类大型或复杂工程;②主要工作为施工;③由工程师来监理施工和签发支付证书;④按工程量表中的单价来支付完成的工程量;⑤双方风险分担均衡;⑥业主负责大部分设计工作,但雇主可要求承包商做少量的设计工作,这些设计可以包含土木、机械、电气或构筑物的某些部分。这些部分的范围和设计标准必须在规范中做出明确规定,如果大部分工程都要求承包商设计,红皮书就不适用了。

2. 生产设备和设计—建造合同条件(conditions of contract for plant and design-build)

该条件简称为"新黄皮书",是 1987 年版黄皮书的最新修订版。适用条件:①机电设备项目、其他基础设施项目以及其他类型的项目,可能包括土木、机械、电气或构筑物的任何组合;②业主只负责编制项目纲要(即"业主的要求")和永久设备性能要求,承包商负责大部分设计工作和全部施工安装工作;③工程师来监督设备的制造、安装和施工,以及签发支付证书;④在包干价格下实施里程碑支付方式,个别情况下,也可能采用单价支付;⑤双方风险分担均衡。

3. 设计采购施工(EPC)/**交钥匙工程合同条件**(conditions of contract for EPC/turnkey projects)

该条件简称"新橙皮书"或"银皮书",是 1995 年版橙皮书的最新修订版。适用条件:①私人投资的生产线或发电厂等工厂或类似设施、基础设施项目或其他类型的开发项目,如 BOT 项目(地下工程太多的工程除外);②固定总价不变的交钥匙合同并按里程碑方式支付;③业主代表直接管理项目实施过程,采用较松的管理方式,即不雇佣"工程师"指导施工和负责合同管理,但严格竣工检验和竣工后检验,以保证完成项目的质量;④承包商承担项目的设计和施工并提供配备完善的全部设施,雇主介入较少,因此承担项目风险的大部分,但业主愿意为此多付出一定的费用。

4. 简明合同格式(short form of contract)

该合同格式在 FIDIC 合同范本系列中首次出现。适用条件:①施工合同金额较小(如低于 50万美元)、施工期较短(如低于 6 个月);②既可以是土木工程,也可以是机电工程;③设计工作既可以是业主负责,也可以是承包商负责;④合同可以是单价合同,也可以是总价合同,在编制具体合同时,可以在协议书中给出具体规定。

上述 4 个新版的 FIDIC 合同条件不同于 1999 年以前的系列合同条件,体现在:①在语言风格和结构上作了统一;②适用法律面更广,措辞精确,在大陆法系和习惯法系都适用;③从工程类型和工作范围的划分,工程复杂程度和风险分摊以及条款的编排上都做了变革,不是在以往合同版本基础上修改,而是进行了重新编写;④淡化了工程师的独立地位;⑤程序更加严谨,更易于操作。这些合同文件不仅被 FIDIC 成员国广泛采用,而且世界银行、亚洲开发银行、非洲开发银行等金融机构也要求在其贷款建设的土木工程项目实施过程中使用以该文本为基础编制的合同条件。

本章主要介绍 FIDIC1999 年新版的《施工合同条件》和《交钥匙工程合同条件》的内容,通过比较的方法重点分析其与我国《建设工程施工合同(示范文本)》的不同之处。

8.2 FIDIC 施工合同条件管理

▷ 8.2.1 FIDIC《施工合同条件》概述

FIDIC"红皮书"《施工合同条件》(1999 年第 1 版)由三部分组成:通用条件、专用条件编写指南以及投标函、合同协议书和争端裁决协议书格式。

1. 通用条件

通用条件由 20 条 163 款、附录(争端裁决协议书通用条件)、附件(程序规则)组成。其中,通用条件的 20 条分别为：①一般规定；②业主；③工程师；④承包商；⑤指定的分包商；⑥职员和劳工；⑦设备、材料和工艺；⑧开工、误期与停工；⑨竣工检验；⑩业主的接收；⑪缺陷责任；⑫计量与计价；⑬变更与调整；⑭合同价格预付款；⑮业主提出终止；⑯承包商提出停工与终止；⑰风险与责任；⑱保险；⑲不可抗力；⑳索赔、争端与仲裁。

2. 专用条件编写指南

专用条件编写指南包括编写招标文件注意事项、专用条件、附件(担保函格式)。其中，专用条件与通用条件对应。编写指南说明如何在专用条件中对通用条件 20 条款进行修改，以适应具体工程建设的需要。

附件(担保函格式)包括：①附件 A，母公司保函范例格式；②附件 B，投标保函范例格式；③附件 C，履约担保函—即付保函范例格式；④附件 D，履约担保函—担保保证范例格式；⑤附件 E，预付款保函范例格式；⑥附件 F，保留金保函范例格式；⑦附件 G，业主支付保函范例格式。

3. 投标函、合同协议书和争端裁决协议书格式

投标函、合同协议书和争端裁决协议书格式包括投标函、投标书附录、合同协议书、争端裁决书(用于一人争端裁决委员会)、争端裁决书(用于三人争端裁决委员会的每位成员)。

▶ 8.2.2 一般规定

1. 定义

通用条件定义了 58 个术语，部分术语的定义如下：

(1)"中标函(letter of acceptance)"指雇主对投标文件签署的正式接受函，包括其后所附的备忘录(由合同各方达成并签订的协议构成)。在没有此中标函的情况下，"中标函"一词就指合同协议书，颁发或接收中标函的日期就指双方签订合同协议书的日期。

(2)"投标函(letter of tender)"指名称为投标函的文件，由承包商填写，包括已签字的对雇主的工程报价。

(3)"规范(specification)"指合同中名称为规范的文件，以及根据合同规定对规范的增加和修改。此文件具体描述了工程。

(4)"雇主(employer)"指在投标函附录中指定为雇主的当事人或此当事人的合法继承人。

(5)"承包商(contractor)"指在雇主收到的投标函中指明为承包商的当事人(一个或多个)及其合法继承人。

(6)"工程师(engineer)"指雇主为合同之目的指定作为工程师工作并在投标函附录中指明的人员，或由雇主任命并通知承包商的其他人员。

(7)"中标合同金额(accepted contract amount)"，指在中标函中所认可的工程施工、竣工和修补任何缺陷所需的费用。

(8)"合同价格(contract price)"指按照合同各条款所规定的价格，包括承包商完成建造和保修任务后，按照合同所做的调整。

(9)"成本(cost)"指承包商现场内外发生的(或将发生的)所有合理开支，包括管理费用及类似的支出，但不包括利润。当业主应当给承包商补偿时，将承包商的成本称为费用。

(10)"暂列金额(provisional sum)"，实际上是一笔业主方的备用金，用于招标时对尚未确定或不可预见项目的储备金额。施工过程中工程师有权依据工程进展的实际需要经业主同意后，用于工程某一部分的事实，或用于提供生产设备、材料或服务等内容的开支，也可以作为供意外用途的开支，工程师有权全部使用、部分使用或完全不用。可以用于承包商完成的工作，也可以用于指定分包商完成的工作。

(11)"基准日期(base date)"指提交投标文件截至日前 28 天的当日。确定基准日期的作用在于据以确定投标报价所使用的货币与结算使用货币之间的汇率以及确定因工程所在国法律变化带来风险的分担界限。基准日期之后因工程所在国法律发生变化给承包商带来损失,承包商可获得赔偿。

(12)"合同工期(time for completion)"是指所签合同内注明的完成全部工程的时间,加上合同履行过程中因非承包商负责原因导致变更和索赔事件发生后,经工程师批准顺延工期之和。如有分部移交工程,也需在专用条件的条款内明确约定。合同内约定的工期指承包商在投标附录中承诺的竣工时间。合同工期的时间确定作为衡量承包商是否按合同约定期限履行施工义务的标准。

(13)"施工期(time between commencement date and completion date)",从工程师按合同约定发布的"开工令"中指明的应开工之日起,至工程接收证书注明的竣工日止的日历天数为承包商的施工期。用施工期与合同工期比较,判定承包商的施工是提前竣工还是延误竣工。

(14)"缺陷通知(责任)期(defects notification period)",即国内施工合同示范文本所指的质量保修期,自工程接收(移交)证书中写明的竣工日开始,至工程师颁发履约证书为止的日历天数。尽管工程移交前进行了竣工检验,但只是证明承包商的施工工艺达到了合同规定的标准,设置缺陷通知期的目的是为了考验工程在动态运行条件下是否达到了合同技术规范的要求。因此,从开工之日起至颁发履约证书(解除缺陷责任证书)为止,承包商要对工程的施工质量负责。合同工程的缺陷通知期及分阶段移交工程的缺陷通知期,应在专用条件内具体约定。次要部位工程通常为半年;主要工程及设备大多为一年;个别重要设备也可以约定为一年半。

颁发的工程接收(移交)证书应注明基本竣工日期,其作用在于确认基本竣工,明确业主提前占用日期以及列出尚需完成的工程量。一个工程可有多个移交证书,可以对单位工程、分部工程颁发工程移交证书,但不允许对分项工程颁发。

颁发解除缺陷责任证书的作用是对工程质量的最终确认;一旦颁发,工程师再无权向承包商发布任何指令;但工程师的任何检验不解除承包商的责任。一项工程,仅有一个解除缺陷责任证书。

(15)"合同有效期(contract validation period)",简称"合同期",自合同签字日起至承包商提交给业主的"结清单"生效日止,施工承包合同对业主和承包商均具有法律约束力。颁发履约证书只是表示承包商的施工义务终止,合同约定的权利义务并未完全结束,还剩有管理和结算等手续。结清单生效是指业主已按工程师签发的最终支付证书中的金额付款,并退还承包商的履约保函。结清单一经生效,承包商在合同内享有的索赔权利也自行终止。

2. 文件的优先次序

构成合同的各个文件应被视作互为说明。为解释之目的,各文件的优先次序如下:

(1)合同协议书(如有时);

(2)中标函;

(3)投标函;

(4)专用条件;

(5)通用条件;

(6)规范;

(7)图纸;

(8)资料表以及其他构成合同一部分的文件。

如果在合同文件中发现任何含混或矛盾之处,工程师应颁发任何必要的澄清或指示。

3. 合同协议书

除非双方另有协议,否则双方应在承包商收到中标函后的28日内签订合同协议书。合同协议书应以专用条件后所附的格式为基础。法律规定的与签订合同协议书有关的印花税和其他类似费用(如有时)应由雇主承担。

4. 转让

任一方都不得转让整个或部分合同或转让根据合同应得的利益或权益。但一方:①经另一方的事先同意可以转让整个或部分合同,决定权完全在于另一方;②可将其按照合同对任何到期或将到期的金额所享有的权利,以银行或金融机构作为受益人,作为抵押转让出去。

▷ 8.2.3 雇主

(1)进入现场的权利。雇主应在投标函附录中注明的时间(或各时间段)内给予承包商进入和占用现场所有部分的权利。此类进入和占用权可不为承包商独享。

(2)许可、执照和批准。雇主应根据承包商的请求,为以下事宜向承包商提供合理的协助,以帮助承包商:①获得与合同有关的但不易取得的工程所在国的法律的副本;②申请法律所要求的许可、执照或批准。

(3)雇主的人员。雇主有责任保证现场的人员和其他承包商为承包商的工作提供合作。

(4)雇主的资金安排。在接到承包商的请求后,雇主应在28天内提供合理的证据,表明他已作出了资金安排,并将一直坚持实施这种安排,如果雇主欲对其资金安排做出任何实质性变更,雇主应向承包商发出通知并提供详细资料。

(5)雇主的索赔。如果雇主认为按照任何合同条件或其他与合同有关的条款规定他有权获得支付和(或)缺陷通知期的延长,则雇主或工程师应向承包商发出通知并说明细节。当雇主意识到某事件或情况可能导致索赔时应尽快地发出通知。涉及任何延期的通知应在相关缺陷通知期期满前发出。

▷ 8.2.4 工程师

1. 工程师的职责和权力

雇主应任命工程师,该工程师应履行合同中赋予他的职责。工程师的人员包括有执业资格的工程师以及其他有能力履行职责的专业人员。工程师无权修改合同。当工程师行使某种需经雇主批准的权力时,则被认为他已从雇主处得到任何必要的批准。除非合同条件中另有说明,否则:①当履行职责或行使合同中明确规定的或必然隐含的权力时,均认为工程师为雇主工作;②工程师无权解除任何一方依照合同具有的任何职责、义务或责任;③工程师的任何批准、审查、证书、同意、审核、检查、指示、通知、建议、请求、检验或类似行为,不能解除承包商依照合同应具有的任何责任,包括对其错误、漏项、误差以及未能遵守合同的责任。

2. 工程师的授权

工程师可以随时将他的职责和权力委托给助理,并可撤回此类委托或授权。这些助理包括现场工程师和(或)指定的对设备和(或)材料进行检查和(或)检验的独立检查人员。此类委托、授权或撤回应是书面的并且在合同双方接到副本之后才能生效。

3. 工程师的指示

工程师可以按照合同的规定向承包商发出指示以及为实施工程和修补缺陷所必需的附加的或修改的图纸。承包商只能从工程师以及授权的助理处接受指示。承包商必须遵守工程师或授权助理对有关合同的某些问题所发出的书面指示。

4．**工程师的撤换**

如果雇主准备撤换工程师，则必须在准备撤换日期42日以前向承包商发出通知说明拟替换的工程师的姓名、地址及相关经历。如果承包商对替换人选向雇主发出了拒绝通知，并附具体的证明资料，则雇主不能撤换工程师。

5．**决定**

合同条件要求工程师按照规定对某一事项作出商定或决定时，工程师应与合同双方协商并尽力达成一致。如果未能达成一致，工程师应按照合同规定在考虑到所有有关情况后作出公正的决定。

➢8.2.5　承包商

（1）承包商的一般义务。承包商应按照合同的规定以及工程师的指示对工程进行设计、施工和竣工，并修补其任何缺陷；承包商应为工程的设计、施工、竣工以及修补缺陷提供所需的临时性或永久性的永久设备、合同中注明的承包商的文件、所有承包商的人员、货物、消耗品以及其他物品或服务；承包商应对所有现场作业和施工方法的完备性、稳定性和安全性负责。

（2）履约保证。承包商应取得一份保证其恰当履约的履约保证，保证的金额和货币种类应与投标函附录中的规定一致。

承包商应在收到中标函后28日内将此履约保证提交给雇主，并向工程师提交一份副本。该保证应在雇主批准的实体和国家（或其他管辖区）管辖范围内颁发，并采用专用条件附件中规定的格式或雇主批准的其他格式。

在承包商完成工程和竣工并修补任何缺陷之前，承包商应保证履约保证将持续有效。如果该保证的条款明确说明了其期满日期，而且承包商在此期满日期前第28日还无权收回此履约保证，则承包商应相应延长履约保证的有效期，直至工程竣工并修补了缺陷。

雇主应在接到履约证书副本后21日内将履约保证退还给承包商。

（3）承包商的代表。承包商应任命代表，并授予他在按照合同代表承包商工作时所必需的一切权力。没有工程师的事先同意，承包商不得撤销对承包商的代表的任命或对其进行更换。

（4）分包商。承包商不得将整个工程分包出去。承包商应将分包商、分包商的代理人或雇员的行为或违约视为承包商自己的行为或违约，并为之负全部责任。

（5）分包合同利益的转让。如果分包商的义务超过了缺陷通知期的期满之日，且工程师在此期满日前已指示承包商将此分包合同的利益转让给雇主，则承包商应按指示行事。

（6）合作。承包商应按照合同的规定或工程师的指示，为雇主的人员、雇主雇用的任何其他承包商以及任何合法公共机构的人员从事其工作提供一切适当的条件。

（7）放线。承包商应根据合同中规定的或工程师通知的原始基准点、基准线和参照标高对工程进行放线。承包商应对工程各部分的正确定位负责，并且矫正工程的位置、标高或尺寸中出现的任何差错。

（8）安全措施。承包商应积极采取措施，确保安全：①遵守所有适用的安全规章；②注意有权进入现场的所有人员的安全；③清理现场和工程不必要的障碍，以避免对人员造成伤害；④提供工程的围栏、照明、防护及看守，直至竣工和进行移交；⑤提供因工程实施，为邻近地区的所有者和占有者以及公众提供便利和保护所必需的任何临时工程（包括道路、人行道、防护及围栏）。

（9）质量保证。承包商应按照合同的要求建立一套质量保证体系，以保证符合合同要求。工程师有权审查质量保证体系的任何方面。但遵守该质量保证体系不应解除承包商依据合同具有的任何职责、义务和责任。

(10)现场数据。雇主应向承包商提供掌握的一切现场地表以下及水文条件的有关数据。承包商应负责对所有数据的解释。

(11)接受合同款额的完备性。承包商应被认为是基于现场提供的数据、解释、必要资料、检查、审核及其他相关资料的基础上已完全接受中标合同金额。除非合同中另有规定,接受的合同款额应包括承包商在合同中应承担的全部义务(包括根据暂定金额应承担的义务,如有时)以及为实施和完成工程并修补任何缺陷必需的全部有关事宜。

(12)不可预见的外界条件。"外界条件"是指承包商在实施工程中遇见的外界自然条件及人为的条件和其他外界障碍和污染物,包括地表以下和水文条件,但不包括气候条件。如果承包商遇到了在他看来是无法预见的外界条件,则承包商应尽快通知工程师。

(13)道路通行权和设施。承包商应为包括进入现场临时的道路通行权承担全部费用和开支。承包商还应自担风险和费用获得为工程目的其自身所需的现场以外的任何附加设施。

(14)避免干扰。承包商不应随意进入和使用以及占用即使是公共的或是在雇主或其他人的占用之下的所有道路和人行道,并且不得影响公众的通行方便。

承包商应保障并使雇主免受干扰带来的后果而遭受的损害、损失和开支(包括法律费用和开支)。

(15)承包商的设备。所有承包商的设备一经运至现场,都应视为专门用于该工程的实施。没有工程师的同意,承包商不得将任何主要的承包商的设备移出现场。但负责将货物或承包商的人员运离现场的运输工具,不必经过同意。

(16)环境保护。承包商应采取一切合理步骤保护现场内外的环境,并限制因其施工作业引起的污染、噪音及其他后果对公众和财产造成的损害和妨碍。承包商应保证其产生的散发物、地面排水及排污不超过规范允许的数值,也不能超过法律允许的数值。

(17)电、水、气。承包商应对其所需的所有电力、水及其他服务的供应负责。

(18)雇主的设备和免费提供的材料。雇主应按规范中说明的细节、安排和价格,在实施工程中向承包商提供雇主的设备(如有时)。

(19)进度报告。除非专用条件中另有说明,承包商应编制月进度报告,并将6份副本提交给工程师。第一次报告所包含的期间应从开工日期起至紧随开工日期的第一个月的最后一天止。此后每月应在该月最后一天之后的7日内提交月进度报告。报告应持续至承包商完成了工程接收证书上注明的完工日期时尚未完成的所有工作为止。

(20)承包商的现场工作和保安。承包商应负责阻止未获授权的人员进入现场。承包商应采取一切必要的预防措施以保证他的人员与设备处在现场之内,并避免他们进入邻地。在工程实施期间,承包商应存放并妥善处置承包商的任何设备或剩余材料并从现场清除。在颁发接收证书后,承包商应立即从该接收证书涉及的那部分现场和工程中清除并运走承包商的所有设备、剩余材料、残物、垃圾和临时工程。

➤ 8.2.6 指定分包商

(1)定义与指定。指定分包商是由业主(或工程师)指定(或选定),完成某项特定工作内容并与承包商签订分包合同的特殊分包商。合同条款规定,雇主有权将部分工作项目的施工任务或设计、材料、设备、服务供应等工作内容发包给指定分包商实施。

但在选择指定分包商时,业主必须保护承包商合法利益不受侵害,因此,当承包商有合理理由时,有权拒绝某一单位作为指定分包商。为了保证工程施工的顺利进行,业主选择指定分包商应首先征求承包商的同意,不能强行要求承包商接受他有理由反对的或是拒绝与承包商签订保障承包商利益不受损害的分包合同的指定分包商。

(2)对指定分包商的支付。承包商应向指定分包商支付工程师证实的依据分包合同应支付的款额。给指定分包商的付款从"暂列金额"项内开支。

(3)支付的证据。承包商在每个月末报送工程进度款支付报表时,工程师有权要求其出示以前已按指定分包合同给指定分包商付款的证明。如果承包商没有合法理由而扣押了指定分包商上个月应得工程款的话,业主有权按工程师出具的证明从本月应得款内扣除这笔金额直接付给指定分包商。

▶ 8.2.7　职员和劳工

(1)职员和劳工的雇用。除非另有规定,承包商应安排从当地或其他地方雇用所有的职员和劳工,并负责他们的报酬、住房、膳食和交通。

(2)工资标准和劳动条件。承包商所付的工资标准及劳动条件应不低于其从事工作的地区同类工商业现行的标准和条件。

(3)工作时间。在当地公认的休息日,或在投标函附录中规定的正常工作时间以外,不得在现场进行任何工作,除非:①合同另有规定;②工程师同意;③为了抢救生命或财产,或为了工程的安全,该工作是无法避免的或必须进行的,在此情况下,承包商应立即通知工程师。

(4)为职员和劳工提供的设施。除非另有规定,承包商应为其人员提供并维护所有必须的膳宿及福利设施。承包商还应为雇主的人员提供规定的设施。承包商不得允许任何承包商的人员在构成永久工程部分的构筑物内保留任何临时或永久的居住场所。

(5)健康和安全。承包商应采取合理的预防措施以维护其人员的健康和安全。一旦发生事故,承包商应及时向工程师通报事故详情。承包商应按工程师的合理要求,保持有关人员的健康、安全和福利以及财产损坏的记录并写出报告。

(6)承包商的人员和设备的记录。承包商应向工程师提交记录,详细说明现场各类人员及各类承包商的设备的数量。该记录在每个日历月向工程师提交,直至承包商完成了在工程接收证书中注明的竣工日期时尚未完成的所有工程。

▶ 8.2.8　永久设备、材料和工艺

(1)实施方式。承包商应进行永久设备、材料的制造和生产,并实施所有其他工程。在工程使用材料之前,承包商应向工程师提交材料的有关资料并获得同意。

(2)检查。雇主的人员在一切合理的时间内都应顺畅进入工地并有权在生产、制造和施工期间对材料和工艺进行审核、检查、测量与检验,并对永久设备的制造进度和材料的生产及制造进度进行审查。承包商应为雇主的人员进行检查提供方便。

(3)检验。承包商应提供所有为有效进行检验所需的装置、协助、文件和其他资料、电、燃料、消耗品、仪器、劳工、材料与适当的有经验的合格职员。承包商应与工程师商定对任何永久设备、材料和工程其他部分进行规定检验的时间和地点。工程师应提前至少 24 小时将其参加检验的意图通知承包商。如果工程师未在商定的时间和地点参加检验,除非工程师另有指示,承包商可着手进行检验,并且此检验应被视为是在工程师在场的情况下进行的。

(4)拒收。如果从审核、检查、测量或检验的结果看,发现任何永久设备、材料或工艺是有缺陷的或不符合合同规定的,工程师可拒收此永久设备、材料或工艺,并通知承包商,同时说明理由。承包商应立即修复缺陷并保证使被拒收的项目符合合同规定。

(5)补救工作。不论以前是否进行了任何检验或颁发了证书,工程师仍可以指示承包商:①将工程师认为不符合合同规定的永久设备或材料从现场移走并进行替换;②把不符合合同规定的任何其他工程移走并重建;③实施任何因保护工程安全而急需的工作,无论是因为事故、不可预见事件或其他事件。承包商应在指示规定的期限内在一合理的时间或立即执行该指示。如果承包商未能遵守该指示,则雇主有权雇用其他人来实施工作,并予以支付。同时承包商向雇主支付因其未完成工作而导致的费用。

(6)对永久设备和材料的拥有权。符合工程所在国法律规定范围内的每项永久设备和材料均应成为雇主的财产,无任何留置权和其他限制。

➤ 8.2.9　开工、延误和暂停

(1)工程的开工。工程师应至少提前 7 日通知承包商开工日期。除非专用条件中另有说明,开工日期应在承包商接到中标函后的 42 日内。

(2)竣工时间。承包商应在工程或区段(如有时)的竣工时间内完成合同中规定的所有工作,并通过竣工检验。

(3)进度计划。在接到通知后 28 日内承包商应向工程师提交详细的进度计划。除非工程师在接到进度计划后 21 日内通知承包商该计划不符合合同规定,否则承包商应按照此进度计划履行义务,但不应影响到合同中规定的其他义务。

承包商应及时通知工程师,具体说明可能发生将对工程造成不利影响、使合同价格增加或延误工程施工的事件或情况。如果在任何时候工程师通知承包商该进度计划不符合合同规定,或与实际进度及承包商说明的计划不一致,承包商应按规定向工程师提交一份修改的进度计划。

(4)竣工时间的延长。承包商可依据相应要求延长竣工时间的情形有:①一项变更或其他合同中包括的任何一项工程数量上的实质性变化;②导致承包商根据合同条件的某条款有权获得延长工期的延误原因;③异常不利的气候条件;④由于传染病或其他政府行为导致人员或货物的可获得的不可预见的短缺;⑤由雇主、雇主人员或现场中雇主的其他承包商直接造成的或认为属于其责任的任何延误、干扰或阻碍。

(5)进展速度。当承包商实际进度过于缓慢以致无法按竣工时间完工和(或)进度已经(或将要)落后于进度计划中规定的现行进度计划,除了由于竣工时间的延长的原因导致的落后,工程师可以指示承包商按照相应规定提交一份修改的进度计划以及证明文件,详细说明承包商为加快施工并在竣工时间内完工拟采取的修正方法。

(6)误期损害赔偿费。如果承包商不能按约定时间竣工,承包商应为此违约向雇主支付误期损害赔偿费。

(7)工程暂停。工程师可随时指示承包商暂停进行部分或全部工程。暂停期间,承包商应保护、保管该部分或全部工程免遭任何损蚀、损失或损害。工程师还应通知停工原因。

(8)暂停时对永久设备和材料的支付。①有关永久设备的工作或永久设备以及材料的运送被暂停超过 28 天;②承包商根据工程师的指示已将这些永久设备和材料标记为雇主的财产。当发生以上情形时,承包商有权获得未被运至现场的永久设备以及材料的支付,付款应为该永久设备以及材料在停工开始日期时的价值。

(9)持续的暂停。如果暂停已持续 84 日以上,承包商可要求工程师同意继续施工。若在接到请求后 28 日内工程师未给予许可,则承包商可以通知工程师将把暂停影响到的工程视为变更和调整中所述的删减。如果此类暂停影响到整个工程,承包商可根据相应规定发出通知,提出终止合同。

(10)复工。在接到继续工作的许可或指示后,承包商应和工程师一起检查受到暂停影响的工程以及永久设备和材料。承包商应修复在暂停期间发生在工程、永久设备或材料中的任何损蚀、缺陷或损失。

8.2.10　竣工检验

(1)承包商的义务。承包商应提前 21 日将某一确定日期通知工程师,说明在该日期后他将准备好进行竣工检验。除非另有商定,应在该日期后 14 日内于工程师指示的某日或数日内进行检验。

(2)延误的检验。如果雇主无故延误竣工检验,则根据合同处理。如果承包商无故延误竣工检验,工程师可通知承包商要求他在收到该通知后 21 日内进行检验。若承包商未能在 21 日的期限内进行竣工检验,雇主的人员可着手进行检验,其风险和费用均由承包商承担。竣工检验应被视为是在承包商在场的情况下进行的且检验结果应被认为是准确的。

(3)重新检验。如果工程或某区段未能通过竣工检验,则工程师或承包商可要求按相同条款或条件,重复进行未通过的检验以及对任何相关工作的竣工检验。

(4)未能通过竣工检验。当整个工程或某区段未能通过根据相应规定所进行的重复竣工检验时,工程师应有权再进行一次重复的竣工检验。

8.2.11　雇主的接收

(1)对工程和区段的接收。当工程根据合同已竣工,且已颁发或认为已颁发工程接收证书时,雇主应接收工程。

承包商可在他认为工程将完工并准备移交前 14 日内,向工程师发出申请接收证书的通知。工程师在收到承包商的申请后 28 日内,应该向承包商颁发接收证书,说明根据合同工程或区段完工的日期,但某些不会实质影响工程或区段按其预定目的使用的扫尾工作以及缺陷除外(直到或当该工程已完成且已修补缺陷时);或驳回申请,提出理由并说明为使接收证书得以颁发承包商尚需完成的工作。

若在 28 日期限内工程师既未颁发接收证书也未驳回承包商的申请,而当工程或区段基本符合合同要求时,应视为在规定期限内的最后一天已经颁发了接收证书。

(2)对部分工程的接收。在雇主的决定下,工程师可以为部分永久工程颁发接收证书。

(3)对竣工检验的干扰。如果由于雇主负责的原因妨碍承包商进行竣工检验已达 14 日以上,则应认为雇主已在本应完成竣工检验之日接收了工程或区段。工程师随后应相应地颁发一份接收证书,并且承包商应在缺陷通知期期满前尽快进行竣工检验。工程师应提前 14 天发出通知,要求进行竣工检验。

8.2.12　缺陷责任

(1)修补缺陷的费用。如果所有完成扫尾工作和修补缺陷的工作是由于以下原因引起:①承包商负责的设计;②永久设备、材料或工艺不符合合同要求;③承包商未履行其义务,则应由承包商自担风险和费用。

（2）缺陷通知期的延长。如果工程、区段或主要永久设备由于缺陷或损害而不能按照预定的目的进行使用，则雇主有权依据相应规定要求延长工程或区段的缺陷通知期。但缺陷通知期的延长不得超过 2 年。

（3）未能补救缺陷。如果承包商未能在某一合理时间内修补任何缺陷或损害，雇主（或雇主授权的他人）可确定一日期，规定在该日或该日之前修补缺陷或损害，并且应向承包商发出一合理的通知。

（4）清除有缺陷的部分工程。若缺陷或损害不能在现场迅速修复时，在雇主的同意下，承包商可将任何有缺陷或损害的永久设备移出现场进行修理。雇主可要求承包商以该部分的重置费用增加履约保证的款额或提供其他适当的保证。

（5）进一步的检验。如果任何缺陷或损害的修补工作可能影响到工程运行时，工程师可要求重新进行合同中列明的任何检验。该要求应在修补缺陷或损害后 28 天内通知承包商。

（6）承包商的检查。工程师可以要求承包商在其指导下调查产生任何缺陷的原因。除非缺陷已由承包商支付费用进行了修补，否则调查费用及其合理的利润应由工程师作出商定或决定，并加入合同价格。

（7）履约证书。只有在工程师向承包商颁发了履约证书后，才说明承包商已依据合同完成了其义务。工程师应在最后一个缺陷通知期期满后 28 日内颁发履约证书，只在拥有履约证书时才视为工程被接受。

（8）未履行的义务。在履约证书颁发之后，每一方仍应负责完成届时尚未履行的任何义务。对于未履行义务的性质和范围，仍然以合同为准。

（9）现场的清理。在接到履约证书以后，承包商应从现场运走其所有设备、剩余材料、残物、垃圾或清理临时工程。若在颁发履约证书后 28 日内上述物品还未被运走，则雇主可对此留下的任何物品予以出售或另作处理。雇主应有权获得出售此类物品的所得或整理现场时所支付的有关费用。

➤ 8.2.13 测量和估价

（1）需测量的工程。当工程师要求对工程的任何部分进行测量时，承包商的代表应立即参加或派一名合格的代表协助工程师进行测量并且提供工程师所要求的全部详细资料。

如果承包商在审查之后不同意上述记录，不签字表示同意，承包商应通知工程师并说明认为不准确的各个方面。在接到通知后，工程师应复查记录，或予以确认或予以修改。如果承包商在被要求对记录进行审查后 14 天内未向工程师发出通知，则认为它们是准确的并被接受。

（2）估价。工程师应通过对每一项工作的估价，来商定或决定合同价格。对每一项工作，该项合适的费率或价格应该是合同中对此项工作规定的费率或价格，如果合同中没有与该项有关的规定，则采用其类似工作所规定的费率或价格。

➤ 8.2.14 变更和调整

（1）有权变更。在颁发工程接收证书前的任何时间，工程师可通过发布指示或要求承包商递交建议书的方式，提出变更。承包商应执行每项变更并受每项变更的约束，除非承包商马上通知工程师（附具体的证明资料）并说明承包商无法得到变更所需的货物。在接到此通知后，工程师应取消、确认或修改指示。在工程师发出指示或同意变更前，承包商不应对永久工程作任何更改或修改。

(2)变更程序。在工程师发布任何变更指示之前要求承包商提交一份建议书,则承包商应尽快提交:①将要实施的工作的说明书以及该工作实施的进度计划;②承包商依据相应规定对进度计划和竣工时间作出任何必要修改的建议书;③承包商对变更估价的建议书。

工程师在接到上述建议后,应尽快予以答复,说明批准与否或提出意见。

(3)以适用的货币支付。如果合同规定合同价格以一种以上的货币支付,则在按已商定、批准或决定调整的同时,应规定货币支付的金额。在规定每种货币的金额时,应参照变更工作费用的实际或预期的货币比例以及为支付合同价格所规定的各种货币比例。

(4)计日工。对于数量少或偶然进行的零散工作,工程师可以指示规定在计日工的基础上实施任何变更,应按合同中包括的计日工报表中的规定进行估价。

(5)法规变化引起的调整。如果在基准日期以后,能够影响承包商履行其合同义务的工程所在国的法律或官方政府的解释的变更导致费用的增减,则合同价格应作出相应调整。

(6)费用变化引起的调整。应支付给承包商的款额应根据劳务、货物以及其他投入工程的费用的涨落进行调整,根据所列公式确定款额的增减。如果规定不包括对费用的任何涨落进行充分补偿,接受的合同款额应被视为已包括了其他费用涨落的不可预见费的款额。

对于其他应支付给承包商的款额,其价值依据合适的报表以及已证实的支付证书决定,所作的调整应按支付合同价格的每一种货币的公式加以确定。此调整不适用于基于费用或现行价格计算价值的工作。

➢ 8.2.15　合同价格和支付

1. 合同价格

(1)合同价格应根据相应规定来商定或决定,并应根据合同对其进行调整。

(2)承包商应根据合同支付所有税费、关税和费用,而合同价格不应进行调整。

(3)工程量清单或其他报表中可能列出的任何工程量仅为估算的工程量。在编写支付证书时,工程师可以将价格分解表考虑在内,但不应受其制约。

2. 预付款

当承包商提交了银行预付款保函时,雇主应向承包商支付一笔预付款,作为对承包商动员工作的无息贷款。预付款总额、分期预付的次数与时间(1次以上时),以及适用的货币与比例应符合投标函附录中的规定。

在工程师收到报表,并且雇主收到了由承包商提交的规定的履约保证和一份金额和货币与预付款相同的银行预付款保函后,工程师应为第一笔分期付款颁发一份期中支付证书。该保函应由雇主认可的机构和国家签发,并且其格式应使用专用条件中所附的格式或业主认可的其他格式。

在预付款完全偿还之前,承包商应保证该银行预付款保函一直有效,但该银行预付款保函的总额应随承包商在期中支付证书中所偿还的数额逐步冲销而降低。

3. 期中支付证书的申请

承包商应按工程师批准的格式在每个月末之后向工程师提交一式6份报表,详细说明承包商认为自己有权得到的款额,同时提交各证明文件和当月进度情况的详细报告。

4. 支付表

若合同包括支付表,则其中规定了合同价格的分期付款数额。如果在合同中没有支付表,则每个季度承包商应就其到期应得的款额向雇主提交一份不具约束力的估价单。第一份估价单应在开工日期后42日之内提交,修正的估价单应按季度提交,直到工程的接收证书已经颁发。

5. 期中支付证书的颁发

在雇主收到并批准了履约保证之后，工程师才能为任何付款开具支付证书。此后，在收到承包商的报表和证明文件后28日内，工程师应向雇主签发期中支付证书，列出他认为应支付承包商的金额，并提交详细证明资料。

6. 支付

(1)雇主应在中标函颁发之日起42日内，或收到相关的文件之日起21日内，二者中取较晚者向承包商支付首次分期预付款额；

(2)在工程师收到报表及证明文件之日起56日内雇主支付期中支付证书中开具的款额；

(3)在雇主收到最终支付证书之日起56日内支付证书中开具的款额。

7. 延误的支付

如果承包商没有收到应获得的任何款额，承包商应有权就未付款额按月所计复利收取延误期的融资费。延误期应认为是从规定的支付日期开始计算的，而不考虑期中支付证书颁发的日期。

8. 保留金的支付

当工程师已经颁发了整个工程的接收证书时，工程师应开具证书将保留金的前一半支付给承包商。如果颁发的接收证书只是限于一个区段或工程的一部分，则应就相应百分比的保留金开具证书并给予支付。

在缺陷通知期期满时，工程师应立即开具证书将保留金尚未支付的部分支付给承包商。如果颁发的接收证书只限于一个区段，则在这个区段的缺陷通知期期满后，应立即就保留金的后一半的相应百分比开具证书并给予支付。

但如果在此时尚有任何工作仍需完成，工程师有权在工作完成之前扣发与完成工作所需费用相应的保留金余额的支付证书。

9. 竣工报表

在收到工程的接收证书后84日内，承包商应向工程师提交按其批准的格式编制的竣工报表一式6份，并附要求的证明文件，详细说明：

(1)到工程的接收证书注明的日期为止，根据合同所完成的所有工作的价值；

(2)承包商认为应进一步支付给他的任何款项；

(3)承包商认为根据合同将应支付给他的任何其他估算款额。估算款额应在此竣工报表中单独列出。

10. 申请最终支付证书

在颁发履约证书56日内，承包商应向工程师提交按其批准的格式编制的最终报表草案一式6份，并附证明文件，详细说明以下内容：

(1)根据合同所完成的所有工作的价值。

(2)承包商认为根据合同或其他规定应进一步支付给他的任何款项。

11. 结清单

在提交最终报表时，承包商应提交一份书面结清单，确认最终报表的总额为根据或参照合同应支付给他的所有款项的全部和最终的结算额。该结清单可注明，只有在全部未支付的余额得到支付且履约保证退还给承包商当日起，该结清单才能生效。

12. 最终支付证书的颁发

在收到最终报表及书面结清单后28日内，工程师应向雇主发出一份最终支付证书，说明：

(1)最终应支付的款额。

(2)在对雇主以前支付过的款额与雇主有权得到的全部金额加以核算后,雇主还应支付给承包商,或承包商还应支付给雇主的余额。

➤8.2.16 雇主提出终止

1. 通知改正

如果承包商未能根据合同履行任何义务,工程师可通知承包商,要求他在合理时间内改正过失。

2. 雇主提出终止

(1)未能遵守履约保证或发出的通知改正。

(2)放弃工程或证明他不愿继续按照合同履行义务。

(3)无正当理由而未能按时开工、延误和暂停实施工程或在接到通知后 28 日内,拒收或颁发补救工作通知。

(4)未按要求经过许可便擅自将整个工程分包出去或转让合同。

(5)破产或无力偿还债务,或停业清理,或已由法院委派其破产案财产管理人或遗产管理人,或为其债权人的利益与债权人达成有关协议,或在财产管理人、财产委托人或财务管理人的监督下营业,或承包商所采取的任何行动或发生的任何事件(根据有关适用的法律)具有与前述行动或事件相似的效果。

(6)给予或提出给予(直接或间接)任何人以任何贿赂、礼品、小费、佣金或其他有价值的物品,作为引诱或报酬,使该人员采取或不采取与该合同有关的任何行动或者使该人员对与该合同有关的任何人员表示赞同或不赞同。但是,给予承包商的人员的合法奖励和报酬应不会导致合同终止。

如果发生上述事件或情况,则雇主可在向承包商发出通知 14 日后,终止合同,并将承包商逐出现场。

3. 终止日期时的估价

在发出的终止通知生效后,工程师应尽快根据相应规定,商定或决定工程、货物和承包商的文件的价值,以及就其根据合同实施的工作承包商应得到的所有款项。

4. 终止后的支付

在发出的终止通知生效后,雇主可以提出索赔,扣留向承包商支付的进一步款项,直至雇主确定了施工、竣工和修补任何工程缺陷的费用、误期损害赔偿费(如有时),以及雇主花费的所有其他费用。在收回损失和超支费用后,雇主应向承包商支付任何结存金额。

5. 雇主终止合同的权力

在任何雇主认为适宜时,雇主有权在收到该终止通知的日期或雇主退还履约保证的日期两者较晚者后 28 日向承包商发出终止通知,终止合同。

➤8.2.17 承包商提出暂停和终止

1. 承包商有权暂停工作

如果工程师未能开具支付证书,或者雇主未能按照规定安排资金或执行支付,则承包商可在提前 21 天以上通知雇主,暂停工作(或降低工作速度)。

2. 承包商提出终止

如果发生下述情况,承包商有权终止合同:

(1)在根据承包商有权暂停工作的规定发出通知(有关于雇主未能按照雇主的资金安排的规定

执行)后 42 日内,承包商没有收到合理的证明。

(2)在收到报表和证明文件后 56 日内,工程师未能颁发相应的支付证书。

(3)在规定的支付时间期满后 42 日内,承包商没有收到按开具的期中支付证书应向其支付的应付款额。

(4)雇主基本上没有执行合同规定的义务。

(5)雇主未能按照合同协议书或转让的规定执行。

(6)持续的暂时停工影响到整个工程。

(7)雇主破产或无力偿还债务,或停业清理,或已由法院委派其破产案财产管理人或遗产管理人,或为其债权人的利益与债权人达成有关协议,或在财产管理人、财产委托人或财务管理人的监督下营业,或承包商所采取的任何行动或发生的任何事件具有与前述行动或事件相似的效果。如果发生上述事件或情况,则承包商可在向雇主发出通知 14 日后,终止合同。

3. 终止时的支付

承包商提出终止通知生效后,雇主应尽快将履约保证退还承包商,向承包商进行支付,以及向承包商支付因终止合同承包商遭受的任何利润的损失或其他损失或损害的款额。

▶8.2.18　风险和责任

(1)承包商对工程的照管。从工程开工日期起直到颁发接收证书的日期为止,承包商应对工程的照管负全部责任。此后,照管工程的责任移交给雇主。

(2)雇主的风险。该风险包括:①战争、敌对行动、入侵、外敌行动;②工程所在国内的叛乱、恐怖活动、革命、暴动、军事政变或篡夺政权,或内战;③暴乱、骚乱或混乱,完全局限于承包商的人员以及承包商和分包商的其他雇用人员中间的事件除外;④工程所在国的军火、爆炸性物质、离子辐射或放射性污染;⑤以音速或超音速飞行的飞机或其他飞行装置产生的压力波;⑥雇主使用或占用永久工程的任何部分,合同中另有规定的除外;⑦因工程任何部分设计不当而造成的,而设计是由雇主的人员提供的,或由雇主所负责的其他人员提供的;⑧一个有经验的承包商不可预见且无法合理防范的自然力的作用。

(3)雇主的风险造成的后果。如果雇主的风险导致了工程、货物或承包商的文件的损失或损害,则承包商应尽快通知工程师,并且应按工程师的要求弥补损失或修复损害。

(4)知识产权和工业产权。雇主应保障和保护承包商免遭任何对于侵权的索赔;承包商应保障和保护雇主免遭任何其他索赔。

(5)责任限度。任何一方均不负责赔偿另一方可能遭受的与合同有关的任何工程的使用损失、利润损失、任何其他合同损失,或任何间接或由之引起的损失或损害。承包商根据合同对雇主应负的全部责任,不应超过专用条件中注明的金额,或者不应超过接受的合同款额。

▶8.2.19　保险

(1)有关保险的总体要求。当承包商作为保险方时,他应按照雇主批准的承保人及条件办理保险。这些条件应与中标函颁发日期前达成的条件保持一致。当雇主作为保险方时,他应按照专用条件后所附详细说明的承保人及条件办理保险。如果某一保险单被要求对联合被投保人进行保障,则该保险应适用于每一单独的被投保人,其效力应和向每一联合被投保人颁发了一张保险单的效力一致。如果保险方未能按合同要求办理保险并使之保持有效,或未能按要求提供令另一方满意的证明和保险单的副本,则另一方可以为违约相关的险别办理保险并支付应交的保险费。保险方应向另一方支付保险费的款额,同时合同价格应做相应的调整。

（2）工程和承包商的设备的保险。保险方应为工程、永久设备、材料以及承包商的文件投保,该保险的最低限额应不少于全部复原成本,包括补偿拆除和移走废弃物以及专业服务费和利润。保险方应为承包商的设备投保,该保险的最低限额应不少于全部重置价值（包括运至现场）。对于每项承包商的设备,该保险应保证其运往现场的过程中以及设备停留在现场或附近期间,均处于被保险之中,直至不再将其作为承包商的设备使用为止。

（3）人员伤亡和财产损害的保险。保险方应为履行合同引起的,并在履约证书颁发之前发生的任何物资财产的损失或损害,或任何人员的伤亡引起的每一方的责任办理保险。该保险每一次事故的最低限额应不少于投标函附录中规定的数额,对于事故的数目并无限制。

（4）承包商人员的保险。承包商应为由于承包商或任何其他承包商的人员雇用的任何人员的伤害、疾病、病疫或死亡所导致的一切索赔、损害、损失和开支的责任投保,并使之保持有效。雇主和工程师也应能够依此保险单得到保障,但保险不承保由雇主或雇主的人员的任何行为或疏忽造成的损失和索赔。该保险人员协助实施工程的整个期间都要保持完全有效。对于分包商的雇员,保险可由分包商来办理。

➢ 8.2.20　不可抗力

1. 不可抗力的定义

不可抗力指如下所述的特殊事件或情况:①无法控制的;②在签订合同前无法合理防范的;③情况发生时,无法合理回避或克服的;④主要不是由于对方造成的。

不可抗力可包括（但不限于）下列特殊事件或情况:①战争、敌对行动、入侵、外敌行动;②叛乱、恐怖活动、革命、暴动、军事政变或篡夺政权,或内战;③暴乱、骚乱、混乱、罢工或停业;④军火、炸药、离子辐射或放射性污染;⑤自然灾害,如地震、飓风、台风或火山爆发。

2. 不可抗力的通知

如果由于不可抗力,一方已经或将要无法依据合同履行他的任何义务,则该方应将构成不可抗力的事件或情况通知另一方,并具体说明已经无法或将要无法履行的义务及工作。该方应在注意到（或应该开始注意到）构成不可抗力的相应事件或情况发生后 14 日内发出通知。在发出通知后,该方应在不可抗力持续期间免除义务的履行。

3. 减少延误的责任

只要合理,自始至终,每一方都应尽力履行合同规定的义务,以减少由于不可抗力导致的任何延误。当不可抗力的影响终止时,一方应通知另一方。

4. 不可抗力引起的后果

如果由于不可抗力,承包商无法依据合同履行他的任何义务,而且已经发出了相应的通知,并且由于承包商无法履行义务而使其遭受工期的延误和（或）费用的增加,则承包商有权就任何延误获得延长的工期,以及获得任何费用的支付款额。

5. 可选择的终止、支付和返回

如果由于不可抗力,导致整个工程的施工无法进行已经持续了 84 日,且已发出了相应的通知,或如果由于同样原因停工时间的总和已经超过了 140 日,则任一方可向另一方发出终止合同的通知。在这种情况下,合同将在通知发出后 7 日终止,同时承包商应停止工作及撤离承包商的设备。一旦发生终止,工程师应决定已完成的工作的价值,并颁发支付证书。

6. 依法解除履约

如果合同双方无法控制的任何事件或情况(包括,但不限于不可抗力)的发生使任一方(或合同双方)履行他(或他们)的合同义务已变为不可能或非法,或者根据适用的法律,合同双方均被解除进一步的履约,但不影响之前享有的权利。

▷8.2.21　索赔、争端和仲裁

1. 承包商的索赔

如果承包商根据合同条件的任何条款或参照合同的其他规定,认为他有权获得任何竣工时间的延长和(或)任何附加款项,他应通知工程师,说明引起索赔的事件或情况。该通知应尽快发出,并应不迟于承包商开始注意到,或应该开始注意到,这种事件或情况之后 28 日。

如果承包商未能在 28 日内发出索赔通知,竣工时间将不被延长,承包商将无权得到附加款项,并且雇主将被解除有关索赔的一切责任。

承包商还应提交一切与事件或情况有关的任何其他通知,以及索赔的详细证明报告。

承包商应在现场或工程师可接受的另一地点保持用以证明任何索赔可能需要的同期记录。工程师在收到发出的通知后,在不必事先承认雇主责任的情况下,监督记录的进行,可指示承包商保持进一步的同期记录。承包商应允许工程师审查所有记录,如果工程师指示的话,并应向工程师提供复印件。

在承包商开始注意到,或应该开始注意到,引起索赔的事件或情况之日起 42 日内,或在承包商可能建议且由工程师批准的其他时间内,承包商应向工程师提交一份足够详细的索赔,包括一份完整的证明报告,详细说明索赔的依据以及索赔的工期和(或)索赔的金额。如果引起索赔的事件或情况具有连续影响:

(1)该全面详细的索赔应被认为是临时的;

(2)承包商应该按月提交进一步的临时索赔,说明累计索赔工期和(或)索赔款额,以及工程师可能合理要求的进一步的详细报告;

(3)在索赔事件所产生的影响结束后的 28 日内,承包商应提交一份最终索赔报告。

在收到索赔报告或该索赔的任何进一步的详细证明报告后 42 日内,工程师应表示批准或不批准,不批准时要给予详细的评价。他可能会要求任何必要的进一步的详细报告,但他应在这段时间内就索赔的原则作出反应。

每一份支付证明应将根据相关合同条款应支付并已被合理证实的索赔金额纳入其中。如果承包商提供的详细报告不足以证明全部的索赔,则承包商仅有权得到已被证实的那部分索赔。

2. 争端裁决委员会(Dispute Adjudication Board,简称 DAB)的委任

争端应由争端裁决委员会进行裁决。合同双方应在投标函附录规定的日期内,共同任命一争端裁决委员会。该争端裁决委员会应由具有恰当资格的成员组成,成员的数目可为一名或三名,具体情况按投标函附录中的规定。如果争端裁决委员会由三名成员组成,则合同每一方应提名一位成员,由对方批准。合同双方应与这两名成员协商,并应商定第三位成员(作为主席)。合同双方与唯一的成员("裁决人")或三个成员中的每一个人的协议书(包括各方之间达成的修正)应编入附在通用条件后的争端裁决协议书的通用条件中。

关于唯一成员或三个成员中的每一个人的报酬的支付条件,应由合同双方在协商任命条件时共同商定。每一方应负责支付此类酬金的一半。

在合同双方同意的任何时候,他们可以共同将事宜提交给争端裁决委员会,使其给出意见。没

有另一方的同意,任一方不得就任何事宜向争端裁决委员会征求建议。

在合同双方同意的任何时候,他们可以任命一合格人选(或多个合格人选)替代争端裁决委员会的任何一个或多个成员。除非合同双方另有协议,只要某一成员拒绝履行其职责或由于死亡、伤残、辞职或其委任终止而不能尽其职责,该任命即告生效。

3.获得争端裁决委员会的决定

如果在合同双方之间产生起因于合同或实施过程或与之相关的任何争端,包括对工程师的任何证书的签发、决定、指示、意见或估价的任何争端,任一方可以将争端事宜以书面形式提交争端裁决委员会,供其裁定,并将副本送交另一方和工程师。

合同双方应立即向争端裁决委员会提供为对争端进行裁决的目的而可能要求的所有附加资料、进一步的现场通道和适当的设施。争端裁决委员不应被视为仲裁人。

在争端裁决委员会收到上述争端事宜的提交后84天内,或在争端裁决委员会建议并由双方批准的其他时间内,争端裁决委员会应作出决定,该决定应是合理的。该决定对双方都有约束力,合同双方应立即执行争端裁决委员会作出的每项决定。

如果合同双方中任一方对争端裁决委员会的裁决不满意,则他可在收到该决定的通知后第28日内或此前将其不满通知对方。如果争端裁决委员会未能在其收到不满通知后84日内作出决定,那么合同双方中的任一方均可在期满后28日之内将其不满通知对方。任何一方若未发出表示不满的通知,均无权就该争端要求开始仲裁。

如果争端裁决委员会已将其对争端作出的决定通知了合同双方,而双方中的任一方在收到争端裁决委员会的决定的第28日或此前未将其不满事宜通知对方,则该决定应被视为最终决定并对合同双方均具有约束力。

4.友好解决

已发出表示不满的通知后,合同双方在仲裁开始前应尽力以友好的方式解决争端。仲裁将在表示不满的通知发出后第56日或此后开始。

5.仲裁

如果争端裁决委员会有关争端的决定未能成为最终决定并具有约束力,那么此类争端应由国际仲裁机构最终裁决。

仲裁人应有全权公开、审查和修改工程师的任何证书的签发、决定、指示、意见或估价,以及任何争端裁决委员会有关争端事宜的决定。无论如何,工程师都不会失去被作为证人以及向仲裁人提供任何与争端有关的证据的资格。

合同双方的任一方在仲裁人的仲裁过程中均不受以前为取得争端裁决委员会的决定而提供的证据或论据或其不满意通知中提出的不满理由的限制。在仲裁过程中,可将争端裁决委员会的决定作为一项证据。

工程竣工之前或之后均可开始仲裁。但在工程进行过程中,合同双方、工程师以及争端裁决委员会的各自义务不得因任何仲裁正在进行而改变。

6.争端裁决委员会的委任期满

如果合同双方之间产生了起因于或相关于合同或工程的实施过程的某一争端,而此时不存在一个争端裁决委员会(无论是因为争端裁决委员会的任命已到期还是因为其他原因),该争端直接通过仲裁最终解决。

8.3 FIDIC 交钥匙合同条件管理

由于 FIDIC 交钥匙合同条件管理与 FIDIC 施工合同条件管理的内容大约 70% 是相同的,故此节主要介绍两者的不同之处,例如 FIDIC 交钥匙合同条件不设工程师,直接由雇主管理工程。

▷ 8.3.1 雇主的管理

(1)雇主代表。雇主可任命 1 名雇主代表,并应该将雇主代表的姓名、地址、任务和权力通知承包商,代表他根据合同进行工作。

雇主代表应完成指派给他的任务,行使雇主托付给他的权力。如果雇主希望替换任何已任命的雇主代表,应该在不少于 14 日前将替换人的姓名、地址、任务和权力以及任命的日期通知承包商。

(2)其他雇主人员。雇主或雇主代表可随时对一些助手指派和付托一定的任务和权力,也可撤销这些指派和付托。

这些助手可包括驻地工程师和(或)担任检验和(或)实验各项生产设备和(或)材料的独立检查员。这些助手应具有相应资格、履行其任务和权力的能力,并能流利的交流。

(3)受托人员。所有人员包括已被指派任务、付托权力的雇主代表和助手,只应被授权在付托规定的范围内向承包商发布指示。由受托人员根据付托做出的任何批准、校核、证明、同意、检查、检验、指示、通知、建议、要求、实验或类似行动,应如同雇主采取的行动一样有效。

(4)指示。雇主可向承包商发出为承包商根据合同履行义务所需要的指示。每项指示都应是书面的,并说明其有关的义务,以及规定这些义务的条款(或合同的其他条款)。承包商应接受雇主或雇主代表或受托相应权力的助手的指示。

(5)确定。雇主应将每一项商定或确定,连同依据的细节通知承包商。各方都应履行每项商定或确定,除非承包商在收到通知 14 日内向雇主发出通知,对某项确定表示不满。这时,任一方可将争端提交 DAB。

▷ 8.3.2 设计

1. 设计义务一般要求

承包商应在基准日期前仔细审查雇主要求(包括设计标准和计算,如果有)。承包商应负责工程的设计,对雇主要求(包括设计标准和计算)的正确性负责。

但是,雇主应对以下方面的正确性负责:

(1)在合同中规定由雇主负责的数据和资料;

(2)对工程或其任何部分的预期目的的说明;

(3)竣工工程的试验和性能的标准;

(4)除合同另有说明外,承包商不能核实的部分、数据等。

2. 承包商文件

承包商文件应包括雇主要求中规定的技术文件、为满足所有规章要求报批的文件以及竣工文件和操作及维修手册文件。承包商应编制所有承包商文件,还应编制指导承包商人员所需要的任何其他文件。

如果雇主要求中描述了要提交雇主审核的承包商文件,这些文件应依照要求一并上报。通常每项审核期不应超过 21 日,从雇主收到一份承包商文件和承包商通知的日期算起。雇主在审核期可向承包商发出通知,指出承包商文件不符合合同规定。如果承包商文件确实如此不符合,该文件应由承包商承担费用,修正后重新上报,并审核。

任何协议或任何审核,都不应解除承包商的任何义务和职责。

3. 承包商的承诺

承包商承诺其设计、承包商文件、实施和竣工的工程符合工程所在国的法律和经过变更做出更改或修正的构成合同的各项文件。

4. 技术标准和法规

设计、承包商文件、施工和竣工工程,均应符合工程所在国的技术标准,建筑、施工与环境方面的法律,适用于工程将产生的产品的法律,以及雇主要求中提出的适用于工程或是用于法律规定的其他标准。

所有关于工程和其各分项工程的法规,应是在雇主根据相应规定接收工程或分项工程时通行的。如果在基准日期后,修改或有新的标准生效,承包商应通知雇主,并提交遵守新标准的建议书。

5. 培训

承包商应按照雇主要求中规定的范围,对雇主人员进行工程操作和维修培训。如果合同规定了工程接收前要进行培训,在此培训结束前,不应认为工程已经按照规定的接收要求竣工。

6. 竣工文件

承包商应编制并随时更新一套完整的、有关工程施工情况的"竣工"记录,如实记载竣工工程的准确位置、尺寸和实施工作的详细说明。竣工记录应保存在现场,并应在竣工试验开始前,提交两套副本给雇主。

此外,承包商应负责绘制并向雇主提供工程的竣工图,表明整个工程施工完毕的实际情况,提交雇主根据规定进行审核。

承包商应取得雇主对它们的尺寸、基准系统以及其他相关细节的同意。

在颁发任何接收证书前,承包商应按照雇主要求中规定的份数和复制形式,向雇主提交上述相关的竣工图。在雇主收到文件前,不认为工程已经按照规定的接收要求竣工。

7. 操作和维修手册

在竣工试验开始前,承包商应向雇主提供暂列的操作维修手册,操作维修手册的详细程度,应能满足雇主操作、维修、拆卸、重新组装、调整和修复生产设备的需要。

8. 设计错误

如果在承包商文件中发现有错误、遗漏、含糊、不一致、不适当或其他缺陷,尽管作出了任何同意或批准,承包商仍应自费对这些缺陷和其带来的工程质量问题进行改正。

▷ 8.3.3 竣工后试验

1. 竣工后试验的程序

竣工后试验前,应具备以下条件:

(1)雇主应提供全部电力、燃料和材料,并安排动用雇主人员和生产设备。

(2)承包商应提供有效进行竣工后试验所需的其他设备、装备以及有适当资质和经验的人员。

(3)承包商应在任一方可能合理要求的雇主和(或)承包商的有关人员的参加下,进行竣工后试验。

竣工后试验应在工程或分项工程被雇主接收后的合理可行的时间内尽快进行。雇主应提前21天将开始进行竣工后试验的日期通知承包商。除非另有商定,试验应在该日期后的14天内,在雇主确定的某日或某几日进行。

竣工后试验的结果应由承包商负责整理和评价,并编写一份详细报告。对雇主提前使用工程的影响应予适当考虑。

2. 延误的试验

如果由于雇主对竣工后试验的无故延误,致使承包商增加费用,承包商应向雇主发出通知,有权根据相应规定提出对任何费用和合同利润应加入合同价格给予支付。雇主收到通知后,应按照相应规定的要求商定或确定此项费用和利润。

如果工程或任何分项工程的竣工后试验,未能在缺陷通知期限(或双方商定的任何其他期限)内完成,且原因不在承包商方面,工程或分项工程应被视为已通过了竣工后试验。

3. 重新试验

如果此项未通过试验和重新试验是由修补缺陷的费用造成的,达到致使雇主增加费用的程度,承包商应根据相应规定向雇主支付这些费用。

4. 未能通过竣工后试验

如果工程或某分项工程未通过某项竣工后试验,而承包商建议对该工程或该分项工程进行调整或修正,雇主(或其代表)可指示承包商,到雇主方便时才能给以工程或分项工程的进入权。此时,承包商应在等待雇主(或其代表)关于雇主方便时间的通知的合理期限内,对进行修整或修正、并履行该项试验继续负责。但如果承包商在相关缺陷通知期限内未收到此项通知,承包商应解除义务,而工程或分项工程应视为通过了该项竣工后试验。

如果对承包商为调查未通过某项竣工后试验的原因,或为进行任何调整或修正,要进入工程或生产设备,雇主无故延误给予许可,招致承包商增加费用,承包商应向雇主发出通知,且有权根据相应规定提出将费用和合理利润加入合同价格,给予支付。

雇主收到此通知后,应按相应规定的要求,对此项费用和利润进行商定或确定。

FIDIC 施工合同主要事项的典型顺序如图 8-1 所示;FIDIC 施工合同付款事项的典型顺序如图 8-2 所示;FIDIC 施工合同解决争端事项的典型顺序如图 8-3 所示。

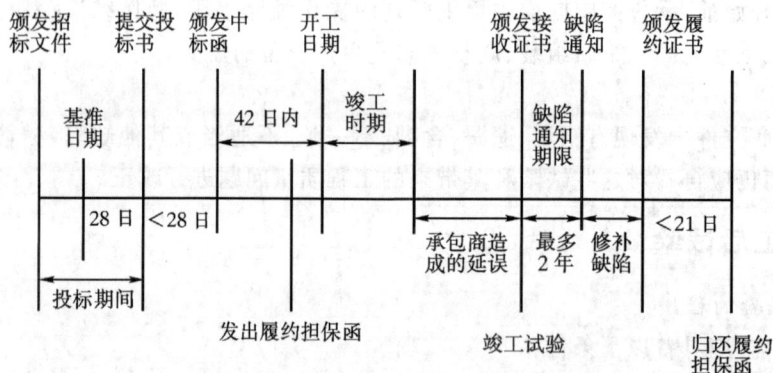

图 8-1 FIDIC 施工合同主要事项的典型顺序

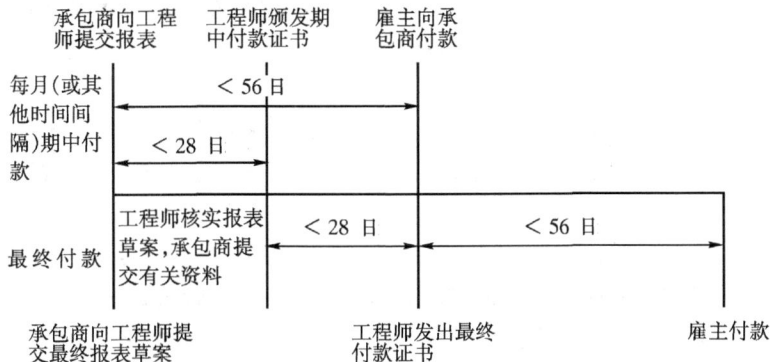

图 8-2　FIDIC 施工合同付款事项的典型顺序

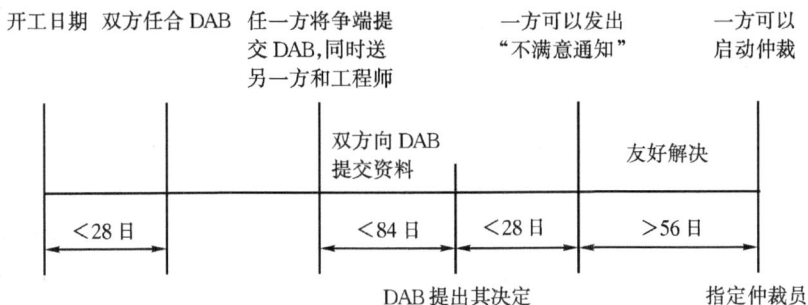

图 8-3　FIDIC 施工合同解决争端事项的典型顺序

8.4　本章案例

【案例 8-1】背景材料：一份原油处理厂 EPC 总承包合同，合同中"工程范围"规定该合同项下的原油处理厂的设计能力为接受原油150 000BPD（即每天 15 万标准桶），但合同协议附件"技术规范"规定设计能力为出口量150 000BPD，工艺流程图显示也是150 000BPD。根据原油成分，如果按照工艺流程图处理能力设计，与合同协议附件规定的处理量相比，该原油处理厂的处理能力要增大约 1%。那么整个系统的设备、设施各参数都要做相应调整。业主认为设计规范和工艺图都明确表示为处理量150 000BPD，同时项目性能担保也规定为150 000BPD。因此，业主要求承包商按照原油处理厂处理能力为150 000BPD设计。承包商认为"工程范围"作为合同协议的附件二，而"技术规范"是合同协议的附件四，前者应当优先于后者，因此，该原油处理厂的处理能力应当为接受能力150 000BPD。如果业主要求按照出口能力150 000BPD规模设计，那么属于合同工作范围变更，业主应当给予变更补偿。为此，双方发生争端。

核心提示：合同文件规定矛盾处理

案例评析：在本案例中，由于合同不同文件对合同标的规定不一致，导致承包商与业主之间就工程处理量的理解发生分歧。承包商设计能力应为原油进口量150 000BPD。业主认为设计能力应为原油出口量150 000BPD。双方争端起源于对处理量理解的基础是基于合同的不同文件规定。本合同条款中，对合同文件优先顺序作了规定，即如果合同组成部分相互之间含糊不清或者矛盾，其解释优先顺序按照附件排列顺序，附件二"工程范围"应当优先于附件四"技术规范"和附件七"性能担保"。从这层意义上讲,该合同的设计能力应以原油进口量为准。如果业主坚持承包商按照出口量为150 000BPD规模设计,那么,应当属于合同变更。

国际工程合同一般都规定合同文件的优先次序,如 FIDIC EPC 合同规定的优先次序如下:①合同协议书;②合同特殊条件;③合同通用条件;④业主要求,即工程目标、范围、工程设计和/或技术标准等;⑤投标书及构成合同组成部分的其他文件。若合同优先次序不能解决问题,则合同解释应当考虑"合同的性质和目的"、"据义反先原则"、"近因原则"、"书面原则"等。承包商在投标阶段一定仔细审查一些技术标准与要求,并尽量使自己编制的那一部分在合同中具有较高的优先权。

【案例 8-2】 背景材料:根据业主前期初步设计的成果,施工管线的长度为1 540公里,在承包商的详细设计过程中,对业主选择的线路走向进行了优化,将原长度减少了 40公里,并报业主进行了批准。等工程结算时,业主通知将这 40公里管线施工费用从合同中扣除,承包商不同意,由此争端产生。业主认为,承包商在投标报价中是为1 540公里报的价格,而实际施工长度减少,当然应从合同价格中扣除。承包商认为,该合同为 EPC 固定总价合同,只要承包商在保证质量和工期的情况下完成该合同,就应该支付全部合同金额。

核心提示:设计优化

案例评析:在国际工程中,对此类承包商优化设计带来的收益归属问题,有的合同没有规定,有的规定得比较清楚。但这一类问题属于变更。FIDIC EPC 合同 13.2{价值工程}是这样规定的:"The Contractor may, at any time, submit to the Employer a written proposal which(in the Contractor's opinion)will, if adopted, (i)accelerate completion, (ii)reduce the cost to the Employer of executing, maintaining or operating the Works, (iii)improve the efficiency or value to the Employer of the completed Works, or(iv)otherwise be of benefit to the Employer. The proposal shall be prepared at the cost of the Contractor and shall include the items listed in Sub—clause 13.3{Variation Procedure}."承包商可随时向雇主提交书面建议,建议被采纳后将:①加快竣工;②降低雇主的工程施工、维护、或运行的费用;③提高雇主的竣工工程的效率或价值;或④给雇主带来其他利益的建议。此类建议书应由承包商自费编制,并应包括第13.3款{变更程序}所列内容。

本合同的规定是,除非工程变更,否则合同价格为固定总价,不可以调整。但上述工作实际上已经构成对原工作范围的变更,合同价格应该调整,但业主在批准承包商改变管线长度的同时并没有说明这是变更令。因此导致争执。从合同管理角度来说,双方的做法都有不妥之处。

从合同管理的目的来看,主要是获得最大利益,因此承包商在提出优化或变更建议前,应确定此类变更是否导致合同价格的调整,相对于自己工作量是否值得。变更建议对业主是否有很大的吸引力。争取在变更前双方确定优化带来的利益分配方案。不要误认为"固定总价合同"意味着在任何条件下合同价格都不变。同时,项目实施过程中,技术部门在更新方案前应咨询合同部门的意见,这样就不会误解合同条款。

【案例 8-3】 背景材料:在 EPC 合同实施过程中,承包商购买了合同规定的法国品牌的 UPS,安装到工程中泵站系统。但到货后,业主以不符合合同规定为借口,不同意接受该产品,要求承包商重新购买。承包商认为,该产品是从业主提供的供货商名单中的厂家购买的,符合合同规定。由此,双方出现争执。

业主认为,合同规定 UPS 必须是从供货商名单中的厂家购买,而且必须是法国原产地。虽然承包商购买的产品的牌子与合同相符,但其原产地是新加坡,不是法国,因此不符合合同规定,予以拒收,承包商需重新订购。承包商认为,所采购的产品是从供货商名单中的厂家购买,由于采购周期与施工计划的要求,才从该厂家的新加坡分公司购买的,而且大部分部件是法国总部产的,也可以认为该产品是法国原产地。因此符合合同要求,重新采购根本不现实,也不能满足施工需求。若业主坚持重新订购,须按变更令指示。

核心提示:采购货源符合合同规定

案例评析:本案例是由于承包商没有严格遵循采购的规定引起的。的确,在国际 EPC 工程中,合同往往规定承包商采购设备材料的供货商名单,要求承包商必须从这些名单中选择供货商。但有的设备的采购周期很长,若延误,就会极大地影响施工。本案例中承包商从新加坡采购,正是出于工期考虑。在业主拒绝接受该设备的背后,有一个潜在的原因,即:业主在一次项目例会中提出,希望承包商在工程竣工后能将营地的活动房免费提供给业主,遭到承包商拒绝。业主抓住承包商没有严格履行采购程序,给承包商出难题。后来经双方协商,承包商同意将部分营地的临时活动房免费提供给业主,承包商从新加坡采购的 UPS 也被业主接受了。

关于原产地(origin),国际上也没有统一的定义,世界银行规定"Origin means the place where the plant and equipment or component pars thereof are mined, grown, or produced."至于本产品属于不属于法国原产地,双方是有争议的。在本案例里,业主主要是为承包商添麻烦。

通过本案例可明确,承包商在实施项目过程中应尽力遵循采购程序。若有需要更改之处,应提前向业主申请,并说明详细原因,证明更改会对项目带来的好处,并得到业主的书面批准。同时,与业主保持良好的合作关系对承包商来说非常重要。

【案例 8-4】背景材料:承包商在南亚某国执行矿山冶炼工程项目,在前期工作中,其勘察测量分包商在当地雇佣的工人罢工,停工一个月,无法按时完成勘察测量任务,造成承包商的基本设计启动延误,工程整体拖期。分包商援引合同中不可抗力条款,向承包商请求延长工期,并免除其拖期延误责任。承包商以不可抗力为依据,向业主请求延长工期,并免于承包商因此交工延误责任。业主认为,分包商当地雇佣的工人罢工影响其提交成果资料,不属于合同关于不可抗力事件范畴,因此拒绝承包商延长工期并免除责任的申请。

核心提示:施工因罢工延误

案例评析:在国际工程中,罢工(strike)一般被认定为不可抗力。但有一定例外,FIDIC 第18.1条定义不可抗力时就将分包商内部人员的罢工排除在外。另外,在涉及分包合同中,FIDIC 第18.5条规定:"If any Subcontractor is entitled under any contractor or agreement relation to the works to relief from Force Majeure on terms additional or broader than those specified in this clause, such additional or broader Force Majeure events or circumstances shall not excuse the Contractor's nonperformance or entitle him to relief under this clause."如果任何分包商根据有关工程的任何合同或协议,有权因较本条规定更多或更广范围的不可抗力免除其某些义务,此类更多或更广的不可抗力事件或情况,不应成为承包商不履约的借口,或有权根据本条规定免除其义务。

也就是说,分包商雇工罢工并不是"非自身所能控制的障碍所致",也不是"在合同签订前无法合理预见和防范"。因此,即使原合同对此没有明确规定,承包商也没有充分的理由因为分包商内部人员罢工而要求延长工期。从案例中需要注意的是:就涉及分包商的工作规定,承包商应将主合同的全部要求转到分包合同中;在分包合同中明确不可抗力的界限范围,同时约定对不可抗力的解释;注意合同的适用法律的相关规定。

【案例 8-5】背景材料:在某一国际工程中,工程师向承包商颁发了一份图纸,图纸上有工程师的批准及签字。但这份图纸的部分内容违反本工程的专用规范(即工程说明),待实施到一半后工程师发现这个问题,要求承包商返工并按规范施工。承包商就返工问题向工程师提出索赔要求,但被工程师否定。

承包商提出了问题:工程师批准颁布的图纸,如果与合同专用规范内容不同,它能否作为工程师已批准的有约束力的工程变更?

核心提示:国际工程承包中的工程师约束力

案例评析:①在国际工程中通常专用规范是优先于图纸的,承包商有责任遵守合同规范。②如果双方一致同意,工程变更的图纸是有约束力的。但这一致同意不仅包括图纸上的批准意见,而且工程师应有变更的意图,即工程师在签发图纸时必须明确知道已经变更,而且承包商也清楚知道。如果工程师不知道已经变更(仅发布了图纸),则不论出于何种理由,他没有修改的意向,这个对图纸的批准没有合同变更的效力。③承包商在收到一个与规范不同的或有明显错误的图纸后,有责任在施工前将问题呈交给工程师。如果工程师书面肯定图纸变更,则就形成有约束力的工程变更。而在本例中承包商没有向工程师核实,则不能构成有约束力的工程变更。鉴于以上理由,承包商没有索赔理由。

思考与练习

1. FIDIC 施工合同条件中文件的优先次序是什么?

2. FIDIC 施工合同条件中工程师的职责和权力有何规定?

3. FIDIC 施工合同条件中承包商应采取的安全措施有哪些?

4. FIDIC 施工合同条件中承包商在什么情况下可要求延长竣工时间?

5. FIDIC 施工合同条件中对合同价格有何规定?

6. FIDIC 施工合同条件中什么情况下雇主有权终止合同?

7. FIDIC 施工合同条件中什么情况下承包商有权终止合同?

8. FIDIC 施工合同条件中雇主的风险包括哪些?

9. FIDIC 施工合同条件中不可抗力可包括哪些特殊事件或情况?

10. FIDIC 施工合同条件中承包商的索赔程序有哪些?

11. FIDIC 交钥匙合同条件中雇主应对提供的哪些数据和资料的正确性负责?

12. A 阶段保留金 10 万元,2006 年 5 月 1 日颁发工程移交证书;B 阶段保留金 20 万元,2007 年 5 月 1 日颁发工程移交证书;缺陷责任期 1 年,则保留金的返还方式及金额?

A 阶段保留金 10 万元,2003 年 5 月 1 日颁发工程移交证书;B 阶段保留金 20 万元,2007 年 5 月 1 日颁发工程移交证书,承包商违约金 2 万;缺陷责任期 1 年,则保留金的返还方式及金额?

第9章

建设工程施工索赔

学习要点

1. 施工索赔的分类
2. 施工索赔的程序
3. 施工索赔的计算

9.1 施工索赔概述

▷ 9.1.1 施工索赔

施工索赔通常是指,在建设工程实施过程中,合同当事人一方对于并非自身过错,而应由对方承担责任或者风险的情况造成经济损失或者权利损害时,通过一定的合法程序向对方提出经济补偿和时间补偿的要求。

施工索赔可能发生在建设工程各类合同的履行过程中。其主要包括:

1. 施工合同中承包人同业主之间的索赔

这是工程施工中最普遍的索赔形式。最常见的是承包人向业主提出的工期索赔和经济索赔;有时,业主也向承包人提出经济赔偿的要求,由于施工过程中更多的是承包人向业主提出索赔,所以,也把业主向承包人提出的索赔称为"反索赔"。

2. 分包合同中总承包人和分包商之间的索赔

总承包人和分包商,按照他们之间所签订的分包合同,都有向对方提出索赔的权利,以维护自己的利益,获得额外的经济补偿。分包商向总承包人提出的索赔要求,经过总承包人审核后,凡是属于业主方面责任范围内的事项,均由总承包人汇总后向业主提出;凡属总承包人责任的事项,则由总承包人同分包商协商解决。

3. 采购合同中承包人同供货商之间的索赔

承包人在中标以后,根据合同规定的机械设备和工期要求,向设备制造厂家或材料供应商询价订货,签订供货合同。供货合同一般规定供货商提供的设备的型号、数量、质量标准和供货时间等具体要求。如果供货商违反供货合同的规定,使承包人受到经济损失时,承包人有权向供货商提出索赔,反之亦然。

4. 采购合同中业主与供货商之间的索赔

在工程施工中,业主为控制投资和保证建筑材料和设备的质量,往往对大宗设备和材料采用业主供货,即"甲供材料"。业主也需要与供货商签订一系列的采购合同。当供货商违反合同规定,使业主受到损失,也会产生业主与供货商之间的索赔。

在施工阶段索赔较为常见,而且情况最为复杂,所以工程领域所说的索赔通常是指施工索赔。

➤ 9.1.2　施工索赔的特征

(1)索赔是一种正当的权利要求,不是无理争利。大部分索赔可以通过协商、调解的方式解决,少部分情形需由仲裁或诉讼解决。

(2)索赔是双向的,合同的双方都可向对方提出索赔要求。但在工程实践中,发包人往往处于主动和有利的地位,对承包人的违约行为或可归责于承包人的其他原因造成的发包人的经济损失,发包人可以通过扣抵工程款,或通过履约保函来弥补自己的损失。所以在工程实践中发生较多的是承包人向发包人索赔。

(3)索赔要有合理的依据和充足的证据。如果依据不合理、证据不充分,索赔是不可能成功的,所以在平时的施工管理中要注意各种形式资料的保留和整理。

(4)索赔的目的是补偿索赔方在工期和经济上的损失。

(5)只有实际发生了经济损失或权利损害,一方才能向对方索赔,这是提出索赔的一个基本条件。经济损失是指造成了合同外的额外支出,如人工费、材料费、机械费等;权利损害是指虽然没有经济方面的损失,但造成了其他方面的损害,如工期的延误。

(6)索赔是一种未经对方确认的单方行为,对对方尚未形成约束力,不同于工程签证。工程签证是在施工过程中承发包双方就额外费用或工期延长等达成一致的书面证明材料和补充协议,它可以直接作为工程款结算或最终增减工程造价的依据。但是如果索赔成功,就可以形成工程签证。

➤ 9.1.3　施工索赔发生的必然性

据资料统计,施工索赔无论在数量或金额上,都在稳步增长。施工索赔发生的必然性大致有以下几方面原因:

1. 建筑过程的难度和复杂性增大

随着社会的发展,出现了越来越多的新技术、新工艺,业主对项目建设的质量和功能要求越来越高,越来越完善。因而使设计难度不断增大,另一方面施工过程也变得更加复杂。

由于设计难度加大,要求设计人员在设计图纸、规范使用上不出差错,尽善尽美是不可能的。往往在施工过程中随时发现问题,随时解决,因而需要进行设计变更,这就会导致施工费用的变化。

2. 合同文件前后矛盾和用词不严谨

一般在合同协议书中列出的合同文件,如果发现某几个文件的解释和说明有矛盾,可按合同文件的优先顺序,排在前面的文件的解释说明更具有权威性,尽管这样还可能有些矛盾不好解决。另外用词不严谨,导致双方对合同条款的不同理解,从而引起工程索赔。例如:"应抹平整"、"足够的尺寸"等像这样的词容易引起争议,因为没有给出"平整"的标准和多大的尺寸算"足够"。图纸、规范是"死"的,而建筑工程千变万化,人们从不同的角度对它的理解也会有所不同,这个问题的本身就构成了索赔产生的外部原因。

3. 投标制度的竞争性

在投标报价中,承包人常采用"靠低标中标,靠索赔盈利"的策略,对招标文件分析后,在实施阶段有可能通过索赔获得补偿的部分,因此降低利润甚至零利润报价,以增加中标的机会。

4. 参与工程建设主体的多元化

一个工程项目往往会有发包人、总包人、工程师、分包人、指定分包人、材料设备供应商等众多参与者,各方面的技术、经济关系错综复杂,既相互联系又相互影响,如果一方失误,不仅会造成自己的损失,而且会影响其他合作者,造成他人损失,从而导致索赔。

特别是如果处于关键路线上的工程的延期,会对整个工程产生连锁反应。对此若不能采取有效措施及时解决,可能会产生一系列重大索赔。特别是采用边勘察、边设计、边施工的建设管理模式尤为明显。

5. 工程项目外部环境的多变性以及不可预见事件的影响

工程项目的技术环境、经济环境、社会环境、法律环境的变化,诸如地质条件变化、材料价格上涨、货币贬值、国家政策、法规的变化等,都会在工程实施过程中经常发生,使得工程的计划实施过程与实际情况不一致,这些因素同样会导致工程工期和费用的变化。

建设工程项目在施工阶段,由于其工期长、技术复杂、大型化,必然存在众多签约阶段不可能合理预见的事件发生。尽管合同准备工作非常细致,合同条款内容严谨、全面,业主和承包人在合作履行过程中也非常守信誉,但由于工程项目施工的复杂性和人的预见能力的有限性,仍然或多或少地会发生索赔。

以上这些问题会随着工程的逐步开展而不断暴露出来,工程项目必然会因此受到影响,导致工程项目成本和工期的变化,这就是索赔形成的根源。因此,索赔的发生,不仅是一个索赔意识或合同观念的问题,从本质上讲,索赔也是一种客观存在。不论施工合同拟定得多么详细,合同管理工作做得如何细致,承包人向业主提出索赔是不可避免的。

9.1.4 施工索赔的分类

施工索赔从不同的角度,有不同的分类方法。

1. 按索赔的对象分类

在工程实践中,由承包商向业主提出的索赔一般称为承包商索赔(简称索赔);由业主向承包商提出的索赔一般称为业主索赔(简称反索赔)。

2. 按索赔的目的分类

(1)工期索赔。由于非承包人的原因,要求得到合同工期的顺延。

(2)费用索赔,也称为经济索赔。要求得到经济补偿,以弥补不应由自己承担的经济损失。

当提出索赔时,要明确提出是工期索赔还是费用索赔。当然,在索赔报告论证的文件中,也是为达到此目的而提出论证材料和合同依据。

3. 按索赔处理方式不同分类

(1)单项索赔。单项索赔是指在工程实施过程中,出现了干扰原合同的索赔事件,承包商为此事件提出的索赔。例如业主发出设计变更指令,造成承包商成本增加,工期延长。承包商为变更设计这一事件提出索赔要求,就可能是单项索赔。

单项索赔往往在合同中规定必须在索赔有效期内完成,即在索赔有效期内提出索赔报告,经监理工程师审核后交业主批准。如果超过规定的索赔有效期,则该索赔无效。因此对于单项索赔,必须由合同管理人员对日常的每一个合同事件跟踪,一旦发现问题即应迅速研究是否对此提出索赔要求。

单项索赔由于涉及的合同事件比较简单,责任分析和索赔值计算不太复杂,金额也不会太大,双方往往容易达成协议,获得成功。

(2)总索赔。总索赔又称为一揽子索赔,是指承包商在工程竣工前后,将施工过程中已提出但未解决的索赔汇总在一起,向业主提出一份总索赔报告的索赔。

总索赔是在合同实施过程中,一些单项索赔问题比较复杂,不能立即解决,经双方协商同意留待以后解决。有的是业主对索赔迟迟不作答复,采取拖延的办法,使索赔谈判旷日持久;或有的承包商对合同管理的水平差,平时没有注意对索赔的管理,忙于工程施工,当工程快完工时,发现自己亏了本;或业主不付款时,才准备进行索赔,甚至提出仲裁或诉讼。

由于以上原因,在处理一揽子索赔时,因许多干扰事件交织在一起,影响因素比较复杂,有些证据事过境迁,责任分析和索赔值的计算发生困难,使索赔处理和谈判很困难。加上一揽子索赔的金额较大,往往需要承包商作出较大让步才能解决。

4. 按索赔事件的性质分类

尽管每次索赔都有独特的原因,但可以把这些原因按其特征归纳为以下 6 类:

(1)工程延误索赔。该项索赔主要表现在由于发包人原因不能按原定计划的时间进行施工所引起的索赔。

①由于材料和设备价格的上涨,为了控制建设的成本,业主往往把材料和设备自己直接订货,再供应给施工的承包商,这样业主则要承担因不能按时供货,而导致工程延期的风险。如某公司为了建设一个生产工厂,与一家设备安装公司签订单包合同。其中比较昂贵的 3 个锅炉由业主直接供货,按合同规定,3 个锅炉应开工后的第三个月、第六个月、第九个月先后运到施工现场,工程一年内完工。合同总价为 100 万美元。在最初的 6 个月内,已顺利安装了第一个锅炉,在准备接着安装第二个锅炉时,设备安装公司接到通知,余下的锅炉不能及时供给,因生产厂家的工人罢工,何日供货不能确定,使锅炉安装工作拖延 6 个月,工程共花了 18 个月的时间才完工。设备安装公司向业主提出索赔 24.8 万美元的损失报告,包括增加的劳务成本、现场管理费用、小工具损失费用和公司管理费用等。业主驳回了小工具损失费用和公司管理费用的索赔,其理由是公司只做了合同规定的工作,而未完成额外的工作;而承包商则认为现场使用的小工具作为时间的函数比消耗,现场小工具的丢失和被盗的损失是时间函数,这个时间不是 12 个月,而是 18 个月,应增加 1/3 的小工具成本损失费 1.14 万美元。

②建筑法规的改变最容易造成延期。如某大学的医院要建设一附属机构,在医院和附属机构之间要埋设一条电缆管道,按设计图纸是埋设 4 英寸的管道,当工程完成到 1/3 时,市政府颁布了新的建筑法规,应埋设 5 英寸的管道。这样造成工程返工,需要清除原管道,重购新管道,使工程拖延 10 天,使劳务成本、材料成本、设备租金、现场管理费增加,承包商索赔金额达数万美元。

③设计者不能及时提交审查或批准图纸,引起延期索赔的事件更是屡见不鲜。

(2)工程变更索赔。该项索赔是指对合同中规定工作范围的变化而引起的索赔。其责任和损失不如延误索赔那么容易确定,如某分项工程所包含的详细工作内容和技术要求、施工要求很难在合同文件中用语言描述清楚,设计图纸也很难对每一个施工细节的要求都说得清清楚楚。另外设计的错误和遗漏,或业主和设计者主观意志的改变都会向承包商发布变更设计的命令从而引起索赔。

设计变更引起的工作量和技术要求的变化都可能被认为是工作范围的变化,为完成此变更可能增加时间,并影响原计划工作的执行,从而可能导致工期和费用的增加。

(3)施工加速索赔。该项索赔经常是延期或工程变更索赔的结果,有时也被称为"赶工索赔",而施工加速索赔与劳动生产率的降低关系极大,因此又称为劳动生产率损失索赔。

如果业主要求承包商比合同规定的工期提前,或者因工程前一阶段的工程拖期,要求后一阶段工程弥补已经损失的工期,使整个工程按期完工。这样,承包商可以因施工加速成本超过原计划的成本而提出索赔,其索赔的费用一般应考虑加班工资、雇用额外劳动力、采用额外设备、改变施工方法、提供额外监督管理人员所引起的费用增加和由于拥挤、干扰加班引起的疲劳的劳动生产率损失所引起的费用的增加。

(4)意外风险和不可预见因素索赔。在工程实施过程中,因人力不可抗拒的自然灾害、特殊风险以及一个有经验的承包人通常不能合理预见的不利施工条件或外界障碍(如地下水、地质断层、溶洞、地下障碍物等)引起的索赔。

不利的现场条件是指合同的图纸和技术规范中所描述的条件与实际情况有实质性的不同或虽合同中未作描述,但是一个有经验的承包商无法预料的条件。一般是地下的水文地质条件,但也包括某些隐藏着的不可知的地面条件。

(5)合同被迫终止的索赔。由于发包人或承包人违约或不可抗力事件等原因造成合同非正常终止,无责任的受害方因此蒙受经济损失而向对方提出索赔。

(6)其他索赔。如因货币贬值、汇率变化、物价或工资上涨、政策法令变化等原因引起的索赔。

5. 按索赔的合同依据分类

索赔的依据是按合同中条款的规定,因此索赔按合同的依据分类如下:

(1)合同内索赔(合同中明示的索赔)。此种索赔是以合同条款为依据,在合同中有明文规定的索赔,如工程延误、工程变更、工程师给出错误数据导致放线的差错、业主不按合同规定支付进度款等等。

(2)合同外索赔(合同中默示的索赔)。此种索赔一般是难于直接从合同的某项条款中找到依据,但可以从对合同条件的合理推断或同其他的有关条款联系起来论证该索赔是属合同规定的索赔。例如,因天气的影响给承包商造成的损失一般应由承包商自己负责,如果承包商能证明损失是由特殊反常的气候条件(如百年一遇的洪水,50 年一遇的暴雨)造成的,就可利用合同条款中规定的"一个有经验的承包商无法合理预见不利的条件"而得到工期的延长。合同外的索赔需要承包商非常熟悉合同和相关法律,并有比较丰富的索赔经验。

(3)道义索赔。这种索赔无合同和法律依据,业主没有违约,由于承包商自己失误(如报价失误、环境调查失误),而造成承包商重大的损失,要向业主寻求优惠性质的额外付款。如采用固定总价合同,在合同约定的风险范围内价格不再调整,即合同签订后,物价上涨,合同价格不变。现工程由于材料价格大幅度上涨,业主不补偿,承包商就要倒闭,撤出现场。承包商此时可提出要求,希望业主从道义、或从工程整体利益的角度给予一定补偿。这种索赔只有在遇到通情达理的业主时才有希望成功。

9.2 施工索赔的程序

要做好索赔,不仅要善于发现和把握住索赔的机会,更重要的是要按照程序进行索赔,索赔的程序如图 9-1 所示。

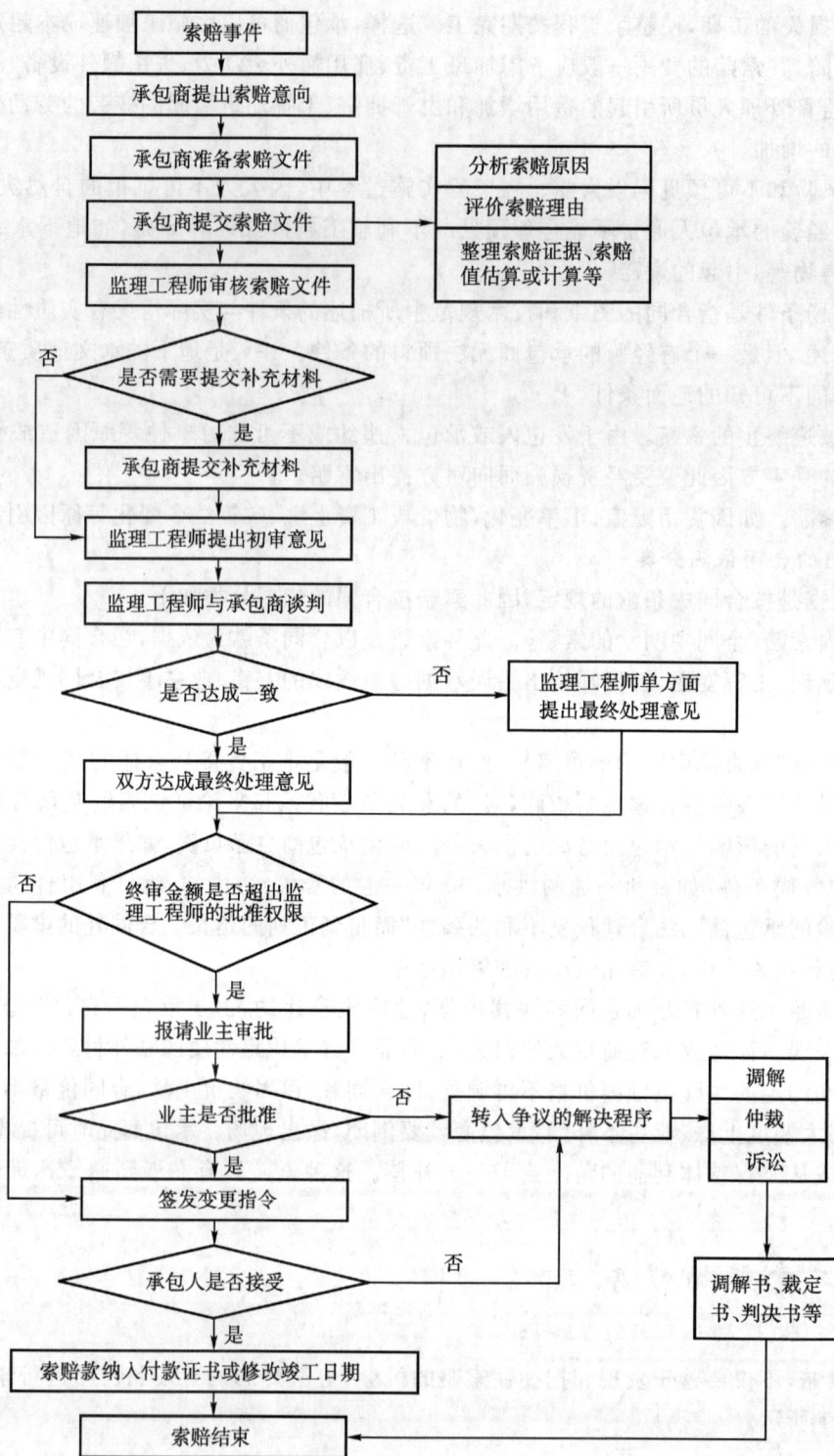

图 9-1 索赔程序图

▶ 9.2.1 承包人提出索赔要求

1. 发出索赔意向通知

发现索赔或意识到存在索赔机会后,承包商要做的第一件事就是要将自己的索赔意向书面通知给监理工程师(业主)。这种意向通知是索赔的声明,标志着一项索赔的开始。

FIDIC合同条件中规定:"在引起索赔事件发生之后的28日内,承包商将他的索赔意向以书面形式通知工程师,同时将1份副本呈交业主。"超过这个期限,工程师和发包人有权拒绝承包人的索赔要求。

索赔意向通知,通常包括以下4个方面的内容:

(1)事件发生的时间和情况的简单描述;

(2)合同依据的条款和理由;

(3)有关后续资料的提供,包括及时记录和提供事件发展的动态;

(4)对工程成本和工期产生的不利影响的严重程度,以期引起监理工程师(业主)的注意。

一般而言,索赔意向通知仅仅是表明意向,应简明扼要,涉及索赔内容但不涉及索赔金额。

2. 准备依据和证据资料

索赔的成功很大程度上取决于承包商对索赔作出的解释和具有强有力的证明材料。因此,承包商在正式提出索赔报告前的资料准备工作极为重要,这就要求承包商应注意记录和积累保存各方面的资料,并可随时从中提取与索赔事件有关的证据资料。

索赔的一般依据如下:

(1)构成合同的原始文件(招标文件、施工合同文本及附件、工程图纸、技术规范等)。这是索赔的主要依据。由于不同的具体工程有不同的合同文件,索赔的依据也就不完全相同,合同当事人的索赔权利也不同。

(2)订立合同所依据的法律法规。工程索赔是合同当事人双方正确履行合同,维护自身权利的一种重要手段,也是依法进行工程项目管理的重要方法。《民法通则》与《合同法》等一系列法律法规,构成了工程索赔的法律依据。

(3)相关证据。索赔证据是关系到索赔成败的重要文件之一。工程实践中,承包人即使抓住施工合同履行中的索赔机会,但如果拿不出索赔证据或证据不充分,其索赔要求往往难以成功或被大打折扣。如果承包人拿出的索赔证据漏洞百出,前后自相矛盾,经不起对方的推敲和质疑,不仅不能促进索赔的成功,反而会被对方作为反索赔的证据,使自己在索赔问题上处于极为不利的地位。因此,收集有效的索赔证据是搞好索赔管理不可忽视的。

对于索赔证据,有下列要求:

①真实性。索赔证据必须是在实施合同过程中确实存在和实际发生的,是真实资料。

②全面性。索赔方所提供的证据应能说明事件的全部内容。索赔报告中涉及的索赔理由、事件过程、影响、索赔值等都应有相应证据。否则对方可退回索赔报告,要求重新补充证据。

③及时性。索赔证据的取得及提出应当及时,通常后补的证据很难被对方认可。

④关联性。索赔的证据应当与索赔事件有必然联系,符合逻辑,不能互相矛盾。

⑤有效性。索赔证据必须具有法律效力。一般要求证据必须是书面文件,有关记录、协议、纪要等必须是双方签署的。一切口头承诺、口头协议均无效;一切商讨性、意向性的意见和建议均不应算作有效的索赔证据。无书面证据证明,尽管有事实根据,索赔也难以成功。如工程师让承包商在某处砌一道墙,承包商执行,但应补书面指令,否则可能索赔不成功。

常见的索赔证据主要有：①招标文件、合同文本及附件；②来往信函、签证及变更通知等；③施工进度计划和实际施工进度表；④施工会议记录、施工现场记录、气象记录；⑤各类财务凭证；⑥工程师发布的各种书面指令；⑦工程照片；⑧建筑材料和设备采购、订货运输使用记录等；⑨市场行情记录；⑩国家法律、法令、政策文件等。

3. 编写索赔报告

索赔报告是承包商向监理工程师（业主）提交的一份要求业主给予一定经济（费用）补偿和（或）延长工期的正式报告。

（1）索赔报告的内容。索赔报告一般包括说明信、索赔报告正文、详细的计算过程和证明材料。

①说明信简明扼要地说明索赔事由、索赔金额（工期）以及所附的清单目录，主要是让监理工程师（业主）了解所提交索赔报告的概况，千万不可啰唆。

②索赔报告正文，包括题目、事件、理由（依据）、因果分析、索赔费用（工期）。题目应简洁说明针对什么提出的索赔，即概括出索赔的中心内容；事件是对索赔事件发生的原因和经过的描述，包括双方活动所附的证明材料；理由是提出索赔的根据，即基于何种理由有资格提出索赔要求；因果分析是证明客观事件与损失之间的因果关系，说明索赔前因后果的关联性，要以合同为依据，说明业主违约或合同变更与引起索赔的必然性联系；进行损失金额及时间的计算，最后提出索赔费用（工期）的分项总计的结果。

③计算过程和证明材料的附件是支持索赔报告的有力依据，一定要和索赔中提到的完全一致，不可有丝毫相互矛盾的地方，否则有可能导致索赔的失败。

（2）注意事项。

①索赔报告简明扼要，条理清楚，便于对方由表及里、由浅入深地阅读和了解。

②索赔值的计算依据要正确，计算结果要准确。计算依据要用文件规定的公认合理的计算方法，并加以适当的分析。数字计算上不要有差额，一个小的计算错误可能影响到整个计算结果，容易给人在索赔的可信度上造成不好的印象。

③用词要婉转和恰当。在索赔报告中要避免使用强硬的、不友好的、抗拒式的语言。

④责任分析应清楚、准确。在报告中所提出索赔的事件的责任是对方引起的。应把全部或主要责任推给对方，不能有责任含混不清和自我批评式的语言。要做到这一点，就必须强调事件的不可预见性，承包商对它不能有所准备，事发后尽管采取能够采取的措施也无法制止；指出索赔事件使承包商工期拖延，费用增加的严重性和索赔之间的直接因果关系。

4. 递交索赔报告

索赔意向通知提交后的 28 日内，或工程师可能同意的其他合理时间内，承包人应递送正式索赔报告。

如果索赔事件的影响持续存在，28 日内还不能计算出索赔额和工期展延天数，承包人应按工程师合理要求的时间间隔（一般为 28 日），定期陆续报出每个时间段内的索赔证据资料和索赔要求。在该项索赔事件的影响结束后的 28 日内，报出最终详细报告，提出索赔论证资料和累计索赔额。

索赔报告提交后，承包商不能被动等待，应隔一定的时间，主动向对方了解索赔处理的情况，根据所提出问题进一步作资料方面的准备，或提供补充资料。承包商不积极主动去"索"，业主没有任何义务去"赔"，因此，提交索赔报告本身就是"索"的表示。

▶9.2.2 工程师审核索赔报告

1. 判定索赔是否成立

工程师判定承包人索赔成立的条件如下：

(1)与合同相对照，事件已造成了承包人施工成本的额外支出或总工期延误；

(2)造成费用增加或工期延误的原因，按合同约定不属于承包人应承担的责任，包括行为责任或风险责任；

(3)承包人按合同规定的程序提交了索赔意向通知和索赔报告。

上述3个条件没有先后主次之分，应当同时具备。只有工程师认定索赔成立，才能进一步处理。

2. 审核承包人的索赔申请

在接到正式索赔报告以后，工程师应认真研究承包人报送的索赔资料：

(1)在不确认责任归属的情况下，客观分析事件发生的原因。

(2)通过对事件的分析，依据合同条款划清责任界限，必要时还可以要求承包人进一步提供补充资料。尤其是承包人与发包人或工程师都负有一定责任的事件，更应划出各方应该承担合同责任的比例。

(3)审查承包人提出的索赔补偿要求，剔除其中的不合理部分，拟定自己计算的合理索赔款额和工期顺延天数。

在审查过程中，承包商应对工程师提出的各种质疑作出圆满的答复。

▶9.2.3 确定合理的补偿额

1. 工程师与承包人协商补偿

工程师核查后初步确定应予以补偿的额度往往与承包人的索赔报告中要求的额度不一致，甚至差额较大。主要原因大多是对事件损害责任的界限划分不一致、索赔证据不充分、索赔计算的依据和方法分歧较大等，因此双方应就索赔的处理进行协商。

对于持续影响时间超过28日以上的工期延误事件，当工期索赔条件成立时，工程师对承包人每隔28日报送的阶段索赔临时报告审查后，每次均应作出批准临时延长工期的决定，并于事件影响结束后28日内收到承包人提出的最终的索赔报告后，批准顺延工期总天数。最终批准的总顺延天数，不应少于以前各阶段已同意顺延天数之和。

2. 工程师提出索赔处理决定

在经过认真分析研究，与承包人、发包人广泛讨论后，工程师应该向发包人和承包人提出自己的"索赔处理决定"。

工程师收到承包人送交的索赔报告和有关资料后，于28日内给予答复或要求承包人进一步补充索赔理由和证据。如果在28天内既未予答复，也未对承包人作进一步要求，则视为承包人提出的该项索赔要求已经被认可。

不论工程师与承包人协商达成一致，还是单方面作出处理决定，批准给予补偿的款额和顺延工期的天数只要在授权范围之内，工程师可将此结果通知承包人，并抄送发包人。

补偿款将计入下月支付工程进度款的支付证书内，顺延的工期加到原合同工期中。如果批准的额度超过工程师权限，则应报请发包人批准。

9.2.4 发包人审查索赔处理决定

发包人首先根据事件发生的原因、责任范围、合同条款,审核承包人的索赔申请和工程师的处理报告,再依据工程建设的目的、投资控制、竣工投产日期要求、承包人在施工中的缺陷或违反合同规定等有关情况,决定是否同意工程师的处理意见。

例如,承包人的某项索赔理由成立,工程师根据相应条款规定,既同意给予一定的费用补偿,也批准顺延相应的工期,但发包人权衡了施工的实际情况和外部条件的要求后,可能不同意顺延工期,而宁可给承包人增加费用补偿额,要求他采取赶工措施,按期或提前完工,这样的决定只有发包人才有权作出。索赔报告经发包人同意后,工程师即可签发有关证书。

9.2.5 承包人对最终索赔处理的回应

如果承包人接受最终的索赔处理决定,索赔事件的处理即告结束。如果承包人不同意,就会导致合同争议。通过协商,双方达成互谅互让的解决方案,是处理争议的最理想方式。如达不成谅解,承包人有权提交仲裁或通过诉讼解决。

9.3 索赔额的计算

9.3.1 工期索赔计算

在建设工程施工过程中,由于项目的建设周期比较长,不可预见的因素比较多,施工的干扰因素不可避免,常常使预定计划不能实现,造成工期延误。工期延误对合同双方都会造成损失,承包商因工期延误造成增加工程成本,业主因工期延误工程不能及时交付使用、投入生产,就不能按计划实现投资效果。因此,工期延误的后果形式上是时间损失,实质上则是经济损失,无论是业主还是承包商都不愿意无缘无故地承担由工期延误给自己造成的损失。工期索赔在整个索赔中占据了很高的比例,也是承包商索赔的重要内容。

1. **工期延误的分类**

(1)不可原谅的工期延误。由于承包商自己的原因,如施工组织管理不善、施工机械故障等引起的工期延误,这种工期延误不可进行索赔。

(2)可原谅且应予以补偿的工期延误。由于业主的原因(广义上理解,包括设计、监理方的原因),如图纸延误、场地延误等引起的工期延误,这种延误不但可以进行工期索赔,而且可以附带费用索赔。

(3)可原谅但不予以补偿的工期延误。由于客观原因,如非正常的恶劣气候条件、政局混乱等引起的工期延误,这种延误可以进行工期索赔,但不可以附带费用索赔。

2. **工期索赔的计算方法**

工期索赔的计算主要有3种。

(1)直接法。若干扰事件直接发生在关键线路上或一次性地发生在一个项目上,造成总工期的延误。这时可通过施工日志、变更指令等资料,直接计算延误的工期,并将这些资料中记载的延误时间作为工期索赔值。

(2)网络分析法。这是利用进度计划的网络图,分析其关键线路。网络分析要求承包商切实使用网络技术进行进度控制,才能依据网络计划提出工期索赔。

如果延误的工作为关键工作,则延误的时间为索赔的工期;如果延误的工作为非关键工作,当该工作由于延误超过时差限制而成为关键工作时,可以索赔延误时间与时差的差值;若该工作延误后仍为非关键工作,则不存在工期索赔问题。

(3)比例计算法。在实际工程中,若干扰事件仅影响某些单项工程、单位工程或分部分项工程的工期,要分析它们对总工期的影响,可采用较简单的比例分析法。

对于已知部分工程延期的时间:

$$工期索赔值 = \frac{受干扰部分工程的合同价}{原合同总价} \times 该受干扰部分工期拖延时间$$

对于已知额外增加工程量的价格:

$$工期索赔值 = \frac{额外增加的工程量的价格}{原合同总价} \times 原合同总工期$$

比例计算法简单方便,但有时不符合实际情况,比例计算法不适用于变更施工顺序、加速施工、删减工程量等事件的索赔。

➢ 9.3.2 费用索赔计算

1. 费用索赔的特点

费用索赔是工程索赔的核心,是承包人进行索赔的主要目标。与工期索赔相比,费用索赔有以下特点:

(1)费用索赔的成功与否及其金额大小直接影响承包人的盈亏,也影响业主工程项目的建设成本,因此费用索赔常常是最困难、也是双方分歧最大的索赔。

(2)索赔费用的计算比索赔资格或权利的确认更为复杂,不仅要依据合同条款规定的计算规则和方法,而且还可能要依据承包人投标时采用的计算基础、方法以及承包人的历史资料等。索赔费用的计算没有统一的合同双方共同认可的计算方法。

(3)在工程实践中,许多干扰事件常常是交错在一起的,费用索赔与工期索赔相互交织在一起,很难清楚、准确地划分开,很难准确地计算出来,往往使合同双方产生较大的分歧,因此处理起来比工期索赔复杂得多。

2. 索赔费用的构成

(1)按索赔费用的性质划分。在工程实践中,承包人的费用索赔包括额外工作索赔和损失索赔。额外工作索赔费用包括额外工作实际成本及其利润;损失索赔包括实际损失索赔和可得利益索赔。实际损失是指承包人多支出的额外成本;可得利益是指如果业主不违反合同,承包人本应取得的、但因业主违约而丧失了的利益。

计算额外工作索赔和损失索赔的主要区别是:前者的计算基础是价格,而后者的计算基础是成本。

(2)按索赔费用的构成项目划分。索赔费用按项目构成可分为直接费和间接费。其中直接费包括人工费、材料费、机械设备费、分包费,间接费包括现场和公司总部管理费、保险费、利息及保函手续费等项目。索赔费用计算的基本方法是按上述费用构成项目分别分析、计算,最后汇总求出总的索赔费用。

3. 费用索赔的计算方法

(1)总费用法和修正的总费用法。总费用法就是计算出该项工程的总费用,再从这个已实际开支的总费用中减去投标报价时的成本费用,即为要求补偿的索赔费用额。

总费用法并不十分科学,但对于难于精确地确定导致的各项费用增加额的索赔事件,经常采用。一般具备以下条件时采用总费用法:

①已开支的实际总费用经过审核,认为是比较合理的。

②承包商的原始报价是比较合理的。

③费用的增加是由于对方原因造成的,其中没有承包商管理不善的责任。

④由于该项索赔事件的性质以及现场记录的不足,难于采用更精确的计算方法。

修正的总费用法是指对难于用实际总费用进行审核的,可以考虑是否能计算出与索赔事件有关的单项工程的实际总费用和该单项工程的投标报价。若可行,可按其单项工程的实际费用与报价的差值来计算其索赔的金额。

(2)分项法。分项法是将索赔的损失费用分项进行计算。包括以下各项费用:

①人工费索赔。包括额外雇佣劳务人员、加班工作、工资上涨、人员闲置和劳动生产率降低的费用。

A. 对于额外雇佣劳务人员和加班工作,用投标时的人工单价乘以工时数。

B. 对于人员闲置费用,一般折算为人工单价的0.75。

C. 工资上涨是指由于工程变更,使承包商的大量人力资源的使用从前期推到后期,而后期工资水平上调,因此应得到相应的补偿。

D. 有时工程师指令进行计日工,则人工费按计日工表中的人工单价计算。

E. 对于劳动生产率降低导致的人工费索赔,可用正常施工期与受影响期比较法,即是在承包商的正常施工受到干扰,生产率下降,通过比较正常条件下的生产率和干扰状态下的生产率,得出生产率降低值,进行索赔。

②材料费索赔。包括两个方面:

A. 材料消耗量增加。追加额外工作,变更工程性质,改变施工方法或使用不同的材料等,都可能造成材料用量的增加。

B. 材料单位成本增加。其原因包括材料价格上涨、手续费增加、运输费用(运距加长、二次倒运等)、仓储保管费增加等。

③施工机械费索赔。包括增加台班数量、机械闲置或工作效率降低、台班费率上涨等费用。

A. 台班费率按照有关定额和标准手册取值。

B. 对于工作效率降低,应参考劳动生产率降低的人工索赔的计算方法。

C. 台班量的计算数据来自机械使用记录。对于租赁的机械,取费标准按租赁合同计算。

D. 对于机械闲置费,有两种计算方法。一是按公布的行业标准租赁费率进行折减计算,二是按定额标准的计算方法,将其中的不变费用和可变费用分别扣除一定的百分比进行计算。

E. 对于工程师指令进行计日工作的,按计日工作表中的费率计算。

④现场管理费索赔。包括临时设施费、通讯费、办公费、现场管理人员和服务人员的工资等。

现场管理费索赔计算的方法为:

$$现场管理费索赔值=索赔的直接成本费用×现场管理费率$$

现场管理费率的确定选用如下方法:

A. 合同百分比法:管理费比率在合同中规定。

B. 行业平均水平法:采用公开认可的行业标准费率。

C. 原始估价法:采用投标报价时确定的费率。

D. 历史数据法:采用以往相似工程的管理费率。

⑤总部管理费索赔。总部管理费是承包商的上级部门提取的管理费,如公司总部办公楼折旧、总部职员工资、交通差旅费、通讯、广告费等。

总部管理费与现场管理费相比,数额较为固定,一般仅在工程延期和工程范围变更时才允许索赔总部管理费。

目前国际上应用最多的 Eichealy 公式是在获得工程延期索赔后进一步获得总部管理费索赔的计算方法。Eichealy 公式在工程拖期后的总部管理费索赔中应用的理由是:若工程延期,就相当于该工程占用了应调往其他工程合同的施工力量,这样就损失了在该工程合同中应得的总部管理费。也就是说,由于该工程拖期,影响了总部在这一时期内对其他合同收入,总部管理费应该从延期项目中索补。

A. 对于已获延期索赔的 Eichealy 公式是根据日费率分摊的办法,计算步骤有延期合同应分摊的管理费、单位时间(日或周)总部管理费率、总部管理费索赔值三部分。

延期合同应分摊的管理费(A)=(被延期合同原价/同期公司所有合同价之和)×同期公司计划总部管理费

单位时间(日或周)总部管理费率(B)=(A)/计划合同工期(日或周)

总部管理费索赔值(C)=(B)×工程延期索赔(日或周)

B. 对于已获得工程直接成本索赔的总部管理费的计算也可用 Eichealy 公式计算:

被索赔合同应分摊总部管理费(A)=(被索赔合同原计划直接成本/同期所有合同直接成本总和)×同期公司计划总部管理费

每元直接成本包含的总部管理费用(B)=(A)/被索赔合同计划直接成本

应索赔总部管理费(C)=(B)×工程直接成本索赔值

⑥利润的索赔。利润是完成一定工程量的报酬,因此在工程量增加时可索赔利润,如设计变更、施工范围变化等原因导致的索赔。

9.4 索赔的策略和技巧

工程索赔是一门涉及面广,融技术、经济、法律为一体的边缘学科,它不仅是一门科学,又是一门艺术,要想索赔成功,必须注意以下问题。

▷ 9.4.1 组建强有力的索赔班子

索赔是一项复杂细致而艰巨的工作,组建一个知识全面、索赔经验丰富、稳定的索赔小组从事索赔工作是索赔成功的首要条件,索赔小组应由项目经理、合同法律专家、估算师、会计师、施工工程师组成,由专职人员搜查和整理各职能部门提供的信息资料。

▷ 9.4.2 确定正确的索赔策略

索赔策略是承包商经营战略的一部分,应当体现承包商目前利益和长远利益,全局利益和局部利益的统一,应由公司经理亲自把握和制定,索赔小组应提供决策的依据和建议。

索赔的策略研究,包含如下几个方面:

1. 确定索赔目标

承包商的索赔目标是指承包商对索赔的基本要求。承包商可对要达到的目标进行分解,按难易程度进行排队,并大致分析它们实现的可能性,从而确定最低、最高目标。

2. 对被索赔方的分析

要根据对方的利益所在,对双方感兴趣的地方,承包商就在不过多损害自己利益的情况下作适当让步。在责任分析和法律分析方面要适当,在对方愿意接受索赔的情况下,不要得理不让人,否则反而达不到索赔目的。

3. 承包商的经营战略分析

在分析业主情况和工程所在地的情况以后,承包商应考虑有无可能与业主继续进行新的合作,是否在当地继续扩展业务,承包商与业主之间的关系对当地开展业务有何影响等。承包商的经营战略直接制约着索赔的策略和计划。

4. 相关关系分析

利用监理工程师、设计单位、业主的上级主管部门对业主施加影响,往往比同业主直接谈判有效,承包商要同这些单位搞好关系,展开"公关"、取得他们的同情和支持,并与业主沟通,利用他们同业主的微妙关系从中斡旋、调停,能使索赔达到十分理想的效果。

5. 谈判过程分析

在谈判之前要做好充分准备,对谈判的可能过程要做好分析,如:怎样保持谈判的友好、和谐气氛,估计对方在谈判过程中会提什么问题,采取什么行动,应采取什么措施争取有利的时机等。谈判应从业主关心的议题入手,从业主感兴趣的问题开始、使谈判气氛保持友好和谐是很重要的。

谈判过程中要讲事实,重证据,既要据理力争,坚持原则,又要适当让步,机动灵活,所谓索赔的"艺术",往往在谈判桌上能得到充分的体现。所以,选择和组织好精明强干、有丰富的索赔知识和经验的谈判班子就显得极为重要。

➢ 9.4.3 索赔的技巧

索赔的技巧是为索赔的战略和策略目标服务的,因此,在确定了索赔的战略和策略目标之后,索赔技巧就显得格外重要,它是索赔策略的具体体现。索赔技巧应因人、因客观环境条件而异,以下各项可供参考。

1. 要及时发现索赔机会

一个有经验的承包商,在投标报价时就应考虑将来可能要发生索赔的问题,要仔细研究招标文件中合同条款和规范,仔细查勘施工现场,探索可能索赔的机会,在报价时就要考虑索赔的需要。

2. 商签合同协议

在商签合同过程中,承包商应对明显把重大风险转嫁给承包商的合同条件提出修改的要求,对其达成修改的协议应以"谈判纪要"的形式写出,作为该合同文件的有效组成部分。

应特别注意对业主开脱责任的条款,如:合同中不列索赔条款,拖期付款无时限、无利息,没有调价公式等,业主认为对某部分工程不够满意,即有权决定扣减工程款,业主对不可预见的工程施工条件不承担责任,等。

如果这些问题在签订合同协议时不谈判清楚,承包商就很难有索赔机会。

3. 对口头变更指令要得到确认

监理工程师常常用口头指令变更,如果承包商不对监理工程师的口头指令予以书面确认,就进行变更工程的施工,此后,有的监理工程师矢口否认,拒绝承包商的索赔要求,使承包商有苦难言。

4. 及时发出"索赔通知书"

合同规定,索赔事件发生后的一定时间内,承包商必须送出"索赔通知书",过期无效。

5. 索赔事件论证要充足

承包合同通常规定,承包商在发出"索赔通知书"后,每隔一定时间(28 日),应报送一次证据资料,在索赔事件结束后的 28 日内报送总结性的索赔计算及索赔论证,提交索赔报告。索赔报告一定要令人信服,经得起推敲。

6. 索赔计价方法和款额要适当

索赔计算时采用"附加成本法"容易被对方接受,这种方法只计算索赔事件引起的计划外的附加开支,计价项目具体,使经济索赔能较快得到解决。

另外索赔计价不能过高,要价过高容易让对方发生反感,使索赔报告束之高阁,长期得不到解决。另外还有可能让业主准备周密的反索赔计价,以高额的反索赔对付高额的索赔,使索赔工作更加复杂化。

7. 力争单项索赔,避免一揽子索赔

承包商在进行施工索赔时,一定要掌握索赔的有利时机,力争单项索赔,使索赔在施工过程中一项一项地解决。对于实在不能单项解决,需要一揽子索赔的,也应力争在工程移交之前完成主要的谈判与付款。否则,索赔可能长期得不到解决。

对于一个有索赔经验的承包商来说,一般从投标开始就可能发现索赔机会,至工程建成一半时,就会发现很多的索赔机会。在工程建成 1/4～3/4 阶段应大量地、有效地处理索赔事件,承包商应抓紧时间,把索赔争端在这一阶段内基本解决。整个项目的索赔谈判和解决阶段,应该争取在工程竣工验收或移交之前解决,这是最理想的解决索赔方案。

8. 坚持采用"清理账目法"

承包商往往只注意接受业主按对某项索赔的当月结算索赔款,而忽略了该项索赔款的余额部分。没有以文字的形式保留自己今后获得余额部分的权利,等于同意并承认了业主对该项索赔的付款,以后对余额再无权追索。

在索赔支付过程中,承包商和监理工程师对确定新单价和工程量方面经常存在不同意见。按合同规定,工程师有决定单价的权力,如果承包商认为工程师的决定不尽合理,而坚持自己的要求时,可同意接受工程师决定的"临时单价",或"临时价格"付款,先拿到一部分索赔款,对其余不足部分,则书面通知工程师和业主,作为索赔款的余额,保留自己的索赔权利,否则,将失去将来要求付款的权利。

9. 力争友好解决,防止对立情绪

索赔争端是难免的,如果遇到争端不能理智协商讨论问题,使一些本来可以解决的问题悬而未决。承包商尤其要头脑冷静,防止对立情绪,力争友好解决索赔争端。

10. 注意同监理工程师搞好关系

监理工程师是处理解决索赔问题的公正的第三方,注意同工程师搞好关系,争取工程师的公正裁决,竭力避免仲裁或诉讼。

9.5 工程师的索赔管理

在发包人与承包人之间的索赔事件的处理和解决过程中,工程师是个核心。在一个工程中,发生索赔的频率、索赔要求和索赔的解决结果等,与工程师的工作能力、经验、工作的完备性、作出决定的公平合理性等有直接的关系。所以在工程项目施工过程中,工程师也必须有"风险意识",必须重视索赔问题。

➤ 9.5.1　工程师处理索赔的权利

(1)在承包人提出索赔意向通知以后,工程师有权检查承包人的现场同期记录。

(2)工程师有权对承包人的索赔报告进行审查分析,反驳承包人不合理的索赔要求,或索赔要求中不合理的部分;可指令承包人作出进一步解释,或进一步补充资料,提出审查意见。

(3)在工程师与承包人共同协商确定给承包人的工期和费用的补偿量达不成一致时,工程师有权单方面作出处理决定。

(4)对合理的索赔要求,工程师有权将它纳入工程进度付款中,签发付款证书,发包人应在合同规定的期限内支付。

(5)如果合同一方或双方对工程师的处理不满意,都可以按合同规定提交仲裁,也可以按法律程序提起诉讼。在仲裁或诉讼过程中,工程师作为工程全过程的参与者和管理者,可以作为见证人提供证据。

➤ 9.5.2　工程师的索赔管理任务

1. 预测和分析导致索赔的原因

在施工合同的形成和实施过程中,工程师为发包人承担了大量具体的技术、组织和管理工作。如果在这些工作中出现疏漏,对承包人施工造成干扰,则产生索赔。承包人的合同管理人员常常在寻找着这些疏漏,寻找索赔机会。所以工程师在工作中应能预测到自己行为的后果,堵塞漏洞。在其起草文件、下达指令、作出决定、答复请示时都应注意到完备性和严密性;调发图纸、作出计划和实施方案时都应考虑其正确性和周密性。

2. 通过有效的合同管理减少索赔事件发生

工程师应以积极的态度和主动的精神管理好工程,为发包人和承包人提供良好的服务。在施工中,工程师作为双方的纽带,应做好协调、缓冲工作,为双方建立一个良好的合作气氛。通常合同实施越顺利,双方合作得越好,索赔事件越少,越易于解决。

工程师应对合同实施进行有力控制,这是他的主要工作。通过对合同的监督和跟踪,不仅可以及早发现干扰事件,也可以及早采取措施降低干扰事件的影响,减少双方损失,还可以及早了解情况,为合理地解决索赔提供的条件。

➤ 9.5.3　工程师索赔管理的原则

要使索赔得到公平合理的解决,工程师在工作中必须注意以下原则:

1. 公平合理原则

工程师作为施工合同的管理核心,必须公平地行事。以没有偏见的方式解释和履行合同,独立地作出判断,行使自己的权力。由于施工合同双方的利益和立场存在不一致,常常会出现矛盾,甚至冲突,这时工程师起着缓冲、协调的作用。

2. 及时原则

在工程施工中,工程师必须及时地(合同规定的具体时间或在合理的时间内)行使权力,作出决定,下达通知、指令、表示认可等。这样做:

(1)有助于减少承包人的索赔几率。

(2)防止干扰事件影响的扩大。

(3)及时地解决索赔问题,减少双方的不理解、不一致情况。

(4)避免造成索赔解决的困难。

3. 尽可能通过协商达成一致

工程师在处理和解决索赔问题时,应及时地与发包人和承包人沟通,保持经常性的联系。在做出决定,特别是做出调整价格、决定工期和费用补偿决定前,应充分地与合同双方协商,最好达成一致,取得共识。这是避免索赔争议的最有效的办法。

9.5.4 工程师对索赔的审查

1. 审查索赔证据

工程师对索赔报告审查时,首先判断承包人的索赔要求是否有理、有据。所谓有理,是指索赔要求与合同条款或有关法规是否一致,受到的损失应属于非承包人责任原因所造成。有据,是指提供的证据证明索赔要求成立。

2. 审查工期顺延要求

(1)划清施工进度拖延的责任。因承包人的原因造成施工进度滞后,属于不可原谅的延期;只有承包人不应承担任何责任的延误,才是可原谅的延期。

(2)被延误的工作应是处于施工进度计划关键线路上的施工内容。只有位于关键线路上工作内容的滞后,才会影响到竣工日期。但有时也应注意,既要看被延误的工作是否在批准进度计划的关键路线上,又要详细分析这一延误对后续工作的可能影响。因为对非关键路线工作的影响时间较长,超过了该工作可用于自由支配的时间,也会导致进度计划中非关键路线转化为关键路线,其滞后将导致总工期的拖延。此时,应充分考虑该工作的自由时间,给予相应的工期顺延,并要求承包人修改施工进度计划。

(3)无权要求承包人缩短合同工期。工程师有审核、批准承包人顺延工期的权力,但不可以扣减合同工期。也就是说,工程师有权指示承包人删减掉某些合同内规定的工作内容,但不能要求他相应缩短合同工期。

3. 审查费用索赔要求

费用索赔的原因,可能是与工期索赔相同的内容,即属于可原谅并应予以费用补偿的索赔,也可能是与工期索赔无关的理由。工程师在审核索赔的过程中,除了划清合同责任以外,还应注意索赔计算的取费合理性和计算的正确性。

费用索赔涉及的款项较多、内容庞杂。承包人都是从维护自身利益的角度解释合同条款,进而申请索赔额。工程师应公平地审核索赔报告申请,指出不合理的取费项目或费率。

9.5.5 工程师对索赔的反驳

反驳索赔仅仅指的是反驳承包人不合理索赔或者索赔中的不合理部分,而绝对不是把承包人当作对立面,偏袒发包人,设法不给予或尽量少给予承包人补偿。

工程师要了解承包人施工材料和设备到货情况,包括材料质量、数量和存储方式以及设备种类、型号和数量。如果承包人的到货情况不符合合同要求或双方同意的计划要求,工程师应该及时记录在案,并通知承包人。这些也可能是今后反驳索赔的重要依据。

与承包人一样,对工程师来说,做好资料档案管理工作也非常重要。如果自己的资料档案不全,索赔处理终究会处于被动,只能是人云亦云。即便是明知某些要求不合理,也无法予以反驳。工程师必须保存好与工程有关的全部文件资料特别是应该有自己独立采集的工程监理资料。

9.6　本章案例

【案例 9－1】 索赔的作用

某公司承包的一幢地下 2 层、地上 30 层的钢筋混凝土高层建筑,合同规定结构施工工期仅为 13.5 个月,每拖延 1 天罚款 6 000 美元。开工之初,许多人都预计要拖期 1 个月。但在施工过程中,项目经理部严格管理,设立专职管理人员,及时收集、整理、保存各种资料和来往函件,他们根据合同中不可抗力条款,从当地天文台、气象台取得日降水量超过 25 毫米、6 小时内风速连续超过 7 级的气象资料,及时与工程师办理了签证,成功地向业主索赔 40 天工期,并在原定的工期内完成了合同范围内的结构施工。

【案例 9－2】 背景材料:某汽车制造厂建设施工土方工程中,承包商在合同标明有松软石的地方没有遇到松软石,因此工期提前 1 个月。但在合同中另一未标明有坚硬岩石的地方遇到更多的坚硬岩石,开挖工作变得更加困难,由此造成了实际生产率比原计划低得多,经测算影响工期 3 个月。由于施工速度减慢,使得部分施工任务拖到雨季进行,按一般公认标准推算,又影响工期 2 个月。为此承包商准备提出索赔。

问题:(1)该项施工索赔能否成立? 为什么?

(2)在该索赔事件中,应提出的索赔内容包括哪两方面?

(3)在工程施工中,通常可以提供的索赔证据有哪些?

(4)承包商应提供的索赔文件有哪些? 请协助承包商拟定一份索赔通知。

核心提示:如何编写索赔意向通知

案例评析:(1)该项施工索赔能成立。施工中在合同未标明有坚硬岩石的地方遇到更多的坚硬岩石,属于施工现场的施工条件与原来的勘察有很大差异,属于甲方的责任范围。

(2)本事件使承包商由于意外地质条件造成施工困难,导致工期延长,相应产生额外工程费用,因此,应包括费用索赔和工期索赔。

(3)可以提供的索赔证据有:

①招标文件、工程合同及附件、业主认可的施工组织设计、工程图纸、技术规范等。

②工程各项有关设计交底记录、变更图纸、变更施工指令等。

③工程各项经业主或监理工程师签认的签证。

④工程各项往来信件、指令、信函、通知、答复等。

⑤工程各项会议纪要。

⑥施工计划及现场实施情况记录。

⑦施工日报及工长工作日志和备忘录。

⑧工程送电、送水、道路开通、封闭的日期及数量记录。

⑨工程停水、停电和干扰事件影响的日期及恢复施工的日期。

⑩工程预付款、进度款拨付的数额及日期记录。

⑪工程图纸、图纸变更、交底记录的送达份数及日期记录。

⑫工程有关施工部位的照片及录像等。

⑬工程现场气候记录,有关天气的温度、风力、降雨雪量等。

⑭工程验收报告及各项技术鉴定报告等。

⑮工程材料采购、订货、运输、进场、验收、使用等方面的凭据。

⑯工程会计核算资料。

⑰国家、省、市有关影响工程造价、工期的文件、规定等。

(4)承包商应提供的索赔文件有索赔意向通知和索赔报告。

索赔通知的参考形式如下:

索 赔 通 知

致甲方代表(或监理工程师):

我方希望你方对工程地质条件变化问题引起重视:在合同文件未标明有坚硬岩石的地方遇到了坚硬岩石,致使我方实际生产率降低,而引起进度拖延,并不得不在雨季施工。

上述施工条件变化,造成我方施工现场设计与原设计有很大不同,为此向你方提出工期索赔及费用索赔要求,具体工期索赔及费用索赔依据与计算书在随后的索赔报告中。

【案例9-3】 背景材料:某工程项目采用了固定单价施工合同。工程招标文件参考资料中提供的用砂地点距工地4公里。但是开工后,检查该砂质量不符合要求,承包商只得从另一距工地20公里的供砂地点采购。而在一个关键工作面上又发生了几种原因造成的临时停工:5月20日至5月26日承包商的施工设备出现了从未出现过的故障;应于5月24日交给承包商的后续图纸直到6月10日才交给承包商;6月7日到6月12日施工现场下了罕见的特大暴雨,造成了6月11日到6月14日的该地区的供电全面中断。

问题:(1)承包商的索赔要求成立的条件是什么?

(2)由于供砂距离的增大,必然引起费用的增加,承包商经过仔细认真计算后,在业主指令下达的第三天,向业主的造价工程师提交了将原用砂单价每吨提高5元人民币的索赔要求。该索赔要求是否可以被批准?为什么?

(3)若承包商对因业主原因造成窝工损失进行索赔时,要求设备窝工损失按台班计算,人工的窝工损失按日工资标准计算是否合理?如不合理应怎样计算?

(4)由于几种情况的暂时停工,承包商在6月25日向业主的造价工程师提出延长工期26天,成本损失费人民币2万元/天(此费率已经造价工程师核准)和利润损失费人民币2千元/天的索赔要求,共计索赔款57.2万元。应批准延长工期多少天?索赔款额多少万元?

(5)在业主支付给承包商的工程进度款中是否应扣除因设备故障引起的竣工拖期违约损失赔偿金?为什么?

核心提示:工程索赔

案例评析:(1)承包商的索赔要求成立,必须同时具备如下4个条件:

①与合同相比较,已造成了实际的额外费用或工期损失。

②造成费用增加或工期损失的原因不是由于承包商的过失。

③造成的费用增加或工期损失不是应由承包商承担的风险。

④承包商在事件发生后的规定时间内提出了索赔的书面意向通知和索赔报告。

(2)因供砂距离增大提出的索赔不能被批准,原因是:

①承包商应对自己就招标文件的解释负责。

②承包商应对自己报价的正确性与完备性负责。

③作为一个有经验的承包商可以通过现场踏勘确认招标文件参考资料中提供的用砂质量是否合格,若承包商没有通过现场踏勘发现用砂质量问题,其相关风险应由承包商承担。

(3)不合理。因窝工闲置的设备按折旧费或停滞台班费或租赁费计算,不包括运转费部分;人工费损失应考虑这部分工作的工人调做其他工作时工效降低的损失费用,一般用工日单价乘以一个测算的降效系数计算这一部分损失,而且只按成本费用计算,不包括利润。

(4)可以批准的延长工期为 19 天,费用索赔额为 32 万元人民币。原因是:

①5 月 20 日至 5 月 26 日出现的设备故障,属于承包商应承担的风险,不应考虑承包商的延长工期和费用索赔要求。

②5 月 27 日至 6 月 9 日是由于业主迟交图纸引起的,为业主应承担的风险,应延长工期为 14 天,成本损失索赔额为 14 天×2 万/天=28 万元,但不应考虑承包商的利润要求。

③6 月 10 日至 6 月 12 日的特大暴雨属于双方共同的风险,应延长工期为 3 天,但不应考虑承包商的费用索赔要求。

④6 月 13 日至 6 月 14 日的停电属于有经验的承包商无法预见的自然条件变化,为业主应承担的风险,应延长工期为 2 天,索赔额为 2 天×2 万/天=4 万元,但不应考虑承包商的利润要求。

(5)业主不应在支付给承包商的工程进度款中扣除竣工拖期违约损失赔偿金。因为设备故障引起的工程进度拖延不等于竣工工期的延误。如果承包商能够通过施工方案的调整将延误的工期补回,不会造成工期延误。如果承包商不能通过施工方案的调整将延误的工期补回,将会造成工期延误。所以,工期提前奖励或拖期罚款应在竣工时处理。

【案例 9-4】 背景材料:某建设工程系外资贷款项目,业主与承包商按照 FIDIC《土木工程施工合同条件》签订了施工合同。施工合同《专用条件》规定:钢材、木材、水泥由业主供货到现场仓库,其他材料由承包商自行采购。

当工程施工至第五层框架柱钢筋绑扎时,因业主提供的钢筋未到,使该项作业从 10 月 3 日至 10 月 16 日停工(该项作业的总时差为零)。

10 月 7 日至 10 月 9 日因停电、停水使第三层的砌砖停工(该项作业的总时差为 4 天)。

10 月 14 日至 10 月 17 日因砂浆搅拌机发生故障使第一层抹灰迟开工(该项作业的总时差为 4 天)。

为此,承包商于 10 月 20 日向工程师提交了一份索赔意向书,并于 10 月 25 日送交了一份工期、费用索赔计算书和索赔依据的详细材料。其计算书的主要内容如下:

1. 工期索赔

(1)框架柱扎筋:10 月 3 日至 10 月 16 日停工,计 14 天。

(2)砌砖:10 月 7 日至 10 月 9 日停工,计 3 天。

(3)抹灰:10 月 14 日至 10 月 17 日迟开工,计 4 天。

计算顺延工期:21 天

2. 费用索赔

(1)窝工机械设备费:

一台塔吊:14×468=6 552(元)

一台混凝土搅拌机:14×110=1 540(元)

一台砂浆搅拌机:7×48=336(元)

小计:8428(元)

(2)窝工人工费:

扎筋:35×40.30×14=19 747(元)

砌砖:30×40.30×3=3 627(元)

抹灰:35×40.30×4=5 642(元)

小计:29 016(元)

（3）保函费延期补偿：$(1\,500 \times 10\% \times 6\permil \div 365) \times 21 = 517.81$（元）

（4）管理费增加：$(8\,428 + 29\,016 + 517.81) \times 15\% = 5\,694.27$（元）

（5）利润损失：$(8\,428 + 29\,016 + 517.81 + 5\,694.27) \times 5\% = 2\,182.80$（元）

经济索赔合计：45 838.88（元）

问题：（1）承包商提出的工期索赔是否正确？应予批准的工期索赔为多少天？

（2）假定经双方协商一致，窝工机械设备费索赔按台班单价的 65％计；考虑对窝工人工应合理安排工人从事其他作业后的降效损失，窝工人工费索赔按每工日 20 元计；保函费计算方式合理；管理费、利润损失不予补偿。试确定经济索赔额。

核心提示：索赔额的计算

案例评析：1. 承包商提出的工期索赔不正确

（1）框架柱绑扎钢筋停工 14 天，应予工期补偿。这是由于业主原因造成的，且该项作业位于关键路线上。

（2）砌砖停工，不予工期补偿。因为该项停工虽属于业主原因造成的，但该项作业不在关键路线上，且未超过工作总时差。

（3）抹灰停工，不予工期补偿，因为该项停工属于承包商自身原因造成的。

因此同意工期补偿：14＋0＋0＝14（天）

2. 工程师对经济索赔审核

（1）窝工机械费：

塔吊 1 台：$14 \times 468 \times 65\% = 4\,258.80$（元）（按惯例闲置机械只应计取折旧费）

混凝土搅拌机 1 台：$14 \times 110 \times 65\% = 1\,001.00$（元）（按惯例闲置机械只应计取折旧费）

砂浆搅拌机 1 台：$3 \times 48 \times 65\% = 93.60$（元）（因停电闲置只应计取折旧费）

因故障砂浆搅拌机停机 4 天应由承包商自行负责损失，故不给予补偿。

小计：$4\,258.80 + 1\,001.00 + 93.60 = 5\,353.40$（元）

（2）窝工人工费：

扎筋窝工：$35 \times 20 \times 14 = 9\,800.00$（元）（业主原因造成，但窝工工人已做其他工作，所以只补偿工效差）

砌砖窝工：$30 \times 20 \times 3 = 1\,800.00$（元）（业主原因造成，只考虑降效费用）

抹灰窝工：不应给补偿，因系承包商责任。

小计：$9\,800.00 + 1\,800.00 = 11\,600.00$（元）

（3）保函费补偿：

$1\,500 \times 10\% \times 6\permil \div 365 \times 14 = 0.035$（万元）

经济补偿合计：$5\,353.40 + 11\,600.00 + 350.00 = 17\,303.40$（元）

【案例 9-5】背景材料：某承包商与业主签订了一项工程施工合同，合同工期为 55 天，承包人在开工前递交了一份施工方案和施工网络进度计划（如图 9-2）并获批准。

在施工过程中，由于业主未按时向承包人提交图纸，使 A 工作延长 6 天，承包人向业主提出工期索赔 6 天的要求。当工程即将完工时，由于业主提供的某种材料质量不合格，需要重新更换，使 E 工作延长了 4 天，承包商又向业主提出工期索赔 4 天的要求。该工程竣工时，承包人一共向业主提出工期索赔 10 天。试分析：承包人的工期索赔要求是否合理？

核心提示：利用网络计划图进行工期索赔

案例分析：

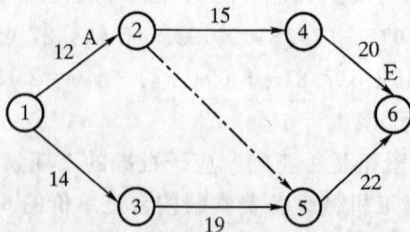

图 9-2　网络计划图

(1)从该施工网络计划图分析可知,该网络计划共有 3 条线路,即:

线路 1:①——②——④——⑥　$t_1=12+15+20=47$(天)

线路 2:①——②——⑤——⑥　$t_2=12+22=34$(天)

线路 3:①——③——⑤——⑥　$t_3=14+19+22=55$(天)

所以,关键线路为线路 3,计算工期为 55 天,与合同工期相同。

(2)迟交图纸属业主责任,使 A 工作延长 6 天,但 A 工作不在关键线路上,延长 6 天后:$t_1=(12+6)+15+20=53$(天),线路 1 仍不是关键路线,A 工作也不是关键工作,即 A 工作延长 6 天并未影响总工期,因此,不能同意承包人提出的工期索赔 6 天的要求。

(3)完工前由于业主原因使 E 工作延长 4 天,此时线路 1 的计算工期为:$t_1=(12+6)+15+20+4=57$(天)。由于 E 工作的变化,线路 1 变成了关键线路,线路 2、线路 3 未变化,所以应给予工期补偿,实际工期为 57 天,合同工期 55 天,工期补偿为:$57-55=2$(天)。即:该工程竣工时,业主共向承包人补偿工期 2 天。

(4)该案例未给出费用补偿的相关数据,在此不做讨论。

思考与练习

1. 什么是施工索赔?

2. 简述施工索赔的程序。

3. 什么叫工期索赔和经济索赔、单项索赔和一揽子索赔?

4. 什么是工程变更索赔?

5. 简述索赔意向通知的内容。

6. 编写索赔报告应当注意的问题是什么?

7. 计算工期索赔的方法有哪些?

8. 经济索赔时哪些费用可以索赔?

9. 某工程合同总价为 360 万元,总工期为 12 个月,现业主指令增加附属工程的合同价为 60 万元,用比例计算法计算承包商应提出的工期索赔时间。

10. 某工程中甲乙双方按照 GF—1999—0201 示范文本签订了施工合同。合同价为 2 600 万元人民币,合同工期 600 天。在合同中,业主与施工单位双方同意:"每提前或推后工期一天,按合同价的万分之二进行奖励或扣罚"。工程施工到 100 天时,监理工程师经材料复试发现甲方所供的部分钢材不合格,造成乙方停工待料 19 天;以后,在工程进行到 150 天时,因甲方变更设计又造成部分工程停工 16 天。工程最终工期为 620 天。

问题：

(1)乙方在第一次停工后10天,向监理方提出索赔要求,索赔停工损失的人工费、机械闲置费等6.8万元;第二次停工后12天乙方提出因停工损失索赔7万元。两次索赔乙方均提交了有关文件作为证据,监理工程师应如何处理?

(2)工程竣工结算时,乙方提出工期索赔35天。同时,乙方认为工期实际提前了15天,要求甲方奖励7.8万元。甲方认为乙方当时未进行工期索赔,仅进行停工损失索赔,说明乙方默认停工不会引起工期延长。因此,实际工期延长20天,应扣罚乙方10.4万元。你认为监理工程师应如何处理?

11. 某施工单位与建设单位按《建设工程施工合同(示范文本)》签订了固定总价施工承包合同,合同工期390天,合同总价5 000万元。合同中约定按建标综合单价法计价程序计价,其中间接费费率为20%,规费费率为5%,取费基数为人工费和机械费之和。施工前施工单位向工程师提交了施工进度计划(图9-3)。

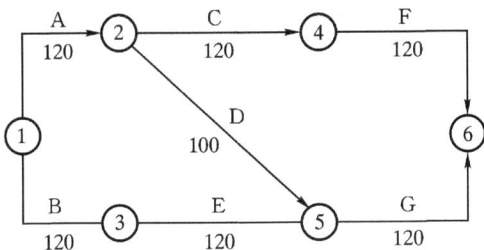

图9-3 进度计划图

该工程在施工过程中出现了如下事件:

(1)因地质勘探报告不详,出现图纸中未标明的地下障碍物,处理该障碍物导致工作A持续时间延长10天,增加人工费2万元、材料费4万元、机械费3万元。

(2)基坑开挖时因边坡支撑失稳坍塌,造成工作B持续时间延长15天,增加人工费1万元、材料费1万元、机械费2万元。

(3)因不可抗力而引起施工单位的供电设施发生火灾,使工作C持续时间延长10天,增加人工费1.5万元、其他损失费5万元。

(4)结构施工阶段因建设单位提出工程变更,导致施工单位增加人工费4万元、材料费6万元、机械费5万元,工作E持续时间延长30天。

(5)因施工期间钢材涨价而增加材料费7万元。

针对上述事件,施工单位按程序提出了工期索赔和费用索赔。

问题：

(1)按照图9-3的施工进度计划,确定该工程的关键线路和计算工期,并说明按此计划该工程能否按合同工期要求完工?

(2)对于施工过程中发生的事件,施工单位是否可以获得工期和费用补偿? 分别说明理由。

(3)施工单位可以获得的工期补偿是多少天? 说明理由。

(4)施工单位租赁土方施工机械用于工作A、B,日租金为1 500元/天,则施工单位可以得到的土方租赁机械的租金补偿费用是多少? 为什么?

(5)施工单位可得到的企业管理费是多少?

第10章
建设工程合同的策划管理

学习要点

1. 工程项目的各种交付模式
2. 合同计价类型的选择应考虑的问题
3. 合同谈判的准备工作和谈判的主要内容
4. 建设工程合同实施控制的要点
5. 工程各阶段的合同风险管理

10.1 建设工程合同策划概述

建设工程普遍生产周期长,建设程序复杂,一般性的项目至少也要持续半年以上,而经历几年、几十年的项目也是非常常见的。在这种情况下,由于外部因素的变化,如季节、气候或政治金融风险等,会引起很多工程问题。另外,建设工程的涉及面极为广泛,从政府各个部门,到咨询公司、设计单位,再到各种专业承包商、材料设备供应商,参与者可能成百上千个,社会合作关系十分复杂。这些参与者都要进行各自所订立的合同管理,尤其对于我国,正面临市场经济和国际化的双重挑战,严格的和高水平的合同管理技术越来越重要。鉴于以上原因,在建设工程项目的初始阶段必须进行相关合同的策划,策划的目标是通过合同保证工程项目总目标的实现,必须反映建设工程的项目战略和企业战略,反映企业的经营指导方针和根本利益。

合同策划需考虑的主要问题有:工程项目交付模式和合同体系;项目环境分析与合同计价方式的选择;建设工程合同的谈判签订、实施控制、档案管理、风险管理。

1. 合同策划的重要性

合同策划的重要性主要体现在以下几个方面。

(1)合同的策划决定着项目的组织结构及管理体制,决定合同各方面责任、权力和工作的划分,所以对整个项目管理产生根本性的影响。业主通过合同委托项目任务,并通过合同实现对项目的目标控制。

(2)通过合同总体策划摆正工程过程中各方面的重大关系,防止由于这些重大问题的不协调或矛盾造成工作上的障碍,造成重大的损失。

(3)合同是实施项目的手段。无论对于业主或承包商来说,正确的合同总体策划能够保证圆满地履行各个合同,促使各个合同达到完善的协调,减少矛盾和争执,并顺利地实现工程项目的整体目标。

2. 合同策划的依据

(1)业主方面:业主的资信、资金供应能力、管理水平和具有的管理力量,业主的目标以及目标的确定性,期望对工程管理的介入深度,业主对工程师和承包商的信任程度,业主的管理风格,业主对工程的质量和工期要求等。

(2)承包商方面:承包商的能力、资信、企业规模、管理风格和水平、在本项目中的目标与动机、目前经营状况、过去同类工程经验、企业经营战略、长期动机、承受和抗御风险的能力等。

(3)工程方面:工程的类型、规模、特点、技术复杂程度、工程技术设计准确程度、工程质量要求和工程范围的确定性、计划程度,招标时间和工期的限制,项目的盈利性,工程风险程度,工程资源(如资金、材料、设备等)供应及限制条件等。

(4)环境方面:工程所处的法律环境,建筑市场竞争激烈程度,物价的稳定性,地质、气候、自然、现场条件的确定性,资源供应的保证程度,获得额外资源的可能性。

10.2 工程项目交付模式与合同体系

▶ 10.2.1 工程项目交付模式

无论是什么样的工程项目,它的实施过程可能千变万化十分复杂,但仔细分析,我们可以发现,工程项目运作方式的核心部分只有三个环节,即设计、施工和采购。其不同的发包组合方式和实现形式就会形成项目的不同交付方式,如设计、施工、采购分别发包就是平行发包模式;设计与施工发包给同一个承包商就是设计-施工总承包模式;该承包人若同时承担材料、设备的采购,就是 EPC模式。这三个环节每一个还可以具体分解:设计包括勘察和设计;施工包括总承包和分包,分包又包括专业分包和劳务分包等;采购可能是甲方采购、承包方采购或第三方采购。在此基础上,随着项目复杂程度的增大,建设方的项目管理水平逐渐显现出不足,因此需要专业化的智力服务和技术支持,于是项目管理公司(包括监理)应运而生。另外,随着世界经济一体化和资本运作多元化的程度日渐加大,项目融资方式也有了多种的形式,这也带来了新的项目交付方式。

以上几点共同丰富了项目的交付模式,下面按照相关内容出现的时间顺序,对几种主要的模式做些简单的介绍。

1. 早期萌芽阶段的项目交付模式

全球范围内的工程项目交付模式,可以追溯到产业革命以前的 16 世纪。16 世纪以前,欧洲的建筑师受雇于业主,负责设计、购买材料、雇佣工匠,并组织施工。16 世纪以后,随着社会对房屋建造技术要求的提高,建筑师队伍出现了专业分工,设计和施工逐渐分离。一部分建筑师专门从事工程设计或咨询服务,另一部分专门从事施工管理。这是早期平行发包方式的雏形。

2. 发展阶段的现代项目交付模式

18 世纪 60 年代,英国工业革命推动了欧洲大陆城市化和工业化的进程,社会大兴土木带来了建筑业的空前繁荣。工业化大生产迫切需要一种高效、精准的建设模式,同时业主越来越难以独立承担项目的管理工作,于是咨询性组织得到了极大发展。

19 世纪初,建设领域的商品经济关系日趋复杂。为维护各方的经济利益,并加快工程进度,明确建设工程业主、设计者和施工者的责任界线,英国政府于 1830 年推出了总承包的交易制度,要求每个建设工程由一个承包商总包。总承包制度的实行,导致了招投标交易方式的出现,从而出现了现代意义上最常见的工程交付模式:设计—招标—建造模式(DBB),如图 10 - 1 所示。

图 10 - 1 DBB 模式

DBB 模式最突出的特点是强调工程项目的实施必须按照设计—招标—建造的顺序进行,只有一个阶段结束后另一个阶段才能开始。采用这种模式时,业主与设计商签订专业服务合同,建筑师负责提供项目的设计和合同文件。在设计商的协助下,通过竞争性招标将工程施工任务交给报价和质量都满足要求且最具资质的承包商来完成。

3. 20 世纪后项目交付模式的繁荣发展

长期以来 DBB 模式在建设工程中一直得到广泛的应用,但随着社会、科技的发展,工程建设变得越来越庞大和复杂,此种模式的缺点也逐渐突显出来。最明显的是:设计—招标—施工过程持续时间太长;设计与施工的责任不易明确划分;设计与施工的联系十分松散。因此各种新型的项目交付模式也就相应地发展起来,本书主要介绍 DB 模式、EPC 模式、CM 模式和特许经营权模式。

(1)设计—施工一体化(DB 模式)。设计—施工承包模式指承包人承担工程项目设计和施工任务,如图 10 - 2 所示。这种模式把设计和施工紧密地结合在一起,能起到加快建设工程项目的进度和节省投资费用的作用,并使施工技术的新工艺、新方法结合到工程项目设计中去,加强设计—施工的流水作业、技术及管理等各方面的配合。"D+B"项目一般由业主代表代替业主行使管理承包人的职能,业主代表具有业主在合同中委托的全部权力,包括设计管理、质量管理、工期管理以及支付工程款、设计变更等工作。

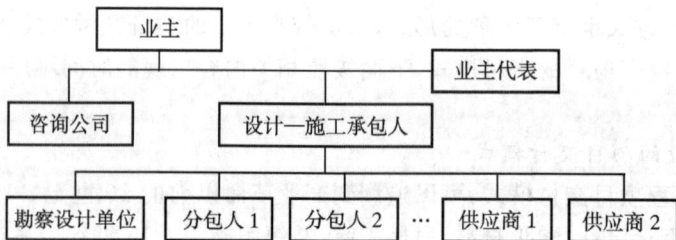

图 10 - 2 DB 模式

在 DB 模式中,承包商按照合同约定对工程项目的勘察、设计、采购、施工、竣工验收等实行全过程或若干阶段的承包,使建设工程项目连续性好,项目责任者合一,业主管理和协调的工作量减少,管理费用也就降低;承包人在设计早期介入工程项目,能够很好地协调设计、施工等方面可能出现的问题,由于设计人员与施工人员在设计阶段就有了许多接触和交流意见的机会,当项目进入施工期遇到问题时,解决起来就容易得多,这样可以提高工作效率,避免无谓的纠纷,能够从设计到施工全过程控制工程质量的各个要素,使其满足相应的设计、施工等各方面的规范要求。

但是这种承包模式也有其不足之处,承包人既有设计职能,又有施工职能,使得设计和施工互相不能制约和把关;业主或业主代表失去传统模式中的多道检查监督管理机制,对项目的直接监控力度减小。因此,承担这类承包项目的公司需要具有雄厚的工程设计力量和丰富的施工技术、管理等经验,一般都是智力密集型企业,如科研设计单位或设计、施工单位联营体来承担"D+B"模式的承包。

(2)EPC 模式。EPC(engineering procurement construction)模式即项目总承包模式,是指业主将工程设计、施工、材料和设备采购等工作全部发包给一家公司,由其进行实质性的设计、施工和采购工作,最后向业主交出一个达到使用条件的工程,因此通常也称为"交钥匙工程",如图 10-3 所示。这里的 engineering 不仅包括具体的设计工作,还可能包括整个建设工程的整体策划以及这个建设过程的组织管理的策划和具体工作;procurement 也不是一般意义上的设备、材料采购,而更多的是指专业成套设备、材料的采购;construction 的内容应包括施工、安装、试车、技术培训等。

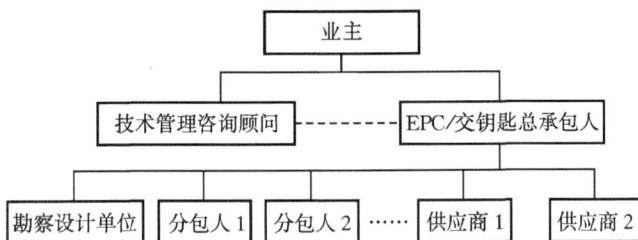

图 10-3 EPC 模式

(3)CM 模式。施工管理的概念是在 1921 年美国纽约州颁布 Wicks 法时提出的。当时,该法规定了授予价值超过 5 万美元的公共工程的四种基本合同:供热、通风与空调合同,电器合同,管道合同,一般施工合同。然而,所有这些"基本合同"都只对自己承包的工程负责,却没有人对整个项目负责,因而造成了总体上的许多冲突和弊端,于是就增加了另一级的管理层——CM 经理。随着时代的发展,CM 模式逐渐受到国际上大型公共和私人项目业主的欢迎,如图 10-4 所示。

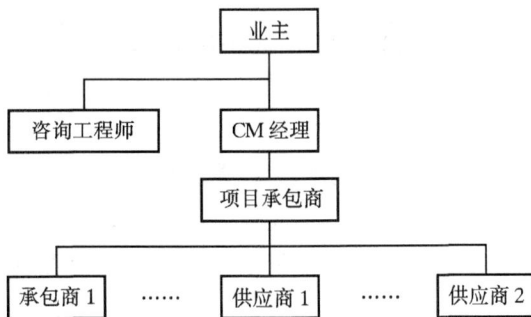

图 10-4 CM 模式

(4)特许经营权下的承包模式。特许经营权模式是 20 世纪 80 年代兴起的一种基础设施工程项目建设的方式,是指政府将基础设施的建设发包给私人资本,由其带资建设,并授予项目公司特许权,承诺项目建成后该公司获得一定年限的市场运营,利用开发经营和政府给予的其他优惠政策来回收投资成本及获取合理利润,待特许经营期满后,再无偿移交给政府所有,如图 10-5 所示。

在特许经营权的建设模式下,具体的承包方式有多种多样,最常见的有以下几种:

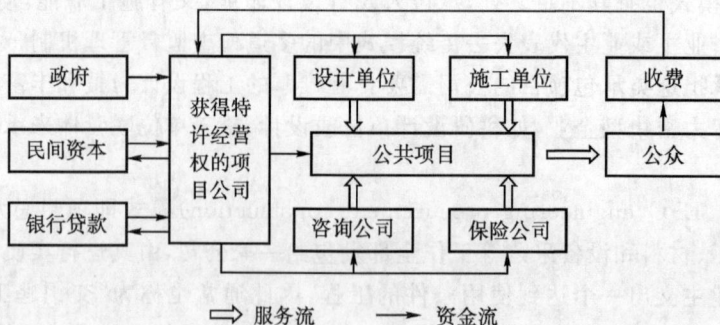

图 10-5 特许经营权模式

①BOT(建造—经营—移交)模式。这是特许经营权的基本模式,常用在交通设施如高速公路等收费性公益项目中。

②BT(建造—移交)模式。建设工程项目由项目公司融资建设,项目建成后立即由政府回购使用,或采取分期付款形式偿还债务。

③BOOT(建造—拥有—经营—移交)模式。项目公司融资建设基础产业项目,项目建成后在规定的期限内拥有所有权并进行经营,期满后将项目无偿移交给政府所有。

④BLT(建造—租赁—移交)模式。政府只让项目公司融资和建设,在项目建成后,由政府租赁并负责运营,项目公司用政府付给的租金偿还债务,租赁期满后,项目无偿移交给政府。

➤ 10.2.2　合同体系

根据上述工程项目交付方式的分析,就可得到不同层次、不同种类的合同,它们共同构成该工程的合同体系。

在一个工程中,所有合同都是为了完成业主的项目目标,都必须围绕这个目标签订和实施。由于这些合同之间存在着复杂的内部联系,构成了该工程的合同网络。其中,工程承包合同是最有代表性、最普遍、最复杂的合同类型,在工程项目的合同体系中处于主导地位,是整个项目合同管理的重点。无论是业主、监理工程师或承包商都将它作为合同管理的主要对象。深刻了解承包合同将有助于对整个项目合同体系及其他合同的理解。

建设工程的合同体系从一个重要角度反映了项目的形象,对整个项目管理有很大的影响。①它反映了项目任务的范围和划分方式;②它反映了项目所采用的管理模式;③因为不同层次的合同常常决定了该合同的实施者在项目组织结构中的地位,所以它在很大程度上决定了项目的组织形式。详细内容参见第 1 章。

10.3　项目环境分析与合同计价类型选择

前面讲述了项目运作方式的发展变化,由于各国各地区的发展水平相差很大,造成目前国内外建筑市场上的项目运作方式极其复杂多样的局面,而不同的项目运作方式对于承发包双方合同模式的选择也提出了不同的要求。在此基础上,当我们具体到某一个工程项目的合同模式的决策时,首先要进行的工作是项目环境的分析。

➤ 10.3.1　项目环境分析

项目环境在这里并不是项目所在地的自然环境,而是指合同签订时所依据的合同环境,是影响合同内容的所有因素的总和,是决定双方权利义务的基础。

项目环境从合同订立的角度来看可以分为主观环境、第三方环境和客观环境,如图 10 - 6 所示。

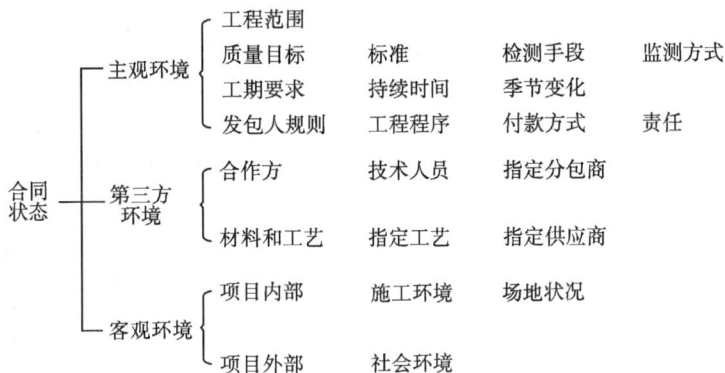

图 10 - 6　项目环境分析结构

1. 项目主观环境

项目的主观环境主要是指发包人对于项目的目标预期,一般是确定的不会改变的,主要包括对工程范围、质量和工期的基本要求,此外还包括发包人特定的工作程序、支付方式与责任划分。

工程范围即是承包人的工作内容,是合同的标的物,是签订合同时首先要考虑的因素。

质量是工程内在品质和外在表现的综合标准,是衡量承包人工作效果的重要指标之一。质量标准、检测手段和监测方式的不同会形成差异极大的合同状态,从而决定了承包人成本的高低,因此双方在签订合同前都应仔细分析。

工程的工期是合同的另一个基本目标,考察工期对合同的影响应至少从两个方面入手:一是工程持续时间的长短,二是工程持续时间内的气候变化。工程的持续时间将会影响合同履行的很多方面,如承包人的劳动效率、材料与设备的采购或租赁、流动资金银行信贷、合作伙伴的选择,另外,通货膨胀等经济变化也会对工程产生影响。不同的气候情况,如冬雨季施工,对工程的影响是不言而喻的,因此在签订合同之前,承包人也应仔细考虑这一问题。

即使对于完全相同的两个项目,不同的发包人的工作方式和程序也是不同的,这就导致承包人在工作对接上的管理方式变化和相应的成本变化,在合同签订时承包人应予以考虑。

工程款的支付方式也对工程有着巨大的影响,在此不用赘述。合同责任划分是指工程参与的各方,对于项目标的物的各种相关职责范围的界定。

2. 项目第三方环境

建设工程是一个涉及主体甚多的复杂的多方配合过程,虽然签订合同的只是承发包双方,但合同中的很多条款都会受到其他项目相关方的影响,因此项目第三方环境也是必须考虑的因素。

第三方环境主要包括发包人的技术咨询方与合作方,包括工程的委托咨询人员、指定分包商、指定供应商、指定采用或不能采用的施工工艺。

工程上常见的发包人的技术合作人员有建筑师、监理工程师、造价工程师、项目管理咨询人员、安全管理咨询人员等。

指定分包商是国际工程承包中常见的现象,FIDIC等国际通行的合同条件对其也有详细的规定,我国的示范文本等相关法律并没有明确指定分包商的合法地位,但工程实践中却是由于种种原因难以避免的。指定分包商的特殊性在于,其受业主的指定承包工程中特殊的部分,但却是与工程总承包人签订合同,总包单位与其有合同关系,然而在管理的权限上受到发包人的控制。指定供应商与指定分包商类似,是由发包人指定,与承包人签订特定材料设备供应合同的供应商。

指定的施工工艺是由发包方的技术人员提出,要求承包人在工程的特定部分采用或不可采用的施工技术。一般工程的施工方案基本由承包人自主确定,从而体现承包商的技术优势。但有时发包人也会根据自己的需要指定某种工艺,这时承包人应该考虑对自己的影响。

3. 项目客观环境

项目的客观环境需要从微观和宏观两个方面分别考虑。微观环境指的是项目现场的施工环境和场地状况;宏观环境指项目所处的社会、政治及经济背景。前者包括场地的位置、周边环境、能源供应条件、可利用的施工空间、交通状况、工程各方必须的协作空间、地下工程地址与水文地质、地表地物地貌状况等。后者主要指项目参与各方只能被动接受的客观状况,如政府的相关规定、社会物价水平、社会文化背景、宗教与民族习俗、社会政治稳定程度和经济发展水平等,对此,各方应该重视其影响,否则可能导致严重的问题。

➤ 10.3.2 合同计价类型的选择

承发包双方在确定的项目运作方式下,进行了充分的项目环境分析,最终选定了承包合同模式后,还应该对相应的合同选择合适的计价类型,主要指总价合同、单价合同与成本加酬金合同。在选择时主要应该考虑以下因素。

1. 工程规模和复杂程度

工程规模和复杂程度直接决定了项目的可预知程度以及合同的可控性的大小,进而决定了合同计价类型的选择。若项目规模小,复杂程度低,工期短,则项目可预知性较强,那么双方根据实际情况选择总价合同、单价合同或成本加酬金合同皆可。若项目的复杂程度高,则意味着项目不可预知的因素较多,对承包商有较大风险。此时,承包商选择总价合同的可能性较小,更希望采用单价合同。另外也有可能双方达成一致,在项目有把握的部分采用固定总价合同,估算不准的部分采用单价合同,而在使用新技术、新方案等无法估算的部分采用成本加酬金合同。这种在同一工程中,采用不同的合同形式,是使发包方和承包商合理分担施工不确定因素和风险的有效办法。

2. 设计图纸所达到的深度

按照项目设计的不同阶段发包项目时,双方选择的合同计价类型会受到设计深度的影响。工程项目在概念设计阶段时,设计深度仅仅能满足主要设备、材料的订货、项目总造价的控制、技术设计和施工方案设计文件的编制等要求,此阶段多采用成本加酬金合同;到工程项目达到初步设计的深度时,已经能满足设计方案中的重大技术问题和试验要求及设备制造要求等,多采用单价合同;到施工图设计阶段,能满足设备、材料的安排、非标准设备的制造、施工图预算的编制、施工组织设计等,多采用总价合同。

3. 双方的管理水平与风险承担

建筑业发展至今,项目的运作模式越来越丰富,越来越复杂,对承发包双方的管理水平要求也越来越高。随着项目规模的不断增大,技术更加复杂,影响因素越来越多且不确定性增大,合同双方的管理水平直接决定了双方将要承担风险的大小。总的来说,采用总价合同,承包人要承担大部分的项目风险;采用成本加酬金合同,发包人将会承担项目的全部风险;采用单价合同,则发包人和承包人承担的项目风险就比较平均。

4. 项目准备时间及工期的紧迫程度

项目的准备包括业主的准备工作和承包人的准备工作。对于不同的合同类型他们分别需要不同的准备时间和准备费用。由于招标过程费时,对工程设计要求也高,对于一些非常紧急的项目如抢险救灾等,要求尽快开工,给予业主和承包人的准备时间都非常短,加之工期又紧,因此,只能采用成本加酬金的合同形式。如果工程的招投标时间充裕,则可采用单价或总价合同形式。

5. 合同条件的完备程度

如果合同文件中关于承发包双方的权利义务界定得十分清楚,工程范围明确,项目成本确定,则可采用总价合同。如果双方在合同条件的确定上不具体明确,工程量不准确,或使用了非常陌生的合同条件,则工程项目要顺利完成的难度很大,因此可能要选择单价合同或成本加酬金合同。

6. 项目的外部环境因素

前面已经谈及了项目环境与合同模式的关系,这里重点分析其对计价方式选择的影响。项目的外部环境恶劣则意味着项目的成本高、风险大、不可预测的因素多,承包商很难接受总价合同方式,而较适合采用成本加酬金合同。如果外部环境良好,愿意承包项目的承包人较多,则业主拥有较多的主动权,可按照总价合同、单价合同、成本加酬金合同的顺序进行选择。如果愿意承包项目的承包人较少,则承包人拥有的主动权较多,可以尽量选择承包人愿意采用的合同类型。

10.4 建设工程合同的谈判和签订

➤ 10.4.1 建设工程合同的谈判

从一般意义上的合同订立过程来看,招标属于要约邀请,而投标属于要约,二者满足《合同法》规定的相关特性,然而,由于建设工程招投标有其特殊性,因此,招标文件和投标文件对合同的当事人双方都有一定的约束力。《招标投标法》第 46 条规定:"招标人和中标人应当自中标通知书发出之日起三十日内,按照招标文件和中标人的投标文件订立书面合同。"《招标投标法》之所以规定了30 日的时间,是因为当事人双方一般难以在中标通知书发出后立刻签订合同,还要就一些实质性的具体合同细节进行谈判。

1. 合同谈判的准备工作

(1)明确谈判的目的。谈判是为了签订一个双方都能接受的合同,双方在谈判前对于"能够接受"的程度须有一个明确的界定,即明确谈判的目的,因为不同的目标在很大程度上会影响谈判方式与最终谈判结果。因此首先必须明确自己的谈判目标,同时,要分析揣摩对方谈判的真实意图,从而有针对性地进行准备并采取相应的谈判方式和谈判策略。

(2)组织准备。在明确了谈判目标后,就应该确定具体谈判的执行者,也就是着手组织一个精明强干、经验丰富的谈判班子。谈判班子的人员构建主要从专业知识结构、综合业务能力和基本素质等方面考虑。一个合格的谈判小组应由具有实际谈判经验的技术人员、财务人员、法律人员组成,并聘请思维敏捷、思路清晰、具备高度组织能力与应变能力、熟悉业务并有着丰富经验的谈判专家担任谈判组组长。

(3)资料准备。准备资料是收集整理各种基础资料和背景材料等可能在谈判中用到的证据的过程。包括对方的资信情况、履约能力、发展阶段、项目由来及资金来源、土地获得情况、项目进展情况等,以及在前期接触过程中已经达成的意向书、会议既要、备忘录等。将收集的资料进行整理,具体可分成 3 类:一是准备原招标文件中的合同条件、技术规范及投标文件、中标函等文件,以及向对方提出的建议等资料;二是准备好谈判时对方可能索取的资料以及在充分估计对方可能提出各种问题的基础上准备好适当的资料论据,以便对这些问题做出恰如其分的回答;三是准备好能够证明自己能力和资信程度等的资料,使对方能够确信自己具备履约能力。

(4)谈判参与方研究。

①己方的条件。在准备进行合同谈判之前,首先要对自己的情况进行全面的掌握和重点分析。作为发包人一方,应按照项目决策的目标作为控制的界线,通过己方专家的研究,论证项目在技术的需求高度,经济上的限定额度,经过方案比较,推荐最佳方案。此外,根据合同中可能规定为己方义务的工作内容,检查其完成的情况与实施的难易程度。进而确定建设工程的准备工作情况,包括技术准备、征地拆迁、现场准备及资金准备等情况,以确定己方的谈判方案。作为中标一方,在接到中标函后,应当详细分析项目的所有相关信息、现场的施工条件和地质条件、承包该项目的优势和不足都有哪些。同时必须熟悉拟定合同中的内容,以确立己方的谈判原则和立场。

②对方的立场。谈判成功的基础是"知己知彼",对方谈判的立场是能否达成一致的关键,分析谈判对手,主要应从以下几方面考虑:A. 谈判方是否具有相应的主体资格。主体资格是双方能否全面准确履行合同义务的先期表征,虽然不能完全代表当事人的履约能力,但也是非常重要的考察项目。对于发包人来说主体资格主要包括:公司背景、资信状况、项目审批文件等;对于承包人主体资格主要是资质等级、资信状况和业内口碑等。B. 谈判对方所在的基本立场。作为谈判的前提,任何一方都应该切实地了解对方想要到达什么样的结果,并为此做好准备,明确哪些可以谈,哪些决不能妥协,这样才能使谈判顺利而又不过分损失己方利益。C. 了解对方谈判的水平。谈判的最终结果很大一部分取决于具体过程的执行者,因此了解谈判人员的详细信息就显得很有必要,比如身份、性格、经历、专业等等,这样可以选择合适的人员组成己方的谈判小组,从而发挥人际优势,获取更大的利益。

(5)谈判方案准备。在确立己方的谈判目标及认真分析己方和对手情况的基础上拟定谈判提纲。同时,要根据谈判目标,准备几个不同的谈判方案,还要研究和考虑其中哪个方案较好以及对方可能倾向于哪个方案。这样,当对方不易接受某一方案时,就可以改换另一种方案,通过协商就可以选择一个双方都能够接受的方案。谈判中切忌只有一个方案,当对方拒不接受时,易使谈判陷入僵局。

(6)谈判会议的具体安排。此部分是谈判具体实施的细节安排,包括三方面内容:选择谈判的时机、谈判的地点以及谈判议程的安排。尽可能选择有利于己方的时间和地点,同时要兼顾对方能否接受。应根据具体情况安排议程,议程安排应松紧适度。

2. 合同谈判的主要内容

合同谈判的过程是当事人双方对于项目利益的博弈过程,招标人的目标是说服中标人让出更多的利益,中标人无疑希望获得更多的利益,然而需要强调的是,合同谈判不能违背招标文件和投标文件的基本原则和框架,否则就失去了招投标过程原有的意义,因此,《招标投标法》规定:"招标人与中标人不得再行订立背离合同实质性内容的其他协议。""合同实质性内容"包括投标价格、投标方案等涉及招标人和中标人权利义务关系的实体内容。由此可见,合同谈判的重点是招投标文件实质性内容的具体化和细节化,另外包括随时间推移的时效性更近的相关资料更加详细、丰富。

理论界和实践中比较认可的合同谈判的主要内容有以下几个方面:

(1)合同"标的"的量化确认。合同"标的"是合同中最重要的组成之一,建设工程合同"标的"的量化就是确定工程项目承包的范围和内容。招标文件中对此已经有了原则性的阐述,谈判是双方对其进一步的确认、修改或调整,最终的结果以书面形式呈现,并通过"合同补遗"或"会议纪要"的方式作为合同附件从而构成将来合同的一个组成部分。而且由于时间较为靠后,这部分内容在整个合同文件体系中拥有较高的解释权。

另外,合同中有关发包人的义务而需要承包人代为完成的,如为监理单位、设计单位和建设单位的驻地工程小组提供建筑物、家具、车辆以及各项服务等工作,在此需要详细的逐项明确。

对于按照单价与实际工程量结算总价的合同,若招标人在招标文件中对于实际工程量变更的风险承担问题没有明确,则谈判时双方有必要共同确定一个工程量"超增"或"超减"时的价格调整方案。

(2)合同标准的谈判。建设领域的合同标准主要指技术要求、技术规范和施工方案,这些内容在合同谈判阶段一般不会有太大的变化,除非在此期间有关的技术标准发生变化。此外,对于一些技术上要求比较高或者难度较大的项目,招标人可以在谈判中要求中标人对于相关的特殊技术及关键过程提出更详细的施工处理方案。

(3)合同价款。合同的价格永远是招投标双方争夺的核心,价格在招投标阶段已经确定下来,但是对于价格的谈判仍然是合同签订前的工作重心。随着承包商"二次经营"的水平越来越高,中标人采用低价中标、高价索赔等手段给开发商设置了一个个的价格圈套,因此,过低的价格往往蕴含着巨大的风险,出于此点原因,大多数招标人不会选择最低标,但低报价难免令招标人动心,于是在谈判的最后阶段,招标人会希望经过评标委员会考察比较安全的中标人,进而能够作进一步的让利。

当项目采取单价合同的形式时,总价并非是最终合同的实际价格,因此谈判时不应将重点放在合同总价上,而是在保证总价降低的同时,具体落实在单价的降低上,从而保证在工程结算时获得较低的价格。

同时,由于承包商对于各种报价策略的使用,如不平衡报价法的广泛应用,使得在总价相同的投标之间,由单价差异带来的资金压力的不同是很明显的,因此核算这种单价的差异也可能导致结算价格的不同,此时进行价格的谈判,也是这阶段的核心工作。

(4)价格变化的影响因素。建设工程的周期长,影响因素多,类似货币贬值或通货膨胀的情况,可能会给承包商造成较大损失。在谈判阶段双方针对可能发生的变化价格进行调整的条件和方式达成一致,形成价格调整条款,从而较公正地解决了这类非可控风险的承担问题。

(5)支付方式。获得已完工程的工程款是承包人收回承包赚取利润的核心工作,也是建筑企业进行项目建设的本质目标。"尽可能早、尽可能多、尽可能简单地收到工程款",是承包人追求的三大基本原则。而招标人则希望在可能的情况下最大限度地提高资金的利用率。于是,双方的谈判将集中在这两个对立矛盾的目标上。最终达成都可接受的均衡态势,具体表现在对于预付款或垫资、工程进度款、最终付款和保留金约定的相关条款上。

(6)合同期限。合同期限在建设工程中体现为开工日期、工期、竣工日期和质量保修期。

合同的开工日期一般招投标阶段不会涉及,中标人应该根据施工准备情况、气候和现场环境因素与招标人商定一个合理的时间。

合同的工期一般在招投标阶段已经确立下来,也是合同中非常重要的条款,通常不可能有太大的调整,双方的谈判主要围绕着工程量变化对工期影响责任分担问题进行。

竣工日期通过前面两个条款基本能够确定,中标人应该注意的问题主要集中在那些可以分部或分批验收的工程上,明确按照竣工的工期和质量保修期的计算规则,从而缩短自己的责任期,以最大限度地保障自己的权益。

双方应该通过谈判,确定"作为一个有经验的承包商无法预料的施工条件的变化"的具体范围,如不可抗力等影响因素,从而保留产生不利影响时要求合理顺延工期的权利。

谈判时双方还应当对保修工程的范围和内容、保修责任的划分及保修期的开始和结束时间做出明确具体的约定,从而保障自己的权益。实践上对双方都比较有利的做法是采用维修保函来代替扣留的质量保证金,这样不会占用中标人的流动资金,保修期满后,保函自动作废;同时,招标人也没有风险,当维修费用发生时,发包人可以凭保函向银行索取相关款项。

(7)合同文件的完善。施工合同文件是一个完整的体系,但是在招投标阶段大多都并未齐备,随着招标的进行,陆续会有相关文件出台,因此在谈判阶段,双方应共同确定合同文件体系所包含的具体内容。建设工程各阶段合同文件的体系在前面的章节中都有相关的阐述,中标人应对照相应的规定进行确认。

➤ 10.4.2　建设工程合同的签订

在正式签订合同前,合同双方当事人应当制定规范化的合同管理制度和审批流程,严格按照合同管理制度和审批流程管理合同签订问题。为了降低建设工程合同风险,在合同管理中应该坚持以下6条原则:

(1)未经审查的合同不签。所有建设工程合同签订前必须报合同管理部门,由合同管理部门组织相关职能部门对其合法性、完整性、明确性进行审查。未经审查的工程合同不签,从程序上保证工程合同的质量,杜绝乱签合同。

(2)不合法的合同不签。违法合同属于无效合同,得不到法律保护,因此,合同签订前必须审查合同的合法性。

(3)低于成本价的合同不签。低于成本价的工程合同与我国现行法律法规相违背,因此,不论承包人还是发包人,应认清低于成本价竞争的危害,杜绝低价恶性竞争的工程合同。

(4)有失公平的合同不签。有失公平的工程合同内容包括:条款中明确约定不支付工程预付款的合同;工程款不能按期支付;需要垫资的合同;收取高额履约保证金的合同等。

(5)不符合招投标程序或手续不全的合同不签。不符合招投标程序或手续不全的合同,可能没有合法的立项手续或施工许可证,所签订的工程合同不具备法律效力,属于无效合同,合同当事人不受法律保护。

(6)承包人资格不符合要求的合同不签。目前,工程合同的转包、挂靠现象普遍,承包人缺乏承包资格或者资格达不到要求,则承包人主体资格不合法,属于无效合同,如果发生纠纷,则发包人利益得不到法律保护。

10.5　建设工程合同的实施控制

本书在前面的章节中对于建设领域相关的单体合同的具体实施控制已经进行了详细的介绍,这一节主要是从项目整体管理的角度,结合工程实践上在合同管理方面的经验总结,谈谈合同实施控制的相关要点。

1. 完善基础工作

合同管理基础工作指的是制度和组织上的准备,主要包括:进行项目合同体系规划,制定项目管理程序,并贯彻实施;规范文档管理责任和流程;重视项目早期文档管理;设置专人管理文档,并持之以恒。

下面是某施工项目的合同体系：

(1)建设工程施工合同；

(2)劳务分包合同(主体、砌体、装修、其他)；

(3)专业分包合同(土方、桩基、门窗、防水、保温等)；

(4)材料供应合同(钢筋、模板、混凝土、砖、水泥、砂、石子、安装用的管材、钢材、电线、电缆等)；

(5)材料租赁合同(钢管、扣件、钢模板、爬架等)；

(6)设备供应合同(塔吊、施工电梯、布料机等)；

(7)其他合同(材料检测、工程实体检测、保卫服务、后勤服务等)。

2．合同管理规划

建立了项目的合同体系后，应该由合同谈判人员与公司的合同管理人员对该项目所涉及的所有合同进行总体规划，即对各项合同目标、指标的实现制定有针对性的措施，比如质量目标、安全文明施工目标、工期目标等。对合同风险(主要是违约责任)制定针对性的措施，规避风险责任，最终形成"合同管理规划方案"。

3．合同交底

工程项目的合同体系比较复杂，所涉及的合同比较多，项目管理人员在进行合同管理的时候不可能对每一个合同都非常了解，因此在开展管理工作之前应进行合同交底。一般由合同谈判人员向项目管理人员就合同谈判的细节和重点进行交底。

合同交底分为一级合同交底和二级合同交底。一级合同交底是公司层面的合同主管部门向项目层面管理人员就"合同管理规划方案"的内容，包括质量、工期、安全文明施工、合同价款等全面内容进行的交底，交底应当具体全面具有可操作性。二级合同交底是由项目经理牵头，项目商务经理向项目全体人员进行的交底和履约职责分工。

4．合同责任划分

进行合同交底之后，正式进入项目合同管理实施阶段，这时项目部应该制定具体的控制分解措施，并最终将责任落实到人。表 10-1 是某工程项目合同实施规划的具体方案。

5．合同风险识别与风险合理分担

合同管理的另一项重要工作就是风险管理。项目管理人员应该对施工合同存在的风险进行识别、分类。具体的做法有：明确合同中的风险分担原则；重视保险，强制投保；通过专业分包适当转移风险；出现风险时，将损失降到最低。

有关合同风险将在本章第 7 节具体分析。

6．依照合同支付

支付是合同履行中最重要的内容，是承包商收回成本获取利润的唯一手段，因此在合同管理中应特别重视。项目管理人员应明确支付程序与相关的控制点。合同履行中一般的支付要点有：工程量清单、暂定金额、计日工、各类保函、动员预付款、第一期支付、期中支付证书的申请程序、最低支付限额、保留金的扣除与返还、材料设备的预支款额、延误支付、工期损害赔偿费、提前竣工奖、税收、汇率、终止时的支付、竣工报表、最终支付、尾款的结清等。

7．争议及时解决

衡量某个工程项目是否顺利完成，除了将工期、质量、投资的目标达到与否作为评价标准外，最重要的就是看项目结束后是否还有悬而未决的索赔和争议。作为工程项目的建设者们，在建造实体物质成果的同时，更应该注意合作伙伴之间良好商业关系的建设，从而能够使项目并不仅仅只是

242 建设工程合同管理
JIANSHEGONGCHENGHETONGGUANLI

表 10-1　某工程项目合同实施规划方案

序号	条款号	内容及要求	责任人	完成时间	控制措施
…	…	…	…	…	…
9	6.1	工程师可委派工程师代表,行使合同约定的自己的职权,并可在认为必要时撤回委派。委派和撤回均应提前7天以书面形式通知承包人,负责监理的工程师还应将委派和撤回通知发包人。委派书和撤回通知作为本合同附件	人员甲	撤换工程师代表时	除工程师或工程师代表外,发包人派驻工地的其他人员均无权向承包人发出任何指令
10	6.2	工程师代表可以在工程师授权范围内向承包人发出任何书面形式的函件,与工程师发出的函件具有同等效力,如承包人有异议,可以提交工程师,工程师应进行确认	人员乙	施工全过程	
…	…	…	…	…	…
15	6.7	由于工程师未能按合同约定履行义务而造成工期延误,发包人应承担延误造成的追加合同价款,并赔偿承包人有关损失,顺延延误的工期	人员丙 人员丁	工程师原因造成延误	具体顺延工期时间由人员丙核实,追加合同价款由人员丁负责
…	…	…	…	…	…

单一的一次赚取利润的买卖行为,而带有了建立长期合作关系的战略营销意义。在实践中项目管理者应注意及时解决纠纷,大事化小小事化了;另外也不可一味谦让,应该得到的索赔也应据理力争,对此应做到使变更与索赔管理程序化,同时重视证据的收集和整理,最后还应重视索赔报告的编制与审核。

8. 各方充分沟通

为使项目的顺利进展,营造各方关系的融洽氛围,是属于所谓的项目软环境建造,也是前面说到的各种控制手段的润滑剂,应该是项目管理人员的重点工作之一。相关的管理人员应保证凡事及时解决,保证当面解决问题,就地解决问题;此外适度的"文山"、"会海"也有利于项目的进程;再有就是注意充分应用 IT 技术,建立 PMIS,保证项目信息沟通的流畅快捷。

10.6　建设工程合同的档案管理

合同的档案管理就是对合同文件的系统化管理。合同文件是指合同双方当事人在合同全过程(订立前、订立后、履行、变更、终止以及争议解决等环节)中形成的,对双方具有约束力的,涉及双方当事人权利义务的文件,包括资信调查、项目资格审查、招标文件、投标文件、合同正副本、合同交底和工程量表、预算结算报表、工程图纸、技术标准、规范、工程技术(安全)交底、会议纪要、往来函件、协议等明确双方权利义务的等等文件。

合同文件应当采用书面形式。发包方以口头形式提出的技术变更、修改设计与工程有关的其他要求时,接受发包方口头要求的项目经理部商务人员应立即会同相关部门,把发包方的口头要求整理成书面文件,并询问发包方该书面文件是否真实表达了发包方的意见,若发包方认为书面文件的表述真实,则请发包方签字认可,若发包方认为书面文件的表述未能真实表达其意图,则项目经理部商务人员负责修改该文件直至发包方认为该表述真实为止,并请发包方签字认可。

项目经理部是合同履行过程中的合同文件的直接责任者,负责收集、归档、管理履行过程中的合同文件。项目经理应将合同文件的收集、归档、管理作为项目合同管理的重要日常事项,将合同文件管理责任具体落实到部门、人员。工程竣工后,项目经理部应将所有合同文件送公司相关职能部门归档。

1. 以下是某项目的项目经理部合同文件管理的范围:

(1)工程招标、投标、中标文件;

(2)施工图预算、结算、设计概预算资料以及工程洽商、设计变更等;

(3)工程索赔、反索赔资料;

(4)施工进度管理资料;

(5)行政、公函类往来文件、会议纪要;

(6)项目经理部施工组织设计、施工方案、技术(安全)交底、施工日志、施工实验及验收记录、施工检验纪录、材料计划及进出场纪录等;

(7)项目经理部分包方的资质管理文件;

(8)公司与相关分包方,项目经理部在授权范围内与相关分包方签订的所有合同文件;

(9)成本核算、经济技术分析资料;

(10)合同统计资料;

(11)项目经理部制定的有关合同履行的规章制度;

(12)在劳动工资、劳动竞赛活动中形成的重要材料;

(13)其他。

2. 以下是某项目合同档案管理分类,如表 10-2 所示。

表 10-2 某项目合同档案管理分类

1	工程合同管理	施工合同(招、投标文件)、合同交底记录
		施工合同评审
2	工程分包合同管理	工程分包合同(劳务、专业)
		分包方考评
		分包合同评审、审批、修订记录、交底
3	内部各类管理合同	公司关于×××项目班子的批复
		项目商务策划
		项目目标责任成本测算书、项目管理目标责任书、审批单
		项目阶段目标责任成本调整表
		项目阶段、终结兑现申报资料
		项目兑现审批单
		项目法施工检查记录、贯标检查记录
		各类人员责任制合同
		工程结算责任制合同
		部门内部责任制
		市场商务内部管理文件
		与外部各类往来函件

10.7　建设工程合同的风险管理

对于风险及风险管理的基本理论本书不再赘述,读者可参考相关资料。这里主要结合建设工程中的实际问题谈谈风险管理的相关要点。建设工程项目周期长,不确定因素多,人为影响大,因此可能出现的风险非常地庞杂,管理人员由于个人经验和素质的有限对于风险的可能性很难考虑得十分全面。因此,建立详细的风险清单,归纳总结尽可能多的风险情况,就成为风险管理的有效手段。本节重点介绍建设工程实施阶段中可能出现的风险问题。

➤ 10.7.1　招投标阶段

1. 投标决策风险

投标决策是指承包商对工程项目是否投标及采取何种投标策略。决策失误往往不但丧失发展机会,而且蒙受巨大损失。

2. 编制投标文件的风险

投标文件是业主选择承包商的重要依据,投标文件中的失误会直接造成投标失败。常见的投标失误主要有以下几点:①对招标内容的非实质性响应;②工程项目组织构成不合理;③施工组织设计不合理;④投标报价风险。

3. 合同风险

工程承包合同中一般都有风险条款和一些明显的或隐含的对承包商不利的条款,这是进行合同风险分析的重点。承包合同的风险主要有:

(1)合同中明确规定的承包商应承担的风险。这种风险一般在合同条款中都比较明确地规定应由承包商承担。如合同中规定,工程变更在5%的合同金额内,承包商得不到任何补偿,则在这个范围内工程量的增加是施工方的风险。

(2)合同条文不全面、不完整、不清楚,合同双方责权利关系不清楚所带来的风险。这样的承包合同在执行过程中会导致双方发生分歧,最终导致施工方的损失。如合同中缺少业主拖欠工程款的处罚条款。又如合同中对一些问题不作具体规定,仅用"另行协商解决"等字眼。

(3)业主为转移风险单方面提出的过于苛刻、责权利不平衡的合同条款。例如合同中规定:业主对由于第三方干扰造成的工程拖延不负责任,这实际上把第三方干扰造成的工程拖延的风险转嫁给了施工方。

➤ 10.7.2　合同签订阶段

1. 合同主体不合格

合同的主体即工程的发包方和承包方,应当是具有相应的民事权利能力和民事行为能力的合同当事人。合同主体不合格主要包括两种情况,一种是虽然具有上述两种能力,但不是合同当事人,即当事人错位,当然是不合格的合同主体。另一种是虽然是合同当事人,但却不具有上述两种能力,同样是不合格的合同主体。

2. 合同条款不平等

工程承包本应以合同为约束依据,而合同的重要原则之一就是平等性。但在工程承包实践中,业主与承包商很少有平等可言。鉴于当前的工程承包买方市场的特点,个别业主常常倚仗着僧多粥少这一有利的优势,对承包商蛮不讲理,特别是政府投资工程项目的业主部门。在签订承包合同时,业主常常强加种种不平等条约,赋予业主种种不应有的权利,而对承包商则只强调应履行的义务,不提其应享有的权利。比如索赔条款本应是合同的主要内容,但在许多合同中却闭口不提;又如误期罚款条款,几乎所有的合同中都有详细规定,而且罚则极严。如果在拟定合同条款时不坚持合理要求,则会给自己留下隐患。

3. 合同文字不严谨

不严谨就是不准确,容易产生歧义和误解,进而导致合同难以履行或引发争议。依法订立的有效合同,应当反映合同双方的真实意思。而这种反映只能靠准确、明晰的文字来体现。可以说,合同讲究咬文嚼字。合同条款不应拿捏不准或措辞含混不清,应享有的权利应明确具体。比如有些工程承包合同中在有关追加款额的条款中写道:"发生重大设计变更可增加款额"这类字句。那么,何为重大设计变更则并无细则说明。一旦出现类似情况容易曲解。

4. 合同内容不完备

有些合同使用境外文本,由于国情不同、语言文字不同,加上翻译问题,使得这些合同文本存在不少疑问,致使在合同履约过程中,常常找不到合法依据来保护自己的利益。比如有些国家的合同中没有价格调值公式,致使无法获取对因通货膨胀所造成损失的补偿;还有些国家的合同中不写明汇率保值条款,致使施工方可能遭受汇率贬值的风险。此外,有时在签订合同时双方采用的合同价款方式以及对价款调整的方法没有明确。对这些问题施工方要特别注意,必须在合同上加以补充,堵塞漏洞,以免造成损失。

5. 合同管理不到位

部分合同管理人员风险意识不强,致使在合同履约过程中遭受到一些本可避免的损失。有的把应当发出的诸如双方有关工程洽商、变更的书面协议或文件没有及时发出,给以后索赔造成困难。有的对合同签证确认不重视,对应签证确认的没有办理签证确认,当发生纠纷时,因无法举证而败诉。有的对拖欠工程款的情况应当追究的没有及时追究,当诉诸法律时才发现已超过了诉讼时效,致使损失无法挽回。有的对发包方不按合同约定支付工程进度款,一味地怕单方面停工承担违约责任而不敢行使抗辩权,结果客观上造成了垫资施工,使发包方的欠款额越来越大,问题更加难以解决。

10.7.3 合同履行阶段

1. 施工组织设计

在施工前,有时施工方没有认真考虑现场的施工条件,导致施工组织计划和工程进度计划与实际进度不符,这时施工方就要承担相应的违约责任。

2. 工期问题

在建设工程中往往有很多拖期的现象存在。这可能是由于前期准备不足,比如工地交付的现状不好;勘察不翔实,导致挖开后地基处理复杂;设计不充分,施工中变更设计频繁;还有业主资金短缺等。

3. 质量问题

施工作业本身的问题经常发生在有隐蔽工程时。施工方应在业主、监理对隐蔽工程质检无误后再进行下道工序,避免返工。

4. 安全问题

建筑业是职业安全事故率较高的行业之一,安全问题又一直是政府关注的焦点,因此,如果施工方的安全责任意识不强而导致安全事故发生,必然会影响公司的发展空间和声誉。

5. 材料设备供应

(1)双方没有明确约定材料设备的品种、规格、型号、质量等级。

(2)采购的材料设备质量不合格。

6. 施工索赔

(1)索赔时效的把握。在现实的建筑施工过程中,一些具体的专用合同条款都做出了明确的约定。因此,如不严格遵守索赔时效的规定,逾期提出索赔要求则得不到法律支持。

(2)做好收集、整理签证工作。索赔成功的基础在于充分的事实、确凿的证据,所以必须在施工全过程中及时做好索赔资料的收集、整理、签证工作。而这些事实和证据只能来源于工程承包全过程的各个环节之中,要用心收集、整理,并辅之以相应的法律法规及合同条款,使之真正成为索赔成功的依据。

(3)正确处理好与业主、监理之间的关系。索赔必须取得监理的认可,索赔的成功与否,监理起着关键性作用。索赔直接关系到业主的切身利益,施工方索赔的成败在很大程度上取决于业主的态度。因此,要正确处理好与业主、监理的关系,在实际工作中树立良好的信誉。

10.7.4 竣工验收阶段

1. 工程修复后经竣工验收依旧不合格

《最高人民法院关于审理建设工程施工合同纠纷案件适用法律问题的解释》(以下简称《解释》)规定:建设工程经竣工验收不合格的,修复后经竣工验收依旧不合格的,承包人请求支付工程价款的,不予支持。

2. 竣工日期

《解释》第14条规定:"当事人对建设工程实际竣工日期有争议的,按照以下情形分别处理:(1)建设工程经竣工验收合格的,以竣工验收合格之日为竣工日期;(2)承包人已经提交竣工验收报告,发包人拖延验收的,以承包人提交验收报告之日为竣工日期;(3)建设工程未经竣工验收,发包人擅自使用的,以转移占有建设工程之日为竣工日期。"

10.7.5 工程竣工结算阶段

1. 结算价格

在实践中,有时发包人在法定期限内对竣工结算报告予以答复,但不认可施工方提出的结算价格,从而以此为由长期拖欠工程款。

2. 关于拖延支付工程款

发包人为达到拖延支付工程款的目的,往往在工程竣工后以种种理由对承包人提交的结算迟迟不予审核,致使工程造价长时间得不到确认。

10.7.6 其他

1. 担保

(1)公司的分支机构未经公司授权而为别人提供担保。

(2)当提供担保时,施工方在主合同上签字、盖章。

2. 垫资

(1)为垫资施工向银行贷款所带来的风险。在垫资的资金中,一部分可能是施工方自有资金,另一部分通常是贷款。贷款就得承担利息,如果逾期不能还贷,还要承担逾期罚息。如果国家的金融政策有较大的调整,如大幅度地提高银行贷款利率,则施工方的银行利息及逾期罚息还会加大。

(2)因垫资过多而无力继续施工所带来的违约风险。如果施工方由于签约前考虑不周或评审不足,轻视了特定工程中垫资施工的难度,也许在施工过程中会出现因垫资过多而无力继续施工的窘境。此时,施工方既要筹集资金用于工程建设,又要面临对发包人承担违约赔偿责任的风险。

10.8 本章案例

【案例 10-1】背景材料:甲工厂与乙勘察设计单位签订一份《厂房建设设计合同》,甲委托乙完成厂房建设初步设计,约定设计期限为支付定金后 30 日,设计费按国家有关标准计算。另约定,如甲要求乙增加工作内容,其费用增加 10%,合同中没有对基础资料的提供进行约定。开始履行合同后,乙向甲索要设计任务书以及选厂报告和燃料、水、电协议文件,甲答复除设计任务书之外,其余都没有。乙自行收集了相关资料,于第 37 日交付设计文件。乙认为收集基础资料增加了工作内容,要求甲按增加后的数额支付设计费。甲认为合同中没有约定自己提供资料,不同意乙的要求,并要求乙承担逾期交付设计书的违约责任。乙遂诉至法院。法院认为,合同中未对基础资料的提供和期限予以约定,乙方逾期交付设计书属乙方过错,构成违约;另按国家规定,勘察、设计单位不能任意提高勘察设计费,有关增加设计费的条款认定无效,判定:甲按国家规定标准计算给付乙设计费;乙按合同约定向甲支付逾期违约金。

核心提示:建设工程合同的签订

案例评析:本案的设计合同缺乏一个主要条款,即基础资料的提供。合同的主要条款是合同成立的前提,如果合同缺乏主要条款,则当事人无据可依,合同自身也就无效力可言。按照《合同法》第 274 条"勘察、设计合同的内容包括提交有关基础资料和文件(包括概预算)的期限、质量要求、费用以及其他协作条件等条款"的规定,以及有关规定,勘察、设计合同不仅要条款齐备,还要明确双方各自责任,以避免合同履行中的互相推诿,以保障合同的顺利执行。因此设计合同中应明确约定由委托方提供基础资料,并对提供时间、进度和可靠性负责。本案因缺乏该约定,虽工作量增加,设计时间延长,乙方却无向甲方追偿的依据,由此造成了损失。其责任应自行承担,增加设计费的要求违背国家有关规定不能成立,故法院判决乙按规定收取费用并承担违约责任。

【案例 10-2】背景材料:C 公司曾与 A 国某省政府签署了承包 500 套住房工程的施工合同。合同条款明文规定:合同适用于行政法合同,签字后需经主管部门批准后方能生效,主管部门的审批期限是 3 个月。如果签字后 3 个月期满,合同尚未得到批准,且承包商不放弃合同,则于合同批准之日,承包商有权要求对其原始合同进行合同价格贴现。

合同签字 3 个月后,合同尚未批准。C 公司根据上述合同条款表示愿意等待。第五个月中,A 国政府批准了该承包合同,但业主却拒绝对合同原始报价贴现。

C 公司当时采取的策略是:先按合同规定日期开工,但同时给咨询工程师发出一份备忘录,指出将保留要求对合同原始报价给予贴现的权利。该备忘录发出后,咨询公司一直未予理睬。C 公司于是在第一个月工程报表中即将贴现数额计算出来,并致函咨询工程师,要求支付这笔款。业主不予理睬,C 公司遂提出正式索赔,并要求如在该国合同法规定的期限内不支付这笔账款,即实行停工并诉诸仲裁。业主无奈,只好如数支付。

核心提示:建设工程合同的实施控制

案例评析:此种情况属于业主赖账。对于这种情况,承包商不必立即针锋相对。因为有法律条款作为依据,可先抓主要矛盾,不宜因小失大。承包商采取先开工,然后提出合理要求。在合理要求遭到拒绝的情况下再采取威慑活动是非常合适的,这种做法为先礼后兵。一旦合同工程开工,承包商在具有充分理由的情况下,采取停工做法是可行的。虽然工程停工可能会给承包商造成一些损失,但应该认识到这种做法给业主造成的损失会更大,而且业主还将要承担违约赔偿责任。这里要求承包商首先要有充分理由,还要有足够的耐心,不得已时再采取果断的措施。

思考与练习

1. 简述建设工程合同策划管理的意义。
2. 合同谈判前要做哪些准备工作?
3. 合同谈判的主要内容是什么?
4. 建设工程合同实施控制的要点有哪些?
5. 如何做好合同交底工作?
6. 在建设工程的全过程中可能出现哪些风险?
7. 以当地一实际工程为例,对其可能涉及的合同体系进行策划管理。

参考文献

[1] 丁晓欣,宿辉. 建设工程合同管理[M]. 北京:化学工业出版社,2005.

[2] 建筑工程施工管理便携系列手册编委会. 工程项目管理招投标与合同管理便携手册[M]. 北京:地震出版社,2005.

[3] 方自虎. 建设工程合同管理实务[M]. 北京:中国水利水电出版社,知识产权出版社,2005.

[4] 刘力,钱雅丽. 建设工程合同管理与索赔[M]. 北京:机械工业出版社,2004.

[5] 全国监理工程师培训考试教材中国建设监理协会. 建设工程合同管理[M]. 北京:知识产权出版社,2006.

[6] 龚小兰. 工程招投标与合同管理案例教程[M]. 北京:化学工业出版社,2009.

[7] 迟晓明. 工程造价案例分析[M]. 北京:机械工业出版社,2005.

[8] 朱佑国. 业主方的合同管理诌议[J]. 建筑管理现代化,2008(4).

[9] 陈宏江,孙红梅. 监理工程师在施工合同管理中应注意的问题[J]. 建设监理,2008(4).

[10] 庄建伟. 经济法典型案例集锦[M]. 上海:上海人民出版社,2008.

[11] 李启明. 土木工程合同管理[M]. 南京:东南大学出版社,2008.

[12] 何佰洲,刘禹. 工程建设合同与合同管理[M]. 大连:东北财经大学出版社,2004.

[13] 胡文发. 工程合同管理[M]. 北京:化学工业出版社,2008.

[14] 卢谦. 建设工程招标投标与合同管理[M]. 北京:中国水利水电出版社,知识产权出版社,2005.

[15] 黄文杰. 建设工程合同管理[M]. 北京:高等教育出版社,2004.

[16] 杨平,等. 工程合同管理[M]. 北京:人民交通出版社,2007.

[17] 余立中. 建设工程合同管理[M]. 广州:华南理工大学出版社,2002.

[18] 全国建设工程招标从业人员培训教材编写委员会. 建设工程合同法律制度[M]. 北京:中国计划出版社,2002.

[19] 曲修山,何红锋. 建设工程施工合同纠纷处理实务[M]. 北京:知识产权出版社,2004.

[20] 张志勇. 工程招投标与合同管理[M]. 北京:高等教育出版社,2009.

[21] 梅阳春,邹辉霞. 建设工程招投标及合同管理[M]. 北京:武汉大学出版社,2004.

[22] 成虎. 建筑工程合同管理与索赔[M]. 3版. 南京:东南大学出版社,2000.

[23] 何伯森. 国际工程合同管理[M]. 北京:中国建筑工业出版社,2005.

[24] 卢有杰. 工程合同管理(双语)[M]. 北京:中国建筑工业出版社,2007.

[25] 住建部等官方网站. 有关法律、法规、规定以及建设系列合同示范文本.

[26] 国际咨询工程师联合会,中国工程咨询协会编译. 施工合同条件[M]. 北京:机械工业出版社,2002.

[27] 国际咨询工程师联合会,中国工程咨询协会编译. 设计采购施工(EPC)/交钥匙工程合同条件[M]. 北京:机械工业出版社,2002.

[28] 张水波,何伯森. FIDIC新版合同条件导读与解析[M]. 北京:中国建筑工业出版社,2003.